Erhard Fein, Marianne Pini-Karadjuleski

Betriebliche Kommunikation
Fachschulen und Berufskollegs

1. Auflage, 1. korrigierter Nachdruck 2016

Bestellnummer 01575

■ Bildungsverlag EINS

Die in diesem Werk aufgeführten Internetadressen sind auf dem Stand zum Zeitpunkt der Drucklegung. Die ständige Aktualität der Adressen kann vonseiten des Verlages nicht gewährleistet werden. Darüber hinaus übernimmt der Verlag keine Verantwortung für die Inhalte dieser Seiten.

service@bv-1.de
www.bildungsverlag1.de

Bildungsverlag EINS GmbH
Ettore-Bugatti-Straße 6-14, 51149 Köln

ISBN 978-3-427-**01575**-8

© Copyright 2016: Bildungsverlag EINS GmbH, Köln
Das Werk und seine Teile sind urheberrechtlich geschützt. Jede Verwertung in anderen als den gesetzlich zugelassenen Fällen bedarf der schriftlichen Einwilligung des Verlages.
Hinweis zu § 52 a UrhG: Weder das Werk noch seine Teile dürfen ohne eine solche Einwilligung eingescannt und in ein Netzwerk eingestellt werden. Dies gilt auch für Intranets von Schulen und sonstigen Bildungseinrichtungen.

Vorwort

"Die Sprache ist die Quelle der Missverständnisse."
Antoine de Saint-Exupery: Der kleine Prinz, ins Deutsche übersetzt von Grete und Josef Leitgeb, Karl-Rauch-Verlag, Düsseldorf 1980, S. 69.

Dieses Zitat stammt von dem französischen Dichter und Flieger Saint-Exupéry, der in seinen Werken moderne Technik mit humanitärem Ethos verbunden hat.

Im betrieblichen Alltag stoßen technische Rationalität und sprachliche Emotionalität oft in einer Weise aufeinander, dass Arbeitsabläufe und damit auch Arbeitsergebnisse eher beeinträchtigt als gefördert werden. Deshalb wenden wir uns mit diesem Buch an Berufspraktiker/-innen, die diese Erfahrung gemacht haben und Abhilfe suchen. Wir sprechen auch angehende Meister/-innen und Techniker/-innen an, die in mittleren Führungspositionen mit Konflikten und Motivationsproblemen konfrontiert werden. Die zentralen Themenbereiche Lern- und Arbeitstechniken, Rhetorik und Präsentation, Kommunikation, Konflikte, Motivation, Führung und Bewerbungsverfahren werden je nach inhaltlicher Notwendigkeit unterschiedlich bearbeitet. Einerseits stehen praktische Hilfen und Umsetzungsmöglichkeiten im Vordergrund, andererseits nehmen betriebswirtschaftliche und organisationsspezifische Aspekte breiten Raum ein.

Die Neuordnung vieler Berufe bedingte schließlich auch die Umgestaltung der meisten weiterführenden Schularten. Die Ausrichtung auf den Anwenderbezug und die handlungsorientierte Aufgabenstellung ermöglichen es unseren Leserinnen und Lesern, sich auf betriebliche Führungsaufgaben vorzubereiten.

Zahlreiche Fallstudien, Übungen und Rollenspiele ergänzen und veranschaulichen zusätzlich die dargestellten theoretischen Zusammenhänge.

Das Rollenspiel als Simulation der Realität erfordert von den betreuenden Lehrerinnen und Lehrern bzw. Dozentinnen und Dozenten Einfühlungsvermögen in die Gruppe und intensive Vorbereitung. Für die im Rollenspiel ungeübten Unterrichtenden geben wir vorab einige nützliche Hinweise zur Praxis des Rollenspiels:

1. Bereiten Sie Namensschilder mit den Rollenfiguren vor; so wissen alle, wer wer ist.

2. Vermeiden Sie nach Möglichkeit, dass Sie selbst mitspielen. Dies hemmt häufig die freie Entfaltung (Ausnahmen bestätigen die Regel).

3. Wenn das Rollenspiel irgendwie schiefläuft, so lassen Sie sich als Leiter/-in nicht zum vorzeitigen Abbruch des Spiels verleiten. Je mehr Fehler gemacht werden, desto lehrreicher ist letzten Endes die ganze Aktion für alle Beteiligten. Nur wenn das Spiel so in die Sackgasse geraten ist, dass ein Weiterspielen sinnlos wäre, dann brechen Sie ab.

4. Die Beobachter sollten absolut neutral sein und vor allem versuchen, Heiterkeitsausbrüche zu unterdrücken. Solche Störungen reißen die Spieler aus ihrem Engagement und lassen in Sekundenschnelle bewusst werden, dass doch „nur" gespielt wird.

5. Geben Sie den Spielern reichlich Zeit, sich mit ihrer Rolle vertraut zu machen.

6. Überzeugen Sie sich vor Spielbeginn durch kurze Einzelgespräche mit den Akteuren, dass sie ihre Rolle auch verstanden haben. Rollenspiele misslingen meist dann, wenn sich ein Spieler ganz anders verhält, als es seine Rolle vorschreibt.

7. Weisen Sie bei schwierigen Rollenspielen, wenn es sich z. B. um die Erarbeitung einer Entscheidung handelt, den „Chef" auf das hin, worauf es ankommt. Bitten Sie ihn z. B. darum, dass er sich mit seiner eigenen Meinung bis zum Schluss zurückhalten soll.

8. Rollenspiele verlaufen in der Regel unter Zeitlimit. Geben Sie dem Spielleiter etwa drei Minuten vor Schluss ein Zeichen, dass die Zeit zu Ende geht – aber nur, wenn Sie den Eindruck haben, dass er die Zeit aus den Augen verloren hat.

9. Vermeiden Sie bei der Auswertung des Rollenspiels persönliche Angriffe und Konkurrenzverhalten. Gehen Sie zudem respektvoll mit der Meinung des anderen um.

In dieser neuen Ausgabe von „Betriebliche Kommunikation" wurden die Änderungen des Bildungsplans für die Fachschule ab dem Schuljahr 2014/2015 berücksichtigt. Weitere Rollenspiele und Fallanalysen vermitteln Kernkompetenzen. Inhalte der bisherigen Ausgabe, die im neuen Bildungsplan für Baden-Württemberg nicht mehr enthalten oder sehr stark reduziert sind, wurden zum Teil belassen, da sie nach Ansicht der Autoren für praktisch orientierte Führungsaufgaben wichtig sind. Weiterhin enthält das Buch unter anderem die Stellenbeschreibung, Corporate Identity und Organisationsstrukturen. Durch den handlungsorientierten Ansatz mit Arbeitsaufträgen innerhalb der einzelnen Kapitel ist das Buch auch für selbst organisiertes Lernen einsetzbar.

Für weitere Anregungen und Hinweise sind die Autoren dankbar.

Das Autorenteam

„Der Mensch hat dreierlei Möglichkeiten, klug zu handeln:
durch Nachdenken, das ist die edelste,
durch Nachahmen, das ist die leichteste,
durch Erfahrung, das ist die bitterste."
Konfuzius

Inhaltsverzeichnis

1   Ganzheitliches Lernen

1.1	Der Begriff „Lernen"	11
1.2	Voraussetzungen und Einflussfaktoren des Lernens	12
1.2.1	Anatomische Voraussetzungen (Gehirnstruktur)	12
1.2.2	Physiologische und psychologische Voraussetzungen des Lernens	15
1.2.3	Lernhemmende Faktoren	18
1.2.4	Lernfördernde Faktoren	19
1.3	Lernformen	25
1.3.1	Klassische Konditionierung	25
1.3.2	Operante Konditionierung	27
1.3.3	Lernen am Modell	30
1.4	Kreative Lerntechniken	33
1.4.1	Brainstorming	33
1.4.2	Methode 635 (Brainwriting)	34
1.4.3	Morphologischer Kasten	35
1.4.4	Mindmapping	36
1.4.5	Mnemotechnik	37
1.5	Zeitmanagement	39
1.5.1	Analyse des Ist-Zustands	40
1.5.2	ALPEN-Methode	42
1.5.3	Prioritäten setzen	43

2   Referate und Präsentationen durchführen

2.1	Anfertigung von wissenschaftlichen Facharbeiten	47
2.1.1	Durchführung der Facharbeit	47
2.1.2	Gestaltung der Facharbeit	49
2.2	Rhetorik (Redekunst)	52
2.2.1	Redeinhalt	53
2.2.2	Sprache	54
2.2.3	Auftreten	56
2.3	Präsentation	58
2.3.1	Elemente einer guten Präsentation	59
2.3.2	Struktur einer Präsentation	60
2.3.3	Vortragstechnik	61
2.3.4	Visualisierung	63
2.3.5	Optische Rhetorik	67

3   Kommunikation reflektieren und gestalten

3.1	Grundlagen kommunikativer Prozesse	69
3.1.1	Kommunikationsmittel	69
3.1.2	Metakommunikation	70

3.2	Kommunikationsgrundsätze nach Watzlawick	71
3.3	Kommunikationsmodell von Schulz von Thun	73
3.4	Kommunikationsstörungen	76
3.4.1	Das „Lieblingsohr" – Probleme auf der Empfängerseite	76
3.4.2	Mangelnde Kommunikationsbereitschaft – Probleme auf der Senderseite	78
3.5	Kommunikationstechniken	79
3.5.1	Fragetechnik	80
3.5.2	Aktives Zuhören	83
3.5.3	Ich-Botschaft	85
3.5.4	Feedback	87
3.6	Das innere Team	88
3.7	Das Werte- und Entwicklungsquadrat von Schulz von Thun	92
3.8	Gewaltfreie Kommunikation von Marshall B. Rosenberg	93
3.9	Schwierige Gespräche planen und führen	97
3.9.1	Gesprächshaltungen	97
3.9.2	Gesprächsvorbereitung	98
3.9.3	Gesprächsaufbau	99
3.9.4	Mitarbeitergespräch	100
3.9.5	Kritikgespräch	102
3.9.6	Kundengespräch	104
3.10	Argumentieren und verhandeln	106

4 Motivationsprozesse darstellen und erklären

4.1	Der Begriff „Motivation"	111
4.2	Bedürfnisstruktur von Mitarbeitern analysieren	111
4.2.1	Psychoanalytischer Ansatz	112
4.2.2	Typologie der Persönlichkeit nach C. G. Jung	115
4.2.3	Fünf-Faktoren-Modell (Big-Five-Modell)	116
4.2.4	Work-Life-Balance	120
4.3	Motivationsarten	123
4.3.1	Arbeitsmotivation	123
4.3.2	Leistungsmotivation	124
4.3.3	Intrinsische Motivation am Beispiel des Erlebnisses von Flow	126
4.3.4	Selbstmotivation	128
4.4	Leistungsbestimmende Faktoren	130
4.5	Motivationsmodelle analysieren und auswerten	133
4.5.1	Inhaltsorientierte Theorien	134
4.5.2	Prozessorientierte Theorien	142
4.6	Gruppendynamische Prozesse beschreiben	148
4.6.1	Bestimmungsmerkmale einer Gruppe	149
4.6.2	Phasen der Gruppenbildung (Modell nach Tuckman)	150
4.6.3	Die innere Ordnung einer Gruppe	150
4.6.4	Kommunikationsstrukturen einer Gruppe	153
4.6.5	Gruppenregeln	156
4.6.6	Leistungsfähigkeit einer Gruppe	157
4.6.7	Gruppenführung	158

5 Mit Konflikten angemessen umgehen

5.1	Der Begriff „Konflikt"	161
5.2	Konfliktformen	161
5.3	Konfliktarten	163
5.4	Mobbing	167
5.5	Konfliktablauf	171
5.6	Konfliktursachen unterscheiden	172
5.6.1	Selbstbild – Fremdbild	173
5.6.2	Problem der Wahrnehmung	174
5.6.3	Führungsfehler	178
5.6.4	Unternehmenspolitik	180
5.7	Konfliktanalyse am Beispiel der Transaktionsanalyse (TA)	180
5.7.1	Persönlichkeitsstruktur	180
5.7.2	Das Egogramm	183
5.7.3	Die Transaktionen	183
5.7.4	Konflikte als Spielsituationen	188
5.7.5	Das Drama-Dreieck	190
5.7.6	Lebenseinstellungen	191
5.8	Konstruktiver Umgang mit Konflikten	193
5.8.1	Konfliktdiagnose	194
5.8.2	Konfliktlösungsstrategie nach Gordon	194
5.8.3	Umgang mit Killerphrasen	196
5.9	Konfliktlösungsmodelle	197
5.9.1	Sechs-Stufen-Methode nach Gordon	197
5.9.2	Die Harvard-Methode	198
5.9.3	Mediation	201
5.10	Moderationstechnik	203

6 Sich selbst und andere führen

6.1	Führung und Unternehmenskultur	210
6.1.1	Begriffsklärung	210
6.1.2	Gesellschaft im Umbruch	210
6.1.3	Elemente der Unternehmenskultur	211
6.1.4	Anforderungen an die Führungskräfte	213
6.1.5	Symptome und Beurteilung der Unternehmenskultur	214
6.1.6	Bereiche der Unternehmenskultur	215
6.1.7	Einführung der Unternehmenskultur	216
6.1.8	Corporate Governance	218
6.2	Grundlagen der betrieblichen Führung	219
6.2.1	Merkmale einer Führungskraft	221
6.2.2	Aufgaben einer Führungspersönlichkeit	223
6.2.3	Führungsverhalten und Autorität	223
6.3	Organisationsstrukturen	226
6.3.1	Betriebliche Organisation	227
6.3.2	Betriebliche Aufbauorganisation	228
6.3.3	Organisationsformen	233
6.3.4	Stellenbeschreibung	235

6.3.5	Leitungssysteme	237
6.3.6	Entscheidungssysteme	239
6.4	Führungsfunktionen	240
6.4.1	Menschenbild und Führungsverhalten	240
6.4.2	Lokomotion und Kohäsion	242
6.4.3	Sachorientiertes Führungsverhalten	243
6.4.4	Personenorientiertes Führungsverhalten	244
6.4.5	Eindimensionale Führungsstile	244
6.4.6	Mehrdimensionale Führungsstile	248
6.5	Führung in der Praxis	253
6.6	Managementmodelle	256
6.6.1	Übersicht über die Managementmodelle	256
6.6.2	Management by delegation (Mbd)	257
6.6.3	Management by objectives (Mbo)	259
6.6.4	Management by exceptions (Mbe)	262
6.6.5	Sonstige Führungstechniken	264
6.7	Moderne Formen der Arbeitsorganisation	265
6.7.1	Notwendigkeit zur Kooperation	265
6.7.2	Ziele von Leanproduction	267
6.7.3	Kundenorientierung	268
6.7.4	Kanban	270
6.7.5	Make-or-buy-Entscheidung (Outsourcing)	272
6.7.6	Kaizen (KVP)	274
6.7.7	Projektorganisation	279
6.7.8	Qualitätsmanagement	287
6.8	Neue Rollen für Führungskräfte	290
6.9	Spezielle Führungsaufgaben	294
6.9.1	Umgang mit Alkohol am Arbeitsplatz	294
6.9.2	Einen Mitarbeiter abmahnen	299
6.9.3	Beurteilung der Mitarbeiter	302

7 Bewerbungsprozesse gestalten

7.1	Anwerbung und Auswahl von Mitarbeitern	310
7.2	Bewerbungsverfahren	311
7.2.1	Auswerten von Stellenanzeigen	311
7.2.2	Die Bewerbung	312
7.2.3	Bewerbungsmappe	316
7.2.4	Onlinebewerbungen	317
7.3	Vorstellungsgespräch	319
7.4	Assessment-Center	322

Weiterführende Literaturhinweise	326
Stichwortverzeichnis	328
Bildquellenverzeichnis	333

1 Ganzheitliches Lernen

Fast erreicht

Lucius Annaeus Seneca

Fallsituation

Non vitae, sed scholae discimus!

„Puhhh!", raunt René Berger seiner Banknachbarin Barbara Welker zu, als ihn der Mathematiklehrer nach der mündlichen Prüfung in die Bankreihen zurückschickt. „Wenigstens positiv", denkt er, wenngleich ihm das höchstens eine Drei im Zeugnis einbringen wird. Da mündliche Prüfungen meist rechtzeitig angekündigt werden oder es zumindest abzusehen ist, wann er wieder drankommen wird, ist René Berger gewohnt, nur kurzfristig zu lernen. Fast alle Prüfungen laufen so ab: Stoff kurz vor der Prüfung büffeln – Prüfung grade so bestehen – Stoff vergessen.

Dieses „Lernmuster" hat zur Folge, dass René in den meisten Lerngegenständen am Ende eines Schuljahres nur mehr eine grobe Erinnerung daran hat, was er in Technologie, Physik oder Wirtschaftsgeografie gelernt hat. Wenn er in den Ferien vor einer Pflanze steht, kann er sich im besten Fall noch daran erinnern, dass er deren Blätter genau bestimmt und sogar die lateinische Bezeichnung einmal gewusst hat. Wenn er in den Nachrichten den Namen eines

> kleinen afrikanischen Staates hört, dann weiß er gerade noch, dass der Name irgendwann einmal im Unterricht gefallen ist.
> Es ärgert ihn manchmal, dass die „Lernerei" in diesen Gegenständen so wenig dauerhaft ist, aber schließlich hat es bei den Prüfungen immer noch irgendwie geklappt und das ist wohl das Wichtigste, oder?[1]

Arbeitsauftrag

Woran liegt es, dass René Berger so wenig für das alltägliche Leben aus der Schule mitnimmt?

Stangl, Benjamin F. S./Stangl, Werner: Benjamins und Werners Praktische Lerntipps, aufgerufen am 18.06.2014 unter schule.Lerntipp.at/33/default.shtml

Für erfolgreiches Lernen muss man grundlegende Lerntechniken überprüfen:

- Wie wird eine Literaturrecherche durchgeführt?
- Wie werden wissenschaftliche Texte so gelesen, dass sie verstanden und darüber hinaus behalten werden können?
- Wie werden wissenschaftliche Texte richtig zusammengefasst – wie wird exzerpiert?
- Wie schreibt man eine Haus- oder eine Abschlussarbeit?
- Wie ist eine wissenschaftliche Arbeit aufgebaut, wie kommt man zu einer schlüssigen Gliederung?
- Wie ist ein wissenschaftlicher Vortrag (ein Referat) aufgebaut?
- Warum sollten möglichst bald schon Wissensspeicher angelegt werden? Wie werden diese erstellt?
- Wie wird dauerhaft strukturiert und effektiv gelernt?
- Wie wird Wissen langfristig erworben?
- Mit welchen Lerntechniken bereitet man sich systematisch auf eine Prüfung vor?
- Welche Argumentationsstrategien sind in der mündlichen Prüfung anzuwenden?
- Wie geht man mit Prüfungsstress angemessen um?

Arbeitsauftrag

Welche Techniken wenden Sie beim Lernen an? Beantworten Sie die oben stehenden Fragen nach Ihrer momentanen Vorgehensweise.

---

[1] Der lateinische Titel der Fallsituation heißt übersetzt „Nicht für das Leben, sondern für die Schule lernen wir!". Dieser Ausspruch von Lucius Annaeus Seneca dem Jüngeren (Epistulae morales ad Lucilium 106, 12), der Erzieher und Berater des römischen Kaisers Nero war, wird meist aber umgekehrt und daher falsch zitiert. Er widersprach damit der Auffassung von Aristoteles, der in seiner Politik VIII, 3, 2 für die Pädagogik gefordert hatte: „Immer nur nach dem Nützlichen zu fragen, ziemt sich gar nicht für großzügige und freie Menschen."

1.1 Der Begriff „Lernen"

Im Woxikon (abgerufen unter www.woxikon.de/wort/lernen.php, 18.06.2014) steht zum Begriff „Lernen" folgende Definition: sich bilden, sich fortbilden, studieren, Fähigkeiten erwerben, Kenntnisse erwerben, sich etwas beibringen, sich etwas einprägen, sich Kenntnisse aneignen. Selbst diese grobe Erläuterung zeigt, dass es beim Lernen um einen sehr komplizierten Vorgang geht. Oft wird unter „Lernen" die Anhäufung von schulischem Wissen, das bewusste Einprägen und Üben von Begriffen, Kenntnissen oder Fertigkeiten verstanden, z. B. Vokabeln lernen, eine Formel lernen, Klavier spielen lernen. Die folgenden Beispiele zeigen, dass ein Lernvorgang wesentlich komplexer ist:

Beispiele
Eine Schülerin liest in einem Fachbuch und versteht dabei erstmals die Funktion eines Elektromotors.

Ein Arbeiter tritt auf einer Baustelle in einen Nagel, da er keine Sicherheitsschuhe trägt. Er versichert, dass ihm dies nicht noch einmal passieren werde.

Ein Techniker hat zu Beginn seiner Ausbildung nur wenig Ahnung im Umgang mit einem Computer. Nach einem Jahr kann er schon selbstständig Pläne am PC erstellen.

Diese Beispiele zeigen, dass durch Lernen unter anderem Einsichten, Einstellungen, Kenntnisse und Fertigkeiten erworben werden, indem man sich mit der Umwelt auseinandersetzt und Erfahrungen sammelt.

Demnach ist Lernen durch folgende **Merkmale** gekennzeichnet:

- Durch das Lernen hat sich das Verhalten eines Menschen verändert.
- Diese Verhaltensänderung ist Folge von Übung und Erfahrung, das heißt, sie kommt durch die Auseinandersetzung mit bestimmten Umweltsituationen zustande und ist relativ dauerhaft.
- Der Lernprozess selbst ist nicht beobachtbar, nur die neue bzw. geänderte Verhaltensweise als Ergebnis des Lernvorgangs.

> Durch Lernen gelangt ein Individuum in der Auseinandersetzung mit der Umwelt und den dabei gemachten Erfahrungen zu veränderten Verhaltensabsichten, Verhaltensmöglichkeiten und Verhaltensweisen, die relativ beständig sind.

Auslöser des Lernprozesses
Verhalten in der **Situation A**
→ **Lernen** (nicht beobachtbarer Prozess) →
Ergebnis des Lernprozesses
Verhalten in der neuen **Situation B**

Grundlage des Lernens sind gewisse geistige Fähigkeiten eines Individuums, aber auch bestimmte äußere Bedingungen, die sich wie folgt zusammenfassen lassen:

Lernvoraussetzungen	Beispiele
Räumliche Voraussetzungen	zweckmäßiger Arbeitsraum bzw. Arbeitsplatz
Körperliche Voraussetzungen	richtige Ernährung ausreichender und erholsamer Schlaf Berücksichtigung des individuellen Tagesrhythmus („Biorhythmus")
Geistige Voraussetzungen	intakter Rezeptionsapparat ausreichendes Vorstellungsvermögen Aufmerksamkeit gute Beobachtungsgabe Assoziationsvermögen gut funktionierendes Gedächtnis
Seelische Voraussetzungen	Motivation positive Vorstellungen

Günstige Lernvoraussetzungen wirken positiv auf das Lernen, ungünstige Lernvoraussetzungen beeinträchtigen den Lernprozess.

Arbeitsauftrag

Diskutieren Sie Störfaktoren, die sich zurzeit in Ihrer Ausbildung negativ auf das Behalten von Informationen auswirken.

1.2 Voraussetzungen und Einflussfaktoren des Lernens

1.2.1 Anatomische Voraussetzungen (Gehirnstruktur)

Zwar weiß man heute noch nicht mit letzter Sicherheit, wie das Gehirn funktioniert, die Kenntnisse lernpsychologischer Phänomene ermöglichen jedoch das Ausschöpfen brachliegenden Gehirnpotenzials.

Das Gehirn lässt sich in eine **rechte und eine linke Gehirnhälfte mit unterschiedlichen Zuständigkeiten** unterteilen.

In der **linken Hälfte** spielen sich unter anderem rationales und logisches Denken, die digitale Verarbeitung von Worten/Texten sowie der Umgang mit Zahlen, Fakten oder Daten ab. Die linke Hirnhälfte arbeitet sehr langsam, ist oft bis an ihre Kapazitätsgrenze gefordert.

In der **rechten Hälfte** sind Kreativität, Intuition und Gefühle besonders stark ausgeprägt. Bildhaftes als Träger unserer Erinnerungen wird dort ganzheitlich/analog verarbeitet. Die rechte Hirnhälfte denkt schnell und spontan. Sie ist unterfordert und ihre Kapazitäten sind bei Weitem nicht ausgeschöpft.

Die steigenden Anforderungen durch eine erdrückende Informationsflut auf der einen und ein riesiges Informationsdefizit auf der anderen Seite lassen sich nur durch optimale Auslastung beider Gehirnhälften in einer Art Arbeitsteilung bewältigen. Das heißt, dass die linke Gehirnhälfte entlastet werden muss, indem beispielsweise nicht kreative Tätigkeiten dem Computer überlassen und somit freie Kapazitäten für Kreativität und ganzheitliches Denken geschaffen werden.

Die Speicherung von Informationen

Damit Informationen behalten werden, müssen sie gespeichert werden.

Man unterscheidet drei **Speicherarten**:
- Ultra-Kurzzeitspeicher (Wahrnehmungsspeicher)
- Kurzzeitspeicher
- Langzeitspeicher

Dieser Prozess läuft wie folgt ab:

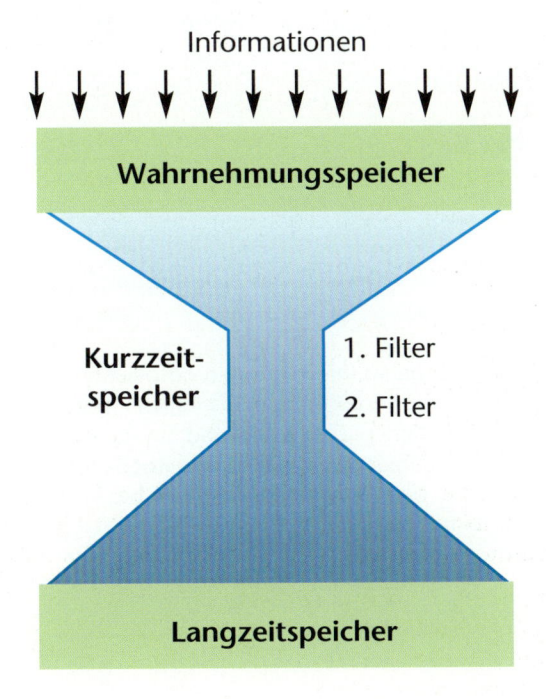

Informationen
↓↓↓↓↓↓↓↓↓↓↓

Wahrnehmungsspeicher

Kurzzeit-speicher
1. Filter
2. Filter

Langzeitspeicher

Im **Ultra-Kurzzeitspeicher** erfolgen Sinneswahrnehmungen über verschiedene Kanäle. Die durch das Auge, das Ohr oder die Haut, durch Schmecken oder Riechen aufgenommenen Informationen werden nach extrem kurzer Zeit (ca. 20 Sekunden) vergessen, wenn sie nicht stabilisiert werden. Viele Informationen bleiben nur so lange erhalten, wie sie für das Wahrnehmen unseres Umfeldes notwendig sind. Dazu ein Beispiel: Sie fahren mit dem Auto nach Hause. Fahrzeuge kommen Ihnen entgegen, denen Sie ausweichen, an einigen Ampeln müssen Sie anhalten, Sie überholen andere Fahrzeuge usw. Die Erinnerung an diese Situationen ist zu kurzlebig und geht verloren. Durch Interesse, Emotionen, Assoziationen oder bestimmte Lernaktivitäten hervorgehobene Informationen gelangen über den ersten Filter in den **Kurzzeitspeicher.** So werden Sie sich, um dieses Beispiel aufzugreifen, als Autofahrer noch mehrere Minuten an eine gefährliche Situation erinnern.

Die Kapazität des Kurzzeitgedächtnisses kann man mit einem kleinen Test nachvollziehen:

1. Lesen Sie einmal langsam den folgenden Text durch: „Auf dem Weg von Kirchheim nach Bischofsbrück sind mehrere Personen mit ihren Haustieren unterwegs: ein Schlachter mit seinem Terrier, ein Arzt mit seiner Katze und ein Friseur mit einer Schildkröte. Der Friseur trägt einen Strohhut, der Arzt eine Pudelmütze, der Hundebesitzer trägt keine Kopfbedeckung."

2. Decken Sie den obigen Text ab und lösen Sie folgende Rechenaufgaben: 3 x 3; 21 : 7; 17 + 18; 35 − 22; 4 x 6; 14 + 22; 48 : 6; 5 x 9.

3. Prüfen Sie nun die folgenden Aussagen:

   *a) Die Männer mit ihren Tieren sind auf dem Weg von Bischofsbrück nach Kirchheim.
   stimmt/stimmt nicht*
   *b) Der Terrier gehört dem Arzt.
   stimmt/stimmt nicht*
   *c) Der Schlachter besitzt einen Pudel.
   stimmt/stimmt nicht*
   *d) Der Schlachter trägt keine Kopfbedeckung.
   stimmt/stimmt nicht*

4. Vergleichen Sie Ihre Antworten mit dem Text. Wie viele Aussagen haben Sie richtig beantwortet?

Es kann nur eine begrenzte Menge an Informationen gespeichert werden. Wird der Kurzzeitspeicher überfrachtet, werden alte Informationen einfach überschrieben. Seine wichtigste Aufgabe besteht darin, Informationen zu sichten und sie für den **Langzeitspeicher** auszuwählen. Informationen laufen problemlos in das Langzeitgedächtnis bei sehr starker Motivation, zum Beispiel bei Hobbys, bei besonderen Themen, bei Namen, Telefonnummern. Im Alltag wird Lernstoff nicht immer von so großem Interesse begleitet sein, sodass der Speicherprozess durch Anwendung von Lernstrategien unterstützt werden muss.

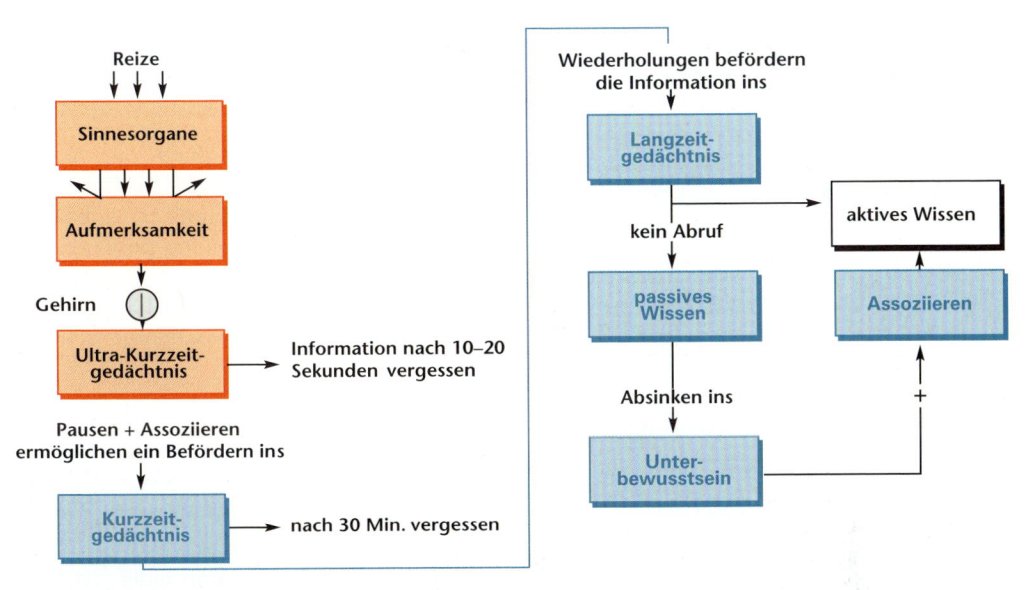

Voraussetzungen und Einflussfaktoren des Lernens

[Diagramm: Gedächtnismodell]

Reize → Sinnesorgane → Aufmerksamkeit → Gehirn → Ultra-Kurzzeitgedächtnis → Information nach 10–20 Sekunden vergessen

Pausen + Assoziieren ermöglichen ein Befördern ins Kurzzeitgedächtnis → nach 30 Min. vergessen

Wiederholungen befördern die Information ins Langzeitgedächtnis → kein Abruf → passives Wissen → Absinken ins Unterbewusstsein → Assoziieren (+) → aktives Wissen

Gedächtnispsychologen behaupten, dass einmal ins Langzeitgedächtnis übernommene Informationen für immer gespeichert bleiben und nie wieder vergessen werden. Scheinbar vergessene Informationen sind nur momentan verschüttet (**passives Wissen**). Durch Assoziationen und Wiederholungen kann passives Wissen wieder als **aktives Wissen** verfügbar gemacht werden.

1.2.2 Physiologische und psychologische Voraussetzungen des Lernens

Physiologische Voraussetzungen

Die neurobiologischen und physiologischen Grundlagen des Lernens leiten sich aus einfachen Tiermodellen der Konditionierung ab. Tiere und speziell natürlich auch Menschen haben die Fähigkeit der Assoziation von Sinneseindrücken (und bisher Gelerntem). Assoziationen in Nervensystemen entstehen durch die Bildung oder Verstärkung von neuronalen (= das Nervensystem betreffenden) Verknüpfungen (Synapsen) bei gleichzeitiger Aktivität in zwei Neuronen (Gehirnzellen) oder Neuronengruppen. Der Mensch verfügt über 12 bis 14 Milliarden Gehirnzellen. Die Fähigkeit zur neuronalen Verknüpfung wird unter dem Schlagwort neuronale Plastizität zusammengefasst. Ein Neuron hat 1 000 bis 10 000 solcher Kontaktstellen. So entstehen ca. 100 Billionen Synapsen, die auf elektrischem oder elektro-chemischem Weg (über sogenannte Botenstoffe = Neurotransmitter) Signale austauschen. Die zeitliche Kontingenz (kontingent ist etwas, was weder notwendig noch unmöglich ist) von Reizen als Voraussetzung für das Lernen und als Konsequenz aus dem Ursache-Wirkungs-Prinzip macht klar, dass Lernen immer zeitabhängig ist.

Die Art der Informationsspeicherung hängt vom jeweiligen Gedächtnis ab. Im Ultrakurzzeitgedächtnis werden Informationen als elektrische Impulse verarbeitet und mit bereits gespeicherten Vorinformationen verknüpft. Nach maximal 20 Sekunden gehen diese Informationen verloren, da die elektrischen Impulse abklingen. Bei der Ablage von Informationen im Kurzzeitgedächtnis werden in den Neuronen Eiweißketten gebildet, in die diese Information eincodiert ist, ähnlich der DNA (Desoxyribonukleinsäure = Träger der Erbinformation). Es besteht jedoch die Möglichkeit, dass diese Ketten zerfallen und die Informationen damit ebenfalls verloren gehen. Erst bei der Abspeicherung im Langzeitgedächtnis werden diese Proteinketten, die sonst nach spätestens 20 Minuten zerfallen, fest in den Nervenzellen eingelagert und damit dauerhaft gespeichert.

In der Kindheit und im Jugendalter entwickelt sich die Gehirnstruktur durch den Aufbau synaptischer Verbindungen enorm. Bis zu einem bestimmten Alter wird das Gehirn seinen Aufgaben immer mehr gerecht. Im Alter nimmt die Leistung des Gehirns scheinbar ab, jedoch kann dieser Prozess durch regelmäßiges und intensives Gehirntraining positiv beeinflusst werden. Dadurch werden Verzweigungen wieder aktiviert und ausgebaut. Es entstehen sogar neue synaptische Verbindungen und es kann sogar das Wachstum von Gehirnzellen angeregt werden. Auch die regelmäßige und gegenseitig befruchtende zwischenmenschliche Kommunikation verbessert die allgemeine geistige Fitness.

Psychologische Voraussetzungen

Positive Erfahrungen bewirken, dass der Mensch eine bestimmte Verhaltensweise erneut zeigt, negative Erfahrungen dagegen bewirken das Vermeiden bestimmter Situationen.

Als positive Erfahrung sind alle Ereignisse zu nennen, die sich von dem, was das Gehirn im Voraus errechnet hat, positiv abheben. Erzielt ein Schüler beispielsweise in einer Deutschklausur eine bessere Note als erwartet und wird vom Lehrer vor der Klasse deutlich gelobt, so wird dieses Ereignis im Gehirn als ein besonderer Eintrag abgespeichert. Ebenso wird bei positiven Konsequenzen das Umfeld, in dem etwas erlebt wurde, abgespeichert. Demzufolge wird der Schüler in den nächsten Stunden motivierter am Unterrichtsgeschehen teilnehmen. Zeigen sich weiterhin Erfolgserlebnisse, so kann es durchaus vorkommen, dass ein anfangs weniger gemochtes Fach zu einem „Lieblingsfach" wird. Zugleich wird die positive Erfahrung auch mit dem Lehrer verknüpft.

Unterstützend auf das Lernen wirken Lob und Belohnung, Erfolg, Ermutigung, gutes Vorbild und gutes Beispiel.

Lob und Belohnung dürften die häufigsten positiven Verstärker für das Lernen sein. Sie sind bewusst und absichtlich eingesetzte Reize des Lehrenden. Sie sollen eine angenehme Wirkung haben und bewirken, dass das erwünschte Verhalten des Lernenden wieder gezeigt und damit gelernt wird. Lob kann in unterschiedlicher Weise angebracht werden, durch eine freundliche Bestätigung, ein Lächeln, ein zustimmendes Kopfnicken, eine mündliche oder schriftliche Formulierung eines Lobs usw. Belohnung erfolgt i. d. R. durch materielle Verstärker wie Geschenke, Geld oder durch immaterielle Verstärker wie Erlaubnis einer angenehmen Tätigkeit oder Erlass einer unangenehmen Tätigkeit. Durch die Wiederholung einer gelobten Tätigkeit versucht der Gelobte erneut ein Lob zu erlangen.

> *Mögliche Wirkungen von Lob und Belohnung*
> - *Die Wahrscheinlichkeit, dass ein erwünschtes Verhalten auftritt, wird erhöht.*
> - *Die zunehmende Sicherheit im Verhalten erzeugt Selbstwertgefühl und Selbstvertrauen.*
> - *Die Kreativität des Gelobten wird erhöht, was sich positiv auf die Lern- und Leistungsmotivation auswirkt.*

> *Folgende Probleme können bei Lob oder Belohnung auftreten:*
> - *Bei zu viel Lob verpufft die beabsichtigte Wirkung.*
> - *Der Gelobte oder Belohnte zeigt das erwünschte Verhalten nur, wenn Lob oder Belohnung erfolgt, wobei die Ansprüche steigen.*
> - *Wenn ein unerwünschtes Verhalten übersehen wird, wird dies u. U. verstärkt (es ist ja nicht untersagt worden).*
> - *Ein erwünschtes Verhalten wird nicht verstärkt, weil die Gelegenheit versäumt wurde.*
> - *Es wird nur das unerwünschte Verhalten wahrgenommen und das negative Bild einer Person verstärkt, so dass erwünschtes Verhalten nicht unbemerkt bleibt.*

Lob oder Belohnung sind nicht an die Sache gebunden, sondern an die Person, die lobt oder belohnt. Damit besitzt diese die Macht, ihren Willen durchzusetzen oder andere zu manipulieren. Besser ist es deshalb, **Erfolgserlebnisse** zu verschaffen wie ein gelungenes Unternehmen, Lösung einer Aufgabe, Überwindung einer Schwierigkeit usw. Die positiven Auswirkungen von Lob und Belohnung gelten auch für den Erfolg. Zusätzliche Vorteile sind, dass
- um der Sache willen gehandelt wird,
- eine sachbezogene Motivation aufgebaut wird,
- eine Fremdbestimmung verhindert wird.

Minderwertigkeitsgefühle führen zu Konflikten und Fehlverhalten bei Personen, die durch **Ermutigung** abgebaut werden können. Von Vorteil ist dabei eine partnerschaftliche Beziehung zwischen den Beteiligten, was dem Ermutigten Hoffnung gibt, seine Probleme zu meistern.

Ein Mensch ist dann zum Lernen bereit, wenn er durch seine Aktivität einen unangenehmen Zustand beseitigen und einen angenehmen schaffen kann. Durch Schaffung von Bedürfnissen kann die Lernbereitschaft angeregt werden. Folgende Möglichkeiten, Motivation zu erzeugen, sind gegeben:
- durch eine interessante Tätigkeit,
- durch Vergünstigungen oder Belohnungen,
- durch Beseitigung einer negativen Konsequenz.

Gegenwirkende Maßnahmen vermindern ein Verhalten bzw. bauen es ab oder beseitigen oder vermeiden eine unangenehme Situation. Dies kann zum einen als negative Verstärkung wirken, zum anderen als Strafe aufgefasst werden. Entsprechende Mittel sind Erinnerung, Ermahnung, Tadel, Strafe und Drohung.

> *Tadel*
> - *schreckt ab*
> - *weckt Unlustgefühle*
> - *macht unsicher und mutlos*
> - *verstärkt Minderwertigkeitsgefühle*
> - *unterdrückt Verhalten*

Die **Erinnerung** ist eine einfache Form, etwas ins Gedächtnis zurückzurufen. Sie bleibt neutral.

Die **Ermahnung** ist ein deutlich verstärktes Erinnern als Vorwurf.

Durch den **Tadel** zeigt derjenige durch eine negative Äußerung oder entsprechendes Verhalten, dass eine andere Person ihr Verhalten ändern bzw. nicht wieder zeigen soll.

Tadelnde handeln oft in der Hoffnung, ein positives Verhalten zu erreichen, bewirken aber oft das Gegenteil. Auf einen Tadel sollte die Aufforderung folgen, es zukünftig besser zu machen, damit der Getadelte unerwünschtes Verhalten durch erwünschtes Verhalten ausgleichen kann.

Drohungen sollen ein unerwünschtes Verhalten verhindern und ein positives Verhalten bewirken. Sie erzeugen jedoch Angst und Einschüchterung. Gehorsam ist nur erzwungen und bewirkt langfristig Abstumpfung oder gar Aggression.

Die **Strafe** ist eine Sanktion gegenüber einem bestimmten Verhalten, das in der Regel vom Erziehenden oder Vorgesetzten als Unrecht bzw. als (in der Situation) unangemessen qualifiziert wird. Strafe wird i. d. R. begründet
- mit der Veränderung des zu Bestrafenden zum Besseren,
- mit dem Ziel, andere abzuschrecken,
- mit der Wiederherstellung der Gerechtigkeit.

Durch Strafe wird unerwünschtes Verhalten zwar vorübergehend unterdrückt, führt aber langfristig meist nicht zu der gewünschten Verhaltensänderung, sondern erzeugt aggressives Verhalten, Fluchtverhalten wie Lügen oder Mogeln, Angst und Minderwertigkeitsgefühle. Der Bestrafte erfährt nur, welches Verhalten unerwünscht ist, nicht welches erwünscht ist.

1.2.3 Lernhemmende Faktoren

Beim Verarbeiten von Informationen ergeben sich immer wieder Störfaktoren, die sich negativ auf das Behalten von Informationen auswirken.

Folgende Arten von Lernhemmungen werden dabei unterschieden:

- *Bei der **psychischen Lernhemmung** wirken sich emotionale Erregung, Angst und Stress hemmend auf den Lernprozess aus und verursachen Denkblockaden. Entspannungsübungen können helfen, solche Blockaden abzubauen (vgl. S. 22 ff.).*
- *Eine **Intervallhemmung** ergibt sich dadurch, dass sich ein Lernprozess in Intervallen vollzieht. Man unterscheidet dabei eine Hauptwirkzeit, in der die Information verarbeitet und gespeichert wird, und eine Nachwirkzeit, die unbewusst abläuft, in der sich die Information endgültig setzt.*
- *Eine **Ähnlichkeitshemmung** tritt auf, wenn sehr ähnlicher Lernstoff, z. B. Formeln der Fächer Chemie und Physik, unmittelbar hintereinander gespeichert werden soll. Ähnlichkeitshemmung und Intervallhemmung sind oft miteinander gekoppelt und verstärken sich gegenseitig.*
- *Eine **Gleichzeitigkeitshemmung** ergibt sich dadurch, dass beim Lernen parallel eine andere Tätigkeit ausgeübt wird (z. B. Radio hören beim Lernen von Vokabeln).*
- *Falsches Lernverhalten als Ursache der **Erinnerungshemmung** verhindert die Erinnerung (z. B.: ein Schüler liest einen Tag vor der Prüfung noch einmal den gesamten Prüfungsstoff quer).*

Lernvorgang

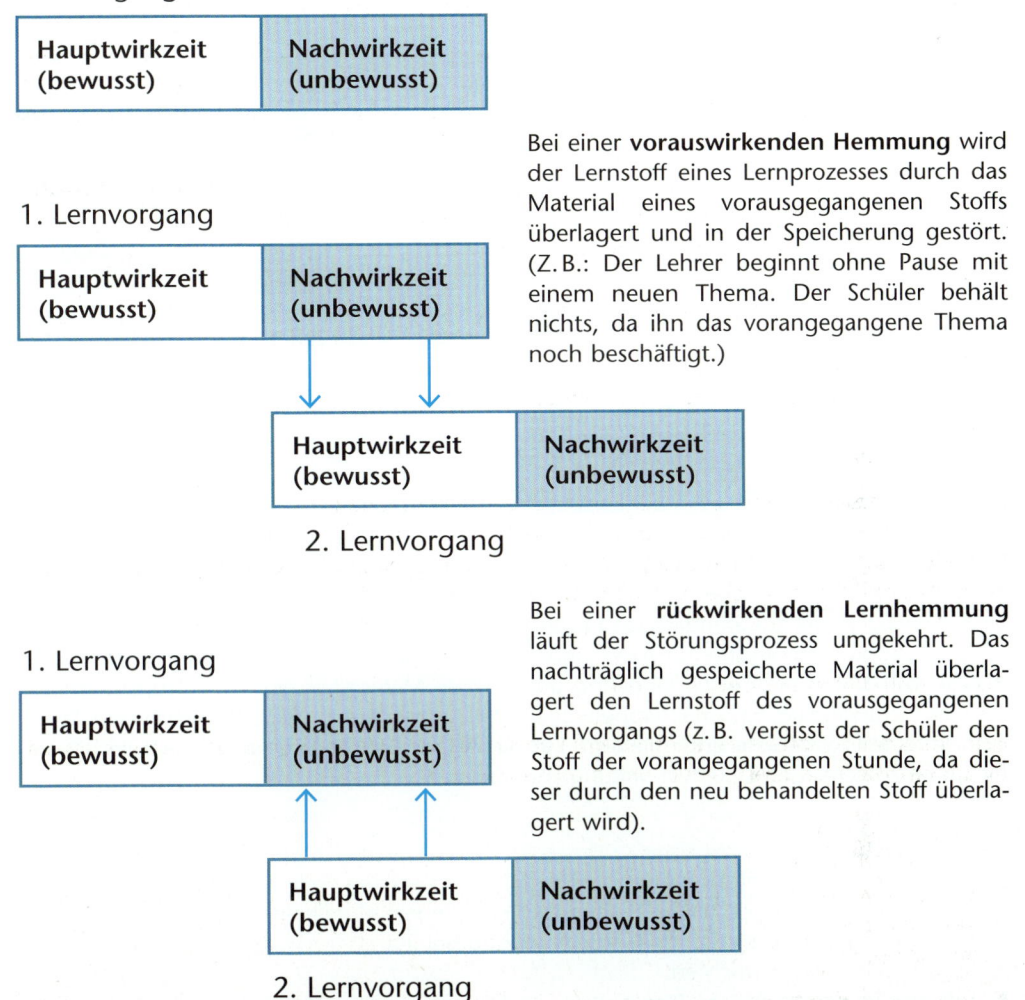

| Hauptwirkzeit (bewusst) | Nachwirkzeit (unbewusst) |

1. Lernvorgang

| Hauptwirkzeit (bewusst) | Nachwirkzeit (unbewusst) |

↓ ↓

| Hauptwirkzeit (bewusst) | Nachwirkzeit (unbewusst) |

2. Lernvorgang

Bei einer **vorauswirkenden Hemmung** wird der Lernstoff eines Lernprozesses durch das Material eines vorausgegangenen Stoffs überlagert und in der Speicherung gestört. (Z. B.: Der Lehrer beginnt ohne Pause mit einem neuen Thema. Der Schüler behält nichts, da ihn das vorangegangene Thema noch beschäftigt.)

1. Lernvorgang

| Hauptwirkzeit (bewusst) | Nachwirkzeit (unbewusst) |

↑ ↑

| Hauptwirkzeit (bewusst) | Nachwirkzeit (unbewusst) |

2. Lernvorgang

Bei einer **rückwirkenden Lernhemmung** läuft der Störungsprozess umgekehrt. Das nachträglich gespeicherte Material überlagert den Lernstoff des vorausgegangenen Lernvorgangs (z. B. vergisst der Schüler den Stoff der vorangegangenen Stunde, da dieser durch den neu behandelten Stoff überlagert wird).

Arbeitsauftrag

Finden Sie die Stärken und Schwächen Ihres Gedächtnisses heraus (denken Sie dabei an Ihre bisherigen Erfahrungen). Wie könnten Sie Ihre Gedächtnisleistung verbessern?

1.2.4 Lernfördernde Faktoren

Organisation des Arbeitsplatzes

Ein fester Arbeitsplatz, an dem man beim Lernen nicht dauernd gestört wird, spielt für den Lernerfolg eine wichtige Rolle. Eine gewisse Ordnung ist dabei unerlässlich, denn die Utensilien, die man benötigt, sollte man jederzeit finden.

Grundvoraussetzungen für einen **Arbeitsraum** sind ein ausreichend großer Tisch, ein bequemer Stuhl und gute Beleuchtung. Der Raum sollte störungsfrei sein. Musik im Hintergrund stört die Konzentrationsfähigkeit und ist allenfalls bei eintönigen Tätigkeiten stimulierend.

Zum Arbeiten benötigt man auch eine Reihe von **Zubehör** wie Papier, Schreibgeräte, Zeichengeräte, Hefter, Locher, Klebestifte usw. Fehlende Materialien sollten beim nächsten Einkauf ergänzt werden.

> *Arbeitsauftrag*
> Stellen Sie eine Liste mit allen Utensilien auf, die Sie für Ihre Berufsausbildung benötigen. Ergänzen Sie die Liste in Ihrem Kurs/Ihrer Klasse, nachdem Sie sich ausgetauscht haben. Welche Materialien müssen Sie zur Vervollständigung kaufen?

Ein PC gehört heute zur Standardausstattung. Man sollte sich für eine gängige Software entscheiden, sodass eine Bearbeitung der Dateien auch an anderen Geräten möglich ist. Für die Ablage von Unterrichtsmitschriften und ausgeteilten Materialien eignen sich insbesondere Ordner, Schnellhefter, Sammelmappen usw. Mit Trennblättern oder Klarsichthüllen lassen sich einzelne Fachgebiete untergliedern. Für die Anlage von Karteien bietet sich der PC mit einem entsprechenden Datenverwaltungsprogramm an.

Zeitplanung

Durch eine **planvolle Zeiteinteilung** lassen sich die gesetzten Ziele eher mit einem befriedigenden Ergebnis erreichen. Dabei sollten folgende Regeln eingehalten werden:
- Aufgaben in einer realistischen Größenordnung planen
- feste Arbeitszeiten einrichten
- sich an den vorgegebenen Plan halten
- Zeitreserven berücksichtigen
- bei der Zeitplanung den individuellen Tagesrhythmus berücksichtigen

Je nach Zielsetzung unterscheidet man langfristige, mittelfristige und kurzfristige Zeitpläne. Bei der **langfristigen Planung** handelt es sich um die Festlegung von Fernzielen, zum Beispiel die Abschlussprüfung. Mittel und Zeit, die der Zielerreichung dienen, müssen geplant werden, beispielsweise Finanzierung der Ausbildung, Ableistung von Praktika usw. In **mittelfristigen Plänen** lassen sich Zwischenziele festlegen, wie eine Zwischenprüfung, eine Facharbeit u. a., für welche die Belegung von Kursen, die Beschaffung von Büchern, Skripten usw. notwendig sein können. Die **kurzfristige Planung** enthält exakte Angaben über Aufgaben, Reihenfolge und Zeitaufwand beispielsweise für Klassenarbeiten, Wiederholungen, Besorgungen usw. Diese Planungen müssen regelmäßig auf Abweichungen kontrolliert werden, und daraus resultierende Korrekturen müssen in die Planung eingehen.

> *Arbeitsauftrag*
>
> *1. Entwerfen Sie anhand Ihres Stundenplans einen Wochen-/Monatsplan.*
>
> *2. Planen Sie die Anfertigung einer Facharbeit, die in drei Monaten abzugeben ist.*

Motivation

„Wenn der Motor des Lernens kaum oder gar nicht funktioniert, hilft die Aneignung weiterer Lerntechniken nur wenig."
Gustav Keller: Das Lernen lehren, das Lernen lernen, in: Pädagogik und Schulalltag, Heft 5 (1993), S. 293

Motivation ist eine wichtige Grundvoraussetzung für jedes Lernen.

Sich **selbst zu motivieren** ist eine erste wichtige Lerntechnik. Nur wer von sich selbst aus etwas tut oder lernt, d. h. aus Spaß oder Interesse an einer Sache, wird den Lernprozess effektiv gestalten.

Wer für ein Fach lernt, weil es ihn interessiert, wird den Lernprozess wesentlich effektiver gestalten als der, der nur wegen guter Noten lernt. Zur Aufrechterhaltung der Motivation spielen gute Noten als Verstärker jedoch eine wichtige Rolle.

Die Selbststeuerung ist eine Methode, Fremdsteuerung ab- und Selbstmotivation aufzubauen. Nützlich sind z. B. Tagesprotokolle über die geleistete Arbeit, die später auf ihre Nützlichkeit hin überprüft werden sollten. Nach einer abgeschlossenen Lernphase sollte sich der Lernende im Sinne einer Selbstverstärkung selbst belohnen. Darüber hinaus sollte man sich über die eigenen Ziele klar werden, um sich über den Sinn der täglichen Arbeit bewusst zu werden. Durch ein schrittweises Erreichen von Zielen kann man Misserfolgsserien beenden. Zudem muss man analysieren, wo man Fehler macht, um Wissenslücken durch Übung zu schließen. Wenn sich schulische Interessen mit angenehmen privaten Interessen verbinden lassen, kann eine Selbstmotivation besonders intensiv aufgebaut werden.

Aktives Lernen

Beim aktiven Lernen erfolgen die Informationsaufnahme und -verarbeitung durch eine zielbewusste Beteiligung an einer Lehrveranstaltung, die durch Zuhören, Mitdenken, Mitreden und Mitschreiben gekennzeichnet ist. Daraus ergeben sich folgende Vorteile:
- Erhöhung der Aufnahmebereitschaft
- Erhöhung der Behaltensquote durch Verknüpfung neuer Inhalte mit bereits Bekanntem
- Zeitersparnis
- verbessertes Lernklima

Nicht immer wird ein gut strukturierter Unterricht mit Beteiligung der Schüler und Sicherung der Unterrichtsergebnisse der Regelfall sein.

Bei einem **Unterricht mit zu hoch empfundenem Anspruchsniveau,** mit abstrakten oder unbekannten Begriffen ohne roten Faden sollte man Abhilfe schaffen:
- Zwischenfragen stellen
- Erläuterungen und zusätzliche Beispiele nachsuchen
- in der nächsten Stunde um eine kurze Wiederholung bitten
- Unverstandenes in der Niederschrift kennzeichnen

- mit Kollegen Inhalte abklären
- Literatur heranziehen
- Stoff so schnell wie möglich nachbereiten

Bei einem **unterforderndem Unterricht,** bei dem sich der Unterrichtende in Abschweifungen verliert und wenig Informationen liefert, besteht die Gefahr des Abschaltens. Auch hier gibt es Möglichkeiten, dem entgegenzuwirken:
- während des Unterrichts vorausdenken
- Gegenargumente sammeln
- Fragen vorbereiten
- Mitschrift sinnvoll anlegen

Eine gute Technik zur Erleichterung des Zuhörens ist die **TQ3L-Methode**, *die folgende Merkmale aufweist:*

- *Tune in*
  sich innerlich auf das Zuhören einstimmen

- *Question*
  Fragehaltung einnehmen

- *Look at the speaker*
  den Vortragenden anschauen

- *Listen*
  richtig zuhören, indem man beispielsweise auf Betonungen und Hinweise achtet, Wichtiges von Nebensächlichkeiten unterscheidet, unbekannte Wörter und Gedanken notiert

- *Look over*
  Aufzeichnungen hin und wieder auf den gedanklichen Zusammenhang überprüfen

Arbeitsauftrag

Wenden Sie die TQ3L-Methode beim nächsten Vortrag an. Welche Veränderung stellen Sie fest?

Körperliche und mentale Übungen

Entspannungsübungen können insbesondere dann sehr nützlich sein, wenn man sehr angestrengt oder unkonzentriert ist. Solche Übungen können helfen, zu innerer, kraftvoller Ausgeglichenheit und Ruhe zu kommen. Ausgiebige Entspannungstechniken sind ohne Anleitung kaum erlernbar, aber bereits kleine Übungen zwischen einzelnen Lernphasen oder vor einer Prüfung können helfen, Stress beim Lernen abzubauen und Lernleistungen zu verbessern.

Die **progressive Muskelrelaxation** *ist ein rein körperliches Übungsprogramm, das dennoch auf seelischer Ebene ein Abschalten ermöglicht. „Relaxation" steht für Entspannung, „progressiv" heißt, dass dieser erholsame Zustand Schritt für Schritt aufgebaut wird.*

Das Verfahren hilft vor allem jenen, denen die innere Ruhe für Meditation fehlt oder die zu ungeduldig oder zu nervös zum Abschalten sind.

Diese Methode wurde von Edmund Jacobson entwickelt, der sich als Arzt und Wissenschaftler zu Anfang und Mitte des 20. Jahrhunderts intensiv mit der Funktionsweise der Muskulatur beschäftigte. Dabei fiel ihm auf, dass Anspannungen der Muskulatur häufig im Zusammenhang mit innerer Unruhe, Stress und Angst auftreten, und beobachtete, dass Muskelverspannung und negative Emotionen wechselseitig zusammenhängen, wobei mit allen Gefühlen von Unruhe, Angst und Erregung eine deutliche Erhöhung der Spannung des Muskelapparates einhergeht. Aufgrund dieser Beobachtung entwickelte er seine progressive Muskelentspannungstechnik als Möglichkeit der Angstreduzierung.

Sie basiert auf dem einfachen Grundgedanken, dass muskuläre Entspannung und stressbedingte Erregung oder Angst miteinander unvereinbar sind, dass Muskelentspannung eine Senkung des Erregungsniveaus des gesamten Organismus zur Folge hat. Jacobson fand nun eine sehr einfache und einleuchtende Methode, die Muskeln schnell und effektiv zu entspannen: das systematische, bewusste und intensive vorherige Anspannen der Muskeln. Er machte sich dabei die Tatsache zunutze, dass jeder Muskel die Tendenz hat, zu ermüden, wenn er vorher starker Belastung ausgesetzt wird.

Gleichzeitig hat das Anspannen aber noch einen anderen Zweck: Es dient der Wahrnehmungsschulung für kleine Spannungsunterschiede im Bereich unserer Skelettmuskulatur. Wir werden damit allmählich sensibler bei unserer „inneren Wahrnehmung", entwickeln nach und nach einen „Muskelsinn". Dadurch wird es uns möglich, Anspannungen und beginnende Verspannungen rechtzeitig wahrzunehmen und dann entsprechend gezielt mit Entspannung darauf zu reagieren.

Der Muskelapparat ist der am besten geeignete Ansatzpunkt für einen Einstieg in eine Entspannung des gesamten Organismus, da die motorische Ebene unserem willkürlichen Einfluss durch bewusstes An- und Entspannen bestimmter Muskelgruppen (z. B. Hand zur Faust ballen und wieder loslassen) direkt zugänglich ist. Die Aufmerksamkeit lässt sich beim Ballen der Faust auf spürbar vorhandene Empfindungen lenken, die uns mehr oder weniger vertraut sind, da wir im Umgang mit unserer Skelettmuskulatur bereits ein hohes Maß an Erfahrung haben.

Außerdem birgt die Technik der progressiven Muskelentspannung keinerlei gesundheitliche Risiken. Sie kann daher auch ohne Bedenken im Selbstunterricht erlernt werden.

Das Gefühl der Entspannung wird durch einen Kontrast zur vorherigen Anspannung erzeugt. Der Übende spannt also seine Muskeln noch stärker an, als sie es durch die Belastungen des Arbeitstages ohnehin schon sind. Er verstärkt bewusst den Muskeltonus. Wenn er dann die Spannung löst, breitet sich ein wohliges Gefühl der Ruhe aus. Er spürt förmlich, wie er den Tagesstress loslässt.

Wenn Sie nach einem belastenden Tag nicht abschalten können, legen oder setzen Sie sich bequem auf eine nicht zu weiche Unterlage und bewegen Arme und Beine leicht auseinander, sodass sie keine andere Körperstelle mehr berühren:

1. Ballen Sie die rechte Hand zur Faust und halten Sie die maximale Spannung etwa fünf Sekunden. Dann lassen Sie wieder locker und spüren, wie die Kraft sich löst. Ruhen Sie etwa zehn Sekunden aus.

2. Wechseln Sie nun zur linken Hand: Faust ballen, Spannung einige Sekunden halten und wieder lösen.

3. Im nächsten Schritt wechseln Sie wieder nach rechts. Spannen Sie diesmal nicht nur die Faust, sondern auch den rechten Unter- und Oberarm mit an. Nach einigen Sekunden lockern und die Entspannung spüren.

4. Dasselbe mit dem linken Arm. Anspannen, lösen, ausruhen.

5. Nun ist Ihr Gesicht an der Reihe. Ziehen Sie die Mundwinkel zur Seite, spannen Sie die Muskeln in den Wangen an, runzeln Sie die Stirn, ziehen Sie die Nase kraus, beißen Sie die Zähne zusammen, kneifen Sie die Augen zu. Fünf Sekunden halten, dann lösen.

6. Jetzt spannen Sie die Nacken- und Schultermuskulatur bis in die obere Rücken- und Brustpartie. Und lösen. Wiederholen Sie diesen Übungsteil zwei-, dreimal, bis sich fühlbar die stärksten Verspannungen lösen. In den Ruhephasen dazwischen achten Sie auf Ihren Atem. Tief einatmen und anhalten. Lassen Sie den Atem dann betont langsam herausströmen. Das Ausatmen soll deutlich länger dauern als das Einatmen.

7. Spannen Sie nun den Bauch- und Gesäßbereich an. Halten und lösen.

8. Jetzt Ihr rechtes Bein anspannen und lockern. Dann das linke. Zum Abschluss eine halbe Minute liegen bleiben und ruhig atmen.

Mit jedem Übungstag wird sich der Entspannungseffekt verstärken. Die Fähigkeit, willkürlich über Spannung Entspannung zu erzeugen, verbessert sich im Laufe eines regelmäßigen Trainings.

Bei **Fantasiereisen oder Imaginationsübungen** wird durch den Text die Entwicklung innerer Bilder angeregt. Der Geist soll durch die Fantasien beruhigt werden. Sorgen, Probleme und andere negative Gedanken treten in den Hintergrund.

Die mentale Entspannung erleichtert die Konzentration auf nachfolgendes Lernen:

> Setzen oder legen Sie sich entspannt hin: Fangen Sie an, auf Ihren Atem zu achten, wie er kommt und geht, ganz von allein ... Stellen Sie sich vor, dass Sie mit jedem Ausatmen Gedanken und Sorgen loslassen ... Und nun befinden Sie sich auf einer schönen Wiese .... Schauen Sie sich um und nehmen Sie alles wahr ... die besonderen Geräusche ... fühlen Sie die Sonne und vielleicht den Wind ... jetzt oder später nehmen Sie einen feinen Duft auf und vielleicht ist da ein besonderer Geschmack ... Dann entdecken Sie den kleinen Pfad ... Sie bekommen Lust, ihm zu folgen bis in einen Wald ... Schauen Sie sich wieder um, es ist so ein Wald, wie Sie ihn lieben ... Hören Sie die besonderen Geräusche ... Riechen Sie, was es zu riechen gibt, und fühlen Sie alles, was Sie fühlen ... Bis Sie zu dem klaren See kommen, der Sie einlädt zu verweilen ... Sie verspüren Lust zu schwimmen ... es ist angenehm, so leicht und wohltuend, dass Sie sogar tauchen ... Sie tauchen durch die Quelle und befinden sich auf der Zauberwiese, an dem Ort, wo alles möglich ist ... Und während Sie sich dort umschauen, wissen Sie, dass aus der Ferne eine weise und gütige Person auf Sie zukommen wird ... Und es spielt keine Rolle, wie

> deutlich Sie diese Person erkennen ... Sie kommt näher und näher ... und Sie können ihr eine Frage stellen ... und sich überraschen lassen, ob Sie die Antwort sofort oder erst später erhalten, als ein Bild, ein Geschenk, ein Satz oder ein Wort ... Alles, was kommt, ist gut ... (ca. 2 Minuten Pause) ...
> Bedanken Sie sich nun, auch wenn Sie die Antwort erst später verstehen ... Verabschieden Sie sich in der Gewissheit, dass Sie, wann immer Sie wollen, an diesen Ort zurückkehren können, zu dieser weisen und gütigen Person ... Und tauchen Sie wieder durch die Quelle ... Schwimmen Sie durch den See ans Ufer, gehen Sie durch den Wald und folgen Sie dem kleinen Pfad zurück auf die Wiese ... Und kommen Sie von dort zurück in den Raum ... Fangen Sie an, Hände und Füße zu bewegen, und seien Sie wieder hier, erfrischt und wach.
> *Preuschoff, Gisela/Mohr, Rona: Wer nicht an Wunder glaubt, ist kein Realist, Kösel-Verlag, München 2003, S. 50f.*

1.3 Lernformen

Der Lernprozess selbst kann nicht beobachtet werden, sondern nur der Auslöser des Lernprozesses und dessen Ergebnis in Form eines geänderten Verhaltens. Verschiedene Lerntheorien versuchen, diesen Lernprozess, der zu dem geänderten Verhalten geführt hat, zu erklären. Lernprozesse können intentional, das heißt mit einer bestimmten Intention (Absicht), aber auch unbewusst und unbeabsichtigt ausgelöst werden. Lerntheorien sind zum Beispiel:

- die klassische Konditionierung (Signallernen),
- das operante Konditionieren (Lernen durch Verstärkung),
- das Lernen am Modell.

1.3.1 Klassische Konditionierung

Iwan P. Pawlow, ein russischer Physiologe, entdeckte 1918 bei seinen Untersuchungen zu den Verdauungsprozessen von Hunden durch Zufall die Zusammenhänge der klassischen Konditionierung.

Er stellte fest, dass die Hunde verstärkt speichelten, wenn seine Assistenten den Tieren Futter brachten. Die Tiere speichelten jedoch bereits dann, wenn sie den Assistenten bzw. das Futter noch gar nicht sehen konnten. Um die Reaktion auszulösen, genügte es den Tieren anscheinend, den Assistenten zu hören. Pawlow ging diesem Phänomen nach und untersuchte es ausgiebig – an Hunden. Wenn ein Hund Futter bekommt, fängt er an zu speicheln, eine angeborene oder unbedingte Reaktion durch den Reiz Futter, den er unbedingten Reiz nennt. Ein vorher ausgelöster neutraler Reiz, z. B. ein Glockenton, bleibt unbeachtet. Ertönt der Glockenton aber mehrmals in Verbindung mit dem Futter, beginnt der Hund bereits beim Glockenton allein zu speicheln. Der Hund hat gelernt zu reagieren und zeigt eine bedingte Reaktion. Das heißt, der neutrale Reiz „Glockenton" ist das Signal für den danach einsetzenden Reiz „Futter", weshalb die klassische Konditionierung auch **Signallernen** genannt wird.

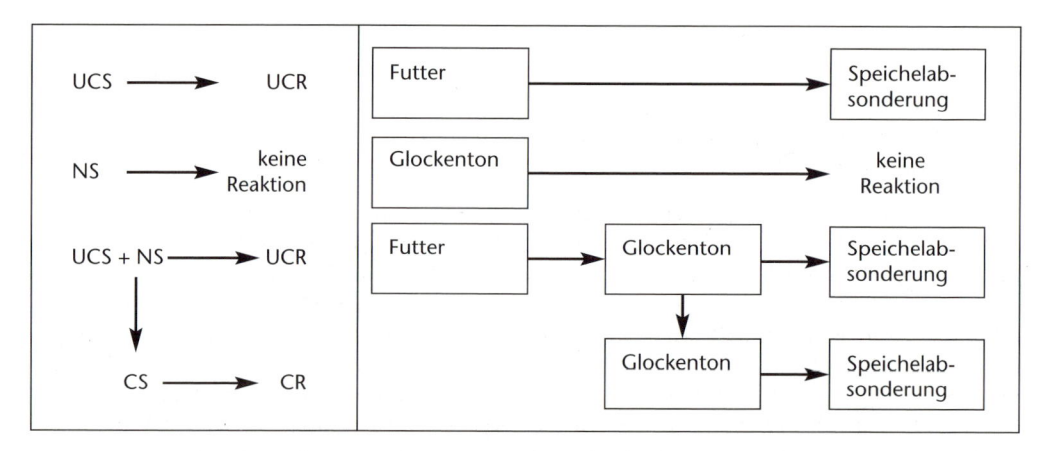

UCS → UCR	Futter → Speichelabsonderung
NS → keine Reaktion	Glockenton → keine Reaktion
UCS + NS → UCR ↓ CS → CR	Futter → Glockenton → Speichelabsonderung ↓ Glockenton → Speichelabsonderung

UCS: unconditioned stimulus (unbedingter Reiz, Reaktion ohne vorangegangenes Lernen)
UCR: unconditioned response (unbedingte Reaktion ist eine angeborene Reaktion)
NS: neutral stimulus (neutraler Reiz, führt zu keiner bestimmten Reaktion)
CS: conditioned stimulus (bedingter Reiz, der ursprünglich neutral war, aber durch mehrmaliges Koppeln mit einem UCS eine bedingte oder gelernte Reaktion auslöst)
CR: conditioned response (gelernte Reaktion, ausgelöst durch den CS)
Einem anderen bedeutsamen Vertreter der klassischen Konditionierung, J. B. Watson, blieb es überlassen, diese Theorie am Menschen auszuprobieren.

Auch beim Mensch gibt es angeborene Reaktionen ausgelöst durch unbedingte Reize. Wenn zum Beispiel ein Säugling die Mutterbrust wahrnimmt, beginnt er automatisch mit Saugbewegungen. Das Signallernen hat beim Menschen insbesondere Bedeutung, wenn Reize, die Angst oder Furcht auslösen, mit neutralen Reizen verbunden werden.

Merkmale der klassischen Konditionierung

Damit zwei Reize miteinander verknüpft werden können, müssen sie miteinander in Verbindung gebracht werden. Hierzu müssen beide Reize (UCS und NS) zeitlich dicht beieinander liegen. Der neutrale und der unbedingte Reiz müssen räumlich (im Zusammenhang) und zeitlich (kurz nacheinander) mehrmals wiederholt auftreten (Gesetz der **Kontiguität**), um eine konditionierte Reaktion auszulösen.

Beim klassischen Konditionieren hat die Kontiguität, die zeitliche Nähe zwischen dem unkonditionierten und dem konditionierten Reiz, eine entscheidende Bedeutung. Nur wenn sie zeitlich benachbart sind, kann der Organismus diejenige Assoziation zwischen ihnen herstellen, die die Grundlage des Lernprozesses bildet. Ein neutraler Reiz wird niemals zu einem konditionierten Reiz, wenn er zeitlich nach dem unkonditionierten Reiz auftritt.

Arbeitsauftrag

In der Werbung wird häufig die klassische Konditionierung verwendet, z. B. wird mit der Werbung für ein kosmetisches Produkt eine junge, attraktive und leicht bekleidete Frau gezeigt in einer verzauberten Landschaft mit der im weichen Licht am Horizont untergehenden Sonne.

1. Welche Ziele verfolgen Werbepsychologen mit dieser Art Werbung?

2. Bringen Sie in der nächsten Unterrichtsstunde Beispiele aus Zeitungen, Plakaten, Werbesendungen usw. mit.

1.3.2 Operante Konditionierung

Pawlows Lerntheorie beruhte vor allem auf der Beziehung zwischen bestimmten aufgrund dieses Verhaltens vorausgehenden Reizen. Burrhus F. Skinner (1904–1990) untersuchte die Folgen eines Verhaltens.

Bei Lernvorgängen unterscheidet er zwischen Antwortverhalten, das der Reaktion auf einen Reiz, wie bei der klassischen Konditionierung beschrieben, entspricht, und Wirkverhalten, den spontan auftretenden und aktiv hervorgebrachten Reaktionen eines Organismus (Skinner nennt sie **Operants**), die offensichtlich keinen Bezug zu vorausgehenden Reizen haben. Die Konsequenzen eines Verhaltens haben danach Einfluss auf die Wahrscheinlichkeit seines zukünftigen Auftretens. In Versuchen mit Ratten und Tauben, unter genau kontrollierten Bedingungen, z. B. mithilfe einer sogenannten Skinner-Box, erkannte Skinner, von einem konkreten, beobachtbaren und beliebigen Verhalten ausgehend, dass durch Verstärkung oder Bestrafung die Wahrscheinlichkeit für das spätere Auftreten eines bestimmten Verhaltens erhöht oder vermindert werden kann.

Zentrale Begriffe in der Theorie von Skinner

Operantes Verhalten = spontan gezeigte Verhaltensweisen

Verstärker = Reiz, der in einer zeitlichen Beziehung zu einem bestimmten Verhalten auftritt, und die Wahrscheinlichkeit für das Wiederauftreten desselben Verhaltens erhöht

Positive Verstärker = Reize, die zu einem vermehrten Auftreten einer Verhaltensweise führen

Negative Verstärker = Reize führen durch ihre Beseitigung zu einem häufigeren Auftreten eines Verhaltens

Beispiel für positive Verstärker
Ein Mitarbeiter leistet bei einer Abteilungssitzung einen Beitrag und erhält dafür von seinem Vorgesetzten eine lobende Zustimmung. Er wird sich in Zukunft häufiger aktiv bei Sitzungen beteiligen.

Werden durch ein Verhalten positive Konsequenzen erzielt, dann tritt dieses Verhalten in der gleichen oder einer ähnlichen Situation mit hoher Wahrscheinlichkeit erneut auf.

Beispiel für negative Verstärkung
Herr M. hat nachmittags regelmäßig lange Sitzungen und ist danach sehr angespannt. Am Abend kann er nicht abschalten und schläft nicht oder schlecht ein. An einem Abend nimmt er vor dem Schlafengehen eine Schlaftablette und schläft ein. In Zukunft wird er bei Schlafproblemen häufiger eine Schlaftablette nehmen.

Werden durch ein Verhalten regelmäßig negative Konsequenzen vermieden oder beseitigt, erhöht dies die Wahrscheinlichkeit, dass dieses Verhalten erneut auftritt.

> Spontanes Verhalten ohne positive oder negative Konsequenzen wird in Zukunft gar nicht oder zufällig auftreten.

Weitere Verstärker

Primäre Verstärker beziehen sich auf elementare, angeborene Bedürfnisse wie Nahrungs- und Flüssigkeitszufuhr, Schlaf, sexuellen Kontakt usw. Ihre verstärkende Wirkung ist am größten bei Defiziten im jeweiligen Organismus. Koppelt man einen neutralen Reiz so mit einem primären Verstärker, dass auch er verstärkende Wirkung erhält, so nennt man das einen **sekundären Verstärker**.

Ein **generalisierter Verstärker** ist ein Verstärker, der sich gegen verschiedene primäre und sekundäre Verstärker eintauschen lässt, z. B. Geld. Während das Bedürfnis nach einzelnen primären und sekundären Verstärkern oft relativ schnell gesättigt ist, tritt eine solche Sättigung bei generalisierten Verstärkern nicht auf.

Materielle Verstärker bestehen in der Vergabe von Dingen, die ein bestimmtes Verhalten fördern.

Soziale Verstärker drücken sich z. B. in Lob und Anerkennung aus, durch die ein Verhalten ebenfalls gefördert werden kann.

Von **verdeckten Verstärkern** spricht man, wenn eine Handlung „sich selbst belohnt", z. B. das Lösen einer Aufgabe in sich lustvoll ist, so dass keine sichtbare Verstärkung erfolgen muss.

Informative Verstärker geben Rückmeldung darüber, ob ein vorgegebenes Ziel erreicht wurde, z. B. die korrekte Lösung einer Aufgabe.

Die Wirkung von Verstärkern kann gesteigert werden, wenn sie im Rahmen eines systematischen Verstärkungsplanes zum Einsatz kommen, indem die Häufigkeit einer Verstärkung und die Bedingungen, unter denen sie stattfindet, genau festgelegt werden. Außerdem lässt sich eine Verstärkung an einen bestimmten Stimulus koppeln, wenn ein Verhalten nur unter ganz bestimmten Bedingungen belohnt wird, z. B. während eine bestimmte Musik läuft. In diesem Fall spricht man von Stimuluskontrolle.

Im Unterschied zur negativen Verstärkung wird bei der Bestrafung durch einen Strafreiz oder durch den Entzug von positiven Verstärkern ein bestimmtes Verhalten unterdrückt.

Die operante Konditionierung unterscheidet sich also von der klassischen Konditionierung vor allem dadurch, dass sie einen selektiven Lernprozess darstellt, bei dem Konsequenzen (z. B. Erfolg oder Misserfolg) eines bestimmten Verhaltens das zukünftige Verhalten beeinflussen. Der Organismus muss erst eine Reaktion hervorbringen, bevor diese dann verstärkt wird (z. B. durch Strafe/Belohnung). Der Organismus hat somit also eine aktive Rolle und er hat Kontrolle über die Reaktion auf einen Reiz. Die zu konditionierende Reaktion muss Teil des zur Verfügung stehenden Verhaltensrepertoires sein.

Denn wenn eine Verhaltensweise etwas zur Folge hat, was der betreffenden Person positiv erscheint, wird sie dieses Verhalten öfters zeigen. Ist die Konsequenz jedoch eher unangenehm, dann tritt diese Handlung zukünftig seltener auf.

Unter **Reizgeneralisierung** versteht man die Ausdehnung der gelernten Assoziation auf neue, ähnliche Reize. Nach einer erfolgreichen Konditionierung reagiert der Pawlow'sche Hund auf den Glockenton mit erhöhter Speichelproduktion. Wenn der Glockenton nun einen helleren Klang hat, und der Hund dennoch in gleicher Weise reagiert, wurde der Reiz generalisiert. Ein ähnlicher Reiz löst also die gleiche Reaktion aus.

Reizdifferenzierung/Reizdiskrimination/Diskriminationslernen

Im Alltag ist der Mensch permanent unterschiedlichen Umweltreizen ausgesetzt. Viele dieser Reize sind sich sehr ähnlich, haben aber eine völlig unterschiedliche erlernte Bedeutung. Im Gegenteil zur Reizgeneralisierung bedeutet die Differenzierung (oder Diskrimination), dass zwei ähnliche Reize verschiedene Reaktionen auslösen.

Der Pawlow'sche Hund erhält bei einem Glockenton sein Futter. Wird der Glockenton leicht verändert, erhält das Tier kein Futter. Ziel ist es, das Tier nur auf einen bestimmten Glockenton zu konditionieren. Den veränderten Glockenton beachtet der Hund nicht als CS, sondern als NS – er hat den Reiz differenziert bzw. diskriminiert.

Von Reizdifferenzierung spricht man, wenn ein Organismus zwischen dem bedingten Reiz und einem ihm ähnlichen Reiz unterscheiden kann und nur auf den bedingten Reiz eine bestimmte Reaktion zeigt.

Aussagen des operanten Konditionierens

- Lernen erfolgt nur bei einer vorhandenen Bereitschaft zum Lernen. Diese ist gegeben, wenn ein Individuum einen wenig lustvollen Zustand beseitigen oder vermeiden will und einen lustvollen Zustand herstellen will.
- Zum Erfolg führendes Verhalten wird wieder gezeigt, nicht zum Erfolg führendes nicht wieder gezeigt.
- Verhalten mit positiven Konsequenzen oder Vermeidung von negativen Konsequenzen erhöhen die Wahrscheinlichkeit der Wiederholung des Verhaltens. Wenn keine Konsequenzen folgen, ist die Wahrscheinlichkeit, dass sich das Verhalten wiederholt, gering.
- Ein gelerntes Verhalten wird nur durch Übung und Wiederholung aufgebaut und erhalten.

Arbeitsauftrag

Die leitenden Angestellten der Fa. Techem GmbH sollen angespornt werden, durch noch mehr Leistung den Umsatz zu steigern. Dazu werden nicht wie üblich Umsatzprovisionen gezahlt, sondern bei Erreichung der gesetzten Ziele dürfen die Mitarbeiter mit ihren Ehepartnern auf eine Luxusreise gehen.
1. Beschreiben Sie ähnliche Beispiele, wie im Alltag Menschen zu mehr Leistung und Konsum motiviert werden sollen.
2. Diskutieren Sie in der Gruppe, ob und ggf. mit welchen ähnlichen Methoden Menschen zu mehr Verzicht zu motivieren sind.

1.3.3 Lernen am Modell

Der Lernpsychologe Albert Bandura entwickelte das Modelllernen (auch Lernen am Modell, Nachahmungslernen, Beobachtungslernen, Imitationslernen, Soziale Lerntheorie, Soziales Lernen, Sozial-Kognitive Lerntheorie) aufgrund der Kritik an der operanten Konditionierung. Diese konnte völlig neue Verhaltensweisen, die nicht verstärkt werden, oder die Übernahme komplexer Verhaltensweisen nicht erklären. Menschen lernen nicht nur anhand von Verhaltenskonsequenzen, sondern auch durch Beobachtung. Somit können Erfahrungen und Wissen (z. B. Fertigkeiten) anderer an andere weitergegeben werden. Im Gegensatz zur klassischen und operanten Konditionierung kann durch das Lernen am Modell völlig neues Wissen/Verhalten erlernt werden. Das Lernen ist nicht mehr von vorhandenen Reiz-Reaktions-Verbindungen abhängig, die zumindest ansatzweise bereits vorhanden sein müssen. Da das Modell keinen direkten Reiz darstellt, würde nach anderen behavioristischen Theorien kein Lernen stattfinden.

Vollkommen neue Verhaltensweisen/Einstellungen lernen Individuen dadurch, dass sie die Verhaltensweisen/Einstellungen anderer wahrnehmen, beobachten und nachahmen. Darüber hinaus hat das Beobachtungs- oder Modelllernen den Vorteil, dass komplexe Verhaltensbereiche (Sprache, Autofahren, berufliche Tätigkeiten usw.), die sich aus einer Vielzahl von Verhaltensweisen zusammensetzen, leichter und schneller erworben werden können, als wenn sie einzeln verstärkt werden müssten.

Nach Bandura läuft das Modelllernen in zwei Phasen und je zwei Teilprozessen ab:

> *1. Aneignungsphase:* **Aufmerksamkeitsprozesse**
> *Eine Person beobachtet in konzentrierter Aufmerksamkeit das Modell. Sie schaut genau hin und nimmt das Modell bewusst wahr. Der Beobachter selektiert dabei Verhaltensweisen.*
>
> *2. Aneignungsphase:* **Behaltensprozesse**
> *Ein beobachtetes Modellverhalten kann manchmal erst längere Zeit nach dem Beobachten nachgeahmt werden. Dazu ist das beobachtete Verhalten im Gedächtnis gespeichert worden.*
>
> *3. Ausführungsphase:* **Reproduktionsprozesse**
> *Der Beobachter erinnert sich an das gespeicherte Verhalten und ahmt das beobachtete Verhalten nach, indem die Bewegungsabläufe wiederholt werden.*
>
> *4. Ausführungsphase:* **Verstärkungs- und Motivationsprozesse**
> *Der Beobachter wird verstärkt, weil er den Erfolg seines eigenen Verhaltens sieht. Schon wenn der Beobachter erste Fortschritte sieht, wird sich diese Feststellung des erfolgreichen Verhaltens verstärkend auswirken.*

Ein Modell wird (bewusst und unbewusst) nachgeahmt, da das Verhalten bzw. die Fähigkeit des Modells (das Modellverhalten) zu einer positiven Konsequenz geführt hat.

Eine Person (Modell) wird beobachtet. Erscheint das Modellverhalten als sinnvoll und ist es dem Nachahmenden (Lernenden) möglich, dieses Verhalten zu imitieren, so wird das Verhalten nachgeahmt.

Durch das Modelllernen kann sich der Lernende Erfahrungen eines Modells zunutze machen. Oftmals ist dem Modell und/oder dem „Nachahmer" (dem Lernenden) dessen Position nicht bewusst: Modelllernen beinhaltet demnach:

(a) das *mitdenkende (bewusste) Nachahmen* und
(b) das *unbewusste Nachahmen* (Nachahmen, ohne explizit darüber nachzudenken).

Beim Prozess des Modelllernens versucht das Individuum, bei anderen Personen wahrgenommenes Verhalten bewusst oder unbewusst zu übernehmen. Das heißt, ein neues Verhalten kann durch „Sehen" übernommen werden.

Oft haben Menschen gemeinsame Modelle, an denen sich ihr Verhalten orientiert (Politiker, Sportler und Filmschauspieler). Dies bedeutet auch, dass Modelle zum Teil „anonymer" geworden sind, sie sind nicht so persönlich wie die Eltern, der Lehrer, Pfarrer, Förster oder die Nachbarn der früheren Jahre des letzten Jahrhunderts.

Verstärkungslernen (operante Konditionierung) und Lernen am Modell scheinen einige Parallelen zu haben: Auch beim Modelllernen soll eine Verhaltensweise Verstärkung erfahren (z. B. durch das Erreichen eines Ziels). Dennoch handelt es sich beim Modelllernen um eine kognitive Lerntheorie, weil explizit innere Prozesse als Grundlage des Lernens angenommen werden.

Diese Auffassung ist dadurch gekennzeichnet, dass zwischen der Anregung des Verhaltens durch ein Modell und der Ausführung des Verhaltens durch den Beobachter kognitive Prozesse angenommen werden.

Je größer die Differenz zwischen eigenem Können und der beobachteten Fähigkeit ist, desto geringer ist die Möglichkeit, das beobachtete Verhalten nachahmen zu können. Je häufiger die Möglichkeit besteht, ein Modell beobachten zu können, desto einfacher und besser wird das Verhalten im Bedarfsfall reproduziert werden können.

Arbeitsauftrag

Fallen Ihnen Verhaltensweisen oder Fähigkeiten ein, die Sie selbst durch das Lernen am Modell erworben haben?

Bedingungen des Modelllernens

- Der Lernende muss eine gefühlsmäßige Beziehung zum Modell haben bzw. es anerkennen,
- das Modell muss in irgendeiner Hinsicht wichtig sein, Ansehen und Macht und/oder einen hohen sozialen Status besitzen (z. B. Eltern, Lehrer, Vorgesetzter),
- das Verhalten muss erreichbar und nachvollziehbar sein,
- das Modellverhalten muss Erfolg erbracht haben und verstärkt worden sein,
- der Lernende muss für das Zeigen der übernommenen Verhaltensweisen verstärkt werden.

Das Modell sollte eine bedeutungsvolle Person sein, um einen möglichst wertvollen Verstärker darzustellen. Je bedeutungsvoller eine Personen (z. B. Vorgesetzter, Freund, Ehepartner), desto höher ist der Verstärkerwert.

Drei unterschiedliche Effekte sind identifizierbar:
1. der Neuerwerb von Verhaltensweisen,
2. die Hemmung oder Enthemmung von bereits gelerntem Verhalten und
3. eine auslösende Wirkung für ein bereits erlerntes Verhalten.

Das beobachtete Verhalten eines Modells wird dann den stärksten Einfluss haben, wenn …

- beobachtet wird, dass das Modell verstärkt wird.
- das Modell als positiv wahrgenommen wird, d. h., wenn es beliebt ist und respektiert wird.
- der Beobachter Ähnlichkeiten zwischen sich und dem Modell wahrnimmt.

- verstärkt wird, dass der Beobachter dem Modell Aufmerksamkeit schenkt.
- das Verhalten des Modells sichtbar und auffällig ist – d.h., wenn es sich klar vor dem Hintergrund konkurrierender Modelle abhebt.
- die vorhandene Kompetenz des Beobachters ausreicht, um das Verhalten nachzuahmen.

> *Laut Bandura müssen vier Voraussetzungen erfüllt werden, um ein Modell erfolgreich nachzuahmen:*
>
> 1. *Aufmerksamkeit: Ein Modell kann nicht imitiert werden, wenn es nicht beobachtet wird.*
> 2. *Retention und Speicherung: Das wahrgenommene Verhalten muss behalten werden, um auch später und bei Abwesenheit des Modells ausgeführt werden zu können.*
> 3. *Motorische Reproduktion: Um ein Verhalten gut reproduzieren zu können, muss die Person über die dazu benötigten motorischen Fähigkeiten verfügen.*
> 4. *Bekräftigung und Motivation: Die Person muss das wahrgenommene Verhalten als Bekräftigung erfahren und motiviert sein, dem Modell zu folgen.*

Erwerb von aggressivem Verhalten

Bandura unternahm einen Versuch, um zu belegen, dass auch aggressives Verhalten durch Modelllernen entstehen kann: Gewaltdarstellungen in Filmen steigern das aggressive Verhalten von Kindern und Jugendlichen, insbesondere wenn das Modell mit seiner Aggressivität erfolgreich ist und Gewaltanwendung gerechtfertigt scheint. Wenn die Modellperson Gewaltlosigkeit vorlebt, kann das die Nachahmung aggressiver Handlungen deutlich hemmen. Bandura gelangte zu der Überzeugung, dass die Eltern dieser Kinder häufig ein Vorbild für aggressive Verhaltensweisen darstellen.

Modelllernen und Verhaltensänderung

Um Verhalten und Fähigkeiten eines Lernenden zu beeinflussen, kann ein Modellverhalten zielgerichtet eingesetzt werden. Das Ziel beinhaltet den Erwerb von angepassten Verhaltensweisen bzw. die Unterdrückung unerwünschter Verhaltensweisen. Man stellt also absichtlich ein Vorbild dar, was als partizipierendes Modelllernen bezeichnet wird. Eine Person mit Angst z.B. vor einem Tier, Gegenstand oder einer Situation beobachtet eine Person, die sich gegenüber diesen Angstreizen angstfrei verhält. Der Beobachter erkennt, dass auf dieses Verhalten keine negativen Konsequenzen folgen, und baut somit seine Angst ab. Die Beobachtung eines Experten bei der Problemlösung soll bewirken, dass die Lernenden ein Modell des Lösungsprozesses entwerfen und so dann selbst benutzen, um ähnliche Probleme zu lösen.

Das Grundprinzip dieser Verfahren besteht darin, dass der Therapeut den Klienten angemessenes Verhalten vorführt und diese dann durch Nachahmung und Üben die Fähigkeit erlernen, dieses Verhalten im eigenen Leben auszuführen. In manchen Fällen fungieren die Therapeuten als Vorbilder für neue emotionale Reaktionen. Zum Beispiel beschäftigen sie sich ruhig und gelassen mit Schlangen, um Klienten mit Schlangenphobie zu zeigen, dass es möglich ist, in Anwesenheit dieser Tiere entspannt zu bleiben.

In der Werbung spielt das Modelllernen ebenfalls eine große Rolle: Eine Person macht im Werbespot etwas vor und erreicht damit das gewünschte Ziel. Wir (als Konsumenten) sollen dieses Verhalten nachahmen – natürlich mit den entsprechenden Produkten, die für die Nachahmung erforderlich werden.

Vgl. Schmitt, Günter: Lernen am Modell nach Bandura, unter www.uni-due.de/edit/lp/kognitiv/bandura.htm abgerufen am 19.06.2014

> **Arbeitsauftrag**
>
> *Erklären Sie die Entstehung und Entwicklung aggressiven Verhaltens mithilfe der Lernform Modelllernen. Formulieren Sie dabei die grundlegenden Aussagen dieser Lernform.*

1.4 Kreative Lerntechniken

Kreativität ist die Fähigkeit, aus bekannten Informationen neue Kombinationen zu bilden. Kreativitätstechniken dienen der Findung von Ideen, die dazu geeignet sind, Probleme zu lösen. Es gibt einzel- oder gruppenorientierte Verfahren, die in erster Linie den Zweck verfolgen, zu möglichst vielen Ideen zu kommen, um dann in einem zweiten Schritt diese Ideen auf ihre Verwertbarkeit hin zu prüfen. Gewohnte Denkschablonen sollen aufgebrochen werden, um ein breiteres Spektrum an Ideen und deren Realisierungsmöglichkeiten aufzuzeigen.

Durch den Einsatz von Kreativitätstechniken wird die Findewahrscheinlichkeit von vielen Ideen bei innovativen Problemstellungen erhöht; ein Findeerfolg ist jedoch nicht gewährleistet. Auf den folgenden Seiten finden sich mehrere Beispiele für Kreativitätstechniken.

1.4.1 Brainstorming

Brainstorming ist eine der bekanntesten Methoden, um Kreativität anzukurbeln. Sechs bis zehn Teilnehmer bilden bis zu 30 Minuten lang freie Assoziationen zu einem Thema.

Vorgehensweise

- Ein geeigneter Moderator ist zu bestimmen.
- Die Teilnehmer verfügen über ein möglichst breit gestreutes Fachwissen und weisen keine zu großen hierarchischen Unterschiede auf.
- Bei komplexeren Themen/Ideen haben die Teilnehmer die Möglichkeit, sich ausreichend vorzubereiten.
- Eine zwanglose Atmosphäre ist hilfreich.
- Äußere Störfaktoren werden ausgeschaltet.

Regeln

- Kritik ist verboten.
- Der Fantasie soll freier Lauf gelassen werden, um möglichst kühne Ideen zu erhalten.
- Je mehr Ideen, desto besser – Quantität geht vor Qualität.
- Die Ideen der anderen sollen aufgenommen, kombiniert und weiterentwickelt werden.
- Jede Idee ist als Leistung des Teams und nicht eines Einzelnen zu betrachten.

> **Arbeitsauftrag**
>
> *Entwickeln Sie mithilfe der Brainstorming-Methode Lösungsmöglichkeiten zum Thema „Wie kann man sich das Rauchen abgewöhnen?".*

1.4.2 Methode 635 (Brainwriting)

6 Teilnehmer entwickeln **3** Ideen jeweils **5**-mal weiter. Das bedeutet: Sechs Menschen treffen sich an einem Tisch und entwickeln Lösungsvorschläge für ein gegebenes Problem. Jeder Teilnehmer entwirft drei Lösungsvorschläge und gibt dann sein Blatt an den rechten Nachbarn weiter. Dieser liest das Blatt durch, lässt sich durch die vorliegenden Vorschläge zu neuen Ideen anregen, ergänzt wiederum drei Ideen und gibt sein Blatt weiter.

Ähnlich wie beim **Brainstorming** nutzt man auch bei der **Methode 635** den Zeitdruck. Die ersten drei Ideen werden in nur drei bis vier Minuten entworfen. Bei den nächsten Runden gibt man ein bis zwei Minuten hinzu, da mehr zu lesen ist und die Ideen oft stärker ins Detail gehen. Die Zeit ist ein Faktor, der dazu beiträgt, das Gehirn, insbesondere das Kurzzeitgedächtnis, besser zu nutzen.

Vorgehensweise

- Analysieren Sie das zu bearbeitende Problem.
- Einigen Sie sich auf eine Problemstellung.
- Übertragen Sie die Problemstellung auf Ihren 6-3-5-Bogen.
- Entwickeln Sie innerhalb von fünf Minuten drei Ideen und tragen Sie diese Ideen nebeneinander in die oberste Tabellenzeile ein.
- Geben Sie das Blatt an Ihre rechte Nachbarin bzw. Ihren rechten Nachbarn weiter.
- Sie erhalten gleichzeitig ein Blatt von links. Lesen Sie die Ideen und entwickeln Sie diese weiter.
- Nach dem sechsten Durchgang erhalten Sie Ihren eigenen Bogen zurück. Lesen Sie die Ideen und entwickeln Sie diese weiter.
- Falls Sie einzelne Aussagen nicht verstehen, stellen Sie Verständnisfragen.
- Diskutieren Sie die Lösungsansätze und einigen Sie sich auf die fünf, die Ihrer Meinung nach Erfolg versprechen.
- Präsentieren Sie Ihre Ergebnisse.

Beispiel: Arbeitsblatt Methode 635

Problem:		Datum: 5.8.20.. Blatt-Nr. 6	
Idee 1 von Herrn Berger	Idee 2 von Herrn Berger	Idee 3 von Herrn Berger	
Weiterverfolgung von Idee 1 oder neue Idee von Herrn Walter	Weiterverfolgung von Idee 2 oder neue Idee von Herrn Walter	Weiterverfolgung von Idee 3 oder neue Idee von Herrn Walter	
Weiterverfolgung von Idee 1 oder neue Idee von Herrn Müller	Weiterverfolgung von Idee 2 oder neue Idee von Herrn Müller	Weiterverfolgung von Idee 3 oder neue Idee von Herrn Müller	
usw.	usw.		

Arbeitsauftrag

Suchen Sie ein gemeinsam zu lösendes aktuelles politisches Problem (demografischer Wandel, Staatsverschuldung usw.) und entwickeln Sie Ideen nach der Methode 635.

1.4.3 Morphologischer Kasten

Morphologie ist eine Denkmethode, deren Begründung dem Schweizer Astrophysiker Fritz Zwicky (1898–1974) zugeschrieben wird. Ziel dieser Methode ist es, alle logisch denkbaren Möglichkeiten systematisch zusammenzutragen, eingefahrene Strukturen im Denken und Handeln aufzubrechen und den Horizont zu erweitern.

Vorgehensweise

- Das Problem wird umschrieben und bildet die Überschrift über dem morphologischen Kasten.
- Es werden Teilprobleme des Problems durch Analyse und eventuelles Brainstorming entwickelt.
- Es werden Lösungsalternativen zu den Teilproblemen erarbeitet.
- Die Lösungsvarianten der Teilprobleme werden mit Lösungsvarianten des Gesamtproblems kombiniert.
- Die Lösungsvarianten werden bewertet und die sinnvollste wird ausgewählt.

Beispiel: Bedienung eines neuen Gartengrills

Problem-elemente	Lösungsmöglichkeiten				
Fleischauflage	Auflage auf einem Rost	Auflage auf Draht	Spieß	Aufhängen auf Drähten	Klammern
Fleisch zuführen	von Hand	Transportband	auswechselbare Halterung	Schüttvorrichtung mit Schieber	Kurbelgestänge
Hitze erzeugen	Kohle	Holzkohle	Strom	Gas	Sonnenenergie
Regulierung der Hitze	wechselhafte Energiezufuhr	Verstellung der Fleischhalterung	Abschirmbleche	Kühlmittelzugabe	variable Heizfläche
	usw.	usw.	usw.	usw.	usw.

Die Idee der Morphologie ist es, systematisch Kombinationen nach Lösungen von Problemen abzusuchen. Dass dabei auch unsinnige Kombinationen durchprobiert werden, die noch niemand vorher gemacht hat, ist das Grundelement der Kreativität.

1.4.4 Mindmapping

Die Mindmapping-Methode nutzt die Arbeitsweise unseres Gedächtnisses. Wenn wir uns alles notieren, was uns zu einem Begriff, Gegenstand oder Sachverhalt einfällt, stellen wir spontan zahlreiche Gedankenverbindungen her. Hört man z. B. die Anfangstakte eines Liedes, stellen sich sofort zahlreiche Vorstellungen, Bilder, Empfindungen ein. Es bildet sich sozusagen ein Netz aus, in dem alle diese Gedanken miteinander verbunden werden. Alle abgespeicherten Informationen in unserem Gedächtnis sind durch unzählige Verbindungen (Assoziationen) miteinander verbunden. Das Gedächtnis ist also ein riesiges Assoziationsnetz.

Mit der Mindmapping-Methode werden Erinnerungs-, Vorstellungs- und Denkstrukturen zu Papier gebracht, also visualisiert.

Da jeder seine eigenen Strukturen hat, ist auch jede Mindmap individuell, denn jeder legt ausschließlich seine Gedankenverknüpfungskarte an.

Während einer kreativen Phase arbeitet das Gehirn so schnell, dass Gedanken, Bilder und Verknüpfungen nicht verständlich formuliert werden können, sondern nur als Stichworte oder assoziierte Bilder entstehen. Dies wird mit der Strukturierung von Mindmaps in Form organisierter und methodisch geordneter Stichworte erreicht.

Vorgehensweise

- Die Mindmap entsteht am besten auf einem großen Papierbogen.
- Im Mittelpunkt steht das Thema, das in die Mitte des Bogens in einen Kreis geschrieben wird.

Kreative Lerntechniken

- Um dieses Thema platzierte Schlüsselwörter sind Aufhänger für Gedanken oder einen Gedankenkomplex. Empfehlenswert sind einfache Substantive, die wiederum Zugang zu weiteren Schlüsselwörtern ermöglichen.
- Durch Hauptäste wird das Thema untergliedert.
- Von jedem Hauptast gehen Zweige ab, die sich wiederum in Nebenzweige verästeln können.
- Einen Hauptast mit seinen Zweigen bezeichnet man als „Komplex".
- Für eine innere Ordnung geht man vom Abstrakten zum Konkreten und vom Allgemeinen zum Speziellen.

Mindmaps können per Hand oder am Computer entwickelt werden. MindManager ist z. B. ein leicht erlernbares Programm zur Erstellung digitaler Mindmaps am PC.

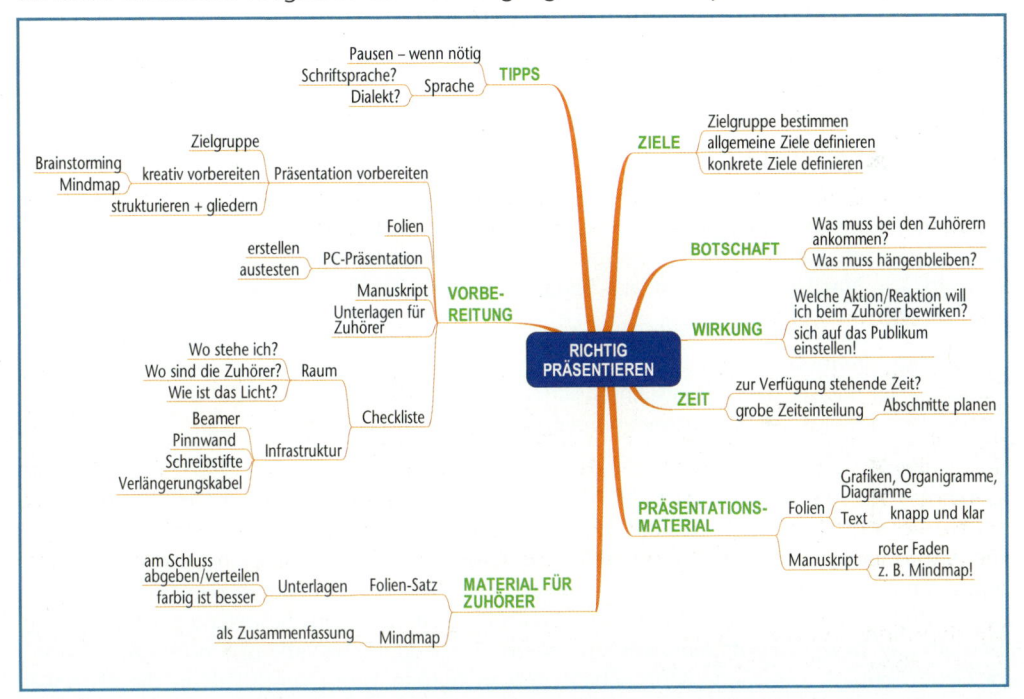

(Mindmap: RICHTIG PRÄSENTIEREN mit Ästen TIPPS, ZIELE, BOTSCHAFT, WIRKUNG, ZEIT, PRÄSENTATIONSMATERIAL, MATERIAL FÜR ZUHÖRER, VORBEREITUNG)

Arbeitsauftrag

Sie planen eine Studienfahrt in eine europäische Metropole Ihrer Wahl. Halten Sie in Form einer Mindmap Wünsche, Meinungen und Interessen der Teilnehmer Ihrer Gruppe fest.

1.4.5 Mnemotechnik

Wer kennt nicht den Lerntipp, wie man sich merken kann, welche Monate 30 bzw. 31 Tage haben? – Man legt die geballten Fäuste nebeneinander, dann zeigen die Knöchelerhebungen die Monate mit 31 Tagen, die Knöchel-Vertiefungen die Monate mit 30 Tagen bzw. im Februar mit 28/29 Tagen.

Das Wort Mnemotechnik stammt aus dem Griechischen – mnemon – und heißt übersetzt aufmerksam. Mnemosyne war die Göttin des Gedächtnisses. Mit Mnemotechniken verbindet man Merkhilfen in Form von sogenannten Eselsbrücken, die helfen, Informationen im Kopf abzurufen. Schauspieler nutzen diese Methode, um sich lange Monologe besser merken zu können, oder Politiker, um bei Reden nicht den roten Faden zu verlieren. Ein durchschnittliches Gedächtnis, das nicht trainiert ist, kann sich ca. 5 bis 7 Informationen merken. Folgender Test verdeutlicht dies.

> *Arbeitsauftrag*
>
> *Sie wollen in einem Supermarkt Lebensmittel einkaufen. Lesen Sie die folgende Liste ein Mal durch und schreiben Sie anschließend alles auf, was Sie sich gemerkt haben.*
> *Spargel, Butter, Pfeffer, Kaffee, Lachs, eine Flasche Bordeaux, Mayonnaise, 1 kg Schweinebraten, Kartoffeln, Paprika, Mineralwasser, Vanilleeis, Sauce Béarnaise, 1 kg Bananen, Salz*

Nur einige dieser Lebensmittel wird man sich merken können. Stellt man sich die Lebensmittel zu einer Speisenfolge zusammen, dann wird eine erheblich höhere Behaltensleistung erzielt:

Als Vorspeise gibt es Lachs mit Spargel auf zerlassener Butter, die Hauptspeise besteht aus einem mit Pfeffer und Salz gewürzten Schweinebraten mit Sauce Béarnaise (wird mit Mayonnaise angemacht), als Beilage werden Kartoffeln und Paprikagemüse gereicht, dazu ein Glas Rotwein. Die Nachspeise besteht aus Bananensplit mit Vanilleeis, einem Kaffee und einem Glas Wasser.

Mit diesem mnemotechnischen Trick lässt sich die Merkleistung erheblich steigern. Für Informationen des Alltags, die keinen sachlogischen Zusammenhang haben oder deren Logik nicht verständlich scheint, ist Mnemotechnik hilfreich. Wichtig dabei ist nicht, dass sie sinnvoll ist, sondern dass sie funktioniert.

Mnemotechnik beruht zum einen auf Assoziation und zum andern auf der Umwandlung von Wörtern in Bilder. In vielen alltäglichen Situationen wird eine bestimmte Sache mit einem anderen Gedanken automatisch in Verbindung gebracht. Die meisten Menschen werden z. B. beim Nennen der Farbe Weiß auch an die Farbe Schwarz denken. Durch diese natürliche Arbeitsweise des Gehirns werden Informationen abrufbereit im Gehirn gespeichert. Dazu müssen Assoziationen bewusst kontrolliert werden, indem eine gedankliche Verknüpfung zweier „Dinge" im Gehirn erfolgt. Das Gedächtnis schafft sich sozusagen eine Grundstruktur, die als Anker betrachtet werden kann, der später mit der neu aufzunehmenden Information verknüpft wird.

Solche Merksysteme bedeuten eine Abspeicherung von Elementen im Gehirn, wobei anschließend Informationen praktisch in beliebiger Reihenfolge wiedergegeben werden und sich zudem beinahe beliebig erweitern lassen.

Warum war die Behaltensleistung bei dem Trick mit der Speisenfolge besser als im ersten Test?

- Durch die quasi reale Situation wurde eine interaktive Verbindung geschaffen (beide haben miteinander zu tun).

- Begriffe sind mit eigenen Vorstellungen verbunden.

- Verbale Elemente stehen in enger Beziehung zu bildhaft-emotionalen Elementen (linke und rechte Gehirnhälfte).

Mnemotechniken gibt es in unterschiedlichen Varianten, z. B. als Akronyme oder Reime.

Einfaches Akronym

Beispiele

Das Wort „roggbiv" verdeutlicht zum Beispiel die Farben des Regenbogens (**R**ot, **O**range, **G**elb, **G**rün, **I**ndigo, **V**iolett).

Erweiterte Akronyme

Beispiele

Die Windrichtungen (**N**orden, **O**sten, **S**üden, **W**esten) findet man in dem Satz „Nie ohne Seife waschen".

Der Satz „Welcher Seemann liegt bei Nelly im (j = i) Bett?" zeigt die Reihenfolge der Nordseeinseln **W**angerooge, **S**piekeroog, **L**angeoog, **B**altrum, **N**orderney, **J**uist, **B**orkum.

Reime

Beispiele

Die Quellflüsse der Donau merkt man sich mit dem Satz: „Brigach und Breg bringen die Donau zuweg."

Das Gründungsjahr der Stadt Rom im Jahr 753 v. Chr.: „7-5-3: Rom schlüpft aus dem Ei."

Die Schlacht von Alexander dem Großen gegen den persischen König Darius III. bei Issos fand 333 v. Chr. statt: „drei – drei – drei: bei Issos Keilerei".

Erneuter Impuls für die europäische Völkerwanderung: „3-7-5: Die Hunnen machen sich auf die Strümpf."

Die größeren Nebenflüsse der Donau in Deutschland (Altmühl, Iller, Inn, Isar, Lech, Naab, Regen, Wörnitz) merkt man sich besser im Reim: „Iller, Lech, Isar, Inn fließen rechts zur Donau hin; Wörnitz, Altmühl, Naab und Regen fließen ihr von links entgegen."

Die Mnemotechnik ist jedoch kaum geeignet, wenn es sich um umfangreichen und komplexen Lernstoff handelt. Sie ist ein Hilfsmittel, um sinnfremde Begriffe oder Aufzählungen, die einfach nicht im Gedächtnis bleiben wollen, wiedergeben zu können. Am verstehenden Lernen führt allerdings kein Weg vorbei, zumal dies auch ökonomischer und nachhaltiger ist.

1.5 Zeitmanagement

Kurz vor dem Meeting klingelt das Telefon, ein Mitarbeiter der Buchhaltung benötigt für die Statistik noch einige Daten. Dabei waren die letzten Minuten doch dafür gedacht, die Präsentation fertigzustellen. Um Stress am Telefon und eine unvollständige Präsentation zu vermeiden, ist ein Zeitmanagement notwendig.

Zeitmanagement ist eine Methode des Selbstmanagements. Es soll dazu befähigen, die zur Verfügung stehende Zeit so einzuteilen, dass alle wichtigen Termine und Aufgaben erledigt werden können, denn Zeit …
- ist knapp,
- ist nicht vermehrbar,
- kann nicht aufbewahrt werden,
- vergeht unwiderruflich.

Zeitmanagement heißt, bewährte Arbeitstechniken in der täglichen Praxis konsequent und zielorientiert anzuwenden, um die Organisation eigener Lebensbereiche zu optimieren und die zur Verfügung stehende Zeit sinnvoll zu nutzen.

Im Arbeitsalltag treten immer wieder Störungen auf, die die Erledigung wichtiger Dinge verhindern, sogenannte Zeitfresser. Die größten Zeitfresser entstehen dadurch, dass man …
- bei jeder Sitzung dabei sein will,
- alle Informationen detailliert wissen will,
- Probleme sofort lösen will,
- es jedem recht machen will,
- jederzeit für jeden ansprechbar ist,
- Unterlagen sofort und gleichzeitig bereitstellen will,
- auch unwichtige Dinge selbst erledigen will,
- sich leicht ablenken lässt.

Arbeitsauftrag

Finden Sie Ihre persönlichen Zeitfresser, die durch die allgemeine Arbeitsorganisation oder persönlich verursacht sind. Versuchen Sie zu klären, worin die Ursachen liegen, und schlagen Sie Lösungen vor.

Die zentrale Frage eines effizienten Zeitmanagementsystems ist, was am Ende erreicht werden soll. Daher gehört das Setzen von erreichbaren Zielen an den Anfang eines effizienten Zeitmanagements. Die Ziele eines Arbeitsprozesses müssen genau erfasst und formuliert werden. Nur so lassen sich die zu ihrer Erreichung nötigen Methoden planen und in die Praxis umsetzen.

Nicht alle Ziele, die erreicht werden sollen, sind gleich wichtig. Nur bei Erreichen sogenannter Schlüsselziele können die weiter gehenden Ziele verfolgt werden. Schlüsselziele haben eine strategische Bedeutung, wobei andere gewissermaßen nebenbei erreicht werden können. Ziele lassen sich je nachdem, ob sie in kurzer oder längerer Zeit erreicht werden können bzw. sollen, in kurzfristige, mittelfristige und langfristige (auch: längerfristige) Ziele einteilen.

Den Umgang mit der Zeit verbessert man in vier Schritten:
- *Analyse des Ist-Zustands*
- *Planung der Aktivitäten und Ressourcen*
- *Beachtung von Dringlichkeit und Wichtigkeit*
- *Sinnvolle Gestaltung der Raumüberbrückung unter zeitlichen Aspekten*

1.5.1 Analyse des Ist-Zustands

Um sich bewusst zu machen, womit man die Zeit verbracht hat, um typische Verhaltensmuster zu erkennen, muss man eine systematische Analyse vornehmen.

Arbeitsauftrag

Schreiben Sie eine Woche lang genau auf, was Sie getan haben. Lassen Sie dabei auch scheinbare Nebensächlichkeiten nicht aus. Gehen Sie dabei nach folgendem Schema vor.

Uhrzeit	Tätigkeit	Dauer in Min.

So gewinnt man einen Überblick über die wichtigsten regelmäßig ausgeübten Tätigkeiten und erkennt die Schwerpunkte der Zeitverwendung. In der quantitativen Zeitanalyse erkennt man die Dauer der Tätigkeiten und ihre Lage im Tagesverlauf. Es werden Brüche, Störungen und überflüssige Wegzeiten aufgezeigt.

Bei den Brüchen im Arbeitsfluss ist nach den Ursachen zu fragen, ob Leerzeiten zu identifizieren sind und ob Stressphasen gegeben waren und welches die Gründe jeweils dafür waren.

Welche Tätigkeiten verbrauchten mehr, welche weniger Zeit als erwartet? Bei welchen Tätigkeiten sind Änderungen notwendig? Sind überflüssige oder ungünstige Wegzeiten erkennbar? Können bestimmte Tätigkeiten zusammengefasst werden? Welche Kombinationen sind eher ungünstig?

Auch aus der eigenen Befindlichkeit zu unterschiedlichen Tageszeiten ergibt sich eine unterschiedliche Qualität der Zeiten.

Die persönliche Leistungsfähigkeit ändert sich im Lauf des Tages. Um Konzentrations- und Motivationstiefs zu vermeiden, sollte man den Arbeitsplan der persönlichen Leistungskurve anpassen.

Leistungskurve

Die durchschnittliche Leistungskurve trifft auf die meisten Menschen zu. Sie steigt morgens steil an und erreicht vormittags (8:00 bis 12:00 Uhr) den Höhepunkt. Sie sackt über Mittag bis zum Spätnachmittag ab, um gegen Abend (18:00 bis 21:00 Uhr) nochmals anzusteigen. Der Höhepunkt vom Vormittag wird jedoch nicht mehr erreicht.

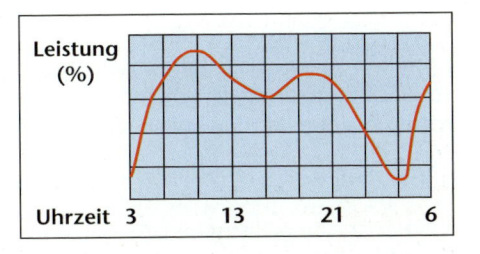

Um diese Leistungskurve auszunutzen, sollte man wichtige Arbeiten und Meetings im Leistungshoch am Vormittag erledigen. Weniger wichtige Tätigkeiten und Routinearbeiten sollten dagegen in den Nachmittag verlegt werden. Die persönliche Leistungskurve kann erheblich von der durchschnittlichen Leistungskurve abweichen.

Der Abendmensch schläft spät ein, ist frühmorgens nicht munter und ist zur frühen Stunde nicht besonders gesprächig.

Der Abendmensch sollte:

- wichtige, komplizierte oder geistig anstrengende Aufgaben im Leistungshoch am Nachmittag erledigen.
- Routineaufgaben am besten morgens erledigen, um in die Gänge zu kommen.
- komplexe Aufgaben, die am nächsten Morgen auf ihn warten, schon am Abend vorbereiten.

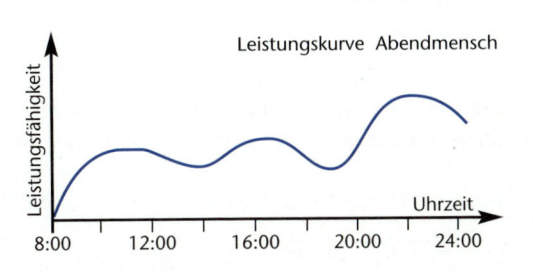

Der Morgenmensch ist oft früh müde, Gäste sind ihm abends nicht so willkommen. Er ist fit beim Wecken und sofort ansprechbar. Der Morgenmensch sollte:

- früh den Arbeitstag beginnen.
- die Stunde vor dem Eintreffen seiner Mitarbeiter nutzen, um in Ruhe wichtige Arbeiten zu erledigen.
- Routinearbeiten nachmittags erledigen.

Bedenken Sie: Was man morgens nicht schafft, bleibt liegen.

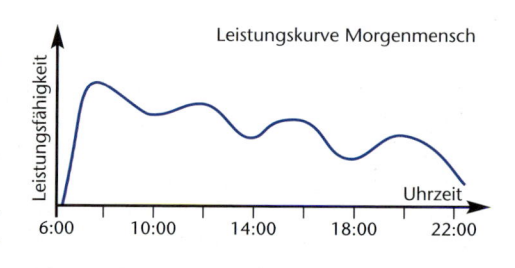

1.5.2 ALPEN-Methode

Um sich seine Zeit und sein Tagespensum gut einzuteilen, ist es sinnvoll, mit schriftlichen Zeitplänen zu arbeiten. Hierbei kann die sogenannte ALPEN-Methode wertvolle Dienste leisten – benannt nach den wichtigsten Komponenten für effektives Arbeiten.

A wie Aufgaben aufschreiben:
Sämtliche Aktivitäten, Tätigkeiten und Termine des folgenden Tages werden in Form einer To-do-Liste gesammelt – nicht zu vergessen auch solche Aufgaben, die eigentlich am Vortag hätten erledigt werden sollen, aber dann doch nicht geschafft wurden.

L wie Länge/Dauer abschätzen:
Für jede in der To-do-Liste gesammelte Aufgabe wird der erforderliche Zeitbedarf erfasst. Hierbei ist eine realistische Einschätzung wichtig. Das jeweilige Zeitfenster sollte also nicht zu knapp bemessen sein, um sich nicht zu viel für einen Tag vorzunehmen, aber auch nicht zu üppig ausfallen mit der Folge, dass man einzelne Tätigkeiten unnötig in die Länge zieht. Alle Erfahrung zeigt: Hat man sich selbst ein realistisches Zeitlimit für eine Aufgabe gesetzt, arbeitet man konzentrierter und lässt sich auch nicht so leicht ablenken.

P wie Pufferzeiten reservieren:
Keinesfalls sollte man einen Tag bis auf die letzte Minute verplanen. Vielmehr braucht es auch ausreichende Zeitpuffer für unvorhergesehene Dinge – etwa unerwartete Aufgaben, spontane Aktivitäten, Störungen, eine kleine Plauderei zwischendurch usw. Daher gilt die Faustregel, maximal 60 Prozent der verfügbaren Zeit zu verplanen, nicht zuletzt um unnötigen Stress zu vermeiden.

E wie Entscheidungen treffen:
Hier geht es vor allem darum, Prioritäten zu setzen und jene Tagesaufgaben festzulegen, die auf jeden Fall erledigt werden sollen oder müssen. Den Rest des Aufgabenkatalogs gilt es dahingehend zu überdenken, ob er tatsächlich zu schaffen ist oder aber einzelne Aktivitäten verschoben oder sogar ganz gestrichen oder aber delegiert werden können.

N wie Nachkontrolle:
Am Ende eines Tages heißt es Bilanz zu ziehen: Gibt es Aufgaben, die zwar fest eingeplant waren und auch tatsächlich notwendig sind, aber dann doch nicht erledigt werden konnten? Falls ja, werden sie in die To-do-Liste des nächsten Tages übertragen.

Wenn man sich mit der ALPEN-Methode erst mal ein wenig vertraut gemacht hat, erfordert sie Experten zufolge durchschnittlich nur etwa acht Minuten tägliche Planungszeit.

1.5.3 Prioritäten setzen

Zeit ist nicht vermehrbar, deshalb muss man mit der vorhandenen Zeit auskommen und die richtigen Prioritäten setzen. Tätigkeiten können wichtig oder dringlich sein. Wichtigkeit hängt mit der Bedeutung, die ein zu erreichendes Ziel hat, zusammen. Dringlichkeit bezieht sich darauf, wann eine Tätigkeit erledigt sein muss. Dringlichkeit und Wichtigkeit sind jedoch relativ und personenbezogen. Ein Perfektionist oder ein Mensch mit einem ausgeprägten Appell-Ohr wird beides überbewerten und sollte durch Rückfragen, Diskussion und Hinterfragen klären, ob Termine oder Tätigkeiten nicht als nachrangig eingestuft werden können. Ein Mensch, der ausgeprägte Fähigkeiten hat zu delegieren oder allgemein in seiner Tätigkeit unterfordert ist, sollte sich aktiv nach neuen Herausforderungen umsehen, da er entweder ersetzbar ist oder keine interessante Tätigkeit erhält.

Wenn Dringlichkeit und Wichtigkeit angemessen beurteilt werden und die Beziehung zueinander richtig eingeschätzt werden, lassen sich Prioritäten für verschiedene Aufgaben mit folgenden Methoden einstufen und darstellen.

Eisenhower-Prinzip

Um die zu erledigenden Aufgaben sinnvoll planen zu können, ist es wichtig, Prioritäten zu setzen – also Aufgabe für Aufgabe zu entscheiden, ob sie wichtig oder dringend oder aber beides ist. Um die Wichtigkeit einer bestimmten Aufgabe oder Tätigkeiten zu identifizieren, stellt sich die Frage: Trägt sie tatsächlich zur Erreichung eines selbst gesteckten oder vorgegebenen Ziels oder zum Beispiel zur Erfüllung eines Wunschs bei? Dringende Aufgaben wiederum sind durch einen festen End- bzw. Fälligkeitstermin gekennzeichnet.

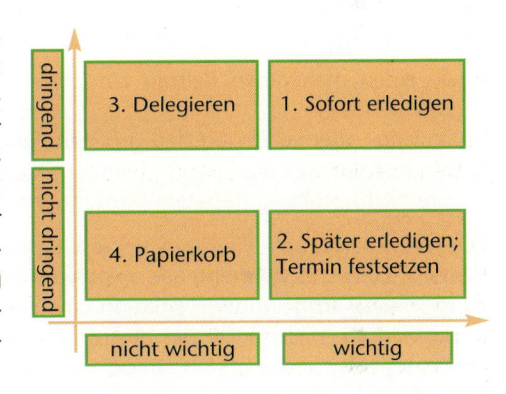

	nicht wichtig	wichtig
dringend	3. Delegieren	1. Sofort erledigen
nicht dringend	4. Papierkorb	2. Später erledigen; Termin festsetzen

Nach dem Eisenhower-Prinzip, das auf den einstigen General und späteren US-Präsidenten Dwight D. Eisenhower zurückgeht, lässt sich jede Aufgabe anhand der Kriterien Wichtigkeit und Dringlichkeit in eine der folgenden vier Kategorien einteilen, wodurch ihre Priorität bestimmt werden kann:

- Aufgaben, die sowohl wichtig als auch dringend sind. Sie haben oberste Priorität und sollten daher sofort und selbst erledigt werden.

- Aufgaben, die zwar wichtig, aber nicht dringend sind und daher nicht sofort erledigt werden müssen. Allerdings sollte man sich von der fehlenden Dringlichkeit nicht dazu verleiten lassen, solche Dinge einfach vor sich herzuschieben. Die Erledigung dieser Aufgaben sollte vielmehr geplant und terminiert werden.

- Aufgaben, die zwar nicht wichtig, wohl aber dringend sind. Hier bietet es sich an, die Erledigung der fraglichen Tätigkeiten abzulehnen bzw. an andere zu delegieren, um so die Anzahl der eigenen Aufgaben zu minimieren.

- Aufgaben, die weder wichtig noch dringend sind. Sie machen zweifellos die größte Freude, denn sie gehören in den Papierkorb!

ABC-Analyse

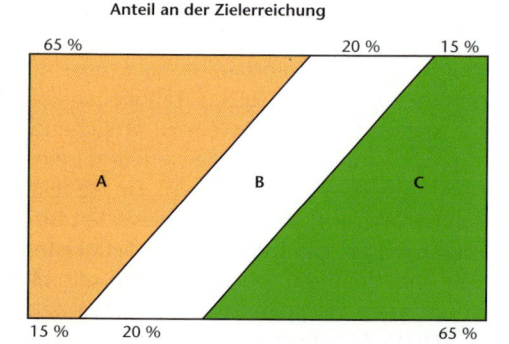

Bei diesem Ansatz geht es darum zu entscheiden, welche anstehende Aufgaben eher zweitrangig sind und – zumindest teilweise – auch delegiert werden können (B-Aufgaben) und welche nachrangig (C-Aufgaben) zu behandeln und eher Routinearbeiten sind.

Bei der ABC-Analyse geht man wie folgt vor: Zuerst werden alle für den betreffenden Zeitraum anstehenden Aufgaben aufgelistet, anschließend werden die Aufgaben nach ihrer Wichtigkeit geordnet, die Aufgaben nach dem ABC-Raster (A = 15 %, B = 20 %, C = 65 %) bewertet, dann ist zu überprüfen, ob das Zeitbudget der Bedeutung der Aufgaben entspricht.
- Korrekturen sind vorzunehmen; Konzentration auf A-Aufgaben
- B- und C-Aufgaben eventuell delegieren

Kriterien zur Identifizierung der vorrangigen A-Aufgaben können zum Beispiel sein, dass …
- sie nicht delegierbar sind,
- sie einen maximalen Beitrag zur Erreichung der selbst gesteckten oder vorgegebenen Ziele leisten,
- sie lang- oder kurzfristig den größten Nutzen bringen,
- sie zur leichteren Erledigung weiterer Aufgaben führen,
- ihre Nichterfüllung negative Konsequenzen zur Folge haben würde.

Die ABC-Analyse soll allerdings keineswegs dazu führen, dass nur noch A-Aufgaben erledigt werden. Ziel ist es vielmehr, alle anstehenden Aufgaben und Aktivitäten durch Prioritätensetzung in eine ausgewogene Relation sowie in eine angemessene Rang- und Reihenfolge zu bringen. Konkret bedeutet das: A-Aufgaben sollten pro Tag im Durchschnitt nur etwa 15 bis 20 Prozent der anstehenden Dinge ausmachen – um allerdings rund 60 bis 65 Prozent der verfügbaren Zeit für ihre Erledigung zu verwenden. Bei den C-Aufgaben ist die prozentuale Verteilung genau andersherum; bei den B-Aufgaben sind es in puncto Aufkommen und optimaler Zeiteinsatz jeweils etwa 20 Prozent.

Pareto-Prinzip

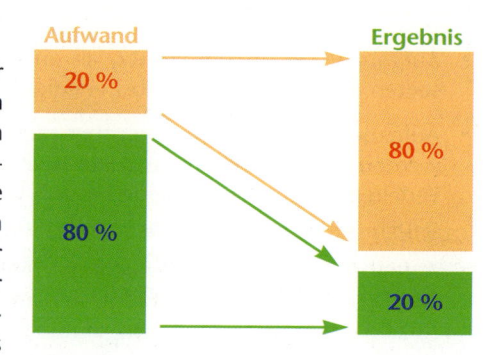

Bei der Festlegung von Prioritäten und mithin der vorrangig zu erledigenden Aufgaben kann man sich auch das sogenannte Pareto-Prinzip zu eigen machen – benannt nach dem italienischen Soziologen und Ökonomen Vilfredo Pareto. Der hatte Anfang des 20. Jahrhunderts festgestellt, dass in Italien rund 80 Prozent des Einkommens von nur 20 Prozent der Bürger erwirtschaftet wurden. Der sich daraus ableitende Grundsatz lautet: Das Verhältnis von Aufwand und Ertrag ist keineswegs auch nur annähernd ausgewogen, sondern ganz im Gegenteil: 20 Prozent des Aufwands tragen bereits zu 80 Prozent zum Ergebnis bei, wobei es sich hierbei natürlich nicht um absolut fixe, sondern nur um Richtwerte handelt.

Diese „80-zu-20-Regel" lässt sich auf viele Bereiche des Wirtschafts- und Arbeitslebens übertragen und auch für das persönliche Zeitmanagement nutzen: Gemäß dem Pareto-Prinzip kommt es also darauf an, die rund 20 Prozent der anstehenden Aufgaben zu identifizieren und dann auch vorrangig und mit voller Konzentration zu erledigen, die so wichtig sind, dass sie zu 80 Prozent zum angestrebten Ergebnis oder Ziel beitragen (können). Mit allen anderen Dingen kann man sich dann später beschäftigen – resultiert daraus doch nur noch ein vergleichsweise sehr geringer Teil des Outputs. Das Pareto-Prinzip kann auch gut mit der ABC-Analyse und der Eisenhower-Technik kombiniert werden, um die Priorisierung von Aufgaben und Aktivitäten zu erleichtern.

Grundsätzlich sollte man bei der Setzung von Prioritäten folgende Punkte berücksichtigen:
- Planung aufschreiben
- Kräfte auf Ziele und Erfolge konzentrieren (sich nur einer einzigen Sache widmen)
- Aufgaben in Prioritätenklassen A, B, C einteilen (sich auf das Wesentliche konzentrieren)
- Wichtigkeit geht vor Dringlichkeit
- Jeden Tag eine langfristige A-Aufgabe angehen

Arbeitsauftrag

Fallstudie zum Zeitmanagement:
Schreiben Sie anhand eines exemplarischen Tags auf, wofür Sie Ihre Zeit verwenden, und stellen Sie dies grafisch dar.
Welches sind die drei größten Hindernisse und Zeitfresser in Ihrem Zeitmanagement?
Erstellen Sie einen Kriterienkatalog nach unten stehendem Schema, wovon Sie Ihr Zeitmanagement beeinflussen lassen und inwieweit Sie die Störungen beseitigen können!
Geben Sie der Gewichtigkeit der Störungen Noten.

0 = hat keine Bedeutung für mein Zeitmanagement	1 = hat wenig Einfluss	2 = hat manchmal Einfluss	3 = hat öfter Einfluss	4 = hat häufig Einfluss	5 = hat immer Einfluss

Selbsteinschätzung für die Zeitfresser

Thema	Frage	Note
Ablenkung	Mich stört das Telefon bei meiner Arbeit. Sind die Telefonate meist länger als nötig?	
	Ich lasse mich von Besuchern oder Kollegen in Gespräche verwickeln, die mich dann von meiner Arbeit abhalten.	
Besprechungen	Ich nehme häufig an Besprechungen teil, die länger dauern und deren Ergebnisse meine Arbeit wenig unterstützen.	
Starthemmung, Aufschieben	Ich schiebe unangenehme, zeitintensive Aufgaben oft lange vor mich her. Mir fällt das Anfangen mit einer Aufgabe schwer.	

Wenn Sie die drei gewichtigsten Zeitfresser bestimmt haben, setzen Sie sich in Gruppen zusammen und diskutieren Sie, welche Auswirkungen (auf Zeit, Arbeitsqualität usw.) und Ursachen vermutlich hinter diesen drei Hindernissen stecken könnten.

Meine drei größten Hindernisse im Zeitmanagement:
Gehen Sie im Geiste noch einmal den gestrigen Tag durch. Schreiben Sie noch einmal auf, was Sie alles gemacht haben (inkl. Pausen). Welche Tätigkeiten waren A-, B- und C-Aufgaben?

Wie hätte Ihr Tagesplan ausgesehen, wenn Sie ihn morgens schriftlich verfasst hätten? Was wäre herausgefallen? Wofür hätten Sie mehr Zeit eingeplant?
Diskutieren Sie in der Gruppe die Vorteile der Schriftlichkeit von Arbeitsplanung.

2 Referate und Präsentationen durchführen

Ratschläge für einen schlechten Redner | Kurt Tucholsky

1 Fang nie mit dem Anfang an, sondern immer drei Meilen vor dem Anfang! Etwa so: „Meine Damen und meine Herren! Bevor ich zum Thema des heutigen Abends komme, 5 lassen Sie mich kurz …"
Hier hast du schon alles, was einen schönen Anfang ausmacht: eine steife Anrede; der Anfang vor dem Anfang; die Ankündigung, dass und was du zu sprechen beabsichtigst, und 10 das Wörtchen kurz. So gewinnst du im Nu die Herzen und die Ohren der Zuhörer.

Denn das hat der Zuhörer gern: dass er deine Rede wie ein schweres Schulpensum aufbekommt; dass du mit dem drohst, was du sagen wirst, sagst und schon gesagt hast. Im- 15 mer schön umständlich!
Sprich nicht frei, das macht einen so unruhigen Eindruck. Am besten ist es: du liest deine Rede ab. Das ist sicher, zuverlässig, auch freut es jedermann, wenn der lesende Redner nach 20 jedem vierten Satz misstrauisch hochblickt, ob auch noch alle da sind. (…)

Kurt Tucholsky/Mary Gerold-Tucholsky (Hrsg.): Zwischen Gestern und Morgen, Rowohlt, Reinbek/Hamburg 1962, S. 103

„Übung macht den Meister!"
„Es ist noch kein Meister vom Himmel gefallen!"
Deutsche Sprichwörter

2.1 Anfertigung von wissenschaftlichen Facharbeiten

Immer häufiger ist in Aus- und Weiterbildungsgängen als Abschlussarbeit eine **Facharbeit** anzufertigen. Der Schüler soll nachweisen, dass er in einem Fachgebiet die erforderlichen Kenntnisse, Fähigkeiten und Fertigkeiten besitzt, selbstständig ein fachliches Problem zu analysieren, zu strukturieren und praktisch zu lösen. Der Fortgang der Arbeit ist dabei zu dokumentieren und in manchen Ausbildungsgängen nach Fertigstellung der Arbeit auch zu präsentieren.

> Folgende **Ziele** werden mit der Anfertigung einer Facharbeit angestrebt:
> - logische und systematische Verarbeitung praktischer und wissenschaftlicher Erkenntnisse
> - Einübung der Verwendung themenspezifischer Literatur
> - Erlernen wissenschaftlicher Darstellungsformen

Bei der Anfertigung von Facharbeiten sind allgemein anerkannte Regeln wissenschaftlichen Arbeitens zu beachten:
- Anwendung fachspezifischer Methoden
- Bezug auf definierte Axiome und Voraussetzungen
- Kontrollierbarkeit der Ergebnisse
- Anwendung einer formalisierten Sprache und Fachterminologie

2.1.1 Durchführung der Facharbeit

Aufgabenerfassung und Planungen

Das Thema und die Einzelaufgaben müssen möglichst genau erfasst werden. Dazu sind klärende Gespräche mit dem Betreuer notwendig, insbesondere wenn die Aufgabenstellung nicht von dem Betreuer vorgegeben wurde, sondern vom Schüler selbst oder einem Betrieb stammt. Da die Arbeiten zu einem bestimmten Termin fertiggestellt sein müssen, sind Überlegungen anzustellen, welche Arbeiten im Einzelnen durchzuführen und wie diese zeitlich zu planen sind.

> *Eine solche Erfassung und Planung der voraussichtlich anfallenden Arbeiten könnte wie folgt aussehen:*
> - Zusammentragen und Auswerten von Unterlagen
>   (Fachliteratur, Zeitschriften, Firmenunterlagen usw.) — rd. 30 %
> - Kapitelübersicht und Detailgliederung — rd. 10 %
> - Ausarbeitungen mit inhaltlichen Korrekturen und Anpassungen — rd. 40 %
> - Kurzfassung, Schlussbetrachtung, Inhaltsverzeichnis, Quellenverzeichnis — rd. 10 %
> - Ausdrucke, Durchsicht, Montage, Kopieren, Binden — rd. 10 %

Bei der Zeitplanung für die Anfertigung der Facharbeit müssen auch die weiterhin regelmäßig anfallenden Verpflichtungen berücksichtigt werden. Sinnvoll ist die Einplanung angemessener Zeitreserven, falls unvorhersehbare Probleme auftreten.

Zusammentragen und Auswerten von Unterlagen

Mit dem Thema und den Einzelaufgaben vor Augen gilt es nun, Unterlagen (Fachliteratur, Zeitschriften, Firmenunterlagen usw.) zum Thema zu erfassen. Die wichtigsten **Informationsquellen** sind Internet, Stadtbüchereien und Universitätsbibliotheken. Aber auch Schulen und größere Betriebe besitzen häufig Büchereien, in denen man Bücher, Zeitschriften und Zeitungen entleihen oder dort in einem Lesesaal bearbeiten kann. Eine Registrierung der Literatur erfolgt in der Regel nach Verfassern, Titeln und Sachgebieten (Schlagworten).

Das möglicherweise umfangreiche Material muss gesichtet, ausgesondert und gesichert werden. Natürlich kann man nicht alle Unterlagen sorgfältig lesen. Schon während der ersten Sichtung wird sich zeigen, dass manche Materialien für das Thema nicht geeignet sind. Diese können zurückgegeben und aus der Literatursuchliste gestrichen werden. Die verbleibende Literatur muss systematisch bearbeitet und ausgewertet werden. Das Buch ist meist die wichtigste Informationsquelle, deshalb sollte es sinnvoll und zeitsparend eingesetzt werden. Der Buchtitel zeigt oft schon auf den ersten Blick, ob das Buch Informationen über das gewünschte Thema enthalten könnte. Einen genaueren Überblick, ob man etwas zum Thema findet, erhält man im Inhaltsverzeichnis oder im Stichwortverzeichnis. Auch das Vorwort, das Nachwort oder der Klappentext enthalten oft Hinweise über Zielsetzung und Inhalt eines Buches. Zu beachten ist das Erscheinungsjahr, da bei älteren Büchern die Gefahr besteht, dass die Inhalte veraltet sind. Durch diagonales Lesen kann man ungefähr einschätzen, ob der als wichtig vermutete Inhalt für die jeweilige Arbeit von Bedeutung ist. Zur Sicherung der gesammelten Informationen empfiehlt sich die Anlage einer Schlagwortkartei. Um den Inhalt eines Textes festzuhalten, fertigt man ein Exzerpt an, in dem die wichtigsten Gesichtspunkte knapp formuliert und aufgeschrieben werden. Wichtige Aussagen können auch wörtlich zitiert oder in eigenen Worten formuliert werden. Die Quellenangabe darf auf keinen Fall fehlen.

Arbeitsauftrag

1. *Orientieren Sie sich an Ihrem Wohnort über Bibliotheken. Notieren Sie deren Öffnungszeiten und die jeweiligen Ausleihbedingungen.*

2. *Untersuchen Sie Ihre Lesegewohnheiten und überprüfen Sie, ob diese sinnvoll (für Sie selbst) sind.*

Kapitelübersicht und Detailgliederung

Während des Literaturstudiums wird bereits eine vorläufige **gedankliche Grobgliederung** des Themas erfolgen, welche man schriftlich fixieren sollte. Dies ist für ein zielgerichtetes Arbeiten notwendig, auch wenn die endgültige Gliederung erst später erstellt wird. Die Gliederung ist der rote Faden bei der Bearbeitung des Themas. Somit verringert man die Gefahr, sich in unwichtigen Details zu verlieren. Eine detaillierte Gliederung ermöglicht zudem eine wahlweise Gestaltung von Kapiteln, deren Literatur man bereits vollständig bearbeitet hat, oder von Bereichen, in denen man sich besonders gut auskennt.

Ausarbeitung der Facharbeit

Diese Phase nimmt am meisten Zeit in Anspruch. Hier müssen ggf. Versuche angestellt, Berechnungen durchgeführt, Konstruktionen erstellt, Programme verfasst, Texte geschrieben, Ausdrucke gemacht werden usw. In dieser Phase können sich Änderungen im Rahmen der Teilaufgaben und der Gliederung ergeben. In solchen Fällen sollte der Betreuer der Facharbeit zurate gezogen werden.

Bei der Niederschrift ist auf folgende Punkte zu achten:

- *Die Gedankenführung muss logisch und überzeugend sein (themenbezogene Gedanken, kein Abschweifen, Verdeutlichung durch Beispiele, Tabellen usw.).*
- *Der Aufbau muss logisch strukturiert und übersichtlich sein (angemessene Länge der Kapitel, logische Kette in der Abfolge der Kapitel, Gewährleistung des Leseflusses usw.).*
- *Hauptgedanken, die sich mit dem Thema auseinandersetzen, müssen im Hauptkapitel stehen und nicht in der Einleitung oder gar erst in der Zusammenfassung.*
- *Die Sprachhaltung muss themengerecht sein (Fachsprache, Sachlichkeit, Definitionsklarheit).*
- *Formale Richtigkeit muss gewährleistet sein (übliche Rechtschreibung und Zeichensetzung, Anwendung der üblichen grammatikalischen Regeln usw.).*

Bei der Verwendung einer Textverarbeitungssoftware am PC wird man kein Konzept anfertigen, sondern Texte am Bildschirm entwickeln. Deshalb sollte man sich bereits zu Beginn über das Layout Gedanken machen. Dazu gehören z.B. Seitenformat und Seiteneinstellungen, Schriftarten und Schriftgrößen, Kopfzeilen, Bildunterschriften, Tabellenformen usw.

Beim Aufbau einer Facharbeit müssen Elemente enthalten sein, die je nach Umfang und Bedeutung der Arbeit variieren können:

- *Deckblatt*
- *Titelblatt*
- *Aufgabenblatt*
- *Inhaltsverzeichnis*
- *Vorwort*
- *Ausführungen (Kapitelfolge)*
- *Zusammenfassung/Ergebnisse*
- *Literatur- und Quellenverzeichnis*
- *Anhang*
- *Verzeichnis der Abbildungen*
- *Verzeichnis der Abkürzungen*
- *Bestätigung der Selbstarbeit*

Liegen zu allen Teilen Ausarbeitungen vor, kann die endgültige Form festgelegt werden, z.B. die Anordnung von Zeichnungen und Texten, die Form von Tabellen, die Anpassung der Kapitelnummerierung u.a. Nun müssen alle Teile auf inhaltliche und formale Fehler durchgesehen werden. Die Texte sind hinsichtlich Rechtschreibung, Zeichensetzung, Silbentrennung und Ausdruck zu korrigieren.

2.1.2 Gestaltung der Facharbeit

Papiergrößen und Ränder

Die Arbeit ist auf Blätter im Format A4 und im Hochformat zu schreiben. Es sind folgende Ränder zu empfehlen: oben 4 cm, unten 2 cm, links mind. 2,5 cm (max. 3 cm), rechts 1,5 cm (max. 2 cm). Längere Texte sollten im Blocksatz geschrieben werden.

Schriftarten, Schriftstile und Schriftgrößen (Schriftgrade)

Für die Texte einer Facharbeit eignen sich Schriftarten mit und ohne Serifen (Füßchen). Serifenschriften lassen sich meist besser lesen. Schriften ohne Serifen erinnern an Normschrift und sind offener, es kann deshalb ein um 1 bis 2 Punkt kleinerer Schriftgrad gewählt werden. Überschriften und Texte werden i. d. R. in derselben Schriftart geschrieben.

Hervorzuhebende Wörter im Text können fett oder kursiv geschrieben werden; Sperrschrift wirkt nicht gut als Hervorhebung. Hervorzuhebende Abschnitte können ggf. in einer anderen Schriftart erscheinen (Vorsicht: Text wirkt unruhig und zusammengeklebt).

Die Grundschrift sollte bei einer Serifenschrift 12 Punkt, bei Schriften ohne Serifen 10 bis 11 Punkt haben. Überschriften unmittelbar über Texten können gleich groß wie die Grundschrift sein; hervorgehoben werden sie durch Fettschrift (nur in Ausnahmefällen durch Kursivschrift). Kapitelüberschriften und Titel wählt man größer (14, 16, 18, 24 Punkt – Ausgewogenheit ausprobieren).

Deckblatt, Titelblatt und Aufgabenblatt

Das Deckblatt ist bei einem gehefteten oder gebundenen Werk die vordere Ansichtsseite. Es enthält beispielsweise für eine Technikerarbeit Schule, Schulart, Fach, Titel und Verfasser/-in. Das Titelblatt ist die erste Seite nach dem Umschlag. Auf ihm werden zusätzliche Angaben gemacht, z. B. Klasse, Betreuer und Termine. Im Aufgabenblatt werden das Thema und die Einzelaufgaben aufgeführt.

Kapitelüberschriften und ihre Nummerierung

Die Überschriften können entweder rein dekadisch oder in dekadisch-alphabetischer Mischform nummeriert werden. Die rein dekadische Nummerierung zeigt die Systematik des Werks deutlich, kann aber eher lange Kapitelnummern ergeben (ist durch Verzicht auf eine Nummerierung im Feinbereich etwas zu verringern). Am Ende von Nummern steht kein Punkt (auch keine Klammer). Nach Kleinbuchstaben folgt eine Klammer.

Überschriften sollten keine vollständigen Sätze sein (in Ausnahmefällen sind allerdings Fragen möglich). Am Ende einer Überschrift steht i. d. R. kein Satzzeichen (außer ggf. ein Fragezeichen).

Zeilenabstände und Einrückungen

Für einen fortlaufenden Text wählt man einen ein- oder anderthalbzeiligen Zeilenabstand. Zwischen Abschnitten wird der Abstand um eine halbe oder maximal eine Zeile vergrößert.

Zwischen einem Abschnitt und der folgenden Kapitelüberschrift sollten mindestens zwei, besser drei Leerzeilen eingefügt werden. Dadurch wird deutlich, zu welchem Teil eine Kapitelüberschrift gehört. Abstände zwischen über- und untergeordneten Titeln sollten so groß wie die Abstände zwischen den Kapiteln sein.

Einrückungen zum Beginn eines neuen Abschnitts sind nicht üblich.

Seitennummerierung und Kopfzeilen

Die Seitenzahlen stehen auf den Seiten oben in der Mitte z. B. zwischen Gedankenstrichen, oben rechts oder unten rechts. Zwischen oben stehender Seitenzahl und Text sollte der Abstand mindestens drei Leerzeilen betragen.

Die Seitenzahlen und ggf. Kapitelnamen können auch mit einer durchgehenden Linie vom folgenden Text getrennt werden. Sie können mit Textverarbeitung automatisch in Kopfzeilen ausgegeben werden.

Zitieren von Quellen

Wörtliche Zitate stehen zwischen Anführungszeichen. Ausgelassene Wörter oder Passagen in solchen Zitaten werden mit (…) gekennzeichnet. Sinngemäße Zitate sollten durch andere Schrift, z. B. Kursivschrift, hervorgehoben werden. Längere Zitate können in einem eigenen Abschnitt, am besten mit Einrückung und ggf. kleinerer oder anderer Schrift, dargestellt werden.

Die Zitate auf einer Seite erhalten fortlaufende Nummern, die hinter dem Zitat hochgestellt als arabische Ziffer mit nachfolgender Klammer stehen (die Klammer kann auch entfallen).

Die Quelle, aus der das Zitat entnommen wurde, steht unten auf der Seite mit der Zitatnummer (gleich groß wie die folgenden Angaben), dem vollständigen Namen des Verfassers/der Verfasserin, dem vollständigen Titel des Werks (im Wortlaut), dem Erscheinungsjahr und Verlagsort. Bei mehreren Seiten nennt man die erste Seite und setzt dahinter „ff.". Diese Angaben können auch unter einem Strich stehen.

Beispiel

„*Das Pareto-Diagramm, auch ABC-Analyse genannt, klassifiziert Kriterien (z. B. Fehler, Verteilung von Kapital auf die Bevölkerung) nach Art und Häufigkeiten. Es hat zum Ziel, die wichtigsten Kriterien zu analysieren und die Prioritäten zu ermitteln.*"[1]

---
[1] *Greßler, Uli/Göppel, Rainer: Qualitätsmanagement. Eine Einführung, 7. Aufl., Bildungsverlag EINS, Troisdorf 2010, S. 41*

Inhaltsverzeichnis

Das Inhaltsverzeichnis muss die Kapitelnummern und die Kapitelüberschriften mit den Seitenzahlen enthalten. Die Seitenzahlen stehen am besten rechts untereinander. Zur besseren Führung des Auges können z. B. Punktlinien gesetzt werden.

Beispiel

2	**Funktionen der Qualitätssicherung**	9
2.1	*Qualitätsplanung*	*10*
2.1.1	*Merkmalstypen*	*11*

Wird die Arbeit mit einer aktuellen Textverarbeitungssoftware verfasst, so besteht die Möglichkeit, das Inhaltsverzeichnis automatisch erstellen zu lassen.

Literatur- und Quellenliste

Literatur (Bücher und Zeitschriften) und sonstige Quellen, die als Grundlage für die Arbeit gedient haben, werden am Schluss in einer besonderen Liste ausführlich aufgeführt. Literaturangaben enthalten
- den vollständigen Namen des/der Verfasser(s),
- den vollständigen Titel (Untertitel) des Werks (im Wortlaut), ggf. mit Auflagennummer,
- Verlag, Verlagsort, Erscheinungsjahr.

Bestätigung der Selbstarbeit

Beispiel für einen möglichen Wortlaut
Ich versichere, dass ich die vorliegende Arbeit mit dem Titel „…" selbstständig verfasst und keine anderen Hilfsmittel als die angegebenen verwendet habe. Die beigefügten bildlichen Darstellungen (Zeichnungen, Diagramme, Schaltpläne …) wurden von mir gefertigt. Alle Stellen der Arbeit, die anderen Werken im Wortlaut oder dem Sinn nach entnommen wurden, sind mit Angabe der Quellen kenntlich gemacht.

Dieser Text ist zu erweitern, wenn Teile der Arbeit von anderen Personen stammen oder wenn andere Personen an Teilen mitgewirkt haben.

Heftung oder Bindung

Möglich sind:
- Lochung und Heftung in Schnellhefter oder Ordner (wirkt nicht gut, schlecht zu blättern)
- Klemmung (schlecht zu blättern, innen schlecht lesbar)
- Spiralheftung
- Thermo-Klebebindung („Lumbecken")

2.2 Rhetorik (Redekunst)

Stellen Sie sich folgende Situation vor: Sie haben vier Wochen lang an einem großen Projekt mitgearbeitet. In der Schlussbesprechung bittet der Teamleiter alle Teammitglieder, also auch Sie, eine Stellungnahme zu der bewältigten Aufgabe vorzubereiten und diese bei der Präsentation des Projektergebnisses der Geschäftsleitung vorzutragen.

Dem rednerisch Ungeübten bereitet solch eine Aufforderung großes Unbehagen. Möglicherweise gehen ihm Gedanken wie der folgende durch den Kopf: „Ich finde nicht die richtigen Worte, es hören so wichtige Leute zu, ich verliere bestimmt den Faden, weiß nicht mehr, was ich sagen soll."

Drei Faktoren bestimmen den Erfolg eines Redners:

1. Inhalt
  - *Zielsetzung („Was will ich erreichen?")*
  - *Adressatenbezug („Wer hört zu?")*
  - *Ordnung der Gedanken („Wie schlüssig sind meine Argumente?")*

2. Darstellung
  - *Dramaturgie des Vortrags („Wie trage ich spannend vor?")*
  - *Sprachstil („Was hilft mir, mich klar und deutlich auszudrücken?")*
  - *Visualisierung („Welche Hilfsmittel können meinen Inhalt unterstützen?")*

> **3. persönliches Auftreten**
> - Mimik („Wo schaue ich hin?")
> - Gestik („Was mache ich mit meinen Händen?")
> - Körperhaltung („Welche Haltung ist angemessen?")

2.2.1 Redeinhalt

Wie die Rhetoren der Antike vorgeschlagen haben, bereitet man eine Rede am besten anhand folgender „W-Fragen" vor:

- Wer?
- Was?
- Wo?
- Warum?
- Wie?
- Wann?

Die gängige Aufsatzgliederung Einleitung, Hauptteil und Schluss ist auch der Ausgangspunkt für die Planung einer gelungenen Rede. Um einen logischen Zusammenhang (roten Faden) zu gewährleisten, kann eine Redeformel angewendet werden.

> **5-Schritt-Formel**
> 1. Interesse wecken
> 2. Thema umreißen, Problem darlegen
> 3. Meinung begründen und Beispiele bringen
> 4. Schlussfolgerung ziehen
> 5. Handlungsanreiz, Denkimpuls geben

Beispiel am Thema „Internetzugang für alle Schulen"
1. Heutzutage ist schnelle Informationsgewinnung eine überaus wichtige Angelegenheit.
2. Wir müssen überlegen, wie wir trotz großer Finanznot möglichst schnell alle Schulen ans Netz bringen können. Mir scheint der beste Weg zu sein, zunächst die dafür zur Verfügung stehenden staatlichen Sondermittel voll auszuschöpfen und danach private Sponsoren heranzuziehen.
3. Denn eine gute Schulbildung ist seit der Pisa-Studie verstärkt in das öffentliche Interesse getreten. So gibt es in Zeiten knapper Staatskassen sicherlich Privatpersonen, Stiftungen oder Unternehmen, die bereit sind, Schulen in dieser Hinsicht zu unterstützen. Die Großfirmen A und B zum Beispiel haben dem Berufsschulzentrum in Hamburg kürzlich einen Betrag von 100 000 EUR zukommen lassen.
4. So werden wir in der Lage sein, mit der rasanten Entwicklung der Informationstechnologie Schritt zu halten.
5. Wir alle sollten uns Klarheit darüber verschaffen, welche Möglichkeiten am schnellsten zum von uns allen gewünschten Ziel führen.

Satz 1 der 5-Schritt-Formel bildet die Einleitung, Satz 5 den Schluss. Der mittlere Kern der Formel kann unterschiedliche logische Anordnungen haben. Hier einige Vorschläge:

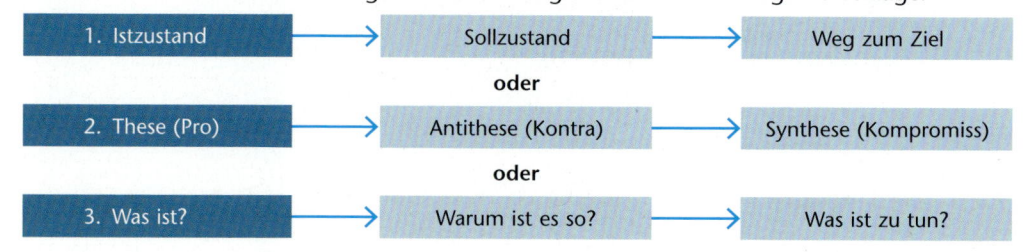

| 1. Istzustand | → | Sollzustand | → | Weg zum Ziel |

oder

| 2. These (Pro) | → | Antithese (Kontra) | → | Synthese (Kompromiss) |

oder

| 3. Was ist? | → | Warum ist es so? | → | Was ist zu tun? |

2.2.2 Sprache

Modulation

Die Stimme ist die Visitenkarte eines Redners. Sie transportiert seine Stimmung, mit ihr kann der Redner Spannung erzeugen und Emotionen bei den Zuhörern wecken. Er unterstützt seine Vortragsdramaturgie durch den Einsatz stimmlicher Gegensätze wie
- Lautstärke (laut – leise),
- Stimmlage (hoch – tief),
- Stimmhärte (weich – hart),
- Betonung (betont – unbetont),
- Stimmtempo (schnell – langsam).

Pausentechnik

Gut geplante Redepausen
- erhöhen Spannung und Aufmerksamkeit,
- ermöglichen dem Redner Luft zu holen, sich auf sein Konzept zu konzentrieren und seinen dramaturgischen Aufbau zu unterstreichen,
- erleichtern dem Publikum das Zuhören.

Artikulation

Eine deutliche Aussprache ist die wichtigste Voraussetzung, um verstanden zu werden. Alle Konsonanten und Vokale müssen zu hören sein.

Artikulationsbeispiele

Vokal	Dauer	*Beispiele*
A	kurz lang	ab, am, Walnuss, Garten, hat, Kanne gehabt, Gemach, Scharte, latschen
E	kurz, offen halb geschlossen gedehnt tonlos, stumm	Klepper, setzen, Pech, Neffe Wesen, wenn, Mehl, Segen, Regen sehr, Gewehr, See, Fee, Lehre, Seele Liebe, Treue, Freude, größer wie, nie, viele, Knie, sie
I	kurz lang	Distel, Mist, Kiste, Mitte vier, Nische, riechen, triefen

Rhetorik (Redekunst)

Vokal	Dauer	Beispiele
O	kurz halb geschlossen gedehnt	voll, oft, Wort, gewollt, Groll Wonne, Dorf, Sonne, Tonne Mond, schon, Ton, Sohn
U	kurz lang	Mutter, Butter, Futter, Suppe Mut, gut, Hut, Brut, Wut
Ä	kurz lang	sättigen, nachäffen, kläffen, Nässe Räder, abwägen, Schräge, Beläge, sägen
Ö	kurz lang	Hölle, Völlerei, Böller, Geröll Öl, Höhle, Möglichkeit, höflich
Ü	kurz lang	Gelübde, gebürtig, Mütter, rütteln wüst, Tüte, Güte, Blüte
Ai, Ei	kurz lang	nein, Kain, Bein, Hain, Schein, klein, fein meinen, scheinen, reimen, greinen
Au	kurz lang	Haus, Maus, Graus, Bauten, Flaute bauen, Frauen, tauen, trauen, schauen
Äu, Eu	kurz lang	Euter, Meuterer, Beute, Leute, Meute Mäuse, Läuse, Gehäuse, beugen, säugen

Brehler, Reiner: Der moderne Redetrainer: Sicher auftreten, überzeugend vortragen, Falken, Niedernhausen/Ts. 2000, S. 62

Beispiele: „Zungenbrecher" – zum Nachsprechen

1. *Fischers Fritze fischt frische Fische, frische Fische fischt Fischers Fritze.*
2. *Blaukraut bleibt Blaukraut und Brautkleid bleibt Brautkleid.*
3. *Bald blüht breitblättriger Wegerich, breitblättriger Wegerich blüht bald.*
4. *Esel essen Nesseln gern, Nesseln essen Esel gern.*
5. *Der putzige Cottbusser Postkutscher putzt den Postkutschkasten, den Postkutschkasten putzt der putzige Cottbusser Postkutscher.*
6. *Im dichten Fichtendickicht nicken dicke Finken tüchtig, dicke Finken nicken im dichten Fichtendickicht tüchtig.*
7. *Zwischen zwei Zwetschgenzweigen saßen zwei zwitschernde Schwalben, zwitschernde Schwalben saßen zwischen zwei Zwetschgenzweigen.*
8. *Der Whisky-Mixer mixt den Whisky mit dem Whisky-Mixer.*

Formulierungshilfen

- Verwenden Sie Verben statt Hauptwörter.
- Bilden Sie Sätze in der Aktivform.
- Sprechen Sie die Tatsachen konkret an.
- Vermeiden Sie abschwächende Äußerungen.
- Formulieren Sie Ihre Botschaften positiv.
- Konstruieren Sie kurze, einfache Sätze.

> *Arbeitsauftrag*
>
> **Formulieren Sie um:**
> - *Die Umsetzung der Maßnahme führte zur Verbesserung der Unternehmenskultur.*
> - *Diese Tätigkeit kann von keiner Gruppe übernommen werden.*
> - *Man kann in diesem Unternehmensbereich gar nichts erreichen.*
> - *Im Großen und Ganzen hat mir Ihre Präsentation eigentlich gefallen.*
> - *Ich habe gar keine Zeit mehr, Ihre Fragen zu beantworten.*
> - *Die Tatsache, dass das Ultrakurzzeitgedächtnis wie ein Arbeitsspeicher funktioniert und nur eine begrenzte Aufnahmefähigkeit hat, wie ja durch einige Studien belegt wurde, hat zur Folge, dass Informationen in Sätzen mit einer Länge von mehr als acht Sekunden für den Zuhörer schwer zu erfassen sind.*

2.2.3 Auftreten

Beispiel
Der Redner möchte selbstsicher auftreten und überzeugend wirken. Er erscheint im Anzug, hat einen kleinen Aktenkoffer dabei und spricht laut und deutlich. Dabei zieht er seine Schultern nach vorn, schaut während des Sprechens seine Zuhörer nicht an, sondern sieht aus dem Fenster. Mit seiner rechten Hand fährt er sich immer wieder nervös durchs Haar.

Ein großer Teil der Informationen wird durch die Sprache des Körpers übermittelt. Sie zeigt die Empfindungen des Redners und wird stärker durch das Unbewusste gesteuert als das gesprochene Wort. Damit ist die Körpersprache zwar ehrlicher, aber auch mehrdeutiger als das gesprochene Wort.

Die wichtigsten Ausdrucksmittel der Körpersprache eines Vortragenden sind seine Mimik, seine Gestik und seine Körperhaltung.

In Rhetorikratgebern findet man zahlreiche Empfehlungen hinsichtlich einer für den Redner geeigneten Körpersprache. Schwierig ist ihre Umsetzung. Eine Rede gelingt, wenn man sich in der Redesituation wohlfühlt. Gute Vorbereitung hilft dabei. Wer sich in dem, was er sagt, sicher fühlt, dem gelingt es leichter, locker und entspannt vor sein Publikum zu treten und damit Kongruenz zwischen Sprache, Stimme und Körper zu erzielen.

Mimik	– Signalisieren Sie Freundlichkeit und Sympathie. – Schauen Sie Ihr Publikum an.
Gestik	– Seien Sie nicht zu steif, aber auch nicht zu hektisch. – Behindern Sie die Bewegung der Hände nicht, Ihre Hände sprechen mit. – Die Hände werden weder als Barriere gegenüber dem Publikum benutzt (keine verschränkten Arme) noch landen sie lässig in der Hosentasche, verstecken sich hinter dem Rücken oder richten die Frisur.
Haltung	– Stehen Sie gerade. – Entspannen Sie Ihre Schultern. – Beugen Sie den Oberkörper leicht nach vorn. – Die Beine sind nur wenig gespreizt. – Atmen Sie ruhig und entspannt.

Rhetorik (Redekunst) 57

Arbeitsaufträge

1. Wie nehme ich mich und andere wahr? Verwenden Sie nachfolgende Tabelle als Grundlage für eine Beurteilung.

	Mir fällt auf – an mir selbst – an anderen	Was könnte es aussagen?
Mimik		*Muster*
Äußeres Erscheinungsbild		
Gestik Haltung		

2. Interpretieren Sie die folgenden Gesten:

Was passt zu welcher Geste?
a) „Wir wollen noch einmal zusammenfassen …"
b) „Mit aller Deutlichkeit möchte ich darauf hinweisen …"
c) „Lassen Sie mich dieses Detail am besten so erklären …"
d) „Moment, so habe ich das nicht gemeint …"
e) „Erstens ist mir wichtig, dass …"
f) „Schauen Sie sich die Grafik einmal genau an …"
g) „Hier oben sehen Sie ganz klar …"

3. Übungen zur Sprechtechnik

3.1 Lernen Sie abzuschätzen, wie weit Ihr Atem reicht. Holen Sie Luft und atmen Sie aus, indem Sie einen Konsonanten („w", „m", „s" ...) summen.

3.2 a) Bereiten Sie das Vorlesen eines Textes Ihrer Wahl vor. Kennzeichnen Sie im Text die Stellen,
– an denen Sie bewusst eine Pause machen wollen,
– die Sie besonders hervorheben möchten oder
– an denen Sie das Tempo verlangsamen oder auch beschleunigen wollen.
b) Lesen Sie diesen Text unter Beachtung Ihrer Markierungen laut und deutlich vor.

3.3 Halten Sie eine Rede, die nur aus
a) einer Silbe,
b) Nonsens besteht.
Versuchen Sie dabei mal wütend, selbstsicher, freundlich, unsicher oder überheblich zu klingen.

3.4 Bereiten Sie eine Stegreifrede zu einem der folgenden Themen vor:
a) „Mein Hobby"
b) „Meine Ausbildung zum Techniker/zur Technikerin"
c) „Mein Traumjob"
d) „Meine letzte Urlaubsreise"

3.5 Beschreiben Sie in einem Kurzvortrag
a) einen Gegenstand,
b) eine Person, die Sie bewundern.

Hilfestellung

- *Ich spreche langsam.*
- *Ich bilde kurze Sätze.*
- *Ich mache Pausen.*
- *Ich bin ruhig und gelassen.*
- *Ich atme ganz bewusst ruhig und tief.*
- *Ich senke meine Stimme am Satzende.*

2.3 Präsentation

Der Dr.-Fox-Effekt

1970 hielt Myron L. Fox vor versammelten Experten einen Vortrag, der den eindrucksvollen Titel „Die Anwendung der mathematischen Spieltheorie in der Ausbildung von Ärzten" trug. Und den Teilnehmern des Weiterbildungsprogramms der University of Southern California School of Medicine wurde Fox als „Autorität auf dem Gebiet der Anwendung von Mathematik auf menschliches Verhalten" vorgestellt. Er beeindruckte die Zuhörer mit seinem gewandten Auftritt derart, dass keiner von ihnen merkte: Der Mann war Schauspieler und hatte keine Ahnung von Spieltheorie. Alles, was Fox getan hatte, war, aus einem Fachartikel über Spieltheorie einen Vortrag zu entwickeln, der ausschließlich aus unklarem Gerede, erfundenen Wörtern und widersprüchlichen Feststellungen bestand, die er mit viel Humor und sinnlosen Verweisen auf andere Arbeiten vortrug. Hinter dieser Täuschung standen John E. Ware, Donald H. Naftulin und Frank A. Donnelly, die mit dieser Demonstration eine Diskussion über den Inhalt des Weiterbildungsprogramms initiieren wollten. Das Experiment sollte die Frage beantworten: Ist es möglich, eine Gruppe von Experten mit einer brillanten Vortragstechnik so hinters Licht zu führen, dass sie den inhaltlichen Nonsens nicht bemerken? John Ware übte stundenlang mit dem Schauspieler: „Das Problem war, Fox davon abzuhalten, etwas Sinnvolles zu sagen." Fox war sich sicher, dass der Schwindel auffliegen würde. Doch das Publikum hing an seinen Lippen und begann nach dem einstündigen Vortrag, fleißig Fragen zu stellen, die er so virtuos nicht beantwortete, dass niemand es merkte. Auf dem Beurteilungsbogen gaben alle zehn Zuhörer an, der Vortrag habe sie zum Denken angeregt, neun fanden zudem, Fox habe das Material gut geordnet, interessant vermittelt und ausreichend Beispiele eingebaut. Die Tatsache, dass der Stil eines Vortrags über seinen dürftigen Inhalt hinwegtäuschen kann, erhielt den Namen „Dr.-Fox-Effekt".

Schneider, Reto U.: Die schrägsten Experimente der Welt, in: Die Zeit Nr. 39, 18.06.2014, abgerufen unter www.zeit.de/2004/39/N-Experimente (Auszug)

Arbeitsauftrag
Geben Sie die wichtigsten Inhaltspunkte des Textauszugs aus der „Zeit" wieder.

2.3.1 Elemente einer guten Präsentation

Gute Präsentationen erfüllen einige wesentliche Grundbedingungen:
1. *Sie sind zielorientiert.*
2. *Sie sind empfängerorientiert.*
3. *Sie haben eine klare Struktur.*
4. *Sie sind anregend und damit unterhaltsam.*
5. *Sie visualisieren die wesentlichen Inhaltspunkte.*

Zielsetzung

Sachliches Ziel	Persönliches Ziel
– Information – Überzeugung – Motivation	– Anerkennung bekommen – sich selbst darstellen – Verständnis wecken

Fragenkatalog zur Analyse der Teilnehmer:
- Wer wird zuhören?
- Welchen Wissensstand haben die Zuhörer?

- Welche Erwartungen haben sie?
- An welchen Inhalten sind die Zuhörer besonders interessiert?
- Welche Einstellung haben sie zum Thema der Präsentation?
- Sind sachliche oder emotionale Einwände zu erwarten?
- Gibt es Konfliktfelder?

2.3.2 Struktur einer Präsentation

Eine Präsentation wird in die drei Teile Eröffnung (Einleitung), Hauptteil und Schluss gegliedert.

Eröffnung

Diese Phase ist sehr wichtig für den weiteren Verlauf der Ausführungen und sollte deshalb besonders sorgfältig geplant werden. Nach dem Motto „Der erste Eindruck ist entscheidend" urteilen viele Zuhörer bereits nach wenigen einführenden Sätzen über die Kompetenz des Referenten. Ein gut überlegter Einstieg erleichtert es, die Akzeptanz der Zuhörerschaft zu gewinnen. Außerdem besteht zu Beginn die Möglichkeit, auf allgemeine Spielregeln während des Vortrags hinzuweisen.

Die Eröffnungsformel

1. Begrüßungssatz
„Guten Tag, meine Damen und Herren! Ich freue mich, dass Sie ..."

2. Eigene Vorstellung
„Mein Name ist ... ich bin seit ..."

3. Hinführung zum Thema
(Neugier wecken, Spannung erzeugen)
Kurzausblick

4. Hinweis auf Spielregeln wie:
„Unterbrechen Sie mich, wenn Sie Fragen haben."
„Notieren Sie sich bitte Ihre Fragen, am Ende des Vortrags bleibt ausreichend Zeit für eine Diskussion."
„Ich notiere mir Ihre Fragen auf einem Fragenspeicher (Flipchart)."

Hauptteil

Im Hauptteil sollen die Inhalte ansprechend und verständlich, d. h. empfängerorientiert, übermittelt werden.

Hinweise zur Gestaltung des Hauptteils

1. Auswahl der wichtigsten Argumente unter Berücksichtigung
  – *der zur Verfügung stehenden Zeit*
  – *der begrenzten Aufnahmefähigkeit der Zuhörer*

2. Sinnvolle Anordnung der Argumente
- *logische Reihenfolge*
- *roter Faden*
- *Aufbau eines Spannungsbogens*

Schluss

Ein gelungener Schluss hat eine ähnlich nachhaltig positive Wirkung wie die Eröffnung und muss deshalb genauso präzise geplant werden. Schlussformeln wie „So, das war's, ich bin nun am Ende" wirken unbeholfen und sollten vermieden werden.

Schlussformel

1. Kurze Zusammenfassung

2. Gegebenenfalls passend zur Thematik
- *Appell an die Zuhörer*
- *Ausblick auf zukünftige Entwicklungen*
- *Hoffnung*
- *eigene Stellungnahme*

3. Persönlicher Dank und – falls vorgesehen – Aufforderung zu Fragen
„Ich bedanke mich für Ihre Aufmerksamkeit und wenn Sie noch Fragen haben, dann bitte ich Sie, diese jetzt zu stellen."

Als Faustregel für die Aufteilung von Einleitung, Hauptteil und Schluss gilt folgendes Verhältnis: 15 % – 75 % – 10 %.

2.3.3 Vortragstechnik

Je einfacher und authentischer der Vortragende spricht, umso verständlicher ist sein Vortrag.

Hinweise für verständliches Sprechen

- *einfacher Satzbau*
- *kurze Sätze*
- *Ich-Form*
- *keine Substantivierungen*
- *bildhafte Sprache*
- *zielgruppengerechte Fachausdrücke*

Präsentationsmanuskript

Das Stichwortmanuskript zwingt bei einer Präsentation zum freien Reden. Einzelne Schlüsselwörter oder Kurzsätze sind auf Karteikarten festgehalten und dienen als Erinnerungsstützen und Leitfaden für den Vortrag. Der gesamte Inhalt muss so während der Präsentation frei formuliert werden. Das erhöht die Verständlichkeit, denn die so formulierten Sätze sind einfacher aufgebaut als schriftlich vorformulierte. Außerdem wird das Sprechtempo durch die „Denkpausen" reduziert.

Vollständig ausformulierte Texte hingegen fördern das Ablesen. Der Vortragende hat Angst davor, nicht weiterzuwissen, und liest deshalb sicherheitshalber alles ab. Das Lesetempo ist schneller als das Sprechtempo, sodass es schwer sein kann, dem Redner zu folgen. Zudem ist beim Ablesen wenig Blickkontakt zum Publikum möglich.

Tipps für ein Stichwortmanuskript

- Karteikarten DIN A5 oder DIN A6
- einseitiges Beschriften
- Karten durchnummerieren
- gut lesbare Schrift

Umgang mit Lampenfieber

Ein gewisses Maß an Lampenfieber ist normal. Der Körper zeigt Stressreaktionen wie feuchte Hände, starkes Herzklopfen, das Gefühl, keinen klaren Gedanken mehr fassen zu können, usw. Ursache dafür ist die Angst vor dem Versagen. Der Vortragende hat sich lange vorbereitet, vieles gut durchdacht und sich große Mühe gegeben. Seine gesamte Arbeit steht auf dem Prüfstein.

Hinweise für den Umgang mit Lampenfieber

- Bereiten Sie sich gut vor.
- Akzeptieren Sie Ihre eigene Anspannung.
- Üben Sie bei jeder Gelegenheit
  - vor dem Spiegel,
  - während Sie in Ihrer Wohnung auf und ab gehen,
  - bei Generalproben vor Familienmitgliedern, Freunden.
- Machen Sie Entspannungs- und Atemübungen.

Präsentationsregeln

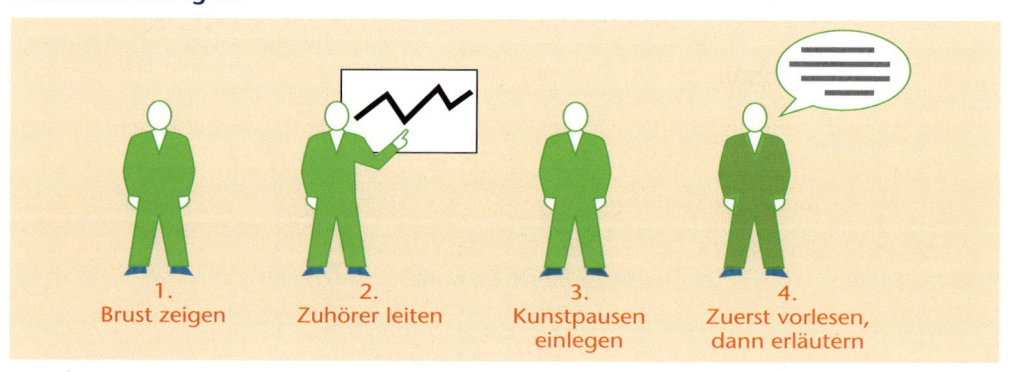

1. Brust zeigen
2. Zuhörer leiten
3. Kunstpausen einlegen
4. Zuerst vorlesen, dann erläutern

Zu vermeiden sind:

- ein unruhiger, umherschweifender Blick
- fehlender Blickkontakt
- steife und starre Haltung und nervöses Hin-und-her-Gehen
- heftiges Gestikulieren
- Spielereien mit Kugelschreiber, Zeigestab
- Herumzupfen an Kleidung und Haaren
- Festklammern am Rednerpult
- Ablesen vom Manuskript
- zu schnelles, zu undeutliches, zu leises Vortragen

2.3.4 Visualisierung

„Ein Bild sagt mehr als tausend Worte."
Chinesische Weisheit

> Eine Kommunikation, die das Ohr und das Auge anspricht, bewirkt eine schnellere Informationsaufnahme, denn bildhaft Dargestelltes wirkt längere Zeit im Gedächtnis als nur Gesprochenes. Setzt man die Kapazität der Informationsaufnahme von Auge und Ohr gleich 100 %, so transportiert das Auge etwa 70–80 %.
> *Aus einem Vortrag über optische Rhetorik*

Arbeitsaufträge

1. Wie können Sie sich Informationen am besten merken?
2. Welche optischen Darstellungsformen gefallen Ihnen besonders gut?
3. Gibt es Darstellungsformen, die sich störend auf Ihre Informationsaufnahme auswirken? Suchen Sie nach Beispielen.

Präsentationsmedien

Flipchart

Der Flipchart-Ständer ist eine transportable Haltevorrichtung (Chart) für Papierbögen, die mit Filzstiften beschriftet und danach abgetrennt (to flip) werden. Flipcharts eignen sich für das Arbeiten in kleinen Gruppen: Ergebnisse lassen sich schnell festhalten, Bilder situativ entwickeln, offene Fragen können gespeichert und Feedbackbeiträge visualisiert werden.

Das Flipchart: Medieneinsatz

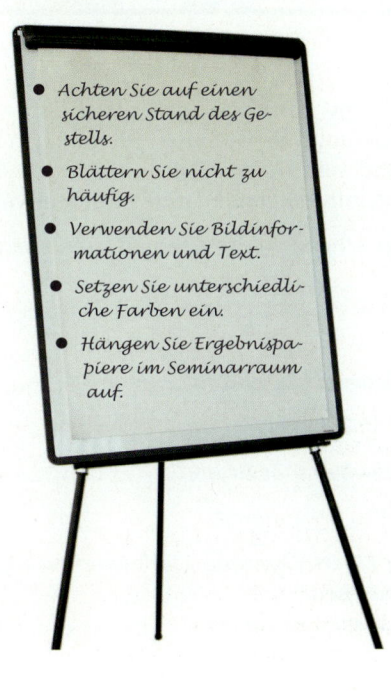

- Achten Sie auf einen sicheren Stand des Gestells.
- Blättern Sie nicht zu häufig.
- Verwenden Sie Bildinformationen und Text.
- Setzen Sie unterschiedliche Farben ein.
- Hängen Sie Ergebnispapiere im Seminarraum auf.

Flipcharts sind preiswert, technische Pannen treten nicht auf. Allerdings braucht der Referent eine gute Handschrift, um die Papierbogen leserlich zu beschriften. Die großformatigen Blätter können aufbewahrt werden, sind aber etwas unhandlich.

Pinnwand/Metaplanwand

Dieses Medium kommt aus der Moderationstechnik und bietet die Möglichkeit, auch Beiträge der Teilnehmer aufzunehmen. Diese werden auf kleine Kärtchen geschrieben und mit Stecknadeln oder Magnetknöpfen befestigt. Wie auf einem Flipchart lassen sich situativ Darstellungen entwickeln, wobei dieses Medium zusätzlich die Interaktion mit den Teilnehmern ermöglicht. Die Kärtchen müssen groß und deutlich beschriftet werden; dennoch sind die Beiträge aus größerer Entfernung nur noch schlecht lesbar.

Präsentationsfolien

Sie können vorbereitet werden, sind leicht transportierbar, immer wieder einsetzbar und lassen viele Visualisierungsmöglichkeiten zu. Vorlagen lassen sich mithilfe von Software direkt am PC gestalten und ausdrucken. Gleichzeitig lassen sich die Folien kopiert als Präsentationsunterlagen (sogenannte Handouts) an die Zuhörer verteilen.

Um eine Folie ansprechend zu gestalten, müssen einige Gestaltungsregeln beachtet werden:

Eine gute Folie ...

- *ist auf das Notwendige beschränkt,*
- *hat immer eine Überschrift,*
- *zeigt die Hauptsache im Zentrum,*
- *ist auf den Vortrag abgestimmt.*
- **Voraussetzung ist eine genaue Zielformulierung.**
  (Was will ich erreichen?)
  Weglassen ist keine Fälschung.

Präsentation 65

Gestaltungstipps für eine „gute Folie ..."
- *nur eine Schriftart – maximal drei Schriftgrößen*
- *sinnvoller Einsatz von Farben und Symbolen*
- *klare Gestaltung durch das Bilden von Sinnblöcken*
- *Raumaufteilung beachten*
- *einheitlicher Aufbau aller Folien schafft Orientierung*

Typische Fehler des Referenten
- spricht zur Wand, mit dem Rücken zum Publikum
- verschanzt sich hinter dem Projektor/Beamer
- verdeckt mit seinem Körper die Sicht
- bringt zu viele Folien/wechselt zu rasch
- hat zu viel Text auf der Folie
- liest alles vor

Abhängig von der verwendeten Software lassen sich anregende Animationseffekte einbauen, die neben dem gesprochenen Wort und dem Bild durch Bewegungen oder Toneinlagen die Wahrnehmungskanäle der Zuhörer/Zuschauer auf eine noch vielfältigere Weise anregen. Das gelingt allerdings nur mit einer sehr gut geplanten und genau durchdachten Abfolge der Effekte, denn sonst ist die Gefahr gegeben, dass die Animationsmöglichkeiten um ihrer selbst willen initiiert werden und dadurch ihrem eigentlichen Zweck, den Präsentierenden in seinem Anliegen zu unterstützen, nicht mehr gerecht werden.

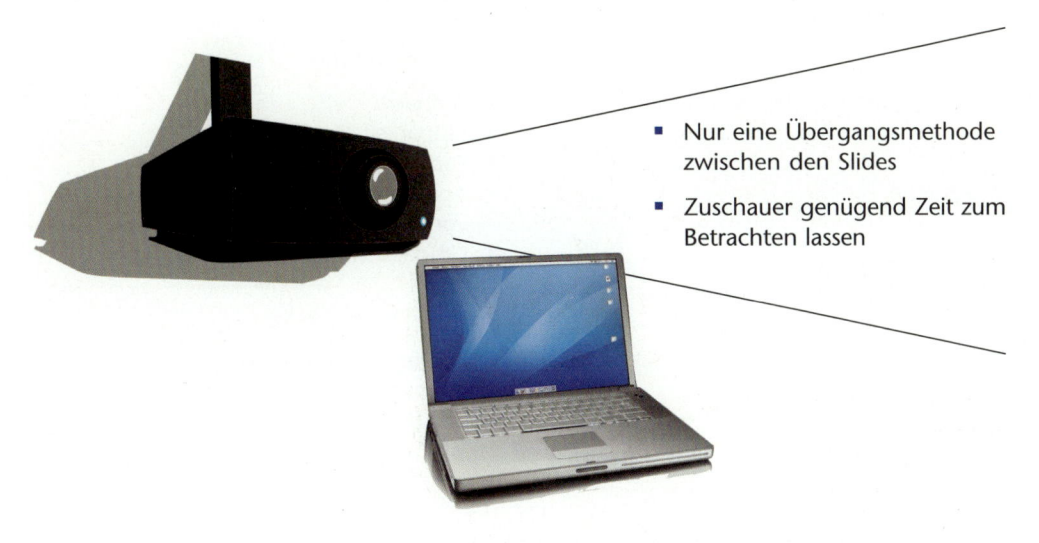

- Nur eine Übergangsmethode zwischen den Slides
- Zuschauer genügend Zeit zum Betrachten lassen

Präsentation – Bewertungskriterien

1. Inhalt

- Strukturierung/roter Faden
- Informationsgehalt
- Art der Hinführung in der Einleitung
- Argumente im Hauptteil
- Begründungen, Belege, Beispiele
- Art der Abrundung im Schluss

2. Sprache

- Wortwahl
- Verknüpfungen
- Übergänge

3. Stimme

- Lautstärke
- Modulation
- Aussprache
- Vortragstempo
- Pausentechnik

4. Körpersprache

- Blickkontakt
- Körperhaltung
- Mimik/Gestik

5. Visualisierung

- Aufbau
- Lesbarkeit, Schriftarten
- Farbe
- Art der Veranschaulichung, Einsatz von Bildern, Grafiken
- Umgang mit Medien

6. Gesamteindruck

- sonstige positive/negative Beobachtungen
- Umgang mit Fragen

2.3.5 Optische Rhetorik

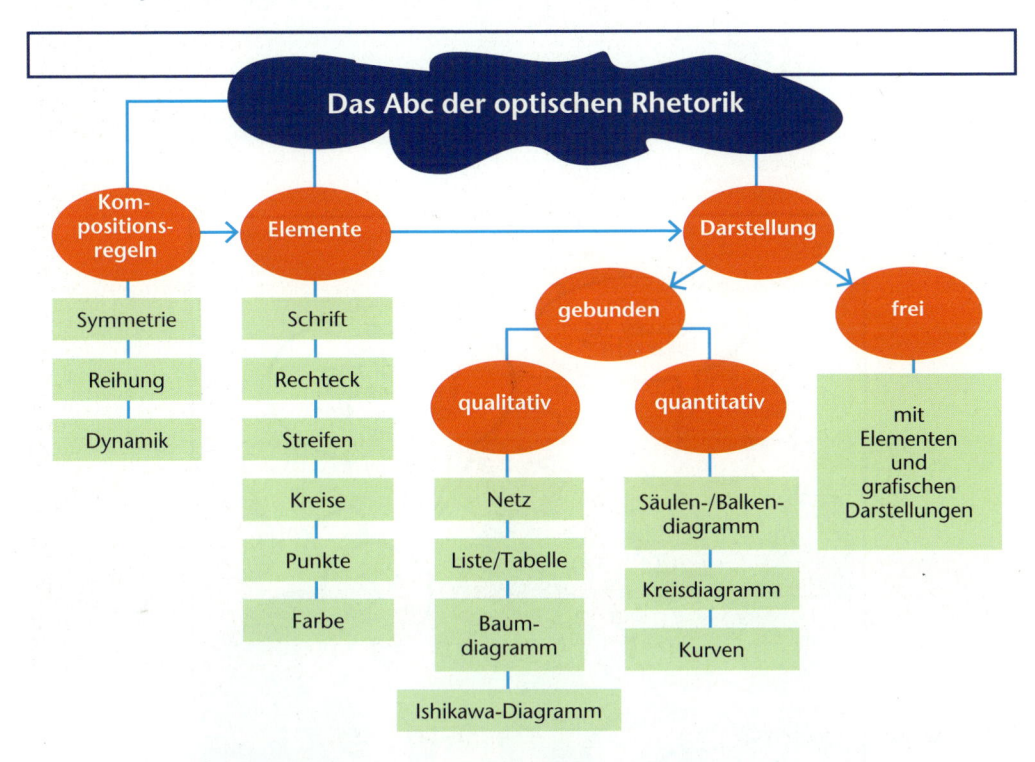

Das Abc der optischen Rhetorik

- Kompositionsregeln
  - Symmetrie
  - Reihung
  - Dynamik
- Elemente
  - Schrift
  - Rechteck
  - Streifen
  - Kreise
  - Punkte
  - Farbe
- Darstellung
  - gebunden
    - qualitativ
      - Netz
      - Liste/Tabelle
      - Baumdiagramm
      - Ishikawa-Diagramm
    - quantitativ
      - Säulen-/Balkendiagramm
      - Kreisdiagramm
      - Kurven
  - frei
    - mit Elementen und grafischen Darstellungen

Arbeitsaufträge

1. Lesen Sie einen Zeitungsartikel aufmerksam durch.
   a) Schreiben Sie dazu Ihre eigenen Gedanken auf Kärtchen (jede Idee auf eine Karte). Heften Sie diese Karten an eine Pinnwand und ordnen Sie sie vollkommen gleichmäßig an.
   b) Finden Sie Stichwörter aus Aufgabe a), die zusammengehören, bilden Sie Oberbegriffe und arrangieren Sie die Karten in einer für Sie sinnvollen optischen Struktur (vertikal, horizontal, kreisförmig ...).
   c) Versuchen Sie nun, Ihre Reihungen aus b) so anzuordnen, dass gedankliche Zusammenhänge durch Betonungen, Farben und/oder Formen sichtbar werden.

2. Konstruieren Sie zu einem Thema Ihrer Wahl einen Baum, der auf zwei hierarchischen Ebenen verläuft.
   Erweitern Sie den Baum um eine zusätzliche Ebene und verästeln Sie ihn weiter.

3 Kommunikation reflektieren und gestalten

Fallbeispiel

In der Schwert AG herrscht eine gespannte Arbeitsatmosphäre. Alle Mitarbeiter beschäftigt das Gerücht um die Verlagerung der Produktion ins Ausland. Sie haben Angst um ihren Arbeitsplatz. Einige bemühen sich bereits um eine andere Stelle, andere warten resigniert auf die weitere Entwicklung und ein kleiner Teil versucht, sich im Unternehmen auf Kosten der anderen zu profilieren. Die Führungsebene schweigt, der Wahrheitsgehalt des Gerüchtes wird nicht offen diskutiert. Diese mangelnde Kommunikation bewirkt eine Verschlechterung des Arbeitsklimas und ein Absinken der Produktivität. Was kann getan werden, um die Situation zu verbessern?

> *Betrieblicher Erfolg hängt ganz wesentlich von funktionierender Kommunikation ab. Sie findet in vielfältigen Situationen statt:*
>
> - *zwischen den einzelnen Mitarbeitern*
> - *zwischen Vorgesetzten und Mitarbeitern*
> - *zwischen den einzelnen Abteilungen*
> - *zwischen dem Unternehmen und der Außenwelt (Kunden, Lieferanten, Öffentlichkeit)*

Viele Qualitätsprobleme sind weniger technischer als vor allem kommunikativer Natur. Wissen wird z. B. nicht rechtzeitig oder vollständig ausgetauscht, erforderliche Kreativität kann unter betrieblichen Machtstrukturen leiden und erhöhte Krankheitsquoten sind häufig auf mangelnde Kommunikation zurückzuführen. Demnach haben auch Kommunikationsschwierigkeiten Einfluss auf die Produktivität eines Unternehmens.

3.1 Grundlagen kommunikativer Prozesse

Kommunikation ist mehr als nur Information. Eine hervorragende Informationstechnik (z. B. via Internet) ermöglicht die Bereitstellung einer Vielzahl von Informationsquellen in kürzester Zeit. Diese müssen dann in den kreativen Arbeitsprozess eingebracht werden. Um effektive Problemlösungen erarbeiten zu können, müssen die Mitarbeiter miteinander „in Beziehung treten" (communicatio = in Beziehung sein). Hierbei treten jedoch nicht selten Missverständnisse auf, die die Beziehung zwischen den Gesprächspartnern belasten und zu Konflikten führen können.

3.1.1 Kommunikationsmittel

Kommunikation spielt sich in einem Kommunikationssystem ab, das sich mit Begriffen aus der Informationstheorie beschreiben lässt:

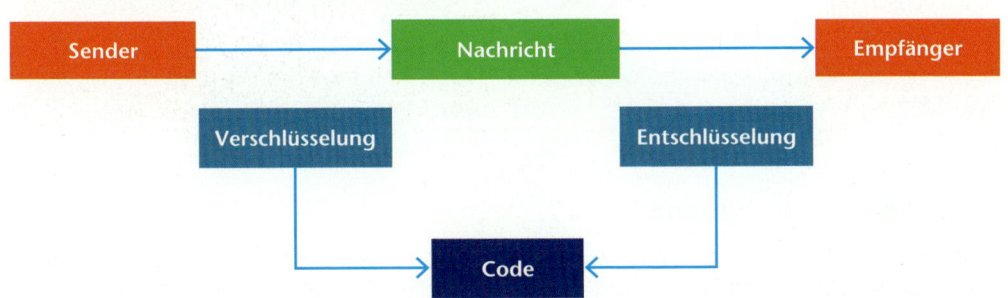

Sender → Nachricht → Empfänger
Verschlüsselung, Entschlüsselung → Code

Die Nachrichtenübertragung erfolgt mittels eines Codes, den der Sender zum Verschlüsseln und der Empfänger zum Entschlüsseln verwendet. Menschliche Informationsübermittlung unterscheidet sich von dem technischen Informationssystem in folgenden Punkten:

- Verschlüsselung und Entschlüsselung sind nicht deckungsgleich.
- Der Code kann mehrdeutig sein (Beispiele: zur Bank gehen, den Kopf verlieren, sitzen bleiben).

- Die Übertragung erfolgt auf sprachlicher (verbaler) Ebene und nicht sprachlicher (nonverbaler) Ebene. Hinzu kommen hörbare (paraverbale) Bestandteile der Sprache.

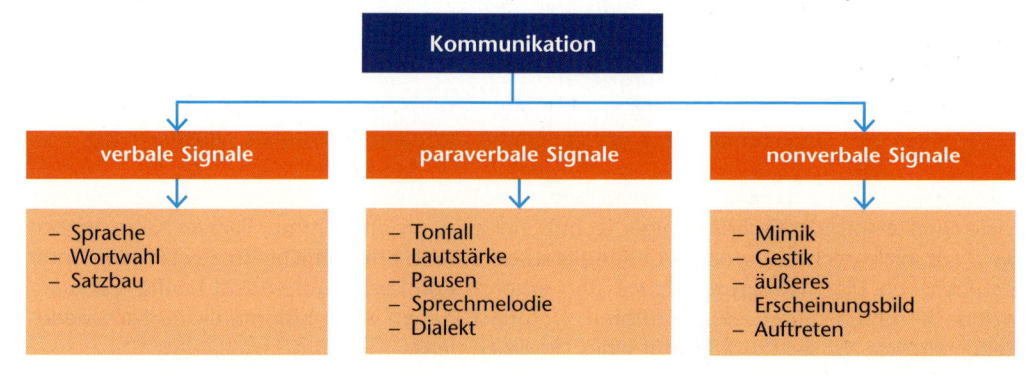

```
                        Kommunikation
          ┌─────────────────┼─────────────────┐
    verbale Signale    paraverbale Signale   nonverbale Signale
    – Sprache          – Tonfall              – Mimik
    – Wortwahl         – Lautstärke           – Gestik
    – Satzbau          – Pausen               – äußeres
                       – Sprechmelodie          Erscheinungsbild
                       – Dialekt              – Auftreten
```

Nonverbale Signale können die verbalen Inhalte verstärken, bestätigen, verändern oder ergänzen. Entsprechen sich die Inhalte der verbalen und nonverbalen Signale, so spricht man von **Kongruenz**. **Inkongruenz** liegt dann vor, wenn diese Signale nicht deckungsgleich sind. Die Kommunikation wird dadurch erschwert, denn der Empfänger ist verunsichert und weiß nicht, welchem Signal er vertrauen soll.

Fehlen nonverbale Signale, wie etwa beim Telefongespräch, ist die Kommunikation erschwert, denn wesentliche Informationen über die Bedeutung des Gesagten fehlen. Orientierung bieten in diesem Fall neben dem gesprochenen Wort nur die paraverbalen Signale.

Arbeitsauftrag

Spiel: *Die Tauben und die Stummen*

Alle Mitspieler sitzen in einem Kreis. Ein Teil der Spieler wird zu Stummen, der andere zu Tauben. Die Tauben reden nun ununterbrochen auf die Stummen ein, die Stummen hingegen können sich ausschließlich durch Mimik und Gestik verständlich machen, aber keinerlei verbale oder nonverbale Signale von sich geben.

Weber-Hagedorn, Bertram; Kutzleb, Ulrike; Stobbe, Alke; Höper, Claus Jürgen: 115 x Sozialkompetenz in der Sekundarstufe, 1. Auflage, Auer Verlag, AAP Lehrerfachverlage GmbH, Donauwörth 2013, Seite 71

3.1.2 Metakommunikation

Da Kommunikationsprozesse immer auf einer Sach- und einer Beziehungsebene ablaufen, sollten diese beiden Ebenen auch angesprochen werden. Sicherlich werden am Arbeitsplatz vor allem Sachfragen diskutiert. Diskussionsteilnehmer sind aber immer Menschen mit unterschiedlichen Gefühlen und Wünschen. Diese sind zwar offiziell nicht Gegenstand einer Sachdiskussion, haben aber einen entscheidenden Einfluss auf ihren Verlauf. Häufig zu hörende Ermahnungen wie „Nun bleiben Sie aber sachlich" oder „Das gehört nicht hierher" können dies nicht verhindern.

Gespräche, in denen sich auf der Sachebene etwas anderes abspielt als auf der Beziehungsebene, verlaufen in der Regel nicht sehr erfolgreich.

Beispiel
Rein sachlich bemühen sich die Konferenzteilnehmer z. B. darum, einen Projektablauf zu planen, doch ihre Körperhaltung, ihre Mimik und ihr Tonfall lassen erkennen, dass sie auf der Beziehungsebene ein anderes Problem haben. Das behindert sie in ihrer sachlichen Planungsarbeit.

Ein Hilfsmittel in dieser Situation ist die **Metakommunikation**. Die Gesprächspartner verlagern ihre Kommunikation auf eine andere Ebene und sprechen darüber, wie sie miteinander umgehen oder was sie im Moment stark beschäftigt. Das verlangt von allen Mut und auch die Bereitschaft sich selbst wahrzunehmen.

Beispiel
„Ich habe bei dieser Diskussion ein ungutes Gefühl. Mir scheint, es geht uns gar nicht so sehr um das Festsetzen von Terminen für unser Projekt ‚Daisy', sondern mehr darum, uns gegenseitig dafür verantwortlich zu machen, warum dieses Projekt bislang so schlecht gelaufen ist. So kommen wir nicht weiter."

Eine solche Bemerkung eröffnet einen neuen Verhandlungsweg, indem vorübergehend die Sachebene verlassen und stattdessen der Prozess beleuchtet wird, in dem sich die Gesprächspartner zurzeit befinden.

3.2 Kommunikationsgrundsätze nach Watzlawick

Paul Watzlawick (* 1921 in Villach, Österreich, † 31.03.2007 in Palo Alto, Kalifornien), österreichischer Psychotherapeut und Kommunikationswissenschaftler

Paul Watzlawick stellte fünf Grundsätze (Axiome) auf, die dazu beitragen sollen, den Kommunikationsprozess besser verstehen zu können.

1. „Man kann nicht **nicht kommunizieren**."
   Jedes Verhalten zwischen Menschen hat kommunikative Aspekte. Auch das eigene Schweigen kann dem Gegenüber etwas mitteilen.

   Beispiel
   Eine Frau steigt zu einer(m) anderen Frau/Mann in den Fahrstuhl. Die gegenseitig gewechselten Blicke, der zwischen beiden Personen eingehaltene Abstand, die Art, sich vom anderen abzuwenden, dies sind nonverbale Signale, die durchaus als Kommunikation bezeichnet werden können.

2. „Jede Kommunikation hat einen **Inhalts- und einen Beziehungsaspekt**, derart, dass letzterer den ersteren bestimmt."
   Der Inhaltsaspekt stellt die inhaltliche Seite einer Mitteilung dar, der Beziehungsaspekt sagt etwas darüber aus, wie der Sender zum Empfänger steht und wie er seine Mitteilung

verstanden wissen möchte. Erfolgreich kommuniziert man dann, wenn auf beiden Ebenen Kongruenz (Deckungsgleichheit) herrscht.

Beispiel
In einer Teamsitzung sollen die nächsten Arbeitsschritte vereinbart werden, doch das Teammitglied A blockiert immer wieder die Absprachen, die mit B gemacht werden sollen. A argumentiert, es gehe schließlich vor allem darum, eine vernünftige Lösung herbeizuführen. Alle im Team wundern sich über seine Haltung B gegenüber, denn eigentlich ist A sehr kooperativ und hilfsbereit.

3. „Die Natur der Beziehung ist durch die **Interpunktion der Kommunikationsabläufe** seitens der Partner bedingt." (Ursache – Wirkung)
Sender und Empfänger interpretieren ihr eigenes Verhalten oft nur als Reaktion auf das des anderen, d.h., es wird angenommen, die Schuld liege beim anderen. Menschliche Kommunikation ist aber nicht in Kausalketten auflösbar, sie verläuft vielmehr kreisförmig. Bei einem Streit kann niemand sagen, wer wirklich angefangen hat. Anfänge werden subjektiv bestimmt, als sogenannte Interpunktionen. Erfolgreiche Kommunikation ist zu erwarten, wenn wir Kommunikation als Regelkreis von Ursachen und Wirkungen verstehen. Störungen entstehen, wenn ein Partner an einem Punkt der kreisförmigen Kommunikation einen Einschnitt vornimmt und sagt: „Hier hat es angefangen, das ist die Ursache."

Beispiel
Mitarbeiter A sagt über B: „Ich arbeite nicht mehr mit dir zusammen, denn du bist immer total unzuverlässig. Du hast dieses Projekt mutwillig verzögert." B hingegen ist der Meinung, dass A ihn niemals rechtzeitig informiert, ja sogar Projektfortschritte absichtlich zurückhält. So sei es ihm (B) gar nicht möglich, die Termine einzuhalten.

4. „Menschliche Kommunikation bedient sich **digitaler und analoger Modalitäten**."
Der digitale Anteil bedient sich allgemein bekannter Zeichen (Buchstaben, Zahlen), die vom Empfänger eindeutig entschlüsselt werden können. Die rein sachliche Information, der Inhalt, ist damit sofort verständlich. Es fehlt aber die Möglichkeit, den Aspekt der Beziehung zu übermitteln. Dazu benötigt man den analogen Kommunikationsanteil (non- und paraverbal), der mithilfe der Zeichen- und Körpersprache eine Verständigung über die Beziehung und den Gefühlszustand herbeiführt. Da es für die Entschlüsselung dieser Zeichen keine allgemeingültigen Regeln gibt, sind unterschiedliche Auslegungen möglich.

Beispiel
Der Mitarbeiter kann seine Schwierigkeiten bei der Lösung eines Problems durch Worte beschreiben (digitale Kommunikation), sein tatsächliches Gefühl dabei wird durch die Art deutlicher, in der er darüber spricht (analoge Kommunikation).

5. „Zwischenmenschliche Kommunikationsabläufe sind entweder **symmetrisch oder komplementär**, je nachdem, ob die Beziehung zwischen den Partnern auf Gleichheit oder Unterschiedlichkeit beruht."

Beispiel
Zwischen zwei Kollegen verläuft die Kommunikation symmetrisch. Zwischen dem Chef und seinem Mitarbeiter gibt es komplementäre Kommunikationsabläufe.

Paul Watzlawick: Menschliche Kommunikation: Formen, Störungen, Paradoxien, 8. Auflage, Huber, Bern 1990, S. 14 f.

> **Arbeitsauftrag**
>
> Interpretieren Sie folgendes Zitat von Watzlawick:
>
> *„Wahr ist nicht, was A sagt, sondern was B versteht."*

Die Geschichte mit dem Hammer

1 Ein Mann will ein Bild aufhängen. Den Nagel hat er, nicht aber den Hammer. Der Nachbar hat einen. Also beschließt unser Mann, hinüberzugehen und ihn auszuborgen. Doch da kommt ihm ein Zweifel: Was, wenn der Nachbar mir den Hammer nicht leihen will? Gestern schon grüßte er mich nur so flüchtig. Vielleicht war er in Eile. Aber viel-
5 leicht war die Eile nur vorgeschützt, und er hat etwas gegen mich. Und was? Ich habe ihm nichts angetan; der bildet sich da etwas ein. Wenn jemand von mir ein Werkzeug borgen wollte, ich gäbe es ihm sofort. Und warum er nicht? Wie kann man einem Mitmenschen einen so einfachen Gefallen abschlagen? Leute wie dieser Kerl vergiften einem das Leben. Und dann bildet er sich noch ein, ich sei auf ihn angewiesen. Bloß
10 weil er einen Hammer hat. Jetzt reicht's mir wirklich. – Und so stürmt er hinüber, läutet, der Nachbar öffnet, doch noch bevor er „Guten Tag" sagen kann, schreit ihn unser Mann an: „Behalten Sie Ihren Hammer, Sie Rüpel!"

Watzlawick, Paul: Anleitung zum Unglücklichsein, Piper, München 1983, S. 37

3.3 Kommunikationsmodell von Schulz von Thun

Friedemann Schulz von Thun, geb. 1944, Professor für Psychologie an der Universität Hamburg (Schwerpunkt Psychologie der zwischenmenschlichen Kommunikation)

Das Kommunikationsmodell von Friedemann Schulz von Thun – auch als „Vier-Ohren-" oder „Vier-Seiten-Modell" bekannt – beschäftigt sich mit der Mehrdeutigkeit jeder menschlichen Nachricht.

Bei dem Vier-Seiten-Modell handelt es sich um eine Erweiterung des traditionellen Kommunikationsmodells:

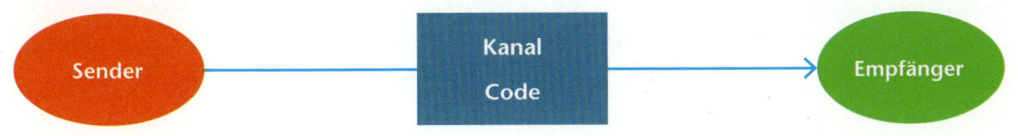

Sender → **Kanal / Code** → **Empfänger**

Der „Sender" wählt für seine eigenen Gedanken die Worte, von denen er annimmt, dass der „Empfänger" ihren Sinn (Code) versteht. Bei diesem Übermittlungsprozess gibt es viel Raum für Missverständnisse, denn der Empfänger versteht manchmal den Code des Senders ganz anders, als der Sender beabsichtigt hat. Um deutlich machen zu können, wie der Prozess des Verstehens und Missverstehens zwischen zwei Gesprächspartnern verlaufen kann, geht das erweiterte Kommunikationsmodell davon aus, dass jede **Nachricht prinzipiell vier Informationsebenen enthält**:

1. Ebene	Sachinhalt	→ „Es ist ..." Übermittlung von Information
2. Ebene	Appell	→ „Du sollst ..." Wirkungsabsicht
3. Ebene	Selbstoffenbarung	→ „Ich fühle mich ..." emotionales Sich-Einbringen des Senders
4. Ebene	Beziehung	→ „Du bist ..." emotionale Bewertung des Empfängers durch den Sender

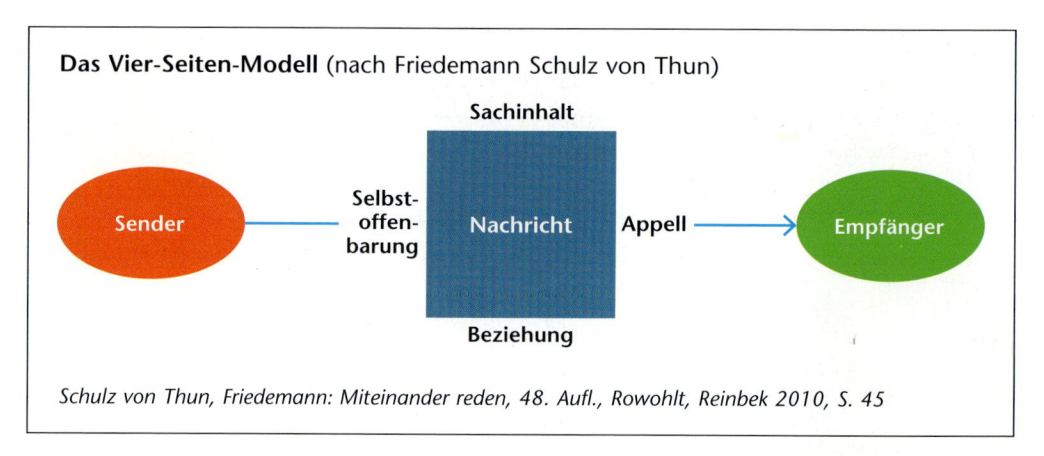

Das Vier-Seiten-Modell (nach Friedemann Schulz von Thun)

Sender — Selbstoffenbarung — Nachricht (Sachinhalt / Beziehung) — Appell → Empfänger

Schulz von Thun, Friedemann: Miteinander reden, 48. Aufl., Rowohlt, Reinbek 2010, S. 45

Beispiel
Frau Meier aus der Abteilung Produktionsentwicklung eines großen Chemieunternehmens sagt zu Herrn Liebermann, Sachbearbeiter in der Marketingabteilung: „Ich habe meine Sekretärin gestern mit den Unterlagen zu Ihnen geschickt, aber Sie waren nicht in Ihrem Büro."
- *Der **sachliche Inhalt** dieser Aussage ist sofort klar. Unklar mag für Herrn L. sein, was Frau M. mit dieser Nachricht bezwecken will.*
- *Auf der **Selbstoffenbarungsebene** äußert Frau M. möglicherweise Enttäuschung darüber, dass L. die Unterlagen nicht sofort anschauen konnte.*
- *Als **Appell** mag von ihr zu hören sein: „Kümmern Sie sich mal etwas mehr um die wirklich wichtigen Dinge!"*
- *Aus der Nachricht kann außerdem abgeleitet werden, was Frau M. von L. hält, was also die **Beziehungsebene** betrifft, wie z. B.: „Sie Faulenzer, Sie sind aber auch nie in Ihrem Büro." Genauso gut könnte Frau M. aber auch vermitteln: „Sie toller Hecht, Sie verstehen es, die Arbeitszeit zu genießen."*

Der Informationsgehalt der einzelnen Nachrichtenebenen wird erst durch **nicht-sprachliche Signale** (Mimik, Tonfall, Gestik) deutlicher. Sie übernehmen einen wichtigen Teil der Vermittlung, und dieser Teil ist meist von größerer Bedeutung als das tatsächlich geäußerte Wort.

Auch der Empfänger der sprachlichen Nachricht ist für den Kommunikationsprozess sehr wichtig. Seine Gedanken, Gefühle und Einstellungen sich selbst und dem Sender gegenüber haben ebenfalls Einfluss auf das Gespräch. Analog zu den vier Nachrichtenkanälen ist der Empfänger mit vier Empfangskanälen („Ohren") ausgestattet, wobei er frei in seiner Entscheidung darüber ist, welchen er vorrangig benutzen will.

Der „vierohrige" Empfänger

Selbstoffenbarungsohr:
Was ist das für einer?
Was ist mit ihm?

Sachinhaltsohr:
Wie ist der Sachverhalt zu verstehen?

Beziehungsohr:
Wie redet der eigentlich mit mir?
Wen glaubt er vor sich zu haben?

Appellohr:
Was soll ich tun, denken, fühlen aufgrund seiner Mitteilung?

Vgl. Schulz von Thun, Friedemann: Miteinander reden, 48. Aufl., Rowohlt, Reinbek 2010, S. 45

In dem Kommunikationsbeispiel zwischen Frau Meier und Herrn Liebermann hängt der weitere Gesprächsverlauf also auch davon ab,
- auf welchem Kanal (Ohr) der Empfänger die Nachricht empfangen will und
- auf welche Inhaltsebene er reagieren will.

Beides liegt nicht im Einflussbereich des Senders.

Beispiele: Mögliche Reaktionen auf die vier Inhaltsebenen
- *Reaktion auf den **Sachinhalt**:* „Ah ja, Frau Schulze hat mich davon unterrichtet, dass Ihre Sekretärin bei uns war, und ..."
- *Reaktion auf den **Selbstoffenbarungsinhalt**:* „Oh, es scheint Ihnen nicht recht gewesen zu sein, dass ich die Unterlagen nicht sofort durchsehen konnte."
- *Reaktion auf den **Appellinhalt**:* „Ja, es ist schlimm in letzter Zeit, ich sollte wirklich ..."
- *Reaktion auf den **Beziehungsinhalt**:* „Ich verbitte mir Ihren vorwurfsvollen Ton, ich habe schließlich ..."

3.4 Kommunikationsstörungen

Scheindialog

Beispiel
Frau A: „Was haben denn Sie in den Ferien gemacht?"
Herr B: „Wir sind an der italienischen Riviera gewesen. Meine Frau ..."
Frau A: „Ach, da waren wir auch schon. In Alassio. Kennen Sie Alassio? Wir hatten da einen kleinen Verkehrsunfall."
Herr B: „Wir haben uns nämlich einen Wohnwagen gekauft. Zuerst war ich ja etwas skeptisch."
Frau A: „Ja, sicher. Das war eine unangenehme Sache damals, das kann ich Ihnen sagen. Da kam doch so einer von diesen Rasern ..."
Herr B: „Rasen kann man mit einem Wohnwagengespann natürlich nicht. Aber die Straßen sind im Sommer ja sowieso verstopft."
Frau A: „Der kam da aus einer Seitenstraße herausgeschossen, also, ich sage ja immer ..."
Herr B: „Ja, ja, die Seitenstraßen. Die Leute parken ja so idiotisch. Und wenn Sie da mit einem Anhänger durchwollen – wir wollten ja gleich was Rechtes haben. Mit abgeteiltem Waschraum, wissen Sie!"
Frau A: „Wir warten heute noch auf die Entschädigung."

Im oben stehenden Beispiel sind die Gesprächspartner gar nicht an einem Gedankenaustausch interessiert, sondern nur daran, einen Zuhörer für ihr Anliegen zu finden. Dies kann zu einem Scheindialog führen, bei dem die Gesprächspartner nicht miteinander, sondern lediglich aufeinander ein- bzw. aneinander vorbeireden.

3.4.1 Das „Lieblingsohr" – Probleme auf der Empfängerseite

Prinzipiell stehen dem Empfänger einer sprachlichen Nachricht zwar alle Empfangskanäle zur Aufnahme zur Verfügung, doch häufig ist ein „Ohr" besonders gut ausgebildet.

Beispiele
- Die wenig selbstbewusste Sekretärin empfängt Nachrichten „gern" auf der Beziehungsebene. Aus einem Hinweis ihres Chefs entnimmt sie sofort: „Er meint, ich bin nicht kompetent genug."

- Der engagierte Abteilungsleiter mag besonders gut auf dem Appell-Ohr hören. Er sieht sich bei allen Fragen immer zur Problemlösung herausgefordert.

- Ein psychologisch interessierter Chef nimmt in Konflikten vor allem die Selbstoffenbarung des anderen wahr: „Was ist mit ihm los?"

Die Reaktion des Empfängers hängt stark von seiner Persönlichkeit ab. Dabei spielen die Erziehung, die individuellen Lebenserfahrungen und die augenblickliche psychische und physische Verfassung eine große Rolle. Auch die Beziehung der Gesprächspartner zueinander, ihre Position im Hierarchiegeflecht eines Unternehmens und ihr Bildungsstand beeinflussen den Kommunikationsprozess.

Ehepaar beim Essen

Mann: Was ist das Grüne in der Soße?

Frau: Mein Gott, wenn es dir hier nicht schmeckt, kannst du ja woanders essen gehen!

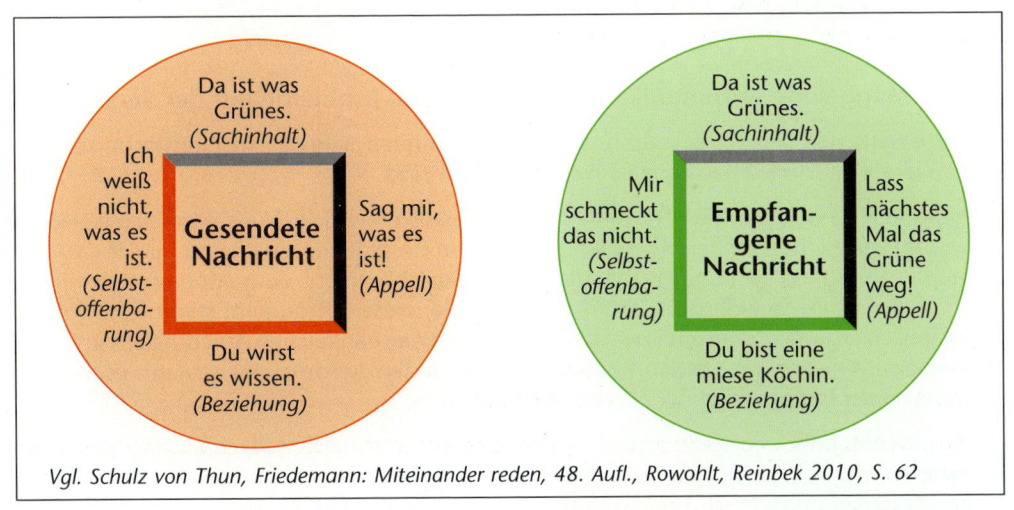

Gesendete Nachricht:
- Da ist was Grünes. (Sachinhalt)
- Ich weiß nicht, was es ist. (Selbstoffenbarung)
- Sag mir, was es ist! (Appell)
- Du wirst es wissen. (Beziehung)

Empfangene Nachricht:
- Da ist was Grünes. (Sachinhalt)
- Mir schmeckt das nicht. (Selbstoffenbarung)
- Lass nächstes Mal das Grüne weg! (Appell)
- Du bist eine miese Köchin. (Beziehung)

Vgl. Schulz von Thun, Friedemann: Miteinander reden, 48. Aufl., Rowohlt, Reinbek 2010, S. 62

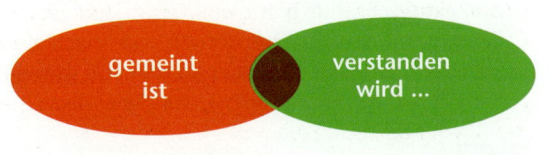

Manche Nachrichteninhalte werden gar nicht aufgenommen, in andere wird mehr hineininterpretiert, als von der Senderseite beabsichtigt war. In jedem Fall hört der Empfänger das Gesprochene so, wie es in sein Gedankenbild und seinen Erfahrungshorizont passt, und die gemeinsame Schnittfläche zwischen beidem, Gemeintem und Verstandenem, ist unterschiedlich groß. Je stärker es den Gesprächspartnern gelingt, einander zuzuhören, umso größer wird die Schnittfläche. Deckungsgleich wird sie auch bei einer sehr guten Verständigung nie sein können. Unterschiedliche Sprachebenen können eine weitere Ursache für gestörte Kommunikation sein (Bayer – Norddeutscher; Vertreter unterschiedlicher Schichten und Kulturkreise).

Arbeitsaufträge

1. Sie arbeiten in einem Team von sechs Kollegen an einem wichtigen Projekt und geraten zunehmend unter Zeitdruck. In der Mittagspause blättern Sie in dem Buch „Erfolg durch Kommunikation". Einer Ihrer Teamkollegen fragt Sie daraufhin: „Warum liest du gerade dieses Buch?" Versuchen Sie, die vier Seiten dieser Nachricht voneinander zu trennen.

2. Der Vorgesetzte sagt zu seinem Mitarbeiter: „Sie müssen dringend an einem EDV-Kurs teilnehmen. Kümmern Sie sich sofort darum!" „Warum gerade ich?", fragt der Mitarbeiter zurück.
   - Analysieren Sie die vier Seiten der Aufforderung des Vorgesetzten und der Reaktion des Mitarbeiters.
   - Überlegen Sie, auf welchem Kanal Sie als Mitarbeiter besonders empfänglich (Lieblingsohr) wären.

3. Bilden Sie weitere Kommunikationsbeispiele und analysieren Sie die vier Seiten des Senders, die Empfangskanäle („Ohren")/das Lieblingsohr des Empfängers.

4. Formulieren Sie zu einer bestimmten Aufgabe aus einem Arbeitsbereich eine ganz präzise Arbeitsanweisung. Überprüfen Sie deren Genauigkeit, indem Sie sie einem Mitschüler/einer Mitschülerin vortragen. Sie erhalten auf diese Weise eine Rückmeldung darüber, was Ihr Gegenüber tatsächlich verstanden hat.

3.4.2 Mangelnde Kommunikationsbereitschaft – Probleme auf der Senderseite

- Die **Angst, sich selbst zu zeigen**, führt zu bestimmten Selbstdarstellungstechniken, die für einen Kommunikationsprozess nicht förderlich sind.

   Imponiertechnik: Sie wird aus dem Wunsch heraus entwickelt, stets seine Schokoladenseite zu zeigen. Der Sender produziert sich gern. In Gesprächen lenkt er das ganze Gewicht auf die Selbstoffenbarungsebene, indem er mit der Nachricht dem anderen übermittelt, was für ein außergewöhnlicher Mensch er sei. („Ja, diesem Argument stimme ich voll zu, so ähnlich argumentierte ich im letzten Jahr bei meinen zahlreichen Aufenthalten in Saudi-Arabien …") Auch die Neigung zu einer komplizierten Ausdrucksweise kann unter dem Aspekt einer Imponiertechnik gesehen werden.

   Fassadentechnik: Sie stellt eigentlich die Kehrseite der Imponiertechnik dar, denn hier geht es darum, seine weniger ansehnlichen Eigenschaften zu verbergen. Ein Mensch, der immer darauf bedacht ist, keine Gefühle, Schwächen oder Unsicherheiten zu zeigen, kann nur eingeschränkt kommunizieren. Auf der Selbstoffenbarungsebene versucht er, möglichst gar nichts zu übermitteln, was nach dem Vier-Seiten-Modell nicht möglich ist. Die Fassadenhaftigkeit zeigt sich in den von ihm gewählten sprachlichen Mitteln. Diese Person spricht nicht von sich selbst, sondern verwendet bevorzugt „Man-Sätze".

   Beispiel
   „Wenn man hört, dass in diesem Jahr die Prämien gestrichen werden sollen, wird man ganz wütend." ➔ Anstatt: „Ich ärgere mich sehr, dass in diesem Jahr die Prämien gestrichen werden."

- **Fehlende Sachlichkeit** ist ein Kommunikationsproblem in vielen Arbeitsbesprechungen. Oft sind die beteiligten Personen nicht in der Lage, eine Sachfrage zu klären, ohne dass es zu Feindseligkeiten, Überheblichkeit oder gegenseitigem Belächeln kommt. Diese

Verhaltensweisen verlängern häufig Entscheidungsprozesse, kosten Energie und verschlechtern das Arbeitsklima.

- Kommunikationsstörungen ergeben sich auch dann, wenn ein Gesprächspartner in dem anderen etwas sieht, was vielleicht nichts mit der Realität zu tun hat. Solch einen Vorgang nennt man **Übertragung**. Sein Bild von dem anderen wird manchmal schon durch geringfügige Ähnlichkeiten mit Personen aus seiner Vergangenheit geprägt. So spiegeln sich in seiner Reaktion auf den augenblicklichen Gesprächspartner möglicherweise unbewusst Erfahrungen, die er mit Personen aus seiner Vergangenheit gemacht hat. Dies kann sich negativ auf den Kommunikationsprozess auswirken und eine echte Kommunikation sogar verhindern.

3.5 Kommunikationstechniken

Kommunikationstechniken sind Verhaltensweisen, die einen fruchtbaren Gesprächsverlauf unterstützen können. Die Anwendung einer einzelnen Technik allein verspricht nicht unbedingt den erhofften Erfolg, denn Kommunikationsprozesse sind in der Regel sehr komplex und von vielen Gegebenheiten abhängig. Dennoch hat das Verhalten jedes Einzelnen Auswirkungen auf die anderen Beteiligten eines Systems.

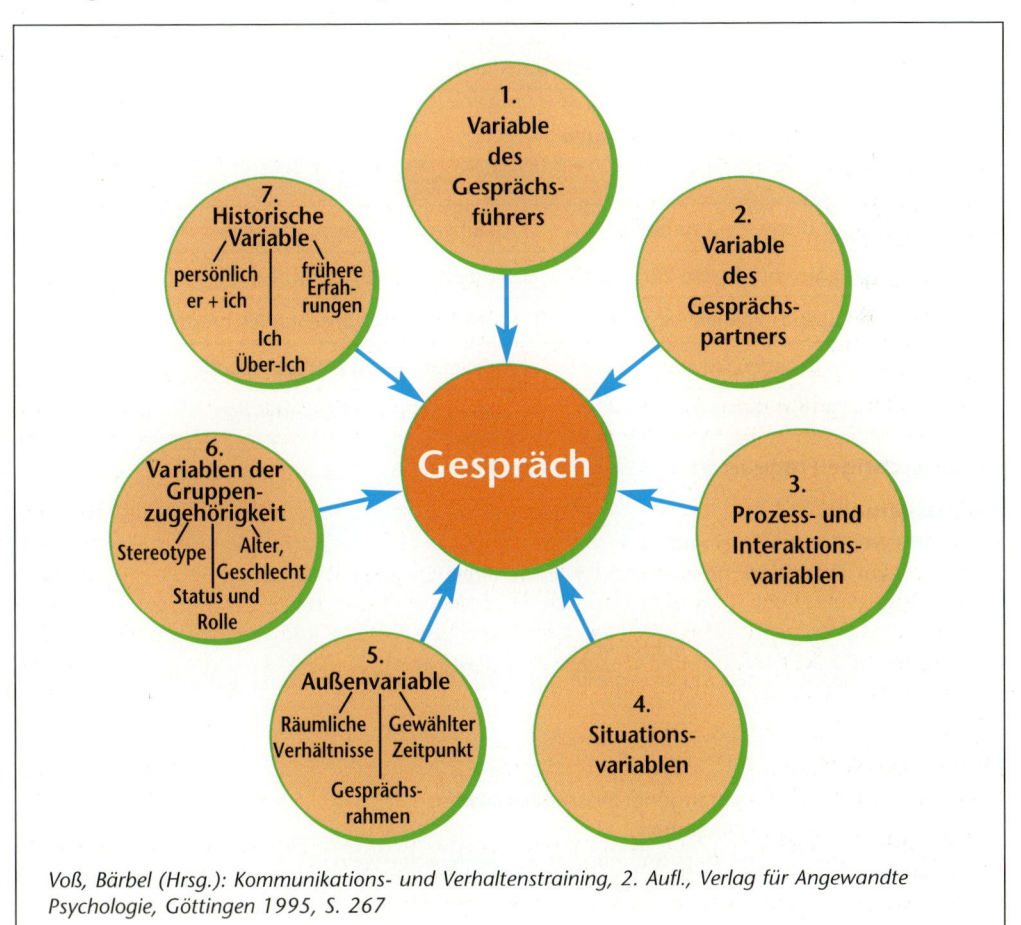

Voß, Bärbel (Hrsg.): Kommunikations- und Verhaltenstraining, 2. Aufl., Verlag für Angewandte Psychologie, Göttingen 1995, S. 267

3.5.1 Fragetechnik

Fragen sind ein wichtiges Kommunikationswerkzeug, denn nur so lernt man die Ideen, Vorstellungen und Meinungen eines Gesprächspartners kennen. Den gezielten Einsatz von Fragen im Gespräch bezeichnet man als „Fragetechnik".

Grundformen der Fragetechnik:

Geschlossene Fragen	
Merkmale	beginnen mit einem Verb, bewirken eine eindeutige Antwort: „ja" oder „nein"
Chancen	ermöglichen einen kurzen und knappen Informationsaustausch, ein rasches Auf-den-Punkt-Kommen
Risiken	erschweren eigene Stellungnahmen, werden als starke Lenkung erlebt

Offene Fragen	
Merkmale	beginnen mit einem Fragewort, können nicht mit „ja" oder „nein" beantwortet werden
Chancen	regen den Gesprächspartner zu einer persönlichen Stellungnahme an, ermöglichen das Sammeln vieler verschiedener Informationen
Risiken	sind nicht ergebnisorientiert

Beispiele: Offene und geschlossene Fragen

	Offene Frage	Geschlossene Frage
1.	Inwiefern ist dieser Preis zu hoch?	Glauben Sie wirklich, dass dieser Preis zu hoch ist?
2.	Was halten Sie von diesem Vorschlag?	Ist dieser Vorschlag nicht gut?
3.	Welches Ergebnis können wir festhalten?	Können wir das Ergebnis jetzt festhalten?
4.	Was spricht dagegen, so zu verfahren?	Gibt es dagegen einen Einwand?
5.	Was ist jetzt noch unklar?	Haben Sie alles verstanden?

Einige wichtige Fragearten

Alternativfragen
- geben zwei Alternativen vor,
- können zur Entscheidungsfindung am Ende eines Gesprächs führen.

Beispiele
- „Finden Sie das Ergebnis richtig oder falsch?"
- „Wann passt es Ihnen besser – gleich um 9.00 Uhr am Morgen oder erst um 18.00 Uhr am Abend?"

Rückkopplungsfragen
- geben Inhalte vorausgegangener Aussagen wieder.
- sichern gegenseitiges Verstehen,
- vermindern die Gefahr, dass aneinander vorbeigeredet wird.

Beispiele
- „Sie halten es also auch für denkbar, dass wir damit erfolgreich sein werden?"
- „Wenn ich Sie recht verstanden habe, möchten Sie anspruchsvollere Tätigkeiten übernehmen?"

Gegenfragen
- sind als Reaktion auf eine vorher gestellte Frage
- geeignet, um Zeit zu gewinnen, um aus einer Defensivsituation herauszukommen.

Beispiele
- „Wie meinen Sie das?"
- „Was würden Sie tun?"

Rückfragen
sind als Verständnisfragen zu unklaren, unbekannten, interpretationsbedürftigen Begriffen/ Aussagen geeignet, um begriffliche Unklarheiten abzuklären.

Beispiele
- „Bei der Präsentation haben Sie sehr unkonzentriert gewirkt." – „Unkonzentriert?"
- „Ich finde dieses Verkaufsergebnis unglaublich." – „Unglaublich?"

Rhetorische Fragen
- sind keine echten Fragen,
- es wird keine Antwort erwartet, der Fragende beantwortet sie selbst,
- sind in Gesprächssituationen wenig geeignet.

Beispiele
- „Wer von Ihnen reagiert nicht entsetzt auf die Nachricht, Rente erst ab 70 zu bekommen?"
- „Sollen wir noch länger über den möglichen Klimawandel diskutieren oder nicht lieber wirksame Maßnahmen ergreifen?"

Suggestivfragen
suggerieren eine bestimmte Antwort und haben damit einen manipulativen/lenkenden Charakter.

Beispiele
- „Lassen Sie uns rasch zu einem Ergebnis kommen, denn Sie wollen heute doch sicherlich auch schnell nach Hause, oder?"
- „Sie haben doch sicherlich keine Einwände gegen einen ausreichenden Versicherungsschutz?"

Arbeitsaufträge

1. Bestimmen Sie für sechs Ihnen bekannte Fragewörter die jeweils passende Funktion.

2. Wandeln Sie nachfolgende Fragen in offene Fragen um:
   - Hat Ihnen der Urlaub gefallen?
   - Benötigen Sie für diese Arbeit einen Laptop?
   - Sind Sie belastbar?
   - Kommen Sie aus Norddeutschland?

3. Fallsituation

Nach einer durchgeführten Reorganisationsmaßnahme trifft der Bereichsleiter Klaus Horstmann einen seiner wichtigsten Mitarbeiter zufällig auf dem Gang. Es entwickelt sich gleich ein Gespräch zwischen Horstmann und dem Mitarbeiter Jens Bürger.

Horstmann (H): „Schön, Sie zu sehen. Und, kommen Sie mit den neuen Aufgaben zurecht?"

Bürger (B): „Also, es klappt schon …"

H: „Ich wusste, dass Sie das packen. Und Sie lassen sich doch hoffentlich von den üblichen Anfangsschwierigkeiten nicht abschrecken?"

B: „Nein, das nicht gerade, aber …"

H: „Ja eben, man muss sich einfach durchbeißen. Läuft das LASSO-Projekt gut an?"

B: „Ja, wobei ich sicherlich auch einige Probleme sehe, denn …"

H: „Ja, ja, ich weiß. Sie meinen sicher die Umstellung in der Abteilung HGZ auf die neue Abrechnungssoftware 811T, die noch ausstehende Regelung für die Vertriebsprovisionen und das Strategiepapier von Dr. Gollwitzer."

B: „Äh …, stimmt, wobei …"

Die Führungskraft klopft dem Mitarbeiter im Weggehen jovial auf die Schulter und meint: „Machen Sie sich da mal keine übertriebenen Sorgen, ich bin dran, und Montag erhalten Sie von mir im Meeting die aktuellsten Infos. Also, bis dann!"

Patrzek, Andreas: Wer fragt, der führt, in: Manager-Seminare, managerSeminare Verlags GmbH, Bonn, abgerufen am 18.06.2014 unter www.managerseminare.de/ms_Artikel/Professionell-fragen-Wer-fragt-der-fuehrt,140365

Untersuchen Sie diese Gesprächssituation unter folgenden Gesichtspunkten:
- Bestimmen Sie die bevorzugte Frageform von Herrn Horstmann.
- Bewerten Sie das Gesprächsergebnis.
- Wandeln Sie die Fragen von Herrn Horstmann in gesprächsfördernde Fragen um.

Die Macht der Fragen

Kommunikation für Führungskräfte | Andreas Patrzek

Fragen sind ein Machtinstrument, so die These von Andreas Patrzek: Ebenso, wie man nicht nicht kommunizieren kann, kann man mit Fragen nicht nicht Macht ausüben, meint der Trainer in Anlehnung an Paul Watzlawicks erstes Axiom der Kommunikation. Stellt sich die Frage: Wie können Führungskräfte Fragen so formulieren, dass diese nicht übermächtig erscheinen, sondern konstruktiv und zielführend sind?

Eine deutsche Großstadt, der Sitzungsraum des Geschäftsführers im obersten Stockwerk eines Hochhauses. Um einen Tisch sitzen fünf dunkel gekleidete Manager, die PowerPoint-Präsentation des Mitarbeiters ist eben beendet, die Leinwand hebt sich, und die Verdunkelung ist aufgehoben. Kurzes Schweigen. Alle Blicke ruhen auf dem Geschäftsführer. Dieser hebt – was charakteristisch für ihn ist – die linke Augenbraue, blickt den Mann, der eben präsentierte, an und fragt: „Warum haben Sie nur fünf Prozent Marktwachstum unterstellt?"

Hochhäuser weiter, ähnliches Zimmer, ähnlicher Personenkreis, ähnliche Präsentation. Nachdem das Tageslicht wieder den Raum füllt, steht der Geschäftsführer auf, zieht sein Sakko aus und nimmt sich einen Keks. Er streicht sich – was charakteristisch für ihn ist – die Haare aus der Stirn und blickt nochmals in die Unterlagen vor ihm: „Vergangene Woche war ich ja in Stuttgart auf einem Kongress, und da war auch die Marktentwicklung in Europa ein Thema. Natürlich wurde da kontrovers diskutiert, aber summa summarum meinten einige Experten, dass man mit sieben bis acht Prozent Marktwachstum rechnen könne. Das widerspricht nun Ihrer Prognose von fünf Prozent. Mich würde daher interessieren, von welchen Parametern Sie ausgingen, welche Entwicklungen Sie unterstellt haben, dass Sie auf diesen Wert kamen?"

Die Frage des Geschäftsführers in der ersten Szene trifft den (eingeschüchterten) Mitarbeiter wie ein Pfeil. Kurz, prägnant, machtvoll. Die Botschaft zwischen den Zeilen ist eindeutig: „Ich habe hier das Sagen – und wenn Sie mir nicht in kürzester Zeit eine plausible Erklärung liefern, dann ..." Ganz anders die zweite Szene: Der Manager verfügt hier über dieselbe (Positions-)Macht wie sein „Kollege" im ersten Fall. Durch die Art und Weise jedoch, wie er die Frage stellt und formuliert, tritt seine Macht in den Hintergrund.

Patrzek, Andreas: Wer fragt, der führt, in: Manager-Seminare, managerSeminare Verlags GmbH, Bonn, abgerufen unter www.managerseminare.de/ms_Artikel/Kommunikation-fuer-Fuehrungskraefte-Die-Macht-der-Fragen,158512, 18.06.2014

3.5.2 Aktives Zuhören

Zuhören ermöglicht, den Gesprächspartner rein akustisch richtig zu verstehen. **Aktives Zuhören** hingegen bietet die Möglichkeit, auch das wahrzunehmen, was der Gesprächspartner wirklich gemeint hat, ohne es ausdrücklich gesagt zu haben.

Dazu ist es notwendig,

- sich in den Gesprächspartner einzufühlen,
- seine Beweggründe und Gefühle erkennen zu wollen,
- ihm ungeteilte Aufmerksamkeit und Interesse entgegenzubringen,
- Aufmerksamkeitsreaktionen zu zeigen, wie „das interessiert mich"; „ja, erzählen Sie weiter",
- sich dem anderen mit Mimik, Gestik und entsprechender Körperhaltung zuzuwenden und
- beim Gespräch mitzudenken.

Aktives Zuhören erfordert vom Zuhörer ein hohes Maß an Aufmerksamkeit und die Selbstdisziplin, seine eigenen Gedanken und Botschaften so lange zurückzuhalten, bis er das Anliegen des Sprechers wirklich verstanden hat. Um den Sprecher zu unterstützen, kann der Zuhörer folgende Techniken anwenden:

Technik	Beschreibung	Sinn	*Beispiel*
Paraphrasieren	Der Zuhörer wiederholt das Gesagte mit eigenen Worten.	Klärung der Sachebene	A: „Wenn das so weitergeht, mache ich bei dem Projekt nicht mehr mit." B: „Sie wollen also die Mitarbeit unter diesen Umständen beenden?"
Verbalisieren	Der Zuhörer fasst den von ihm wahrgenommenen emotionalen Gehalt, das Unausgesprochene in Worte.	Klärung des emotionalen Gehaltes, der Gefühle des Sprechers zum Problem	A: „Ich weiß nicht, ob ich das termingerecht bewältigen kann." B: „Sie machen sich Sorgen um den Termin?"
Zusammenfassen	Das Gehörte wird mit eigenen Worten zusammengefasst.	Sicherung von Zwischenergebnissen, Ordnung der Gedanken	„Also, zunächst hatten Sie Probleme mit …, dann kam … und danach passierte …"
Nachfragen	Der Zuhörer erfragt unklar gebliebene, noch offene Details.	Informationssicherung, Anregung zum Weiterreden	„Nachdem Sie dies gesagt hatten, reagierte er nicht?" „Sie haben gesagt, Sie hätten sofort etwas unternommen. War das noch am selben Abend?"
Weiterführen	Ermutigung des Gesprächspartners	Anregung zum Weiterreden	„Und was ist dann passiert?"

Sowohl beim Paraphrasieren als auch beim Verbalisieren ist es wichtig, dass der aktiv Zuhörende seine Reaktion als sogenannte schwebende Frage formuliert, weil er die Interpretation wiedergibt, die ihm am wahrscheinlichsten erscheint, aber durchaus offenlässt und damit zur Diskussion stellt, dass etwas anderes gemeint war.

Diese Art des Zuhörens ist immer dann geeignet, wenn

- dem Gesprächspartner wirklich daran liegt zu erfahren, wie es dem anderen geht und warum er sich so und nicht anders verhalten hat,
- ein echter zwischenmenschlicher Kontakt aufgebaut werden soll,
- ein Gespräch schwierig und vorwurfsvoll wird.

Anforderungen an den Zuhörer:

- *Achtung vor der Meinung des Gesprächspartners*
- *Wertschätzung des Gesprächspartners*
- *hohes Maß an Konzentration*
- *positive Grundeinstellung*

Arbeitsaufträge

1. Beschreiben Sie Fehler, die einem Zuhörer häufig („gern") unterlaufen.

2. Führen Sie einen kontrollierten Dialog zum Thema „Meine Technikerarbeit".
   Spielregeln:
   Partner A spricht über seine Ziele, Interessen, Schwierigkeiten usw.
   Partner B wiederholt nur den Inhalt – Was habe ich gehört?
   Partner A bestätigt mit „richtig" oder „falsch".
   Die Rollen werden nach einigen Minuten gewechselt.

3. Machen Sie eine Übung zum aktiven Zuhören:
   Partner A berichtet z. B. über seine Probleme beim Lernen für die Abschlussprüfung.
   Partner B hört aufmerksam zu und unterstützt durch Anwendung der Zuhörtechniken Partner A in seinen Möglichkeiten, seine Gedanken, Empfindungen, Überlegungen darzulegen.

3.5.3 Ich-Botschaft

Schaut man sich konfliktbeladene Gespräche genauer an, so stellt man fest, dass in hohem Maße Vorwürfe und Schuldzuweisungen – formuliert als Du- oder Sie-Botschaften – ausgetauscht werden. Sie wirken verletzend, der Empfänger fühlt sich angegriffen und nimmt sofort eine Abwehrhaltung ein. Ungewollt wird eine Gesprächsbarriere aufgebaut. In der Ich-Form formulierte Botschaften hingegen signalisieren Offenheit. Einem Gesprächspartner, der von sich selbst spricht, anstatt Formulierungen wie „man", „du" oder „Sie" zu verwenden, findet eher Gehör beim anderen. Er schildert Beobachtungen, Gefühle und Schlussfolgerungen aus seiner persönlichen Sicht und nicht als unumstößliche objektive Wahrheit.

Merkmale von Ich-Botschaften	Beispiele
<ul><li>beschreiben das Problem</li><li>erklären die persönliche Sichtweise</li><li>beziehen eigene Gefühle ein</li><li>greifen den anderen nicht an</li><li>wirken konstruktiv</li></ul>	<ul><li>„Ich kann Ihre Bemerkung nicht richtig einordnen, was meinten Sie mit …?"</li><li>„Wir hatten heute morgen vereinbart, dass …! Doch wie ich sehe, ist der Bericht noch nicht fertig. Das verzögert unser Projekt und das macht mich unzufrieden."</li><li>„Ich habe mir den Plan angesehen. Einige Punkte sind nicht ganz korrekt ausgeführt. Mir gefällt besser, wenn sie folgendermaßen abgeändert werden …"</li><li>„Ich mag einfach nicht allein hier herumstehen und warten. Das fällt mir schwer!"</li></ul>
Merkmale von Sie-/Du-Botschaften	*Beispiele*
<ul><li>generalisieren (verallgemeinern)</li><li>lassen Gefühle weg</li><li>beschuldigen</li><li>wirken destruktiv</li></ul>	<ul><li>„Sie sind so launisch …"</li><li>„Sie sind aber auch nie pünktlich fertig!"</li><li>„Sie schieben immer alles auf die lange Bank."</li><li>„Du hast den Plan völlig konfus gezeichnet."</li><li>„Du kannst aber auch nie pünktlich sein."</li></ul>

Das Formulieren von Ich-Botschaften ist für viele Menschen jedoch ungewohnt, denn sie müssen in der Lage sein, eine Trennung zu vollziehen zwischen dem, was der andere tut, und dem, was sie selbst dabei fühlen.

Bestandteile vollständiger/mehrgeteilter Ich-Botschaften sind:

1. *Eigene Wahrnehmung*
   Beschreibung des Geschehens/Verhaltens

2. *Wirkung*
   Benennung der Wirkung einer Aussage/Handlung auf sich selbst/des eigenen Gefühls dabei

3. *Eigene Bedürfnislage*
   Darlegung der Bedürfnisse oder Werte, die mit diesen Gefühlen verbunden sind

4. *Verbesserungsvorschlag*
   Den Gesprächspartner um konkretes Tun/eine bestimmte Handlung bitten – Formulierung eines eigenen Wunsches

Beispiel: Mehrteilige Ich-Botschaft
Situation: Kollege Paul hat die Unterlagen zur Teamsitzung nicht fertiggestellt. Der Teamleiter spricht ihn darauf an:
– „Wir hatten in der letzten Sitzung vereinbart, dass du die Unterlagen bis heute fertigstellst."
   (Beschreibung des Geschehens)

– „Ich ärgere mich über diese Verzögerung, weil ich mich besonders beeilt habe und wir ohne deine Unterlagen nicht weiterarbeiten können." (Wirkung auf sich selbst)
– „Mir ist Termintreue wirklich sehr wichtig." (Bedürfnisäußerung)
– „Bitte sag mir doch das nächste Mal vor der Sitzung Bescheid, wenn du nicht rechtzeitig fertig sein kannst." (Verbesserungsvorschlag)

Formulierungshilfen für die Ich-Botschaft

- „Ich sehe, dass …"
- „Ich nehme Folgendes wahr: …"
- „Meiner Meinung nach scheint das aus diesem Grund …"
- „Ich bin wütend, ärgerlich, irritiert, enttäuscht … usw.,
  – weil ich großen Wert lege auf …"
  – weil mir … so am Herzen liegt."
  – weil … für mich einfach dazugehört."
  – weil ich so gerne … habe/hätte."
  – weil … für mich eine sehr große Bedeutung hat."

Arbeitsaufträge

1. Formulieren Sie folgende Äußerungen in konstruktive um:
   – „Sie wollen ja doch immer alles allein machen."
   – „Du drückst dich aber auch immer vor dem Sortieren der Ablage!"
   – „Man kann sich in der letzten Zeit aber auch gar nicht mehr auf dich verlassen!"

2. Verwandeln Sie Sie-/Du-Botschaften, die Sie häufig verwenden, in vollständige (mehrteilige) Ich-Botschaften.

3. **Fallsituation**

   Kollege Mertens verändert zum wiederholten Mal den Belegungsplan für … zugunsten von Kollege/Kollegin Müller. Sie als Kollege/Kollegin Schmitt sind darüber verärgert und sprechen Mertens auf sein Verhalten an.

   Formulieren Sie in der Rolle des Kollegen/der Kollegin Schmitt eine mehrteilige Ich-Botschaft.

3.5.4 Feedback

Der Begriff „Feedback" stammt aus dem Englischen (zurückleiten) und bedeutet so viel wie „Rückkopplung". In der Sozialpsychologie bezeichnet der Begriff „Feedback" eine Rückmeldung zum Verhalten anderer. Ein gutes Feedback verletzt den anderen nicht, sondern eröffnet vielmehr die Möglichkeit, aus Fehlern zu lernen. Es dient dazu, sich selbst realistischer wahrnehmen zu können, denn Fremd- und Selbstwahrnehmung fallen häufig auseinander. Um konstruktiv und zielorientiert Feedback geben und annehmen zu können, müssen einige Regeln beachtet werden.

Hierzu einige Anregungen:

Der Feedbackgeber sollte	Der Feedbacknehmer sollte
– ehrlich und respektvoll sein – das Gegenüber direkt ansprechen – positive Formulierungen wählen – sich auf eine konkrete Situation beziehen und die Situation entsprechend beschreiben – sich nur auf veränderbare Verhaltensweisen beziehen – beschreibend statt bewertend sein – aus der eigenen Sichtweise heraus formulieren (Ich-Botschaft) – konstruktiv sein (eine Perspektive für die Zukunft formulieren)	– offen sein – genau zuhören – den Feedbackgeber ausreden lassen – sich nicht rechtfertigen oder verteidigen – dankbar sein

Eine gute Feedback-Kultur hat Vorteile sowohl für Vorgesetzte und Mitarbeiter als auch für das Arbeitsklima insgesamt. Es schafft für alle Beteiligten die Voraussetzung dafür, an den persönlichen Schwächen arbeiten zu können und die vorhandenen Stärken zu optimieren. Es fördert die Selbsteinschätzung, erleichtert die Fehlersuche und unterstützt darüber hinaus persönliche Lernprozesse.

Formulierungshilfen zum Feedback
- „Ich schätze an Ihrer Darstellungsweise, dass es Ihnen gelingt …"
- „Ich fand großartig, wie Sie vor dem Publikum …"
- „Ansatzpunkte zur Verbesserung sehe ich in …"
- „Mir hat der Blickkontakt während des Vortrags manchmal gefehlt …"
- „Verständlicher sind Formulierungen ohne ‚äh' …"
- „Mir erschien die Einleitung etwas zu lang, weil …"
- „Mich stört manchmal, dass …"
- „Von Ihnen konnte ich lernen, …"

Arbeitsauftrag

Formulieren Sie anhand der oben stehenden Anregungen gemeinsam mit Ihrer Gruppe Feedback-Regeln in Ich-Form und schreiben Sie diese auf ein Plakat. Hängen Sie dieses Plakat in Ihrem Gruppenraum auf und versuchen Sie, diese Regeln immer dann zu befolgen, wenn Sie anderen aus Ihrer Gruppe Rückmeldung geben wollen.

3.6 Das innere Team

„Faust klagte über die zwei Seelen in seiner Brust: Ich beherberge aber eine ganze Menge, die sich zanken."
Otto von Bismarck
Aus: Ullrich, Volker: Das erhabene Ungeheuer; Napoleon und andere historische Reportagen; C.H.Beck, 2008, S. 37

Jeder Mensch möchte in Übereinstimmung mit den eigenen Wertvorstellungen angemessen auf die Erwartungen reagieren, die von außen an ihn herangetragen werden. Dies ist nicht

Das innere Team

einfach, denn in jedem von uns gibt es verschiedene Seelenanteile oder die Existenz innerer Stimmen, die sich gegenseitig widersprechen, zusammen oder durcheinander agieren. Diese Anteile bezeichnet Schulz von Thun als innere Teammitglieder.

Sie stehen einander im Weg, führen einen inneren Dialog, melden sich mit unterschiedlichen Botschaften zu Wort und beeinflussen das Handeln der Person. Das folgende Beispiel der Studentin (von Schulz von Thun) soll diesen Zusammenhang verdeutlichen. Auf die Frage eines Kommilitonen nach ihren Mitschriften aus den Vorlesungen melden sich bei ihr innerlich zwei gegensätzliche Stimmen zu Wort. Sie weiß nicht, welcher dieser Stimmen sie Gehör schenken möchte.

Beispiel
Zwei Seelen in der Brust einer Studentin

Ihre Entscheidung könnte so aussehen:
1. Sie lehnt ab und ärgert sich später darüber, dass sie so unkameradschaftlich war.

2. Sie willigt fröhlich ein und ärgert sich später darüber, dass sie nie „nein" sagen kann.

3. Sie willigt ein, obwohl sie eigentlich stark von der Stimme „der soll mal selber was tun" beeinflusst ist. Das Ergebnis wird ein inkongruentes Verhalten sein. Ihr innerliches „Nichteinverstanden sein" wird man ihr bei ihrem „ja" aller Voraussicht nach ansehen.

4. Sie drückt sich um eine Entscheidung herum, antwortet vage „Njaa, hm, ich muss mal sehen, meine Aufzeichnungen sind nicht so gut …", wenn beide Stimmen innerlich gleich laut sind und sie keiner der beiden in dieser Situation den Vorzug geben kann.

Tatsächlich gibt es neben diesen „Hauptstimmen" noch andere, die ihre Entscheidung hinsichtlich der Unterlagen erschweren können.

Beispiel:
Innere Pluralität mit Uneinigkeit und Streit einer Studentin

So können also einige Wortmelder aktiv sein, die
- sich gleichzeitig melden,
- sich zeitversetzt melden,
- sehr dominant sind,
- sich laut zu Wort melden,
- unterschwellig zu hören sind oder nur als dumpfes Gefühl zu spüren sind.

Als Folge dieser inneren Diskussionen sagt oder tut ein Mensch manchmal etwas, was er eigentlich nicht will und was er hinterher bereut, verliert plötzlich völlig unerwartet die Beherrschung, ist mit sich unzufrieden oder kann sich nicht zu einer Entscheidung durchringen.

Beispiel
Innere Wortmeldungen für eine berufliche Entscheidung

Ungelöste Konflikte des inneren Teams lähmen die betroffene Person; sie hört auf ihren inneren Dialog und ist nicht in der Lage, sich angemessen zu entscheiden. Die sich streitenden Stimmen verhindern eine innere Klarheit und bewirken damit widersprüchliches Kommunizieren. Sicheres und stimmiges Handeln wird möglich, wenn man sich den inneren Dialog bewusst macht und die unterschiedlichen Stimmen in eine Ordnung bringt.

Beispiel
Stimmige Kommunikation in der doppelten Übereinstimmung mit sich selbst und der Situation

Willst du ein guter Kommunikator sein...

...dann schau auch in dich selbst hinein.

...dann nimm auch den Systemblick ein.

authentisch, identitätsgemäß + situations- und systemgerecht

Stimmigkeit

Das innere Team 91

Beispiel
Beurteilungsgespräch im Unternehmen: der Vorgesetzte und der „Chor der Bedenkenträger"

Das nebenstehende Beispiel soll verdeutlichen, wie die eigene Autorität ins Wanken geraten kann, wenn ein Vorgesetzter bei einem Beurteilungsgespräch dem „Chor der inneren Bedenkenträger" zu viel Gehör verleiht, ohne sich dieses Chores wirklich bewusst zu sein und den einzelnen Stimmen eine für diese Situation angemessene Bedeutung zuzuweisen.

Arbeitsaufträge

Ziehen Sie Ihr Inneres Team für einen Ihnen wichtigen Entscheidungsprozess zu Rate:
— Entspannen Sie sich. Nehmen Sie einen Block Papier und einen Stift.
— Notieren Sie sich alle Gedanken, die Ihnen spontan zu dieser Entscheidung, die Sie treffen möchten, einfallen.
— Ordnen Sie anschließend Ihre einzelnen Gedanken bestimmten inneren Stimmen zu. Welcher Gedanke klingt, als wäre er vom Kritiker ausgesprochen? Welcher Gedanke entspricht dem inneren Kind? Hinter welchem verbirgt sich der Rebell, der Begeisterte, der Angepasste?
— Nach dieser Zuordnung stellen Sie sicher, dass Sie für die nächsten 15 Minuten ungestört sind. Schließen Sie die Augen. Stellen Sie sich vor, Sie sitzen mit Ihren inneren Team an einem runden Tisch. Schauen Sie genau in die Runde. Welche Stimmen – also Persönlichkeitsanteile – entdecken Sie?
— Beginnen Sie mit den Verhandlungen. Erläutern Sie das Thema, über das eine Entscheidung getroffen werden muss. Bitten Sie anschließend, dass sich die einzelnen Stimmen äußern.
— Hören Sie gut zu. Fragen Sie eventuell nach, wenn Sie etwas nicht richtig verstehen.
— Suchen Sie anschließend einen Konsens, d. h., finden Sie die Entscheidung, die die meisten (oder alle) mittragen können.
— Sollten weiterhin Bedenken geäußert werden, fragen Sie nach, was Sie tun müssten, damit dieser Persönlichkeitsanteil die Entscheidung mittragen könnte.
— Öffnen Sie wieder Ihre Augen. Notieren Sie Ihre Erkenntnisse.
— Beginnen Sie, die getroffene Entscheidung so umzusetzen, wie Sie und Ihr inneres Team diese beschlossen haben.

Miller, Brigitte: „Inneres Team". Ihr wichtigster Gradmesser bei Entscheidungen, abgerufen unter www.business-netz.com/Selbstmanagement/Inneres-Team-Ihr-wichtigster-Gradmesser-bei-Entscheidungen, 06.04.2014

3.7 Das Werte- und Entwicklungsquadrat von Schulz von Thun

Das Wertequadrat von Schulz von Thun stellt den Versuch dar, einzelne Persönlichkeitsmerkmale als positives Spannungsfeld mit negativen Ausprägungen und deren Entwicklungsmöglichkeiten darzustellen. Wertvorstellungen spielen in Kommunikationsprozessen eine große Rolle. Sie sollten jedoch nicht als ausschließlich richtig oder falsch eingeschätzt werden, sondern nach Schulz von Thun als Paarlinge oder Pole, die zusammengehören. So gehört zum Mut auch die Vorsicht oder zur Selbstverwirklichung in einer Partnerschaft auch die Rücksichtnahme usw.

Zu jeder dieser Tugenden gibt es eine „entwertende Übertreibung" (Schulz von Thun, Friedemann: Miteinander Reden, Bd. 2, rororo, Reinbek bei Hamburg 2008, S. 39). Es geht darum, eine goldene Mitte zu finden. Ein „Zuviel" an einer Tugend kann sich schädlich auswirken. Nach Schulz von Thun ist mit dem Wertequadrat „die Überzeugung verbunden, dass jeder Mensch mit einer bestimmten erkennbaren Eigenschaft immer auch über einen schlummernden Gegenpol verfügt, den er in sich wecken und zum Einklang bringen kann" (Schulz von Thun, Friedemann: Miteinander Reden, Bd. 2, rororo, Reinbek bei Hamburg 2008, S. 44).

Eine bildliche Darstellung des Wertequadrates, auf die sich die nachfolgenden Erläuterungen beziehen, befindet sich am Ende des Kapitels auf S. 109:

- In den beiden oberen Feldern werden zwei Persönlichkeitsmerkmale oder Tugenden dargestellt, die in einem positiven Spannungsverhältnis zueinander stehen, wie im Beispiel: Sparsamkeit und Großzügigkeit.
- Die beiden unteren Felder beinhalten die jeweils entwertenden Übertreibungen dieser Merkmale, wie in diesem Beispiel: Verschwendung und Geiz.

Die Sparsamkeit benötigt als positiven Gegenpol die Großzügigkeit, um nicht in den Geiz abzugleiten. Die Großzügigkeit bedarf ihrerseits ebenfalls der Sparsamkeit, um nicht in der entwertenden Übertreibung „Verschwendung" zu enden. Schulz von Thun zeigt anhand solcher Wertequadrate auch mögliche Entwicklungsrichtungen. Einem Mensch, der zur Verschwendung neigt, bietet sich als Entwicklungsrichtung die Sparsamkeit als anzustrebende Tugend an. Dem Geizigen hingegen bietet sich an, den Weg in Richtung Großzügigkeit zu gehen.

Solche Wertquadrate sind hilfreich, um

- für sich selbst Möglichkeiten zu analysieren und Entwicklungsschritte zu bestimmen,
- Schwächen zu analysieren und Wege zur Veränderung vorzuschlagen.

Die Konstruktion von Wertequadraten erfolgt immer nach folgendem Schema:
1. eine Tugend/ein Persönlichkeitsmerkmal in Feld 1

2. positiver Gegensatz zu dieser Tugend in Feld 2

3. die jeweiligen „entwertenden Übertreibungen" in Feld 3 und 4

Das Wertequadrat hilft im Bereich der zwischenmenschlichen Kommunikation insofern, als dass persönliche Maßstäbe bei eigenen Wertvorstellungen in einer Balance gehalten werden können. Absolute Ansichten werden relativiert und anstehende Entwicklungsrichtungen können sich selbst und dem Kommunikationspartner verdeutlicht werden.

> **Arbeitsauftrag**
>
> Bilden Sie Wertequadrate zu den Begriffen Spontanität und Durchsetzungsvermögen
> a) Entscheiden Sie darüber, ob Sie den angegebenen Begriff in den positiven Bereich des Wertequadrates (oben) oder in den unteren Bereich aufnehmen möchten.
> b) Welchen konstruktiven Kern entdecken Sie in den angegebenen Fehlern und Untugenden?

Schulz von Thun, Friedemann (2008): Stile, Werte und Persönlichkeitsentwicklung. Differentielle Psychologie der Kommunikation. 29. Auflage, Orig.-Ausg. Miteinander reden, Bd. 2, Reinbek: Rowohlt Taschenbuch Verlag, S. 54

3.8 Gewaltfreie Kommunikation von Marshall B. Rosenberg

Marshall B. Rosenberg, geb. 1934 in Ohio, entwickelte die Methode „Gewaltfreie Kommunikation" und arbeitet damit seit Beginn der 1970er-Jahre in Schulen und anderen Einrichtungen mit Pädagogen, Polizisten, Managern, Anwälten, Gefangenen, politischen Führern usw. in den verschiedensten Ländern.

Rosenberg wurde schon in seiner Jugend mit Gewalt bei Rassenunruhen in Detroit konfrontiert und beschäftigte sich daraufhin mit Ursachen von Gewalt und mit der Entwicklung einer Methode zur Verbesserung der menschlichen Kommunikation. Er stellte fest, dass Gewalt in der Sprache genauso verletzend sein kann wie körperlich ausgeübte Gewalt. Auch dabei geht es um Beleidigung, Machtausübung, Kampf und Zerstörung. Rosenberg behauptet, dass alle Menschen ein Bedürfnis haben nach Wertschätzung, Liebe und Anerkennung. Da sie diese Bedürfnisse nicht wahrnehmen wollen oder können, bevorzugen sie, darauf zu achten, was andere falsch gemacht haben oder was an ihnen „nicht richtig" ist, und geben ihnen die Schuld für eigene negative Gefühle. Menschen, die angegriffen werden, neigen ihrerseits dazu sich zu verteidigen. So entstehen daraus Wortgefechte und Auseinandersetzungen, gefüllt mit Kritik, Schuldzuweisungen, aber auch Ohnmacht und Hilflosigkeit. Rosenberg bezeichnet die Sprache, die für diese Art der Verletzungen und Abwertungen gebraucht wird, als „Wolfssprache". Er wählt die Metapher „Wolf", weil dieses Tier als aggressiv gilt, gefährlich ist und die Zähne zeigt.

Die Sprache für gewaltfreies Kommunizieren bezeichnet er im Vergleich dazu als „Giraffensprache". Die Giraffe ist das Tier mit dem längsten Hals und hat deshalb immer den Überblick über alle Situationen. Außerdem gilt sie als das Lebewesen mit dem größten Herzen. Das Herz steht als Symbol für Zuwendung, Empathie und Freiheit von Aggression. Aus diesem Grund hat Rosenberg sie als Metapher für die Fähigkeit gewählt, einfühlsam und achtsam miteinander zu kommunizieren.

Die gewaltfreie Kommunikation stellt ein respektvolles und einfühlsames Umgehen miteinander in den Vordergrund. Sie bietet Hilfen an, mit denen bekannte Verhaltensweisen des Angriffs und der Verteidigung abgewandelt werden können in gegenseitige Achtsamkeit und Aufrichtigkeit. Die „Sprache der Giraffe" setzt sich aus folgenden vier Komponenten zusammen:

1. Beobachtung machen statt Bewertungen durchführen

Es ist dem Kommunikationsprozess förderlich, wenn ausschließlich Beobachtungen gemacht werden, ohne zu werten, zu interpretieren oder Urteile dazu zu fällen, denn jeder hat eine andere Wahrnehmung von ein und demselben Sachverhalt. Die Behauptung: „das ist so und nicht anders", klingt absolut und wird vom Kommunikationspartner als Kritik empfunden und abgewehrt, wenn seine Wahrnehmung eine ganz andere war. Als bewertend werden empfunden:
- Verallgemeinerungen
- Zuschreibungen
- Annahmen, die als allgemeingültig erklärt werden

Beispiel

Bewertung	Beobachtung
Toni schiebt die Dinge vor sich her.	Toni lernt für ihre Prüfung zum … erst am Abend vorher.
Du machst selten das, was ich möchte.	Die letzten Male, als ich eine Unternehmung vorgeschlagen habe, hast du gesagt, du hättest keine Lust dazu.

Rosenberg, B. Marshall: Gewaltfreie Kommunikation. Eine Sprache des Lebens. Aus dem Amerikan. von Ingrid Holler. Junfermann, Paderborn 2013, S. 50 f.

2. Eigene Gefühle wahrnehmen und mitteilen

Um einen Zugang zum Kommunikationspartner zu schaffen, ist es hilfreich, die eigenen Gefühle mitzuteilen, die in der speziellen Situation vorhanden sind. Leider herrscht die Meinung vor, dass sich – besonders im Berufsalltag – das Ausdrücken von Gefühlen nachteilig auswirkt und dass es sich außerdem nicht gehört, Gefühle zu äußern. Für viele Menschen ist es darüber hinaus schwierig, eigene Gefühle überhaupt differenziert wahrzunehmen und entsprechend zu beschreiben. Sie formulieren stattdessen Gedanken und verwenden dabei das Wort „fühlen".

Zum Beispiel enthält der Satz: „Ich habe das Gefühl, dass meine Mitarbeiter immer empfindlicher reagieren", keine Verbalisierung eines Gefühls, sondern stellt eine Meinungsäußerung dar.

Nach Rosenberg sollte deshalb jeder lernen, zwischen der Formulierung von Gedanken und der Äußerung von Gefühlen zu unterscheiden.

Beispiel

Gedanke: „Ich habe das Gefühl, dass meine Mitarbeiter immer empfindlicher reagieren."	Gefühl: „Ich bin ratlos."

Als Hilfestellung empfiehlt er, den eigenen „Gefühlewortschatz" zu erweitern.

Beispiel

... wie wir uns fühlen, wenn sich unsere Bedürfnisse erfüllen	... wie wir uns fühlen, wenn sich unsere Bedürfnisse nicht erfüllen
berührt begeistert erfreut erstaunt lebendig unbeschwert	ängstlich ärgerlich deprimiert ermüdet lustlos unglücklich

Rosenberg, B. Marshall: Gewaltfreie Kommunikation. Eine Sprache des Lebens. Aus dem Amerikan. von Ingrid Holler. Junfermann, Paderborn 2013, S. 63 f., gekürzt

3. Bedürfnisse wahrnehmen und offenbaren

Rosenberg stellt fest, dass nicht die Handlungen der anderen Kommunikationspartner bei einem selbst gute oder schlechte Gefühle verursachen, sondern dass dies der eigenen Bedürfnislage in dieser Situation geschuldet ist. Deshalb müssen diese Bedürfnisse wahr- und ernstgenommen werden, um eine Trennung zwischen dem Auslöser für das Gefühl und dem eigentlichen Grund dafür vornehmen zu können.

Beispiel:

Schuldzuweisung	Offenbarung eigener Bedürfnisse
„Du hast mich enttäuscht, weil du gestern Abend nicht gekommen bist."	„**Ich** war enttäuscht, als du nicht gekommen bist, **weil ich** ein paar Dinge mit dir besprechen wollte, die mir Sorgen machen."

Rosenberg, B. Marshall: Gewaltfreie Kommunikation. Eine Sprache des Lebens. Aus dem Amerikan. von Ingrid Holler. Junfermann, Paderborn 2013, S. 71

4. Erfüllbare Bitten äußern

Bitten werden als Forderungen aufgefasst, wenn das Gegenüber eine Art Beschuldigung wahrnimmt. Also ist es wichtig, eine Bitte zu formulieren, die keine versteckte Forderung enthält. Sie sollte
- positiv,
- klar und
- konkret formuliert sein.

Beispiele für Bitten, die wenig wirkungsvoll sind, weil ...

„Ich möchte, dass du genauso viel lernst wie deine Schwester."	ein Vergleich mit anderen gemacht wird und die Bitte nicht konkret ist
„Ich möchte, dass du dich endlich entscheidest."	in dem Wort „endlich" eine Forderung steckt und sehr unklar bleibt, was zu tun ist
„Ich möchte, dass du nicht mehr so spät nach Hause kommst."	die Bitte negativ formuliert ist und offenbleibt, was die Person stattdessen tun soll

Diese vier folgenden Komponenten sind sowohl für den Sprecher (vgl. Kommunikationstechnik „Ich-Botschaft") als auch für den Zuhörer (vgl. Kommunikationstechnik „Aktives Zuhören") anwendbar.

Sprecher findet seine innere Klarheit und ist aufrichtig:	**Zuhörer** versucht zu verstehen:

• spricht gewaltfrei
• drückt sich klar und aufrichtig aus
  1. Wenn ich sehe, höre …
  2. fühle ich mich …
  3. mir liegt sehr daran …
  4. ich möchte, dass …
	• hört mitfühlend/empathisch zu
	• möchte erfassen, was in seinem Gegenüber vorgeht
	  1. Wenn du bemerkst …
	  2. fühlst du dich …
	  3. weil du … brauchst?
	  4. du möchtest, dass ich …?

Rosenberg, B. Marshall: Gewaltfreie Kommunikation. Eine Sprache des Lebens. Aus dem Amerikan. von Ingrid Holler. Junfermann, Paderborn 2013, S. 213, verändert

Rosenberg, B. Marshall: Gewaltfreie Kommunikation. Eine Sprache des Lebens. Aus dem Amerikan. von Ingrid Holler. Junfermann, Paderborn 2013, S. 117

Arbeitsaufträge

1. Wandeln Sie folgende Aussagen so um, dass die Beobachtung getrennt von der Bewertung wahrzunehmen ist.
   - Du bist faul.
   - Du sprichst dich bei der Urlaubsplanung nie mit mir ab.
   - Du machst aber auch nie deine Hausaufgaben.
   - Dein Problem ist, dass du dich nie entscheiden kannst.
2. Ergänzen Sie den „Gefühlewortschatz" von M. B. Rosenberg um weitere Ausdrücke für positive und negative Gefühle.
3. Erstellen Sie eine Liste wichtiger sozialer, körperlicher und persönlicher Bedürfnisse eines Menschen.
4. Unterscheiden Sie anhand folgender Beispiele zwischen „Bitte" und „Forderung".
   a) Ich hätte gern, dass du in Zukunft abends weniger lauf Musik hörst.
   b) Ich bin total genervt und möchte, dass du in Zukunft mehr Rücksicht auf mich nimmst.
5. Vergleichen Sie die Aufgabe, die Rosenberg dem Zuhörer im Prozess der gewaltfreien Kommunikation zuschreibt, mit den Einzeltechniken des aktiven Zuhörens (vgl. S. 83).

3.9 Schwierige Gespräche planen und führen

3.9.1 Gesprächshaltungen

Alle erlernbaren Gesprächstechniken werden nur dann den gewünschten Erfolg haben, wenn der Gesprächspartner nicht eine vorgefasste Einstellung zu dem Gespräch, zu seinem Partner und sich selbst gegenüber hat. Notwendige Voraussetzungen für eine positive Gesprächsführung sind:

- **Authentizität**
  Hilfreich für jedes Gespräch sind Offenheit und Echtheit. Ein Mensch, der sich seiner selbst bewusst ist, kann frei und klar kommunizieren. Er ist in der Lage, seine Gefühle wahrzunehmen und sie, wenn nötig, von der Situation zu trennen. So gelingt es ihm, sachbezogen zu reagieren. In seiner Verhaltensweise wirkt er dadurch stimmig mit sich selbst und mit seiner Umgebung. Ein gesundes Selbstwertgefühl und seelische Ausgeglichenheit erleichtern das Einnehmen dieser Gesprächshaltung.

- **Sensibilität**
  Im Kontakt mit anderen ist es wichtig, ein Gespür dafür zu entwickeln, welche Äußerungen den anderen unterstützen können oder welche Nachrichten ihn belasten. Voraussetzung

dafür ist, dass sich der Gesprächspartner für die individuelle Persönlichkeit seines Gegenübers interessiert und ihn in seiner ganzen Person wahrnimmt. Bemerkungen wie „Kopf hoch, davon geht die Welt nicht unter" mögen für einige Menschen wirklich hilfreich sein, für andere aber überhaupt nicht. Hier gibt es keine Patentrezepte, sondern jeder muss sein ganz individuelles Gespür für die jeweilige Situation entwickeln.

- **Respekt**
Rücksichtnahme auf andere Menschen ist immer auch ein Zeichen des Respekts. Verständnis für die Situation des anderen aufbringen heißt nicht, alles zu tolerieren. Es ist durchaus möglich, dem anderen Grenzen zu setzen und dennoch verständnisvoll zu sein.

  Beispiel
  Ein Vorgesetzter sagt zu seinem Mitarbeiter: „Ich kann gut verstehen, dass Sie aufgrund Ihrer augenblicklichen familiären Situation später zum Dienst erscheinen, aber ich möchte trotzdem, dass Sie in Zukunft morgens wieder pünktlich sind. Lassen Sie uns gemeinsam überlegen, was Sie in der momentan schwierigen Situation entlasten könnte."

- **Empathie**
Empathie ist die Bereitschaft, sich in andere Menschen hineinzufühlen. Sie ist eine unabdingbare Voraussetzung für funktionierende zwischenmenschliche Beziehungen.
Die genannten Gesprächshaltungen erfordern ein ständiges Arbeiten an der eigenen Person. Dazu ist die Bereitschaft zur Selbstdisziplin und Selbstkritik notwendig.

3.9.2 Gesprächsvorbereitung

Der Einsatz von Gesprächstechniken und das Einnehmen einer positiven Gesprächshaltung verbessern das Gesprächsklima. Darüber hinaus muss ein Gespräch genau vorbereitet werden, wenn es gelingen soll. Die für die Vorbereitung benötigte Zeit kann dann während des Gesprächs wieder eingespart werden, denn vorbereitete Gespräche verlaufen eher strukturiert und ergebnisorientiert. Ein roter Faden ist vorhanden, Abschweifungen auf Nebenschauplätze werden erschwert.

Organisatorische Vorbereitung:
- Wann und wo findet das Gespräch statt?
- Wer sind die Teilnehmer?
- Steht ausreichend Zeit zur Verfügung?
- Ist der geplante Zeitpunkt günstig?
- Welche Unterlagen werden benötigt?
- Wurde/-n der/die Mitarbeiter rechtzeitig informiert?
- Sind Störungen ausgeschlossen?

Inhaltliche Vorbereitung:
- Weshalb findet das Gespräch statt?
- Wie lautet das Gesprächsziel?
- Welche Themen sollen angesprochen werden?
- In welcher Reihenfolge sollen diese Themen angesprochen werden?
- Welche Argumente sind hilfreich, um das Gesprächsziel zu erreichen?
- Sind genügend Informationen vorhanden?
- Wie wird der Gesprächspartner voraussichtlich reagieren?
- Welche Eigenschaften sind an dem Gesprächspartner sehr schätzenswert?

- Welche Eigenschaften des Gesprächspartners wirken unsympathisch?
- Wie kann ein positives Gesprächsklima geschaffen werden?

Nachbereitung:
- persönliche Rückschau halten
- Gesprächsnotiz anfertigen
- vereinbarte Maßnahmen veranlassen
- Kontrolle der Gesprächsvereinbarungen planen

Dieser Fragenkatalog dient als Anregung und kann durch andere Fragen ergänzt bzw. ersetzt werden.

Arbeitsauftrag

Entwickeln Sie einen persönlichen Fragebogen zur Vorbereitung eines Beurteilungsgesprächs
a) aus der Sicht eines Beurteilenden,
b) aus der Sicht eines Mitarbeiters, der beurteilt wurde.

(vgl. S. 302, Mitarbeiterbeurteilung)

3.9.3 Gesprächsaufbau

Ein strukturierter Gesprächsaufbau lässt sich in folgende drei Teile gliedern:

1. Eröffnung
- Kontaktaufnahme
- Themenvorstellung – Klärung von Ergänzungswünschen
- Umreißen des zeitlichen Rahmens

Geeignete Maßnahmen
– Schaffung eines gesprächsfördernden Klimas:
„Haben Sie das Hotel, den Sitzungsraum … gut gefunden?"
„Ich freue mich, Sie hier begrüßen zu dürfen."

2. Inhaltliche Arbeit
- Austausch von Argumenten
- Ursachensuche, Ideenfindung, Diskussion von Lösungsansätzen

Geeignete Maßnahmen
– offen und flexibel sein
– klar Stellung beziehen, ohne zu konfrontieren
– Suche nach Lösungen, die alle mittragen können

3. Abschluss
- Zusammenfassung der Ergebnisse
- Vereinbarung von Folgemaßnahmen
- Dank für rasches Ergebnis
- Verabschiedung

Geeignete Maßnahmen
Gemeinsamkeit betonen:
„Ist die Ergebnisliste vollständig?"
„Möchten Sie etwas ergänzen?"

Arbeitsauftrag

Fallsituation

In der Firma „Stahl AG" wird der Termindruck immer größer. Der Gruppenleiter Manfred Schreiber musste in den letzten Wochen ständig Überstunden anordnen. Dennoch wird seine Arbeitsgruppe aller Voraussicht nach nicht in der Lage sein, das Projekt termingerecht abzuschließen. Da er sich für seine Leute verantwortlich fühlt, führt er ein Gespräch mit dem zuständigen Abteilungsleiter, damit dieser eine Entlastung durch zusätzliches Personal bewilligt. Der Abteilungsleiter Norbert Schmitt zeigt wenig Verständnis für die Situation.

Spielanweisung:
Spielen Sie diese Gesprächssituation paarweise durch. Manfred Schreibers Aufgabe besteht darin, möglichst optimale Bedingungen für seine Arbeitsgruppe zu erreichen. Ein oder mehrere Beobachter verfolgen das Gespräch und analysieren hinterher gemeinsam mit den beiden Spielern den Gesprächsverlauf.

3.9.4 Mitarbeitergespräch

Das Mitarbeitergespräch ist ein wichtiges Führungsmittel. Es wird aus verschiedenen Anlässen geführt, wie z. B.:
- Zielvereinbarungen
- Beurteilung
- Beförderung
- Ermahnung
- Wechsel des Arbeitsplatzes

In der Regel handelt es sich dabei um ein Vieraugengespräch; die Gesprächspartner trennt dabei eine **hierarchische Distanz**. Der Vorgesetzte hat durch seine Position die Gesprächsmacht und entsprechende Befugnisse. Diese Machtbeziehung müssen beide Gesprächspartner bei ihrer Gesprächsvorbereitung berücksichtigen.

Die Art und Weise der Gesprächsführung hängt neben dem Hierarchiegefälle auch von dem jeweiligen Thema und von der Häufigkeit des Kontakts ab. Grundsätzlich bieten sich dem Vorgesetzten für Gespräche mit Mitarbeitern folgende Möglichkeiten:

Gesprächsformen

	Non-direktive Gesprächsformen	Direktive Gesprächsformen
Definition	Der Vorgesetzte steuert anhand der Angaben des Mitarbeiters.	Der Vorgesetzte steuert ausschließlich nach eigenen Vorstellungen.
Einsatzbereiche	– Zielvereinbarungen – Anhören von Beschwerden – Motivationsgespräch – Problemanalyse	– Arbeitsauftrag – Bericht
Gefahren	– Abgleiten in Nebensächliches – Aushorchen des Mitarbeiters – Der Vorgesetzte wirkt unsicher.	– wirkt autoritär – Berechtigte Einwände gehen verloren.

Die maßgebliche Verantwortung für die Gesprächsgestaltung liegt beim Vorgesetzten. Er muss den Mitarbeiter richtig einschätzen und entsprechend behandeln. Die Sachebene ist im Gegensatz zur Beziehungsebene eher unproblematisch. Die Kunst der Gesprächsführung liegt darin, die eigene Dominanz zurückzufahren und dafür Beziehungsangebote zu machen. Das verringert die Abwehrhaltung des Mitarbeiters und damit seine Widerstände, Auskunft zu geben, denn wenn ein Vorgesetzter seinen Mitarbeiter überzeugen will, muss er zunächst einmal dessen Vorstellungen kennen.

Gesprächsfördernde Maßnahmen

Im Bereich der Sachorientierung
- Verzicht auf Selbstdarstellung
- Orientierung an Ergebnissen
- eigene Wertungen als subjektive sehen
- das Recht für beide, den Sachverhalt aus der jeweiligen Sicht zu schildern

Im Bereich der Beziehungsorientierung
- Gefühle ansprechen
- Wünsche herausarbeiten
- Schutz des Selbstwertgefühls durch
  - Wertschätzung
  - Respekt

Gesprächsstörende Maßnahmen

Kommunikationssperren nach Thomas Gordon

Kommunikationssperren

Widerstand

1. **befehlen**
   Ich erwarte von Ihnen …
2. **warnen, mahnen, drohen**
   Sie hätten besser nicht …
3. **moralisieren**
   Sie sind verpflichtet zu …
4. **beraten**
   Es wäre am besten für Sie, wenn Sie …
5. **überzeugen**
   Die Erfahrung müsste Ihnen doch sagen, dass …
6. **urteilen, kritisieren**
   Sie handeln töricht!
7. **schmeicheln, loben**
   Sie sind doch ein intelligenter Mensch.
8. **beschimpfen, lächerlich machen**
   Sie tun so, als hörten Sie von der Sache zum ersten Mal.
9. **interpretieren, diagnostizieren**
   Das sagen Sie ja nur, weil Sie ärgerlich sind.
10. **trösten, beruhigen**
    Morgen werden Sie anders darüber denken.
11. **verhören, fragen**
    Warum haben Sie das getan?
12. **ausweichen, ablenken**
    Kommen Sie erst einmal wieder zu sich, bevor Sie sich darüber Gedanken machen.

Häufig werden Gespräche geführt, in denen die Gesprächspartner nicht gleichberechtigt miteinander kommunizieren. Einer von beiden versucht z. B., den anderen durch Botschaften in eine Rolle zu drängen, in der er sich abgewertet und unmündig fühlt. Es besteht nicht die für ein Gespräch notwendige Bereitschaft, seinen Partner zu akzeptieren, sondern es wird verdeckt oder auch ganz offen der Wunsch übermittelt, der Gesprächspartner solle sein Handeln, Denken oder Fühlen verändern. Dies bewirkt beim Gegenüber eine Abwehrhaltung und beeinflusst die Gesprächsbereitschaft negativ. Diese Taktiken nennt Thomas Gordon in seinem Buch „Managerkonferenz" **Kommunikationssperren**.

Arbeitsauftrag

Fallsituation

Die Abteilungsleiterin Schwarz erkundigt sich telefonisch beim Gruppenleiter Mertens, ob seine Arbeitsgruppe mit ihrer Arbeit gut vorankomme. Mertens lobt seine Gruppe und versichert Schwarz, es sei alles in bester Ordnung. Schwarz unterrichtet nach diesem Gespräch ihren Vorgesetzten davon, dass dieses Projekt noch vor dem geplanten Termin fertiggestellt werden könne. Am nächsten Tag stellt Frau Schwarz fest, dass die Arbeitsfortschritte ihren Erwartungen ganz und gar nicht entsprechen. Sie ist sehr verärgert; Mertens hingegen ist empört darüber, dass Frau Schwarz die Fortschritte der Arbeitsgruppe nicht würdigt.

- Wie konnte es zu diesem Missverständnis kommen?
- Welche Gesprächsform schlagen Sie für das klärende Gespräch zwischen Frau Schwarz und Herrn Mertens vor?

3.9.5 Kritikgespräch

Das Kritikgespräch nimmt unter den Mitarbeitergesprächen einen besonderen Platz ein, denn hier unterlaufen die meisten Fehler. Vorgesetzte empfinden solche Gespräche meist als unangenehm und konfliktreich. Aus Angst vor Auseinandersetzungen werden Konfliktgespräche vermieden oder verschoben.

Das Kritisieren von Mitarbeitern gehört jedoch ebenso zu den Führungsaufgaben wie das Delegieren und Kontrollieren.

Soll ein Kritikgespräch seinen Zweck erfüllen, müssen einige **Grundsätze** Beachtung finden.

- Kritik sollte stets **zeitnah** und **anlassbezogen** vorgebracht werden. Nur dadurch kann ein Bezug zu der aufgetretenen Fehlleistung hergestellt werden. Angesammelte Kritikpunkte, die irgendwann als Globalbeschuldigung herausbrechen, stoßen beim Mitarbeiter lediglich auf Unverständnis und verfehlen den Zweck einer Verhaltensänderung vollkommen.

- Ein konstruktives Kritikgespräch verlangt **Sachlichkeit**, sowohl in der Art der Äußerung als auch bezogen auf den Kritikpunkt. Der Vorgesetzte äußert nicht einfach seinen Zorn, sondern er beherrscht seine Emotionen und kritisiert nur das Fehlverhalten und nicht die Person. So bekommt der Kritisierte die Möglichkeit, sein falsches Verhalten zu überdenken. Bei einer Kritik an seiner Person würde er sich dagegen sofort verschließen (vgl. S. 85, Ich-Botschaft).

- Der Vorgesetzte sollte die Kritik möglichst **unter vier Augen** äußern, um den Mitarbeiter nicht vor seinen Kollegen bloßzustellen. Eine Verletzung des Selbstwertgefühls erzeugt ein schlechtes Gefühl bei dem Betroffenen. Er beschäftigt sich dann eher damit, sein Gesicht zu wahren, als mit dem kritisierten Verhalten.

Gesprächsaufbau

Kritikgespräche sollten stets an der Lösung des vorliegenden Problems orientiert sein. Dieser lösungsorientierte Ansatz führt zu einem Gesprächsaufbau, der sich in seinen Phasen nicht wesentlich von denen eines konstruktiven Konfliktgesprächs unterscheidet (vgl. S. 194, Sechs-Stufen-Methode).

Nach einer freundlichen Gesprächseröffnung informiert der Vorgesetzte den Mitarbeiter über den vorliegenden Sachverhalt, sein Fehlverhalten und die Reaktionen, die dieses Verhalten hervorgerufen hat. Dazu wählt er klare und deutliche Worte, ohne den Sachverhalt zu beschönigen. Nachdem geklärt ist, ob der Mitarbeiter den Vorgesetzten richtig verstanden hat, erhält er die Möglichkeit zu einer persönlichen Stellungnahme.

Es schließt sich eine Erforschung der Ursachen an. Sie müssen erkannt und aufgedeckt werden, um Veränderungen herbeiführen zu können. Mit dem Mitarbeiter werden anschließend Lösungsmöglichkeiten besprochen, die Entscheidung für die Verhaltensänderung liegt weitgehend bei dem Mitarbeiter, denn er weiß am besten, was er tun kann. Daraufhin treffen Mitarbeiter und Vorgesetzter eine Vereinbarung über das zukünftige Verhalten. Sie muss realistisch und erfolgversprechend sein, denn zu hoch angesetzte Ziele demotivieren und bewirken wenig. Nachdem das vereinbarte Ergebnis dokumentiert worden ist, werden Art und Weise der Kontrolle festgelegt. Sie ist notwendig, um den Erfolg der Veränderung nicht nur festzustellen, sondern auch im Sinne einer Würdigung zu sehen.

Mögliche Widerstände gegen Kritik

Reaktion des Mitarbeiters	Handlungsweise des Vorgesetzten
– Abwehr („Das war ich nicht.")	– Verständnis für diese Reaktionen zeigen
– Verschiebung der Schuld („Sie sind schuld!"; „Andere sind schuld!")	– keine Schuldzuweisungsdebatte führen, sondern eine Lösung suchen
– Leugnen des Problems („Das ist doch wohl kein ernst zu nehmendes Problem.")	– Bedeutung des Problems nicht zur Diskussion stellen; Sicherheit in der Rolle des Vorgesetzten zeigen
– Unwissenheit vortäuschen („Ich weiß auch nicht, was man da machen könnte …")	– an das Erwachsenen-Ich appellieren (vgl. S. 180, Ich-Zustände): „Was genau hat zu diesem Problem geführt?", „Wo liegt der Fehler?"

Arbeitsaufträge

1. Fallsituation

Ihre Mitarbeiterin Marie Krüger hat zum zweiten Mal einen Auftrag versiebt.
Sie bitten sie zu einem Gespräch in Ihr Büro, um die Sache noch einmal durchzusprechen.

Wie gehen Sie vor?

2. Fallsituation

Mitarbeiter Schöller kommt morgens ständig zu spät. Da er fachlich sehr gut ist, hat der Vorgesetzte bisher ein Auge zugedrückt. Doch als andere Mitarbeiter anfangen sich zu beschweren, sieht sich der Vorgesetzte veranlasst zu handeln. Er ist sehr verärgert und hat den Eindruck, dass der Mitarbeiter ihm auf der Nase herumtanzt.
Der Mitarbeiter hingegen hat den Eindruck, dass seine Arbeit nicht anerkannt wird und wegen kleinlicher Angelegenheiten Kritik geübt werden soll.

Führen Sie in der Rolle des Vorgesetzten ein Kritikgespräch mit Ihrem Mitarbeiter Schöller durch.

3.9.6 Kundengespräch

Das Kundengespräch ist eine besondere Form des Gesprächs. Der Verkäufer benötigt alle kommunikativen Techniken und Kenntnisse, die sich dazu eignen, andere Menschen zu beeinflussen. Die Interessen und Ansichten der Kunden weichen erheblich von denen des Verkäufers ab, sodass seine wesentliche Aufgabe darin besteht, zu einem Konsens im Sinne eines Verkaufsabschlusses zu kommen. Dazu benötigt er:

- **ein hohes Maß an Aufmerksamkeit**
  Er hat ein offenes Ohr für den Kunden, seine Bedürfnisse und Kaufmotive und zeigt das durch seine Mimik und Gestik.

- **ein glaubwürdiges Auftreten**
  Er ist aufrichtig und sagt das, was er wirklich weiß. Er präsentiert sich als Experte und steht ehrlich zu seinen Wissenslücken. Das Gesagte ist stimmig und nachvollziehbar.

- **die Fähigkeit, den Kunden zu bestätigen**
  Er lässt den Kunden spüren, dass er sein Wissen schätzt, denn der Kunde ist König. Der Verkäufer übernimmt die Aufgabe, für die Wünsche des Kunden Lösungen zu entwickeln und für jede Art von Schwierigkeiten und Beschwerden zuständig zu sein.

- **die Fähigkeit, Konflikte zu entschärfen**
  Er reagiert auf eine Reklamation nicht mit einem Gegenangriff, sondern er fragt nach, drückt sein Bedauern aus und sucht dann nach einer möglichen Lösung.

Die fünf Phasen des Kundengesprächs

Phase	Inhalt	Gesprächstechnik
1. Kontaktaufnahme	– Small Talk – Aufbau einer Beziehungsebene	– offene Fragen
2. Bedürfnisermittlung	– Informationsbeschaffung – Fragen, um die Motive des Kunden kennenzulernen	– aktives Zuhören
3. Produktvorstellung	– Fachwissen – Klärung von Vor- und Nachteilen	– rhetorische Fähigkeiten – Fähigkeit, zu präsentieren

4. Nutzenargumente	– Nutzen der eigenen Lösung aufzeigen	– Argumentationstechnik – Ich-Botschaften
5. Abschluss	– Ergebnissicherung – Kompromisse erarbeiten und akzeptieren	– Alternativfragen – geschlossene Fragen zur Entscheidungsfindung

Ein gelungenes Kundengespräch beginnt mit einer guten inhaltlichen Vorbereitung des Verkäufers. Er sollte folgende Fragen vorab für sich beantwortet haben:

1. **Was bringe ich in das Gespräch mit?**
   Vorausgegangen ist eine Analyse der Stärken und Schwächen im Vergleich mit Konkurrenten. In der heutigen Zeit ist der Markt stark im Wandel. Erfolg entscheidet sich über das Produkt und den Preis, aber auch über den Service und die Beziehung zum Kunden. Die genaue Kenntnis der Mitbewerber ist für das Finden einer eigenen Position gegenüber dem Kunden hilfreich und erleichtert das Erarbeiten stichhaltiger Argumente.

2. **Mit wem habe ich es zu tun?**
   Je besser der Verkäufer in der Lage ist, den Kunden einzuschätzen, umso größer ist sein Erfolg. Es gelingt ihm schneller, eine Beziehung aufzubauen. Der Kunde fühlt sich wohl, kann leichter sein Anliegen formulieren und entwickelt das Gefühl, das zu bekommen, was er auch wirklich will.

3. **Was will ich erreichen?**
   Eine wirksame Vorbereitung besteht auch in der Formulierung von Zielen. Die Anwendung des SMART-Prinzips (vgl. S. 259, MbO) unterstützt deren genaue Definition und damit eine zielgerichtete Vorgehensweise, denn der Verkäufer sollte sich nicht unterhalten, sondern vielmehr das Gespräch führen wollen.

> **SMART** – *steht für:*
> **S**pezifisch, *d. h. konkret und präzise*
> **M**essbar, *d. h. überprüfbar*
> **A**ktionsorientiert, *d. h. in einer Liste von Aktionen darstellbar*
> **R**ealistisch, *d. h. erreichbar (auch bei „Hindernissen" ...)*
> **T**erminierbar, *d. h. bis wann erreichbar?*

4. **Wie will ich es erreichen?**
   Jeder Kunde muss vom Produkt und dessen Nutzen überzeugt werden. Dafür müssen Kaufargumente entwickelt und ihr Einsatz strategisch geplant werden. Mit vorhersehbaren Problemen sollte sich der Verkäufer schon im Vorfeld auseinandersetzen. Das macht ihn dann im Umgang mit dem Kunden sicherer. Auf typische Kaufeinwendungen des Kunden ist er auf diese Weise besser vorbereitet und kann darauf effektiv reagieren.

5. **Was benötige ich dazu?**
   Kompetenz zeigt der Verkäufer durch Fachwissen, welches beim potenziellen Kunden Vertrauen schafft. Der Kunde traut dem Verkäufer das Entwickeln einer guten Lösung zu. Seine Fragen werden beantwortet. Einwände lassen sich mit Zahlen und Fakten schnell entkräften.

Umgang mit Kaufeinwendungen eines Kunden

- Grund für Einwand herausfinden

    Beispiel: Der Preis ist dem Kunden zu hoch.

- Dem Grund nicht widersprechen, sondern relativieren

    Beispiel: „Ja, da haben Sie recht, wenn man alles addiert, kommt tatsächlich eine hohe Summe zustande. Doch wir haben hier eine hervorragende Lösung für das Problem entwickelt."

- Überzeugende Argumente gegen den Kaufeinwand entwickeln

    Beispiel: „Und wenn Sie bedenken, wie viele Jahre diese ... genutzt wird, dann ..."

Arbeitsauftrag

Entwickeln Sie eine Argumentation für die Kaufeinwendung „Das ist Quatsch, das brauche ich nicht!", indem Sie zunächst den möglichen Grund ermitteln und dann den Kaufeinwand zu entkräften versuchen.

3.10 Argumentieren und verhandeln

Sowohl im privaten als auch im beruflichen Bereich gibt es viele Situationen, in denen man andere überzeugen möchte, und zwar
- vom eigenen Standpunkt,
- von der Durchführbarkeit einer Idee,
- von der Güte einer Planung, eines Produkts,
- von der Glaubwürdigkeit eines Vorschlags.

Um dabei erfolgreich zu sein, werden Argumentationstechniken benötigt.

Technik 1: Suche nach dem besten Lösungsweg

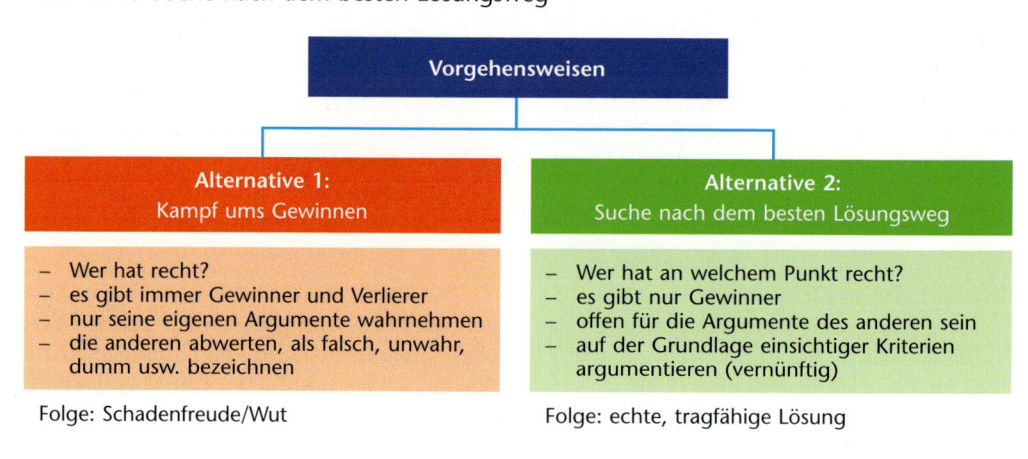

	Vorgehensweisen	
	Alternative 1: Kampf ums Gewinnen	**Alternative 2:** Suche nach dem besten Lösungsweg
	– Wer hat recht? – es gibt immer Gewinner und Verlierer – nur seine eigenen Argumente wahrnehmen – die anderen abwerten, als falsch, unwahr, dumm usw. bezeichnen	– Wer hat an welchem Punkt recht? – es gibt nur Gewinner – offen für die Argumente des anderen sein – auf der Grundlage einsichtiger Kriterien argumentieren (vernünftig)
	Folge: Schadenfreude/Wut	Folge: echte, tragfähige Lösung

Die Definition des Begriffs „Argumentation" beinhaltet:

1. *vorbringen, beweisen, begründen*
2. *streiten, verhandeln*

Dazu gehört:

- *seine Meinung zu vertreten*
  - *bei einer Diskussion*
  - *in einem Projekt*
  - *bei einer Besprechung/Konferenz/einem Meeting*

- *mit Argumenten zu werben*
  - *für den eigenen Beruf*
  - *für ein gutes Produkt*
  - *für sich selbst (Bewerbungsgespräch)*
- *im Gespräch zu argumentieren bei*
  - *Kundenreklamation*
  - *Gehaltserhöhung*
  - *Freizeitausgleich*

Technik 2: Jede Behauptung braucht eine Begründung
Der Gesprächspartner lässt sich am besten von der eigenen Meinung überzeugen, indem man für jede Behauptung einen Beweis anführt.

Als Beweise können dienen:
- Aussagen von Fachleuten, sogenannten Autoritäten
- nachweisbare Erfahrungen
- Statistiken
- logische Zusammenhänge
- anerkannte Werte und Normen

Behauptung	→	Begründung
Diese Dokumentation ist unvollständig.	→	Es fehlen die letzten zwei Monate.
Der Arbeitsgang ist zu zeitraubend.	→	Mit der Methode von Frau B. sparen wir mindestens fünf Stunden.
Autofahren ist sehr teuer geworden.	→	Die Benzinpreise sind stark gestiegen.
Rauchen ist gesundheitsschädlich.	→	Nikotin ist ein Giftstoff.

Technik 3: Einhalten einzelner Argumentationsschritte
Der Aufbau einer vollständigen Argumentation besteht aus der Abfolge einzelner Argumentationsschritte, die in einem logischen Zusammenhang zueinander stehen müssen.

Argumentationsschritte

1. *These*
2. *Begründung*
3. *Beleg*
4. *Beispiel*
5. *Schlussfolgerung*

Beispiel: Argumentation
1. „Ich möchte/verdiene (mir steht) eine Gehaltserhöhung (zu) …"
2. „… weil ich in den letzten zwei Jahren überdurchschnittlich viel gearbeitet habe."
3. „… denn ich habe die letzten zwei Projekte fast komplett selbstständig durchgeführt und dafür sehr viel von meiner Freizeit geopfert."
4. „Das ist zum Beispiel anhand der Gleitzeitabrechnungen der letzten sechs Monate ersichtlich, die immer mindestens 50 Stunden Mehrarbeitszeit ausweisen."
5. „Deshalb möchte ich ein monatliches Gehalt, das über dem Tariflohn liegt und meinem Arbeitseinsatz angemessen ist."

Arbeitsauftrag

Verfassen Sie eine vollständige Argumentation nach diesem Muster zu Problemen wie zum Beispiel:
„Solarenergie – eine Notwendigkeit in unserer heutigen Zeit"
„Ausbildung – eine Pflicht für jeden Unternehmer"
„42-Stunden-Woche: eine Notwendigkeit, um in unserem Land konkurrenzfähig zu bleiben"

Bauformen einer differenzierenden Stellungnahme

Bestreitetechnik	Die gegnerischen Argumente werden daraufhin untersucht, inwieweit sie auf Behauptungen, Gerüchten oder Erfindungen beruhen. – „Die Angaben zu diesem Projekt beruhen nicht auf Tatsachen, sie scheinen Gerüchten Glauben zu schenken, denn in der Realität verhält es sich folgendermaßen …"
Kehrseitentechnik	„Ja – aber"; zunächst wird zugestimmt, um dann aber die lückenhafte und falsche Seite der Argumentation aufzudecken. – „In diesem Punkt könnte man sicherlich zustimmen, aber bei genauerer Überlegung muss doch einleuchten, dass …"
Autoritätstechnik	Statt eigener Argumente oder als Ergänzung werden Argumente bedeutender Persönlichkeiten oder Zeitungen usw. genannt. – „Ihre Meinung in Ehren, aber sicherlich ist Ihnen nicht entgangen, dass zahlreiche bedeutende Wirtschaftswissenschaftler für das Jahr 2017 eine Wachstumsrate von …"
Scheinfragen	Sie dienen dazu, Übereinstimmung mit der eigenen These zu suggerieren. – „Ich kann Sie in diesem Punkt gut verstehen, aber Sie geben mir doch sicherlich recht, wenn ich davon ausgehe, dass …"
Weder-noch-Technik	Alle gemachten Vorschläge werden abgelehnt, stattdessen wird eine dritte Alternative angeboten. – „Sie sehen hier zwei mögliche Lösungen, doch ich lehne aus folgenden Gründen beide ab und biete einen dritten Weg an …"

Arbeitsauftrag

Nachfolgend sind einige Beispiele für eine unfaire Argumentation aufgeführt. Überlegen Sie sich, wie Sie auf solche Äußerungen antworten könnten.

1. In einer Diskussion über die Arbeitslosigkeit stellt Ihr Gesprächspartner die Frage: „Sie sind doch auch dafür, dass man ausländische zugunsten von deutschen Arbeitnehmern nicht mehr beschäftigt?"

2. Bei einer Diskussion über Politik antwortet Ihr Gesprächspartner: „Das ist doch Blödsinn. Ich bin mir ganz sicher, in der neuesten ‚Financial Times' stand gerade, dass ..."

3. Sie diskutieren über bessere Arbeitsbedingungen, obwohl Sie bislang noch in der Ausbildung sind. Ihr Gesprächspartner nutzt das aus und sagt: „Sie als Azubi können doch gar nicht mitreden!"

4. Ihr Chef hat Probleme, Sie von der Notwendigkeit einer Aufgabe zu überzeugen. Er sagt: „Ich kann Sie gut verstehen, in Ihrem Alter war ich auch davon überzeugt, dass ich immer recht habe, aber dann musste ich einsehen, dass ..."

Bildliche Darstellung des Wertequadrates nach Schulz von Thun (s. auch Erläuterung auf S. 92)

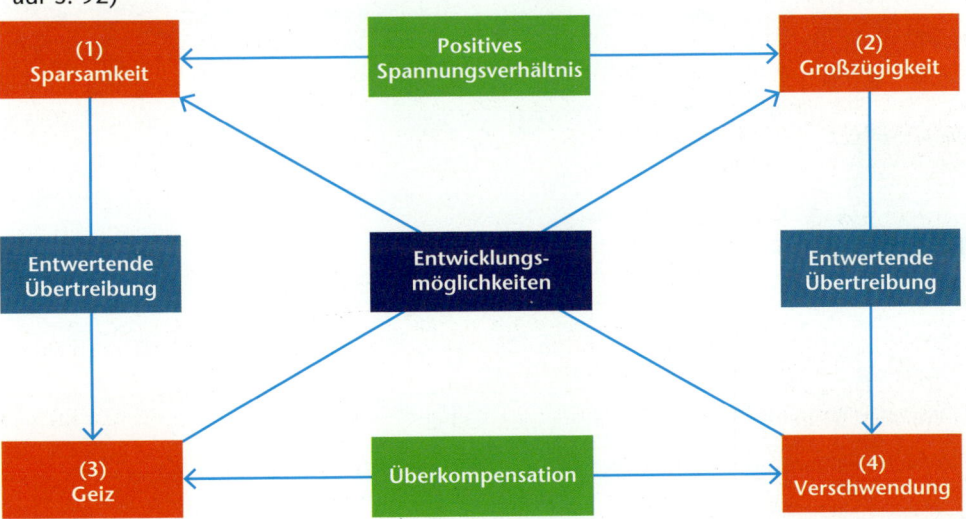

```
(1) Sparsamkeit  ←—Positives Spannungsverhältnis—→  (2) Großzügigkeit
       ↓  ↖                    ↕                    ↗  ↓
 Entwertende            Entwicklungs-              Entwertende
 Übertreibung           möglichkeiten              Übertreibung
       ↓  ↙                    ↕                    ↘  ↓
(3) Geiz         ←——Überkompensation——→         (4) Verschwendung
```

4 Motivationsprozesse darstellen und erklären

Fragen zur Selbstreflexion

- Welchen Stellenwert hat Arbeit in meinem Leben?
- Welche Faktoren motivieren mich bei meiner Arbeit?
- Welche Faktoren können mich demotivieren?
- Wie würde ich mich voraussichtlich verhalten, wenn ich morgen 10 Mio. Euro im Lotto gewinnen würde?
- Was heißt für mich Motivation?

4.1 Der Begriff „Motivation"

Motivation ist ein Modewort unserer Zeit geworden. Es wird im Zusammenhang mit den unterschiedlichsten Situationen verwendet: Lehrer, Eltern, Vereine, Politiker und Betriebe wollen ihre Schüler, Kinder, Mitglieder, Wähler oder Mitarbeiter dazu motivieren, eine gestellte Aufgabe möglichst gut zu bewältigen.

Von „Motivation" spricht man immer dann, wenn es um die Bedingungen geht, die einen Menschen dazu veranlassen, sich mit einer bestimmten Intensität in eine von ihm beabsichtigte Richtung zu bewegen. Verantwortlich dafür können eine Vielzahl von **Motiven** (Beweggründe menschlichen Verhaltens) sein, die schwer erkennbar sind.

Beispiel
Frau Mertens, eine junge engagierte Mitarbeiterin in einem großen Unternehmen, erledigt die ihr übertragenen Aufgaben stets zur vollen Zufriedenheit ihrer Vorgesetzten. Sie gilt als hoch motiviert. Offen bleibt die Frage, warum sich Frau Mertens so verhält:

- *Gefällt ihr die Arbeit so gut?*
- *Möchte sie gern ins Ausland?*
- *Möchte sie erfolgreich sein?*
- *Will sie eine hohe Prämie bekommen?*
- *Plant sie eine Karriere?*

Die Motive eines Menschen sind auf **Bedürfnisse** zurückzuführen, die so lange motivierend wirken, bis sie befriedigt sind. Dabei wird vorausgesetzt, dass die Chance besteht, sie zu erfüllen.

> *Motivation ist demnach ein Prozess, in dem es zur Aktivierung von Verhaltensweisen kommt, um ein bestimmtes Ziel zu erreichen.*

Aktivierend wirken die Bedürfnisse und Motive des Menschen einerseits und **Anreize** andererseits. Letztere haben wiederum Einfluss auf die Motive und lassen einen Aktivierungsvorgang lohnender oder weniger lohnend erscheinen.

> *Motivationsformel*
>
> ① *festgestelltes Motiv* + ② *passender Reiz* = ③ *erwünschtes Handeln*

4.2 Bedürfnisstruktur von Mitarbeitern analysieren

Bei der Motivation geht es um die Frage, was einen Mitarbeiter antreibt, was ihn veranlassen könnte, in der gewünschten Weise zu handeln. Dazu gibt es einerseits viele Rezepte, deren Anwendung oft nicht erfolgreich ist. Andererseits suchen alle nach „der Lösung". Diese kann es kaum geben, denn die Menschen unterscheiden sich stark voneinander und reagieren in ein und derselben Situation sehr unterschiedlich.

4.2.1 Psychoanalytischer Ansatz

Eine der bekanntesten Stationen in der Geschichte der Psychologie stellt der psychoanalytische Ansatz von **Sigmund Freud** dar. „Das Bewusstsein ist wie die sichtbare Spitze eines Eisberges. Wie Sie sehen, ist das Es vollständig unbewusst, während Ich und Über-Ich sowohl bewusste als auch unbewusste Anteile haben" (Freud, 1913).

Sigmund Freud (1856–1939), bedeutendster Vertreter und Begründer der Psychoanalyse

Freud entwickelte seine Persönlichkeitstheorie anhand von Patientenstudien, wobei er seine Analysen besonders aus den Berichten seiner Patienten über ihre Kindheit bezog.

Die Struktur der Persönlichkeit

Die menschliche Persönlichkeit lässt sich in Anlehnung an Freud durch das Zusammenwirken von drei Bereichen erklären, den Instanzen Es, Ich und Über-Ich.

Aufbau der menschlichen Persönlichkeit

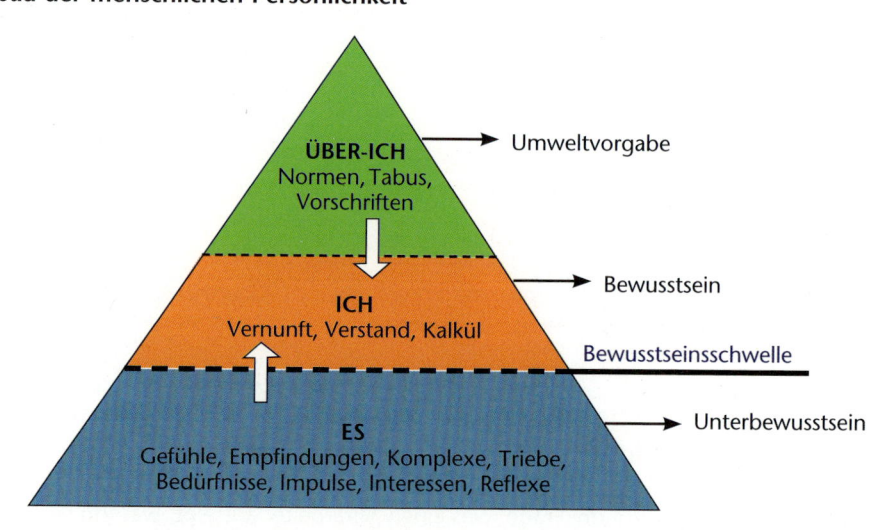

- **ÜBER-ICH**: Normen, Tabus, Vorschriften → Umweltvorgabe
- **ICH**: Vernunft, Verstand, Kalkül → Bewusstsein
- *Bewusstseinsschwelle*
- **ES**: Gefühle, Empfindungen, Komplexe, Triebe, Bedürfnisse, Impulse, Interessen, Reflexe → Unterbewusstsein

Das **Es** ist der primitive und unbewusste Anteil der Persönlichkeit eines Menschen. Dieser Anteil wird von Trieben geleitet, arbeitet irrational und steht nicht mit der Außenwelt in Beziehung. Das Es folgt dem Lustprinzip, kennt weder Moral noch interessiert es sich für logische Denkgesetze.

Das **Über-Ich** besteht aus moralischen Grundsätzen und Verhaltensregeln, die das Individuum in seiner Ursprungsfamilie und in der Gesellschaft gelernt hat und nach denen es sich richten muss. Diese Instanz entspricht dem Gewissen und beinhaltet ein Ich-Ideal, eine Vorstellung von der Rolle des Individuums in der Gesellschaft.

Das **Ich** des Menschen stellt die rationale, steuernde Einheit dar, die mit der Außenwelt in Verbindung steht. Es verinnerlicht Erfahrungen, überprüft die bestehende Realität und übernimmt damit die Schiedsrichterrolle zwischen Es und Über-Ich. Diese Instanz stellt das Bewusstsein dar und regelt die notwendige Anpassung an die Umwelt.

Diese drei Instanzen stehen in Widerstreit miteinander. Eine Befriedigung aller Bedürfnisse ist nicht jederzeit möglich (ES), sodass schon das Kind lernen muss, sie für eine bestimmte Zeit aufzuschieben, denn sie widersprechen den Anforderungen des Über-Ich. Ein funktionierendes Ich findet nun einen Kompromiss zwischen der irrationalen Gefühlswelt und der von den Eltern und der Gesellschaft auferlegten Verhaltensregeln.

Beispiel aus dem betrieblichen Alltag

> Vorarbeiter Mark Schmidt hat seit einigen Monaten den Gesellen Lukas in seiner Arbeitsgruppe. Lukas verfügt über sehr gute Fach- und Menschenkenntnisse. Herr Schmidt fühlt sich ihm unterlegen und glaubt, er sei in seiner Funktion als Vorarbeiter bedroht. Er möchte Lukas sofort loswerden. Hier offenbart sich ein Bedürfnis aus dem ES-Bereich. Aus dem ICH-Bereich kommt seine Lösung für dieses Problem: die Versetzung in eine andere Gruppe. Dazu ist allerdings die Angabe von Gründen notwendig, sodass Mark Schmidt beschließt, Lukas bei seinem Chef schlechtzumachen, denn seine eigene Angst kann er als Grund nicht anführen. Er nimmt sie vielleicht noch nicht einmal wahr. Aus dem ÜBER-ICH-Bereich meldet sich die Moralvorstellung, dass solch ein Verhalten nicht fair sei. Moralische Bedenken und das Bedürfnis zu siegen stehen im Widerspruch zueinander.

Triebe/Instinkte

Das Verhalten wird durch Zusammenwirken von unbewussten und bewussten Prozessen triebhaft gesteuert. Freud unterscheidet zwei Arten von Trieben: Selbsterhaltungstrieb und Sexualtrieb (Arterhaltung), die Aggression und die Libido. Libidinöse Triebregungen umfassen alle Wünsche nach Nähe und Kontakt zu anderen Menschen, also die Energie, die im weitesten Sinn mit Liebe zu tun hat. Quasi das Gegenteil dazu bilden die aggressiven Triebregungen, die alle negativen Wünsche umschreiben, ausgelöst z. B. durch Enttäuschung oder Neid. Alle diese Triebregungen möchte der Mensch befriedigen. Stellt sich das als nicht durchführbar heraus, werden einige Bedürfnisse abgewehrt, denn unbefriedigte Bedürfnisse führen zu einer dauernden Spannung.

Abwehrmechanismen des Ich

Ein Kompromiss kann nur zustande kommen, wenn das Es unterdrückt wird. Diese Unterdrückung ist der elementarste Abwehrmechanismus; man spricht von Verdrängung. Wenn dieser Verdrängungsprozess nicht erfolgreich ist oder ständig wiederholt werden muss, werden aus Angst weitere Abwehrmechanismen aktiviert.

Einige Beispiele: Abwehrmechanismen

Verdrängung: Das Bedürfnis wird aus dem Bewusstsein verbannt.

Regression: Man zieht sich auf ein vertrautes, früheres Verhalten zurück.

Rationalisierung: Es wird eine Begründung dafür gefunden, warum man das, was man ursprünglich wollte, eigentlich doch nicht will.

Konversion: Spannungen und Probleme werden unterdrückt und zeigen sich in psychosomatischen Erkrankungen.

Verschiebung: Das aufkommende Gefühl (z. B. Ärger) wird nicht dem entgegengebracht, dem es eigentlich gilt, sondern auf jemanden umgelenkt, der damit gar nichts zu tun hat.

Beispiel

> Um eine wichtige Terminarbeit auf einer Baustelle der Bau AG fertigstellen zu können, bittet der Vorgesetzte die Arbeitsgruppe darum, noch am selben Abend und auch an den nächsten Tagen länger zur Verfügung zu stehen. Ein Mitarbeiter wird wegen dieser Forderung sehr ärgerlich und verlässt laut schimpfend und sich weigernd die Baustelle. Aus psychoanalytischer Sicht ließe sich diese Konfliktsituation folgendermaßen erklären: Der Mitarbeiter hat den Wunsch, seinen Feierabend zu genießen (im ES) und seine beiden anderen Instanzen sind in diesem Moment nicht mehr in der Lage, die Reaktion des frustrierten ES zu kontrollieren.

4.2.2 Typologie der Persönlichkeit nach C. G. Jung

C. G. Jung benutzte bereits in den zwanziger Jahren des letzten Jahrhunderts die Begriffe Introvertiertheit und Extravertiertheit zur Typologisierung von Persönlichkeiten. Bei seiner täglichen Arbeit mit Menschen stellte er fest, dass diese ihre Umwelt unterschiedlich wahrnehmen und darauf reagieren. Daraus folgerte er, dass sie auch sehr individuell behandelt werden müssen. Für ihn ergaben sich zunächst zwei konträre Verhaltensweisen:

- Der Introvertierte ist nach innen gerichtet und schöpft vor allem daraus seine Energie, er bevorzugt die Welt seiner Gedanken und seiner Empfindungen.
- Der Extravertierte orientiert sich vor allem an der Außenwelt und braucht andere Dinge und Menschen als Anregung.

Carl Gustav Jung (1875–1961), Schweizer Psychiater

Diese Einteilung ergänzte C. G. Jung durch vier grundsätzlich zur Verfügung stehende Möglichkeiten, mit der Welt umzugehen:
- Denken – rationale Herangehensweise
- Fühlen – beobachten, zuhören, wertendes Wahrnehmen
- Empfindung – eigene emotionale Reaktion in den Vordergrund stellen
- Intuition – eine Art irrationaler Sinneswahrnehmung

Jung ging davon aus, dass jeder Mensch eine dieser Möglichkeiten bevorzugt einsetzt, um mit der Welt in Kontakt zu treten. Zusammen mit dem Unterscheidungsmerkmal „introvertiert" und „extravertiert" ergeben sich daraus acht Kombinationen.

Charaktereigenschaften der psychologischen Typen

Funktionstyp	Extravertierter Typ	Introvertierter Typ
Denktyp	objektiv, produktiv	kreativ, kritisch, wirklichkeitsfremd
Fühltyp	kontaktfreudig, angepasst, konventionell	still, unzugänglich, tiefgründig
Empfindungstyp	realistisch, kritiklos, genussorientiert	verschlossen, passiv
Intuitionstyp	spekulativ, inspirierend	visionär, künstlerisch

Reinhard G. Landwehr: Das Resultat psychischer Intuition: C. G. Jungs Persönlichkeitstypologie, in: Wer bin ich? Wer passt zu mir? Abgerufen am 19.06.2014 unter www.typen-und-mehr.com/cgjung.htm

Mit dieser Matrix können vorhandene Präferenzstrukturen bei einem Menschen bestimmt werden, die Hinweise darauf geben können, in welcher Umgebung sich diese Person wohlfühlt und unter welchen Umständen sie motiviert arbeitet.

Arbeitsauftrag

Sollten Sie an einer konkreten Typenbeschreibung interessiert sein, können Sie einen Test im Internet machen, z. B. unter www.psychologische-typen.com.

4.2.3 Fünf-Faktoren-Modell (Big-Five-Modell)

Auch das Modell „The Big Five" aus dem Bereich der Persönlichkeitspsychologie kann herangezogen werden, um zu erklären, was Menschen antreibt. Es versucht, allgemeingültige Aussagen über mögliche Motivstrukturen von Mitarbeitern zu machen.

Jede Person verfügt über die folgenden fünf Eigenschaften, aber in sehr unterschiedlicher Ausprägung. Die Merkmale können bei einer Person sehr stark (++), stark (+), schwach (–), sehr schwach (– –) vorhanden sein, oder der Wert liegt etwa in der Mitte (=).

Merkmal	Inhalt
1. **G**ewissenhaftigkeit	Ordnungsliebe, Pünktlichkeit, Disziplin, Zuverlässigkeit
2. **E**xtraversion	Personenorientierung, Optimismus, Aktivität
3. **V**erträglichkeit	Kooperation, Empathie, Harmoniebedürfnis
4. **O**ffenheit für Erfahrungen	Interesse an neuen Zusammenhängen, Wertschätzung und Freude an neuen Erfahrungen
5. **N**eurotizismus (emotionale Instabilität)	Unangemessener Umgang mit Stress, Nervosität, geringe Bedürfniskontrolle

1. Gewissenhaftigkeit

Personen, denen das Persönlichkeitsmerkmal „Gewissenhaftigkeit" in hohem Maße zuzuordnen ist, sind sehr gut organisiert. Sie planen genau, sind zielorientiert und sehr zuverlässig, verfügen also über Eigenschaften, die einem Menschen mit hoher Leistungsmotivation zugeschrieben werden. Personen, die nur über wenig „Gewissenhaftigkeit" verfügen, sind impulsiv, spontan und lassen sich leicht ablenken, vereinen also Eigenschaften auf sich, die weniger zu einer Leistungsorientierung passen.

2. Extraversion

Dieser Faktor kennzeichnet die Orientierung einer Person nach außen. Extravertierte Personen sind kontaktfreudig, aktiv und gesprächig. Sie blühen in der Gesellschaft von anderen auf, stehen gern im Mittelpunkt. Introvertierte Personen hingegen sind zurückhaltend und arbeiten lieber allein. Sowohl stark extravertierte als auch introvertierte Persönlichkeiten können leistungsorientiere Mitarbeiter sein. Erstere können im sozialen Kontakt schwierig sein, wenn ihnen ein gewisses Maß an Verträglichkeit fehlt. Introvertierte Personen arbeiten ruhig und zuverlässig. Sie müssen im Gegensatz zu den Extravertierten aufgefordert werden, ihre Ansichten und Ideen zu äußern.

3. Verträglichkeit

Bei dieser Eigenschaft reicht die Spannbreite von sehr harmoniebedürftig und anpassungsfähig bis aggressiv, störrisch und konkurrenzbewusst. Personen mit letzterer Ausprägung achten stark auf die Durchsetzung ihrer persönlichen Belange auch auf Kosten von anderen. Dieses Persönlichkeitsmerkmal ist wichtig für Berufszweige, in denen typische Machereigenschaften notwendig sind, während soziale Kompetenzen wie Anpassungsfähigkeit und Rücksichtnahme überall dort von zentraler Bedeutung sind, wo Zusammenarbeit ein Baustein zum Erfolg ist.

4. Offenheit

Personen mit hohen Offenheitswerten sind wissbegierig, vielseitig interessiert, kreativ, lieben alles Neue, sind aber auch schnell gelangweilt und verlieren leicht das Interesse an einer einmal angefangenen Arbeit. Sie haben immer wieder neue Ideen und verabscheuen Routinen. In einem Unternehmen werden sie als Querdenker oder Innovator geschätzt. Personen mit niedrigen Offenheitswerten lieben das Vertraute, lehnen Veränderungen ab, bevorzugen klare Strukturen und gehen bekannte Wege. Sie eigenen sich hervorragend für sachliche und praktische Arbeiten.

5. Neurotizismus – emotionale Instabilität

Emotionale Instabilität zeigt sich in Unsicherheit, Angst und einer grundsätzlich eher pessimistischen Herangehensweise an Arbeitssituationen. Solche Personen fühlen sich schneller gestresst als Personen mit hoher emotionaler Stabilität. Diese können wesentlich entspannter mit Belastungssituationen umgehen. Sie arbeiten ruhiger und handeln rationaler.

Fallstudie zu Neurotizismus: Das Kundenproblem

1 Ein klassisches Beispiel für die Dynamik, die am Arbeitsplatz zwischen Teammitgliedern niedriger, mittlerer und hoher N-Werte auftritt, wird durch die folgende Situation beschrieben:
Der Angestellte Bill (wenig belastbar), besorgt über das Problem mit einem Kunden,
5 stürzt in das Büro einer belastbaren Vorgesetzten Martina und ruft: „Wie furchtbar! Wir haben ein echtes Problem mit der Firma XYZ! Sie haben angedroht, dass sie den Auftrag

an die Konkurrenz vergeben, wenn wir nicht unverzüglich wegen ihrer Produktbeschwerde von heute Morgen aktiv werden. Wir müssen sofort das Team zusammenrufen und besprechen, was zu tun ist!"

Martina blickt ruhig zu einer weiteren Mitarbeiterin, die gerade im Raum ist, der stets besonnen handelnden Kollegin Helga. Gelassen sagt Martina zu Bill: „Reg dich ab, Bill. Die drohen doch bei jeder Kleinigkeit mit einem Auftragsstopp. Das ist ihre Art, andere zur schnellen Aktion zu bringen. Sie möchten, dass wir springen, wenn sie nur husten. Beruhige dich, wir werden nach der Mittagspause mit ihnen sprechen."

Die besonnene Mitarbeiterin Helga rutscht unruhig auf ihrem Stuhl hin und her und sagt: „Ich denke, wir sollten mit der Antwort nicht zu lange warten. Einer der Hauptgründe, weshalb XYZ uns ursprünglich beauftragt hat, war, dass wir ihnen jederzeit eine schnelle Reaktion bei Produktproblemen zugesichert haben. Wenn wir uns bis zum Nachmittag Zeit lassen, könnte das die Geschäftsbeziehung beeinträchtigen. Es ist wahrscheinlich nur ein geringfügiges Problem, aber ich meine, wir sollten es gleich angehen und unseren Kunden schnell informieren. Bill, es war richtig, uns sofort darauf aufmerksam zu machen."

Die Geschichte verdeutlicht, dass Personen, die eine mittlere oder höhere N-Punktzahl (N= und N+) haben, die Sorgen ihrer Kunden ernster nehmen als Personen mit einem niedrigen N-Wert (N–). Dieser Bewertungsunterschied kann sich sowohl auf interne als auch auf externe Kunden unseres Arbeitsalltags beziehen. Aber insgesamt brauchen wir in unserer Arbeitsumgebung sowohl die beruhigende Stärke von N–, die Verantwortungsübernahme und das ausgeprägte Problembewusstsein von N+ wie auch die ausgleichende Neigung von N=, um unsere Arbeit zu bewältigen.

Howard, P. J. und Howard, J. M.: Führen mit dem Big-Five-Persönlichkeitsmodell, das Instrument für optimale Zusammenarbeit; Band 6; übersetzt von Silvia Kinkel, Campus Verlag, Frankfurt/New York 2008; S. 42 f. (verändert)

Fallstudie zu Verträglichkeit: Ein Lieferant zieht seine Einladung zurück

Oft stellen wir Teammitgliedern die Frage, wie sie mit folgender Situation umgehen würden: „Sie gehören zu einem siebenköpfigen Team, das von einem seiner Lieferanten eingeladen wird, an einer Konferenz an einem luxuriösen Veranstaltungsort teilzunehmen. Unglücklicherweise teilt Ihnen der Lieferant eine Woche vor Veranstaltungsbeginn mit, dass aufgrund drastischer Budgetkürzungen nur fünf statt der geplanten sieben Personen an dem Seminar teilnehmen können. Was werden Sie tun?"

Hier sind die üblichen Antworten:

A++ (sehr anpassungsfähig):
– „Wir wollen das nicht entscheiden, das ist Sache des Managements, die sollen uns sagen, wer teilnimmt."
– „Ich verzichte freiwillig, weil ich schon einmal an diesem Ort war."
– „Lasst uns zur Beantwortung der Frage, wer mitfahren darf, Streichhölzer ziehen."
– „Für die beiden, die nicht mitkommen, müssen wir uns etwas Nettes einfallen lassen."

A+ (moderat anpassend):
– „Lasst uns Streichhölzer ziehen."
– „Wer muss unbedingt teilnehmen, weil er etwas Wichtiges lernen kann oder wegen seiner Funktion im Team?"
– „Vielleicht sollten wir Kriterien festlegen, nach denen wir entscheiden, wer teilnimmt?"

A= (vermittelnd):
- „Lasst uns Streichhölzer ziehen."
- „Wie wäre es, wenn wir alle etwas Geld beisteuern, um die Differenz für die beiden Leute auszugleichen, die der Lieferant nicht einladen kann?"

A– (moderat herausfordernd):
- „Wir könnten eine Spendenaktion für das Team organisieren, damit wir alle teilnehmen können."
- „Lasst uns die Konferenz an einen weniger teuren Ort verlegen, damit alle teilnehmen können."
- „Der Lieferant hat es versprochen, also muss er es auch einhalten."
- „Unsere Firma könnte das Budget um die fehlende Differenz aufstocken, damit alle teilnehmen können."

A– – (sehr herausfordernd)
- „Ich weiß nicht, was mit euch ist. Aber ich fahre auf jeden Fall!"
- „Sagt dem Lieferanten, entweder wir kommen alle, wie versprochen, oder wir suchen uns einen neuen Lieferanten, der das ganze Team einlädt."
- „Es ist zu spät für einen Rückzieher, wir fahren alle, und es ist Sache des Lieferanten, eine Lösung zu finden."
- „Entweder wir fahren alle oder keiner!"

Personen mit einem hohen Punktwert neigen dazu, Situationen zu akzeptieren, nehmen sie als unabänderliche Tatsache hin. Wenn wir uns auf der A-Skala weiter nach Minus bewegen, so zeigt sich ein zunehmendes Gefühl, dass wir etwas anderes tun können (A =) oder wollen (A–), A– – droht sogar. Er kann kaum eine Situation hinnehmen, ohne sie skeptisch zu untersuchen.

Howard, P. J. und Howard, J. M.: Führen mit dem Big-Five-Persönlichkeitsmodell, das Instrument für optimale Zusammenarbeit; Band 6; übersetzt von Silvia Kinkel, Campus Verlag, Frankfurt/New York 2008; S. 79 f. (verändert)

Arbeitsaufträge

Skizzieren Sie so wie im Fallbeispiel „Ein Lieferant zieht seine Einladung zurück" Reaktionsweisen für die drei Persönlichkeitsmerkmale
- *Gewissenhaftigkeit,*
- *Offenheit,*
- *Extraversion.*

Verwenden Sie dazu jeweils eine typische Situation aus Ihrem beruflichen Alltag.

4.2.4 Work-Life-Balance

So? *Oder so?*

Um langfristig gesund und erfolgreich arbeiten zu können, sollten die Bereiche Arbeitsleben und Privatleben miteinander im Einklang, das heißt ausbalanciert sein. Wer heute engagiert arbeitet, hat immer weniger Zeit für sich selbst und seine Familie. Die Arbeitsbelastung und die Verantwortung am Arbeitsplatz sind in den letzten Jahren gestiegen. Lange und unflexible Arbeitszeiten, hoher Zeitdruck und unsichere Beschäftigungsverhältnisse gelten zum Beispiel als Stressoren, die es schwierig machen, das Verhältnis zwischen Berufs- und Arbeitsleben ausgewogen zu gestalten. Technische Hilfsmittel wie Smartphones oder Tablets bieten die Möglichkeit, die strenge Trennung von Berufs- und Privatleben, wie sie es früher einmal gab, aufzulösen. Jeder Mitarbeiter kann zu jeder Zeit nahezu überall erreicht werden.

Vier Säulen (der Gesundheit):

1. Arbeit – Leistung
2. Familie – soziale Beziehungen – Freunde
3. Gesundheit – Körper
4. Sinn – Werte/Zukunft

Abhilfen des Mitarbeiters bei Überlastungssituationen können sein:

- Stress- und Zeitmanagement
- Entschleunigung
- Sport

Maßnahmen des Arbeitgebers bei Überlastungssituationen können sein:

- Neue Arbeitszeitmodelle
- Sabbatjahr
- Gesundheitsprogramme

Fragen zur Überprüfung einer Überlastungssituation am Arbeitsplatz:

- Nehmen Sie immer Arbeit mit nach Hause?
- Haben Sie ständig das Gefühl, die Arbeit nicht zu schaffen?
- Fühlen Sie sich ständig bzw. meist gereizt und überlastet?
- Fühlen Sie sich ständig müde und/oder verspannt?
- Haben Sie körperliche Beschwerden?

Jeder Zweite arbeitet freiwillig in der Freizeit

Drei von fünf Beschäftigten hierzulande arbeiten regelmäßig auch nach Feierabend, am Wochenende oder im Urlaub. Jeder Zweite macht dies allerdings nicht etwa auf Anweisung des Chefs, sondern freiwillig. Das stellt die Arbeitsmarktstudie „Von Work-Life-Balance zu Work-Life-Blending" des Kölner Markt- und Organisationsforschungsinstituts YouGov fest.

Das Institut hat 744 berufstätige Akademiker hinsichtlich ihrer Arbeitsgewohnheiten befragt. Knapp ein Viertel der Befragten gab dabei an, einmal pro Monat auch am Wochenende oder an Feiertagen für einige Stunden zu arbeiten. Jeder fünfte Befragte sagte, dass er einen ganzen Wochenendtag im Monat zusätzlich arbeite.

Mails beantworten oder für Kollegen, Kunden oder Vorgesetzte telefonisch für Rückfragen erreichbar sein oder Absprachen treffen – das tut der Umfrage nach jeder Zweite regelmäßig auch am Abend oder am Wochenende. Jeder Achte gab an, täglich auch nach Feierabend noch zu arbeiten.

Die Studie stellt außerdem fest, dass die Entgrenzung zwischen Arbeit und Privatleben zunimmt: In der Freizeit wird oft noch gearbeitet. Aber während der offiziellen Arbeitszeit ist es nicht immer möglich, auch mal private Dinge zu erledigen. Zwar bestünde in vielen Unternehmen die Möglichkeit, etwa aus dem Home Office zu arbeiten oder bei Vertrauensarbeitszeit auch mal einen Arzttermin in die Arbeitszeit zu legen – doch machten nur die wenigsten Befragten davon auch Gebrauch.

Unterdessen ergab eine repräsentative Umfrage für die Krankenkasse IKK classic, dass jeder Dritte sich im Job regelmäßig überlastet fühlt. 80 Prozent der Befragten gaben an, sich dennoch krank zur Arbeit zu schleppen. Als Hauptgrund nannten 68 Prozent, dass sie die Kollegen wegen der vielen Arbeit nicht im Stich lassen wollten.

Groll, Tina: Jeder Zweite arbeitet freiwillig in der Freizeit vom 20.03.2014, abgerufen am 05.04.2014 unter www.zeit.de/karriere/beruf/2014-03/studie-arbeit-in-der-freizeit

Vertrauensarbeitszeit

Der Begriff der Vertrauensarbeitszeit beschreibt eine Form der Arbeitszeitflexibilisierung, denn hier verzichtet der Arbeitgeber auf die starre Festlegung einer Kernarbeitszeit sowie auf die Erfassung der Arbeitszeit. An die Stelle der lückenlosen Kontrolle, wie sie bei Stechuhren oder Arbeitszeitkonten gegeben ist, tritt das Vertrauen des Arbeitgebers, dass die Arbeitnehmer ihre Arbeitspflichten erfüllen. Der Mitarbeiter erfüllt also das vertraglich verabredete Arbeitszeitkontingent selbstständig und eigenverantwortlich.

Für ihn bedeutet die Vertrauensarbeitszeit, dass er allein entscheidet, wann und wie viel er täglich arbeitet, natürlich unter der Maßgabe, dass er die aufgetragenen Arbeitsaufgaben erfüllen und Projekte auch fristgerecht abschließen kann.

Die Einführung der Vertrauensarbeitszeit kann also sowohl für den Arbeitnehmer als auch für den Arbeitgeber große Vorteile haben. Sie birgt aber auch Risiken.

Vorteile für den Arbeitgeber: Die Arbeitszeit des Mitarbeiters ist ergebnisorientierter ausgerichtet und fördert so die Effizienz.

Gleichzeitig findet eine Harmonisierung von Arbeitsbedarf und -zeit statt. Dieser Ausgleich führt zu einer sehr flexiblen Anpassung an die Kundennachfrage, ohne dass Überstunden erfolgen und vergütet werden müssen. Ein Nachteil für Arbeitgeber ist jedoch das Missbrauchsrisiko bei Nichterbringung der vereinbarten Arbeitszeit. Dabei sind die Arbeitgeber dennoch für die Einhaltung des Arbeitszeitrechts weiterhin verantwortlich.

Für Arbeitnehmer wirkt sich die Vertrauensarbeitszeit meist motivationsfördernd aus: Arbeitszeit und Privatleben sind besser zu vereinbaren, auch findet kein Absitzen von Arbeitszeit statt. Natürlich gibt es auch Nachteile: Nämlich dann, wenn Überlastungssituationen entstehen, die nicht durch einen Zeitausgleich abgebaut werden können. Auch gibt es Mitarbeiter, die mit solch einer Freiheit nicht umgehen können und sich überfordert fühlen.

Allerdings gibt es auch Möglichkeiten, Überlastungssituationen zu vermeiden, treten sie ja vor allem dann auf, weil die durchschnittliche Arbeitsbelastung generell zu hoch ist und der Mehraufwand nicht mehr durch Freizeit ausgeglichen werden kann.

In solchen Fällen sollten Arbeitgeber und Mitarbeiter gemeinsam nach einer Lösung suchen. Solche können beispielsweise sein, die Arbeitsmenge zu reduzieren, zuschlagspflichtige Überstunden einzuführen, die Arbeitsabläufe zu vereinfachen oder neue Mitarbeiter einzustellen.

Sofern es im Unternehmen einen Betriebsrat gibt, muss der Arbeitgeber dem Betriebsrat nach § 80 Absatz 1 Nr. 1 BetrVG Beginn und Ende der täglichen Arbeitszeit und den Umfang der tatsächlich geleisteten wöchentlichen Arbeitszeit der Arbeitnehmer mitteilen. Das ist ein für den Arbeitgeber vorgeschriebener Verwaltungsaufwand, der einer praktizierten Vertrauensarbeitszeit dann jedoch zuwiderläuft.

Weigelt, Ulf: Wem nützt die Vertrauensarbeitszeit, 22.02.2011, abgerufen am 04.05.2014 unter www.zeit.de/karriere/beruf/2011-02/arbeitsrecht-vertrauensarbeitszeit

Fünf Tipps für den gesunden Umgang mit Stress

1. Abstand nehmen: Treten Sie in stressigen Situationen bewusst einen Schritt zurück und betrachten Sie die Situation aus der Ferne. Welchen Ratschlag würden Sie geben, wenn einer Ihrer Kollegen oder Freunde in der gleichen Situation wäre?

2. Das Ziel vor Augen haben: Menschen, die schnell gestresst sind, reagieren auf Aufgaben und Herausforderungen, indem sie einen langen und mühevollen Weg vor sich sehen – das Ziel allerdings nicht klar vor Augen haben. Machen Sie es umgekehrt: Wer sich auf das Ergebnis und das am Ende Erreichte konzentriert, erlebt viel weniger inneren Stress. Gleichzeitig kann er sich leichter für unliebsame Aufgaben motivieren.

3. Positive Ergebnisse planen: Planen Sie den positiven Ausgang der Situation, Aufgabe oder Herausforderung, die früher Stress bei Ihnen ausgelöst hätte. Wer bei allem, was er tut, Schwierigkeiten, Misserfolge und negative Ergebnisse einplant, erlebt unnötig sehr viel inneren Stress und Druck. Gleichzeitig erhöht er damit die Wahrscheinlichkeit, dass tatsächlich ein negatives Ergebnis eintritt.

4. Ruhe und Gelassenheit ankern: Nehmen Sie sich einen Moment Zeit und gehen Sie in Gedanken zurück in eine Situation, in der Sie sich völlig ruhig und gelassen gefühlt haben. Erleben Sie diese Situation jetzt noch einmal und nutzen Sie alle Ihre Sinne. Sehen Sie, was Sie gesehen haben, hören Sie, was Sie gehört haben, und spüren Sie die Ruhe und Gelassenheit in sich. Wo sitzt dieses Gefühl? Wenn es eine Farbe hätte, welche Farbe wäre das? In künftigen Stresssituationen spüren Sie einfach diese Farbe an der selben Stelle und Sie werden sehr schnell wieder mehr Ruhe und Gelassenheit empfinden.

5. **Aus Erfahrung lernen:** Bestimmt haben Sie schon Situationen als stressig bzw. herausfordernd empfunden, die am Ende halb so schlimm waren oder sogar mit einem Erfolgserlebnis endeten. Erinnern Sie sich jetzt bewusst an drei bis fünf dieser Situationen und lassen Sie diese wie in einem endlosen Film mehrfach hintereinander vor Ihrem geistigen Auge ablaufen.

Oldehaver, Ulrich: So senken Sie Ihren Cortisolpegel, abgerufen am 06.04.2014 unter www.focus.de/gesundheit/experten/oldehaver/gesund-und-gluecklich-trotz-alltags-stress-so-senken-sie-ihren-cortisolpegel_id_3725747.html

4.3 Motivationsarten

4.3.1 Arbeitsmotivation

Bei der Arbeitsmotivation geht es um die Frage, warum jemand arbeitet. Die Antwort darauf mag lauten: „Weil jeder arbeiten muss, um leben zu können." Das ist zum Teil sicherlich richtig, doch erklärt es nicht die Tatsache, dass oft sehr viel mehr gearbeitet wird, als eigentlich zum Leben benötigt wird. So weist ein zweiter Teil der Antwort wahrscheinlich darauf hin, dass von jedem erwachsenen Mitglied der Gesellschaft erwartet wird, dass es arbeitet, weil alle es tun (Norm). Fleiß, Anstrengung und Eifer gelten als allgemein anerkannte Werte. Wenn jemand in unserer Gesellschaft dazugehören möchte, dann ergreift er einen Beruf. Seine Wahl hängt von verschiedenen Faktoren ab. Eine große Rolle spielen dabei neben der persönlichen Leistungsfähigkeit und Leistungsbereitschaft auch die Bezahlung und der gesellschaftliche Rang (Status), der mit diesem Beruf verbunden ist. Damit berücksichtigt der Einzelne bewusst oder unbewusst gesellschaftliche Normen, die er selbst nicht gesetzt hat, denen er aber mehr oder weniger stark unterliegt.

Es gibt viele Aspekte, die die Arbeitsmotivation beeinflussen.

Aspekte, die den Arbeitenden wichtig sind:

1. *Arbeitsinhalt:* Ganzheitlichkeit der Arbeit; Abwechslungsreichtum; interessante Aufgaben; Möglichkeit, die eigenen Fähigkeiten und Kenntnisse einzusetzen, etwas Neues zu lernen, eigene Entscheidungen zu treffen u. Ä.

2. *Arbeitsbedingungen:* Arbeitszeit (Dauer u. Lage); Fehlen von Belastungsfaktoren wie Lärm, Hitze usw.; Angemessenheit von Möbeln, Werkzeugen und räumlichen Verhältnissen; gefordertes Arbeitstempo usw.

3. *Organisationale Rahmenbedingungen:* Sicherheit des Arbeitsplatzes; Aufstiegschancen; Weiterbildungsmöglichkeiten; Informationspolitik der Organisation usw.

4. *Soziale Bedingungen:* Kontaktmöglichkeiten; Verhältnis zu Kollegen und Vorgesetzten; Betriebsklima usw.

5. *Finanzielle Bedingungen:* Lohn; Sozialleistungen usw.

Schuler, Heinz (Hrsg.): Lehrbuch Organisationspsychologie, 3. Aufl., Huber, Bern 2004, S. 161

4.3.2 Leistungsmotivation

Nach Lutz von Rosenstiel ist Leistungsmotivation das „Bestreben, die eigene Tüchtigkeit in all jenen Tätigkeitsbereichen zu steigern oder möglichst hochzuhalten, in denen ein Gütemaßstab für verbindlich gehalten wird und deren Ausführung gelingen oder misslingen kann" *(Rosenstiel, Motivation im Betrieb, 2001, S. 63).* Dieses Bestreben ist nicht bei allen Menschen gleich stark ausgeprägt, sondern Menschen unterscheiden sich durch das Ausmaß, in dem sie nach dem Erreichen einer hohen Qualität der zu bewältigenden Aufgabe streben.

Jeder Betrieb bietet Belohnungen an, die den Arbeitnehmer zu bestimmten Leistungen motivieren sollen. Als Anreiz kann alles dienen, was zur Erfüllung von Bedürfnissen beiträgt oder die Motive der Menschen unterstützt. Man unterscheidet

- **materielle Anreize** *(wie Erfolgsbeteiligungen und Firmenwagen) und*
- **immaterielle Anreize** *(wie Aufstiegsmöglichkeiten und Freizeitangebote).*

Auch außerbetriebliche Anreize haben Einfluss auf die Motivstruktur eines Mitarbeiters. Als maßgebend werden hierbei die momentane Arbeitsmarktsituation und das Anreizsystem konkurrierender Firmen empfunden.

Arbeitsaufträge

1. Beantworten Sie folgende Frage:
   Unter welchen Bedingungen macht mir das Arbeiten Spaß?
2. a) Entwickeln Sie ein Anreizsystem für die Firma, in der Sie vor Ihrer Weiterbildung gearbeitet haben.
   b) Begründen Sie Ihre Entscheidung.

Top Arbeitgeber: Weidmüller überzeugt mit Entwicklungsmöglichkeiten und Zusatzleistungen

Elektrotechnikspezialist Weidmüller zum sechsten Mal in Folge mit dem Arbeitgeber-Gütesiegel vom Top Employers Institute prämiert

Der Elektrotechnikspezialist Weidmüller wurde gestern in Düsseldorf vom unabhängigen Forschungsinstitut Top Employers Institute (vormals CRF Institute) erneut als Top Arbeitgeber für Ingenieure ausgezeichnet. Das Familienunternehmen mit Hauptsitz in Detmold konnte vor allem mit seinen Angeboten im Bereich Training und Entwicklung sowie sekundäre Benefits punkten. Das Top-Zertifikat wird jährlich vergeben und geht an Unternehmen, die besonders attraktive Leistungen und Services für ihre Mitarbeiter bieten. Die Unternehmen müssen sich einem mehrstufigen Research- und Auditprozess stellen und strikte Qualitätskriterien in Sachen Personalpolitik und -praxis erfüllen.

Optimales Arbeitsumfeld

„Den Unterschied zwischen einem guten und einem sehr guten Unternehmen machen die Mitarbeiter aus", erklärt Dr. Jürgen Ober, Personalchef bei Weidmüller. Deshalb investiert das Unternehmen kontinuierlich in die Optimierung seines Arbeitsumfeldes und bietet seinen Mitarbeitern neben attraktiven Zusatzleistungen wie Kinderbetreuung oder ausgefeilten Gesundheitsprogrammen umfassende Weiterentwicklungsmöglichkeiten an. In der betriebseigenen Weidmüller-Akademie wird der Nachwuchs gezielt ausgebildet und gefördert und es werden Weiterbildungsprogramme für alle Alters- und Erfahrungsstufen angeboten. „Als Familienunternehmen setzten wir auf persönliche Nähe zu unseren Mitarbeitern. Gleichzeit können wir mit unserer internationalen Ausrichtung und attraktiven Entwicklungs- und Karrieremöglichkeiten heutige Marktansprüche mehr als bedienen."

Höchste Standards im Personalmanagement

Das Top Employers Institute verleiht in Deutschland bereits zum siebten Mal das Gütesiegel Top Arbeitgeber Ingenieure. An der Studie haben in diesem Jahr 26 Unternehmen teilgenommen. Bewertet werden die Teilnehmer hinsichtlich Karrieremöglichkeiten, Primäre Benefits, Sekundäre Benefits und Work-Life-Balance, Training und Entwicklung sowie Unternehmenskultur und Innovationsmanagement. Nur Unternehmen, die höchste Standards im Personalmanagement erfüllen, werden mit dem Arbeitgeber-Gütesiegel zertifiziert.

Bestätigung der globalen HR-Strategie

Die Auszeichnung als Top Arbeitgeber Ingenieure bestätigt auch die globale HR-Strategie von Weidmüller. 2014 wurde das Unternehmen in China bereits zum dritten Mal in Folge als „Best Employer" ausgezeichnet. Harmonische Arbeitsbedingungen, hohe Mitarbeiterzufriedenheit und ein guter Ruf als Arbeitgeber sind hier ausschlaggebende Kriterien. „Als global agierendes Unternehmen ist es unser Fokus, allen Mitarbeitern weltweit ein attraktives Umfeld und einheitliche Aus- und Weiterbildungsangebote anzubieten", so Ober. „Denn auch international sind unsere Mitarbeiter unser wichtigster Erfolgsfaktor."

Pressemeldung Weidmüller Gruppe: Top Arbeitgeber: Weidmüller überzeugt mit Entwicklungsmöglichkeiten und Zusatzleistungen, veröffentlicht am 07.03.2014, abgerufen unter www.weidmueller.de/113718/Presse/Unternehmensmeldungen/Top-Arbeitgeber-2014/cw_index_v2.aspx, 18.06.2014

4.3.3 Intrinsische Motivation am Beispiel des Erlebnisses von Flow

Ein Mitarbeiter, der vor allem deshalb hart arbeitet, weil er befördert werden möchte, ist **extrinsisch** motiviert. Die Belohnung für seine hervorragenden Leistungen vermitteln ihm andere Personen. In diesem Beispiel liegt eine Fremdmotivation vor.

Im Gegensatz zur extrinsischen Motivation besteht auch die Möglichkeit, dass ein Mensch aus Begeisterung sehr viel arbeitet. Ihm macht die Tätigkeit einfach großen Spaß. Hierin besteht sein Anreiz, und das macht ihn unabhängiger von äußeren Belohnungen. Ihn würde man als **intrinsisch** motiviert bezeichnen. Diese Art der Motivation ist sicherlich die dauerhaftere, denn er erbringt die Leistung um ihrer selbst willen. Ein Teil seiner Motive wird durch die Arbeit an sich erfüllt, also anders als bei einer extrinsisch motivierten Person, deren Arbeitsleistung von äußeren Faktoren abhängig ist.

Beispiel
Der neue Abteilungsleiter eines Metall verarbeitenden Betriebs hat es sich zum Ziel gesetzt, die Abteilung umzustrukturieren, um den Mitarbeitern ein eigenverantwortliches Arbeiten ermöglichen zu können. Er steckt all seine Energie in diese Aufgabe, obwohl ihm bei der Geschäftsleitung deswegen nicht nur Wohlwollen entgegengebracht wird. Er ist erfüllt von seiner Idee und setzt sie durch. In diesem Bereich würde man ihn als „intrinsisch motiviert" bezeichnen.

> Intrinsische Motivation bezieht sich auf einen Zustand, bei dem wegen eines inneren Anreizes, der in der Tätigkeit selbst liegt, z. B. im Empfinden des Flow-Erlebens, gehandelt wird.
> *Maier, Günter W.: intrinsische Motivation (Kurzerklärung), in: Springer Gabler Verlag (Hg.): Gabler Wirtschaftslexikon, abgerufen am 10.11.2014 unter: http://wirtschaftslexikon.gabler.de/Archiv/57320/intrinsische-motivation-v6.html*

Führungskräfte sollten wesentlich mehr auf die intrinsische Motivation der Geführten setzen. Das **Flow-Erlebnis** (= Rausch des Schaffens) wurde von Mihaly Csikszentmihalyi, einem Professor für Psychologie an der Claremont Graduate University in Kalifornien, zuerst beschrieben. Es wird auch als „Lust an der Leistung" bezeichnet oder das Gefühl des völligen Aufgehens in einer Aufgabe. Eine Person, die sich im „Flow" befindet, genießt die Tätigkeit als solche. Ihre Erfüllung erfolgt nahezu mühelos, die Zeit verfliegt dabei. Sie stellt ihre gesamte Aufmerksamkeit dieser Sache zur Verfügung und es stellt sich dabei ein Glücksgefühl für sie ein. Die Ausführung wird als erfüllend angesehen. Diese Qualität des Erlebens der Freude an der Arbeit bezeichnet man auch als intrinsische Motivation. Dieser Effekt kann sich einstellen, wenn

- die zu bewältigende Arbeit eine echte Herausforderung darstellt, d. h., weder als langweilig noch als überfordernd empfunden wird,
- ein konzentriertes Arbeiten ohne Störungen möglich ist und
- die arbeitende Person ein selbstgestecktes Ziel hat und selbstbestimmt handeln kann.

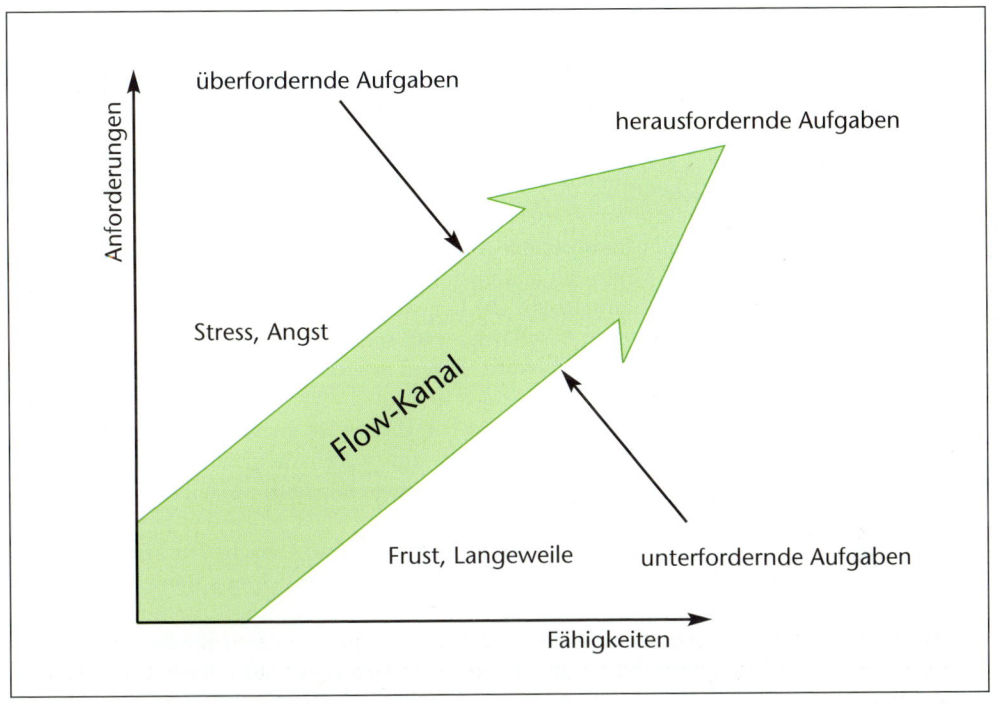

Diagram: Axes: Anforderungen (y) vs. Fähigkeiten (x). Green diagonal arrow labeled "Flow-Kanal". Above the channel: "überfordernde Aufgaben" and "Stress, Angst". At top of arrow: "herausfordernde Aufgaben". Below the channel: "unterfordernde Aufgaben" and "Frust, Langeweile".

Klicksafe.de (Hg.): Spieler zwischen Frust und Flow, abgerufen am 13.11.2014 unter www.klicksafe.de/ themen/spielen/computerspiele/faszination/spieler-zwischen-frust-und-flow

Um als Führungskraft „Flow-Erlebnisse" bei Mitarbeitern ermöglichen zu können, müssen besondere Bedingungen geschaffen werden:
1. Die Arbeitsaufgabe sollte aus der Sicht des Mitarbeiters als wichtig empfunden werden.
2. Gesetztes Ziel kann durch die Aufgabe erreicht werden.
3. Es sollte ein hohes Maß an Selbstständigkeit bei der Erfüllung gegeben sein.
4. Es gibt weder Über- noch Unterforderung (Spagat zwischen Stress und Langeweile).
5. Eine Konzentration auf die Aufgabe ist möglich (Ablenkungen zerstören den „Flow").
6. Arbeitsstrukturen und -prozesse müssen transparent sein.
7. Es herrscht eine hohe Fehlertoleranz.
8. Rückmeldung zu der Tätigkeit ist jederzeit möglich.

Neuere Formen der Arbeitsorganisation, wie Vertrauensarbeitszeit und Zielvereinbarungen (siehe Mbo in Kapitel 6.6.3), begünstigen diese Art der Motivation bei einem Arbeitnehmer.

Arbeitsaufträge

Zum Nachdenken

1. *In welchen Arbeitsbereichen sind Ihrer Meinung nach „Flow-Erlebnisse" möglich?*
2. *Wann hatten Sie selbst einmal solch ein „Flow-Erlebnis"?*

> **Psychischer Stress macht immer mehr Arbeitnehmer krank**
>
> **Deutsche Arbeitnehmer fallen immer häufiger wegen seelischer Erkrankungen aus. Depressionen und andere psychische Belastungen sind der häufigste Grund für die Frührente.**
>
> 1 Die Zahl psychischer Erkrankungen ist im vergangenen Jahr auf einen Höchststand angestiegen. Das berichtet die *Süddeutsche Zeitung* unter Berufung auf eine Untersuchung des Wissenschaftlichen Instituts der AOK (WIdO). Die Forscher werteten dafür die Krankheitsdaten von 9,7 Millionen erwerbstätigen AOK-Mitgliedern aus.
>
> 5 Demnach sind seelische Erkrankungen für die längsten Fehlzeiten verantwortlich. „Bei einer Atemwegserkrankung fehlt ein Beschäftigter im Schnitt 6,5 Tage, bei einer psychischen Erkrankung sind es fast 23 Tage", sagte Helmut Schröder, der Mitherausgeber der Studie und stellvertretende Geschäftsführer des Instituts.
>
> Nach der AOK-Studie liegen seelische Störungen mittlerweile an vierter Stelle bei den
> 10 Ursachen für eine Erkrankung Berufstätiger. Insgesamt waren sie im vergangenen Jahr der Grund für 8,6 Prozent der ausgefallenen Arbeitstage der AOK-Mitglieder. 2008 betrug der Wert noch 8,3 Prozent (...).
>
> Schon jetzt seien aber psychische Erkrankungen die häufigste Ursache für Frühverrentungen. 2007 begründete jeder Dritte seinen vorzeitigen Ausstieg aus dem Beruf mit
> 15 hartnäckigen Depressionen oder anderen seelischen Störungen. (...)
>
> Gewerkschaften und Betriebsärzte gehen davon aus, dass die Ursachen für die deutliche Zunahme der psychischen Probleme im steigenden Stress einer stark veränderten und beschleunigten Arbeitswelt zu suchen sind. Gleichzeitig seien die Arbeitnehmer aber auch stärker als früher bereit, mit Ärzten über seelische Probleme zu sprechen. (...)
>
> 20 Die meisten Fehlzeiten unter den AOK-Mitgliedern hatten Straßenreiniger und Müllmänner. Sie waren mit 28,8 Tagen im Schnitt fast einen Monat krank. Hochschullehrer melden sich am seltensten krank. Sie fehlten im Schnitt nur 4,3 Tage.
>
> *dpa: Psychischer Stress macht immer mehr Arbeitnehmer krank, in: ZEIT online, veröff. am 09.07.2010, abgerufen unter www.zeit.de/wissen/gesundheit/2010-07/stress-arbeitnehmer-krank (gekürzt), 19.06.2014*

4.3.4 Selbstmotivation

Jeder besitzt die Möglichkeit, auf sein individuelles Maß an Motivation einzuwirken. Er bekommt keine Anreize von außen, die ihn dazu veranlassen, seine Leistung zu steigern. Er befindet sich auch nicht in einem Arbeitsprozess, der ihn besonders interessiert, sondern er möchte für sich selbst eine Zielrichtung finden. Anlass dazu bietet z. B. eine abzuschließende Prüfung oder eine Lebens- oder Arbeitssituation, die als nicht mehr zufriedenstellend empfunden wird.

1. Man entwickelt einen persönlichen **Lebensplan**.
2. Man setzt sich ein konkretes berufliches **Ziel**.
3. Man erstellt einen persönlichen **Handlungsablaufplan**.
4. Man formuliert **Teilschritte** als Zwischenstationen für sein Ziel.
5. Man handelt danach mit Optimismus und Selbstvertrauen.

Perfekte Selbstmotivation und Selbstmanagement setzen bestimmte Kompetenzen voraus:

Kernkompetenzen
- Belastbarkeit
- Tatkraft
- Beharrlichkeit
- Kritikfähigkeit
- Flexibilität
- Verantwortungsbewusstsein
- Zivilcourage
- Frustrationstoleranz

Daniel Goleman behauptet in seinem Buch „Emotionale Intelligenz", dass derjenige, der Erfolg im Leben haben will, klug mit seinen Gefühlen umgehen können muss. Er beschreibt fünf Bestandteile einer „emotionalen Intelligenz", die seiner Meinung nach notwendig sind, um Erfolg zu haben.

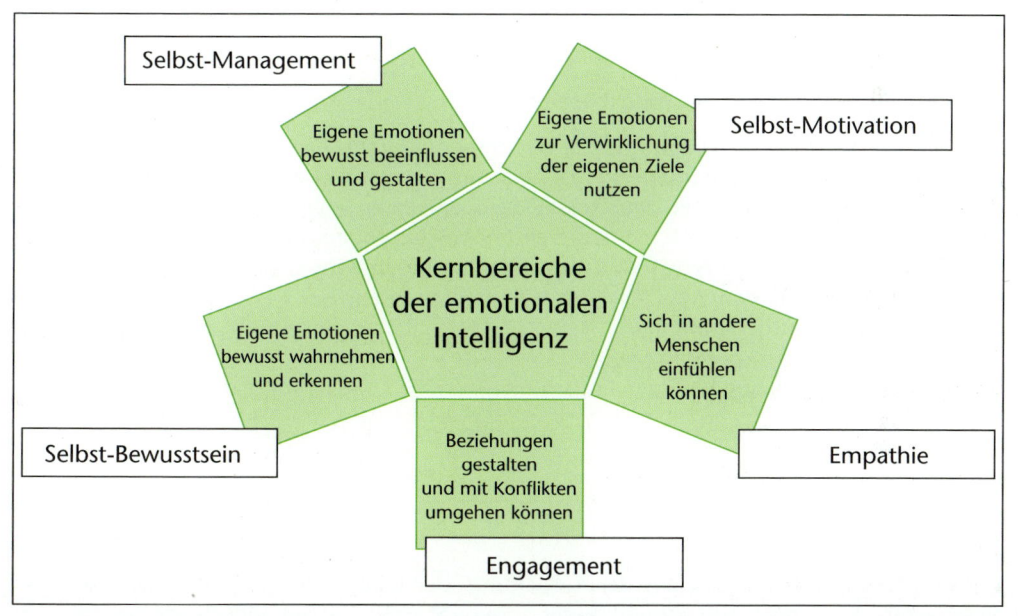

Kernbereiche der emotionalen Intelligenz

- **Selbst-Management**: Eigene Emotionen bewusst beeinflussen und gestalten
- **Selbst-Motivation**: Eigene Emotionen zur Verwirklichung der eigenen Ziele nutzen
- **Selbst-Bewusstsein**: Eigene Emotionen bewusst wahrnehmen und erkennen
- **Empathie**: Sich in andere Menschen einfühlen können
- **Engagement**: Beziehungen gestalten und mit Konflikten umgehen können

Goleman, Daniel: Emotionale Intelligenz. Aus dem Amerikan. von Friedrich Griese, Hanser, München 1997.

Arbeitsauftrag

Vergleichen Sie die Kernkompetenzen mit den Bestandteilen der „emotionalen Intelligenz".

4.4 Leistungsbestimmende Faktoren

Das individuelle Verhalten in der Organisationsstruktur eines Unternehmens hängt ab von:

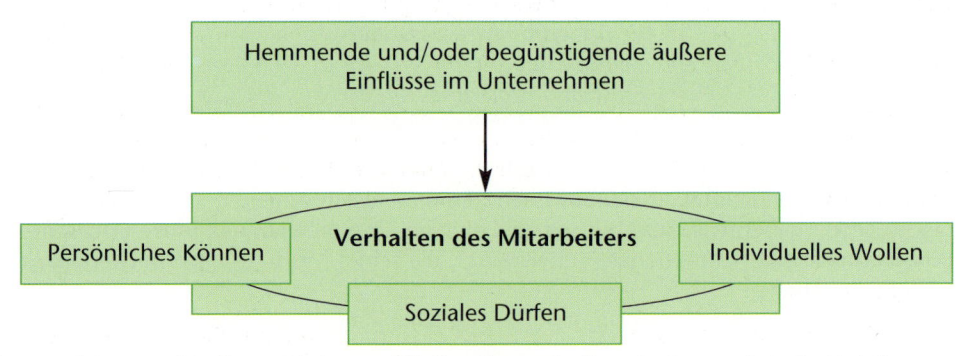

```
        Hemmende und/oder begünstigende äußere
                 Einflüsse im Unternehmen
                            |
                            v
    ┌─────────────── Verhalten des Mitarbeiters ───────────────┐
    │ Persönliches Können                  Individuelles Wollen │
    └───────────────── Soziales Dürfen ────────────────────────┘
```

Rosenstiel, Lutz von/Nerdinger, Friedemann W.: Grundlagen der Organisationspsychologie, 7. Auflage, Schäfer-Poeschel, Stuttgart 2011, S. 52 (leicht verändert)

Wollen – die persönliche Leistungsbereitschaft

In diesem Bereich ist der Einfluss des Unternehmens gering. Das „Wollen" bildet sich aus Motiven und Zielen des Mitarbeiters in Übereinstimmung mit den Zielen, die von außen an ihn herangetragen werden. Er entscheidet darüber, ob er will oder muss. Ersteres bringt Freude an der Arbeit und damit einhergehend hohe Leistungen. Eine „Ich-muss"-Einstellung bewirkt das Gegenteil, die Arbeit wird zur Last, man möchte ihr entfliehen.
Unternehmen können den Weg zum „Ich will" ebnen, indem sie
- Wertschätzung entgegenbringen,
- Entscheidungen transparent machen
- gemachte Versprechungen und Erwartungen erfüllen (Beachtung des psychologischen Arbeitsvertrags).

> Transparenz bei Entscheidungen

Können – Leistungsfähigkeit

Leistungsfähigkeit ergibt sich aus der Ausbildung, der Erfahrung und dem Charakter eines Mitarbeiters. Führungskräfte können dieses „Können" unterstützen, indem sie
- die Potenziale der Mitarbeiter erfassen,
- Tätigkeiten passgenau zuweisen,
- Selbstvertrauen des Mitarbeiter stärken.

> Mitarbeiterförderung

Dürfen – Leistungsmöglichkeit

Die Leistungsmöglichkeiten werden durch geltende Regeln und Normen und durch Weisungs- und Entscheidungssysteme beeinflusst. Hier hat das Unternehmen die größte Einflussmöglichkeit, indem es Rahmenbedingungen bietet, die
- Freiräume schaffen,
- eigenverantwortliches Arbeiten ermöglichen.

> Delegieren von Aufgaben

Was Mitarbeiter wirklich motiviert

Der innere Antrieb eines Menschen lässt sich niemals wirklich ändern – höchstens für kurze Zeit. Denn Motivation ist immer Eigenleistung, die weder delegiert noch verordnet werden kann. Der Schlüssel für eine hohe Mitarbeitermotivation liegt vielmehr in einer den Stärken, Interessen und Motiven der Mitarbeiter angepassten Mitarbeiterführung.

Jeder Mensch will etwas gestalten, ausprobieren, bewirken. Dieser Wunsch ist nur nicht bei allen gleich stark. Jedem Mitarbeiter ist etwas anderes wichtig. Und genau das entscheidet darüber, wie motiviert er ist. Deshalb können und sollten Sie als Chef mit aller Kraft dafür sorgen, dass die Aufgaben Ihrer Mitarbeiter – so gut es geht – zu deren Motiven, Stärken und Vorstellungen passen. Dann werden sie gute Leistung bringen – für Sie und für sich selbst. (…)

Das Trio: Wollen, Können, Dürfen

Was Ihr Mitarbeiter will, hängt von verschiedenen Faktoren ab: frühe Prägung, Erziehung, Umfeld, besondere Bedürfnisse und Ziele. Wollen ist zwar die 1. Bedingung für Leistung, doch allein das reicht nicht. Auch wenn so genannte Motivationskünstler das oft so verkaufen.

Wer etwas tun will, muss es auch tun können. Er braucht Wissen, Kenntnisse, Fähigkeiten und Erfahrung. Oft meinen Führungskräfte: „Der will nicht!" Dabei kann er nicht. Wollen und Können liegen eng zusammen. Ob jemand will, erkennen Sie z. B. daran, ob er bereit ist, sein Können zu steigern, also zu lernen.

Der 3. Teil im Leistungs-Trio heißt Dürfen. Ohne das helfen auch Wollen und Können nichts. Ein Mensch muss eine realistische Chance auf Erfolg haben. Eine Möglichkeit, sein Potenzial zu entfalten. Dürfen heißt aber nicht nur, dass Sie oder eine Führungskraft einem Mitarbeiter formal etwas „erlauben". Die Spielregeln in Ihrem Unternehmen, die Hierarchien, die Organisation müssen Leistung möglich machen. Es dürfen also nicht an allen Ecken Hindernisse stehen, z. B. blockierende Regelungen und Zuständigkeiten.

Sie kennen das wahrscheinlich selbst, und so geht es auch Ihrem Mitarbeiter: Wer kann, aber nie darf, will irgendwann auch nicht mehr. Wer wirklich will, wird sich das Können gerne aneignen. Wer etwas gut kann, wird es auch wollen. Stirbt ein einziger Teil des Trios, ist Leistung unmöglich. (…)

Schauen Sie ins Herz

„Warum tut Ihr Mitarbeiter etwas?" Wenn Sie eine Antwort auf diese Frage finden, werden Sie besser vorankommen, als wenn Sie sich fragen: „Wie bekomme ich ihn dazu, das zu tun, was ich für richtig halte?" Jeder Mensch hat so eine Art Konzept von sich selbst: seine Wertvorstellungen, besondere Stärken, Interessen, Zukunftsideen und sein Selbstbild. Menschen verhalten sich so, dass dieses Konzept möglichst gestärkt wird.

Finden Sie heraus, was den Mitarbeiter antreibt: Fragen Sie ihn! Bei welcher Arbeit springt sein innerer Motor an? Mit welchen Aufgaben würde er gerne mehr Zeit verbringen? Was verspricht er sich davon? Warum engagiert sich jemand in seiner Freizeit z. B. hingebungsvoll in einem Verein? (…) Diese Fragerei mag Ihnen komisch vorkommen. Das ist sie nicht. Denn Sie zeigen ihm damit, dass Sie ihn ernst nehmen. Er oder sie wird darüber nachdenken. Erst dann können Sie dafür sorgen, dass er/sie möglichst die passende Arbeit bekommt. (…)

Schaffen Sie Freiraum statt Ähnlichkeit!
Überall werden Selbstverantwortung, Initiative und Unternehmergeist gefordert. Gemeint ist aber in Wahrheit oft lautloses Einpassen in die vom Chef definierte Organisation. Nicht Kreativität ist gefragt, sondern Null-Fehler-Mentalität. Nicht Initiative, sondern Erfüllungsdenken. (…)

Fordern im richtigen Maß
Wenn ein Mitarbeiter bei Ihnen die Chance hat, sich selbst als erfolgreich zu empfinden, zieht ihn das zu seiner Arbeit hin. Um sich so zu erleben, braucht er Erfolgserlebnisse. Situationen, die er gemeistert hat. Die Bedingungen dafür zu schaffen ist einzig und allein Ihre Aufgabe. Das macht Führen aus. Sorgen Sie dafür, dass Ihr Mitarbeiter nicht über-, aber auch nicht unterfordert ist. Beides zerstört Motivation! Legen Sie Aufgaben gezielt fest. Vereinbaren Sie gemeinsam (!) Ziele. (…)

Ihre Beziehung
Wenn Sie die Selbstmotivation Ihres Mitarbeiters anregen wollen, dann berücksichtigen Sie den Wert Ihrer persönlichen Beziehung. Reden Sie nicht auf jemanden ein und versuchen Sie nicht, Ihre Leute irgendwie „bei Laune" zu halten. Hören Sie zu! Werden Sie zu einem einzigen großen Ohr! Beziehungen funktionieren so, wie sie sind – nicht so, wie sie sein sollen. Betrachten Sie Ihren Mitarbeiter nicht nur als Produktivfaktor und Mittel zum Zweck, sondern als Individuum. Unternehmen sind letztlich „Veranstaltungen" von Menschen für Menschen!

Keine Belohnung
Der größte Irrtum heißt: Anreize, Prämien und Zulagen motivieren. Denn Belohnung erzeugt Erwartung auf neue Belohnung. Die Frage ist dann: Was muss ich tun, um so leicht wie möglich die größte Belohnung zu bekommen? Aufmerksamkeit und Interesse richten sich nicht mehr auf die Sache selbst – und die Leistung sinkt. Bezahlen Sie lieber Ihre Leute gut und fair. (…)

Kohfink, Marc-Wilhelm: Was Mitarbeiter wirklich motiviert – Mitarbeitermotivation, in: Perspektive Mittelstand vom 08.09.2011 (gekürzt), abgerufen am 05.04.2014 unter www.perspektive-mittelstand.de/Mitarbeitermotivation-Was-Mitarbeiter-wirklich-motiviert/management-wissen/4271.html

Arbeitsauftrag

Beantworten Sie folgende Fragen zu den Motivationsinstrumenten.

Instrumente zur Motivation

- *Zielvereinbarungssysteme*

  Welche Fehler werden häufig gemacht?

- *Vergütungssysteme*

  Unter welchen Voraussetzungen wirken sie motivierend?

- *Mitarbeiterbindung*

  Wie kann sie gelingen?

- *Karrieremodelle*

  Welche Anforderungen sollten Karrieremodelle erfüllen?

4.5 Motivationsmodelle analysieren und auswerten

> **Der Wind und die Sonne**
>
> 1 Es kam einmal ein Streit zwischen dem Wind und der Sonne auf, wer von beiden wohl der Stärkere sei. Um diese Frage zu entscheiden, forderte die Sonne den Wind zu einem Wettkampf heraus: Derjenige, der einen gerade vorbeiziehenden Reisenden dazu bringen könne, seinen Mantel auszuziehen, wäre der Stärkere. Die Sonne war siegessicher
> 5 und überließ es dem Wind, als Erster sein Glück zu versuchen.
> Die Sonne versteckte sich also hinter einer Wolke, und der Wind fing an, in eisigen Böen zu blasen. Doch je heftiger er blies, desto fester hüllte der Reisende sich in seinen Mantel. Schließlich gab der Wind auf. Dann kam die Sonne hinter der Wolke hervor und schien mit voller Kraft auf den Reisenden herab. Dieser fühlte die wohltuende
> 10 Sonnenwärme, und bald wurde ihm immer heißer und heißer, bis er schließlich seinen Mantel auszog und sich in den Schatten setzte.
> *Aesop*

Im Rahmen der betrieblichen Führung kommt der Motivation der Mitarbeiter im Hinblick auf ein leistungsbezogenes Verhalten eine große Bedeutung zu. Die Theorien, die die Arbeitsmotivation zu erklären versuchen, lassen sich in Inhalts- und Prozesstheorien unterscheiden.

> *Die **Inhaltstheorien** beschäftigen sich mit der Fragestellung: „Wodurch werden Menschen zum Arbeiten bewegt?" Die **Prozesstheorien** stellen den Motivationsprozess als solchen in den Vordergrund (das Zusammenwirken mehrerer Variablen).*

Wissenschaftlich erwiesen ist keine dieser Motivationstheorien. Nur zum Teil beruhen sie auf empirischen Untersuchungen. Dennoch können sie eine Orientierungshilfe geben, um das Verhalten eines Mitarbeiters an seinem Arbeitsplatz zu erklären (**Erklärungsfunktion**) und/oder Vorhersagen über die Wirksamkeit einzelner Maßnahmen zu machen (**Prognosefunktion**). Allen Theorien ist gemeinsam, dass sie dem Geld im Motivationsgefüge eine sehr untergeordnete Rolle zuschreiben. Daraus sollte nicht die Schlussfolgerung gezogen werden, das Einkommen sei dem Mitarbeiter nicht wichtig, sondern vielmehr: Geld als Anreiz kann nur kurzfristig wirken.

4.5.1 Inhaltsorientierte Theorien

Bedürfnispyramide nach Maslow (1943, 1954)

```
                    Bedürfnisse
                 nach Selbsterfüllung
                -----------------------
                    Bedürfnisse
                 nach Bestätigung
              ---------------------------
                    Bedürfnisse
                 nach Kontakt
           ---------------------------------
                Sicherheitsbedürfnisse
        ---------------------------------------
              Physische Bedürfnisse
```

Von allen Modellen, die zur Erklärung von Motivationsvorgängen in der Fachliteratur erschienen sind, ist die Bedürfnispyramide nach Abraham Maslow (1908–1970) die bekannteste. Der amerikanische Psychologe sah die Bedürfnisse des Menschen als die Motive des Handelns an, teilte sie in fünf Gruppen ein und gliederte sie hierarchisch. Er ging davon aus, dass die Bedürfnisse nicht gleichrangig sind, sondern dass sie unterschiedliche Prioritäten haben.

Demzufolge bildete Maslow **zwei Klassen von Motiven**:

- **Defizitmotive**
  Gelingt es dem Menschen nicht, sich diese Bedürfnisse zu erfüllen, sind Störungen im physischen und/oder psychischen Bereich möglich.

- **Wachstumsmotive**
  Wenn diese Bedürfnisse unerfüllt bleiben, entstehen keine Mangelsituationen; sie stellen gewissermaßen „Luxuswünsche" dar.

Der Ausgangspunkt ist die Ebene der **physischen Bedürfnisse**. Darauf bauen alle anderen Ebenen auf. Die jeweils nächsthöhere Bedürfnisgruppe kann immer erst dann aktiviert werden, wenn die darunterliegende befriedigt ist. Für die Arbeitsmotivation bedeutet das: Ein Mitarbeiter ist immer dort motivierbar, wo seine Bedürfnisse unbefriedigt sind.

Beispiel
Kurz nach dem Zweiten Weltkrieg war jeder Mensch froh, wenn er zu essen und ein Dach über dem Kopf hatte. Auf dieser Ebene lag die Motivationsmöglichkeit für mehr Leistung. Die Bedürfnisse haben sich über die Jahre hinweg sehr gewandelt. Heute stellt sich eher die Frage, ob man es sich leisten kann, zwei oder drei Mal im Jahr in Urlaub zu fahren.

Die nächsthöhere Stufe stellen die **Sicherheitsbedürfnisse** dar. Hierzu zählen Arbeitsplatzsicherheit, eine gute Krankenversicherung und Altersversorgung, Arbeitsschutzvorschriften und gesicherte Löhne und Gehälter. Ist der eigene Betrieb von einer wirtschaftlichen Rezession so stark betroffen, dass er ein Drittel der Belegschaft entlassen muss, wird vielleicht das Bedürfnis nach Arbeitsplatzsicherheit zum vorrangigen Antrieb.

Das Bedürfnis nach **Kontakt** besteht aus dem Wunsch nach Freunden, nach Zuneigung und Austausch von Gedanken und Erlebnissen. Da ein Arbeitnehmer einen beträchtlichen Teil seiner Zeit an seinem Arbeitsplatz mit seinen Kollegen und ggf. Mitarbeitern verbringt, möchte er auch hier dieses Bedürfnis befriedigen. Ein gutes Betriebsklima wirkt auf dieser Ebene als wichtiger Anreiz für eine effizientere Arbeitshaltung. Soziale Konflikte verursachen Spannungen und demotivieren viele Arbeitnehmer.

Ist das Bedürfnis nach Kontakt befriedigt, tritt der Wunsch in den Vordergrund, für seine Leistungen bestätigt zu werden sowie Achtung und Anerkennung zu erfahren. Das entspricht der vierten Stufe der Maslow'schen Bedürfnispyramide, dem **Bedürfnis nach Bestätigung**.

Beispiel
Herr Holz arbeitet in der Baubranche. Um seinen Verdienst zu steigern, nimmt er an einer Weiterbildungsmaßnahme teil, die er in Abendkursen absolviert. Da er in einem kleineren Betrieb tätig ist, macht er sich nun Gedanken um die Sicherheit seines Arbeitsplatzes und wechselt daraufhin in eine große Firma. Er bemüht sich dort zunächst, Kontakt zu finden und sich gut einzuarbeiten. Dann aber entwickelt er langsam ein Bedürfnis nach Anerkennung für seine geleistete Arbeit, ein Bedürfnis nach Bestätigung. Bezieht man sein Verhalten/seine Bedürfnisse auf die Thesen Maslows, so hat sich Herr Holz also durch fast alle Stufen der Pyramide bewegt.

Das Bedürfnis nach persönlichem **Wachstum und Selbsterfüllung** bildet die Spitze der Pyramide und ist in einem Unternehmen sehr schwer zu verwirklichen, denn hier arbeiten viele Menschen zusammen. Die Zusammenarbeit funktioniert nur, wenn der Einzelne sich anpasst und in die Hierarchie einfügt. Das aber widerspricht der Selbsterfüllung bis zu einem gewissen Grade. Berufsgruppen wie Künstlern, Forschern oder Angehörigen selbstständiger Berufe gelingt es eher, ihr Bedürfnis nach Selbsterfüllung zu befriedigen.

Aus betrieblicher Sicht gibt es bestimmte Anreize, die für die Motive der einzelnen Stufen angewendet werden können.

- *Für die Grund- und Sicherheitsbedürfnisse sind z. B. die Höhe des Gehaltes, die Arbeitsplatzgestaltung, die Absicherung gegen Unfallgefahren, Urlaubsregelungen, betriebliche Rentenversicherung und dergleichen wichtig.*

- *Für die Kontaktbedürfnisse ist von Bedeutung, wie die Kommunikation abläuft, ob es Konferenzen oder Besprechungen gibt, wie die Arbeitsstrukturen (Einzel- oder Gruppenarbeit, Großraumbüros) aussehen und ob das Betriebsklima als angenehm empfunden wird.*

- *Anerkennung schlägt sich nieder in dem Ansehen der Firma, den dort üblichen Statussymbolen, Aufstiegs- und Weiterbildungsmöglichkeiten und dergleichen mehr.*

- *Auch für die letzte Stufe sind Anreize einsetzbar, und zwar in Richtung Eigenverantwortlichkeit, wie z. B. durch einen kooperativen Führungsstil und eine Demokratisierung bei wichtigen Entscheidungen.*

Soll dieses Modell in der betrieblichen Praxis Berücksichtigung finden, so bedeutet das Folgendes: Der Vorgesetzte muss seine Mitarbeiter genau auf der Bedürfnisstufe motivieren, auf der sie sich jeweils befinden. Für die einzelnen Mitarbeiter oder Mitarbeitergruppen müssen ganz individuelle betriebliche Anreize geschaffen werden, denn jeder bewegt sich unter Umständen auf einer anderen Stufe der Pyramide.

Wenn der Job zur Last wird

Von je 1 000 Erwerbstätigen der jeweiligen Berufsgruppe in Deutschland fühlen sich durch ihren Beruf ...

Berufsgruppe	körperlich belastet	psychisch belastet
Wissenschaftler	56	190
Führungskräfte	65	174
Techniker	103	147
Erwerbstätige insgesamt	110	123
Anlagen-, Maschinenbediener	209	120
Bürokräfte, kaufmänn. Angestellte	47	98
Dienstleistungsberufe, Verkäufer	105	97
Handwerksberufe	196	96
Landwirtschaft, Fischerei	193	96
Hilfsarbeitskräfte	100	55

© Globus   Quelle: Statistisches Bundesamt 2009   Stand 2007

Arbeitsaufträge

1. Betrachten Sie das Schaubild „Wenn der Job zur Last wird". Welche Aussagen treffen auf Ihren Beruf zu?

2. Welchen Beruf halten Sie für besonders interessant? Begründen Sie Ihre Antwort.

3. Im Wettbewerb um den Top-Arbeitgeber des Jahres 2014 versuchen sich verschiedene Unternehmen durch folgende Äußerungen zu profilieren:

   1. „Personalentwicklung ist seit vielen Jahren unser Anliegen. Interne Weiterbildung bildet dabei die Grundlage für Aufstiegschancen in unserem Unternehmen."

   2. „Die Einführung eines betrieblichen Vorschlagswesens schafft eine fruchtbare Gewinnersituation, von der sowohl Mitarbeiter als auch das Unternehmen profitieren."

   3. „Wir bieten unseren Mitarbeitern eine überdurchschnittliche und flexible Entlohnung."

   4. „Wir legen Wert auf Teamgeist und fördern diesen durch zahlreiche betriebsinterne Aktivitäten."

   a) Ordnen Sie jeder Äußerung der Arbeitgeber entsprechend der Maslow'schen Bedürfnispyramide das Hauptmotiv zu, das er beim Arbeitnehmer dadurch berücksichtigen möchte. Begründen Sie Ihre jeweilige Entscheidung.

   b) Worin besteht Ihrer Meinung nach ein Kritikpunkt an der Motivationstheorie von Maslow?

Die Zwei-Faktoren-Theorie nach Herzberg (1959)

Der amerikanische Verhaltensforscher Frederick Herzberg (1923–2000) beschäftigte sich Ende der 1950er-Jahre mit der Frage, welche Faktoren die Arbeitsmotivation eines Arbeitnehmers beeinflussen könnten. Er führte eine Befragung unter amerikanischen Ingenieuren und Buchhaltern durch, in der diese die Frage beantworteten, wann sie sich an ihrem Arbeitsplatz schlecht und wann sie sich gut gefühlt hätten. Zudem nannten sie Faktoren für ihre jeweilige Unzufriedenheit bzw. Zufriedenheit. Die Auswertung dieser Interviews ließ nach der Meinung Herzbergs Rückschlüsse auf die Motivationsfaktoren zu. Er ermittelte zwei Faktorengruppen.

Herzbergs Zwei-Faktoren-Theorie der Motivation

Hygienefaktoren (extrinsisch, von außen wirkend)	Motivatoren (intrinsisch, von innen wirkend)
– Bezahlung – Überwachung – Sicherheit des Arbeitsplatzes – Status – Unternehmenspolitik, Verwaltung	– Leistung – Anerkennung – die Arbeit selbst – Verantwortung – Beförderung (Aufstiegschancen)

Eunson, Baden: Betriebspsychologie, aus dem Englischen übersetzt von Teresa Müller-Roguski und Diethard H. Klein, McGraw-Hill, Hamburg 1990, S. 59

Unter „Hygienefaktoren" versteht Herzberg Faktoren, die die Entstehung von Unzufriedenheit verhindern, aber nicht unbedingt zur Zufriedenheit beitragen. Häufig werden diese Faktoren gar nicht bemerkt bzw. als selbstverständlich betrachtet. Sind sie aber nicht vorhanden, empfindet man dies als Mangel. Es handelt sich um Faktoren, die der Arbeitnehmer nicht selbst beeinflussen kann. Sie wirken nicht motivierend, sondern bauen Unzufriedenheit ab und haben damit nur kurzfristig Einfluss auf die Arbeitsleistung eines Mitarbeiters (extrinsische Motivation).

Wirklich motivierend sind die Motivatoren („Zufriedenmacher" oder „Satisfier"), Bedingungen, die in der Arbeit selbst und damit im Verantwortungsbereich des Mitarbeiters liegen (intrinsische Motivation). Konkret auf die Motivation bezogen bedeutet dies, dass hohe Arbeitszufriedenheit und damit gesteigerte Leistungsbereitschaft in erster Linie durch die Arbeitsinhalte herbeigeführt werden können. Demzufolge müssten Arbeitsinhalte so gestaltet sein, dass sie ein vorwiegend selbstständiges Arbeiten ermöglichen.

Frei bis zur Selbstausbeutung – Vertrauensarbeitszeit in Unternehmen

1 Unabhängigkeit von Zeit und Ort: Viele Unternehmen ermöglichen ihren Mitarbeitern, zu selbstbestimmten Zeiten ihre Arbeit zu erledigen – oft sogar im Home Office. Angestellte bedanken sich häufig mit selbstverständlichen Überstunden. Doch dafür gibt es keinen Grund.

5 Ein krankes Kind betreuen, ohne dafür Urlaub zu nehmen. Einen Arzttermin einschieben, ohne zu spät ins Büro zu kommen. Im Sommer mit dem Laptop unter einem schattigen Baum im Garten die Arbeit erledigen. Das alles sind keine Privilegien Selbstständiger oder Angestellter mit reduzierter Stundenzahl. Auch Vollzeit-Mitarbeiter können in vielen Unternehmen über ihren Arbeitsrhythmus bestimmen: Vertrauensarbeits-
10 zeit heißt das Modell. „Der Mitarbeiter ist völlig frei, wann er arbeitet und an welchem

Ort", sagt Michael Herz, Unternehmensberater aus München und Vorstand im Bundesverband Selbständiger Personalberater.

Anwesenheit im Büro kann allerdings nötig sein. „Vertrauensarbeitszeit ist nicht mit dauerhaftem Home Office gleichzusetzen", sagt Rechtsanwalt Michael Felser aus Brühl. In vielen Firmen werde sie eher wie eine Art Gleitzeit behandelt, „in der Kernzeiten und die Anwesenheit zu bestimmten Anlässen festgelegt sind", sagt der Fachmann für Arbeitsrecht. Ein rechtlicher Anspruch besteht nicht. Auch sei die Begrifflichkeit nicht klar definiert. Daher rät er jedem Arbeitnehmer, genau mit der Firma auszuhandeln, was die Arbeit im Vertrauen genau bedeute. „Zuerst muss die Arbeitszeit festgelegt werden, das verlangt das Gesetz." Allerdings gebe der Arbeitgeber sein Direktionsrecht ab und verlange vom Mitarbeiter, dass der die geleisteten Stunden dokumentiert.

Auch müsse der Rahmen der zu erledigenden Arbeit so genau wie möglich abgesteckt werden, „denn es soll keine Einbahnstraße zu Lasten des Arbeitnehmers sein", sagt Felser. Denn eines ist klar: Wer im Vertrauen arbeitet, zumal im Home Office, neigt dazu, mehr Stunden als die Regelarbeitszeit am Schreibtisch zu verbringen. „Der höhere Freiheitsgrad der Mitarbeiter bringt den Firmen im Umkehrschluss oft mehr Arbeitsleistung", sagt Herz. Er habe das Problem, Mitarbeitern am Ende eines Geschäftsjahres ihre nicht genommenen Urlaubstage zu „verordnen", denn durch die flexible Einteilung der Arbeits- und der Freizeit schafften es viele Angestellte, deutlich mehr zu erledigen.

Doch die Vertrauensarbeitszeit hat auch eine Kehrseite, wie Anwalt Felser sagt: „Für junge, hoch motivierte, aufstrebende Singles ist das ein hervorragendes Modell. Sie können jederzeit und überall arbeiten." Doch das Verschwimmen der Grenzen zwischen Beruflichem und Privatem, die dauerhafte Erreichbarkeit per Smartphone und Internet, könne sehr belastend sein. „Nicht umsonst lesen wir dauernd von steigenden Burn-out-Raten", sagt der Anwalt.

Auch den Gewerkschaften passt das Thema Vertrauensarbeitszeit von jeher nicht, denn durch die fehlende Zeiterfassung ist keine Überprüfung der geleisteten Stundenzahl möglich. Im Gegenteil: Das Modell delegiere die Aufgabe des Zeitmanagements an die Mitarbeiter und führe zur Selbstausbeutung. Dennoch sind viele Firmen dem Thema gegenüber aufgeschlossen. (...)

Goro: Frei bis zur Selbstausbeutung – Vertrauensarbeitszeit in Unternehmen, SZ vom 23.06.2012 (gekürzt), abgerufen am 18.06.2014 unter www.sueddeutsche.de/karriere/vertrauensarbeitszeit-in-unternehmen-frei-bis-zur-selbstausbeutung-1.1401974

Arbeitsaufträge

1. Welche Gefahren beinhaltet dieses Organisationssystem?
2. Welche Anforderungen muss eine Führungskraft erfüllen, um in solch einem System tatsächlich kompetent führen zu können?
3. Vergleichen Sie diesen Ansatz mit einem Motivationsmodell.
4. Diskutieren Sie die Vor- und Nachteile solch eines Systems mit den anderen Kursteilnehmern.

McGregors Theorie X und Theorie Y (1960)

Dieses Motivationsmodell basiert auf der Einstellung, die eine Führungskraft ihren Mitarbeitern gegenüber hat. Der US-amerikanische Professor für Management, Douglas McGregor (1906–1964), unterschied dabei zwischen zwei gegensätzlichen Einstellungen und stellte fest, dass allein die Erwartungen, die in einen anderen Menschen gesetzt werden, diesen veranlassen können, sich gemäß diesen Erwartungen zu verhalten.

- Vertreter der **Theorie X** gehen davon aus, dass der Mensch von Grund auf faul und allein durch Geld oder andere materielle Leistungen motivierbar ist. Eine intrinsische Motivation eines Arbeitnehmers schließen sie von vornherein als unmöglich aus.

Vertreter der Theorie X:

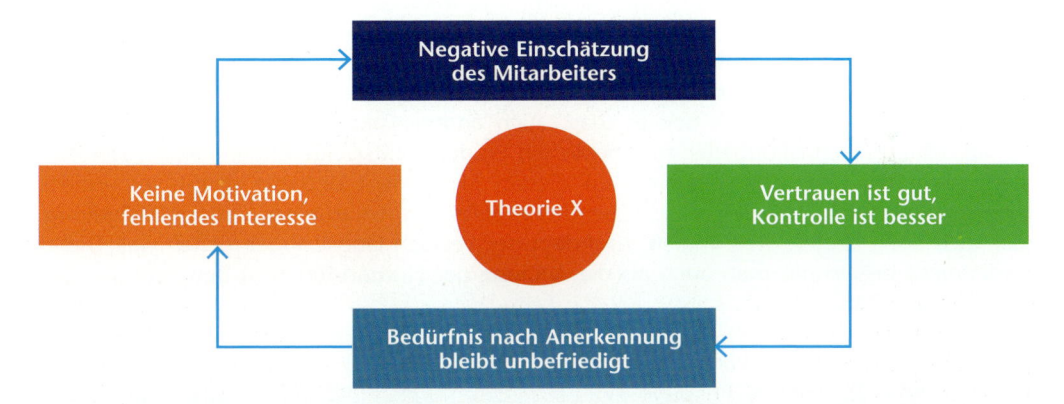

```
         Negative Einschätzung
            des Mitarbeiters
    ↑                            ↓
Keine Motivation,    Theorie X    Vertrauen ist gut,
fehlendes Interesse              Kontrolle ist besser
    ↑                            ↓
         Bedürfnis nach Anerkennung
             bleibt unbefriedigt
```

- Demgegenüber vertreten Anhänger der **Theorie Y** den Standpunkt, dass Menschen von Natur aus etwas Sinnvolles tun wollen und gern arbeiten, dass sie in der Lage sind, Verantwortung zu übernehmen und sich ganz in den Arbeitsprozess einzubringen. Ihre Motivation besteht in der Arbeit selbst. Das bedeutet für eine Führungskraft, dass sie die Arbeitsbedingungen so gestalten muss, dass der Arbeitnehmer seine Fähigkeiten entfalten kann. Dann bedarf es keiner Motivationsstrategien mehr, denn er wird durch die Arbeitsbedingungen motiviert (intrinsisch).

Vertreter der Theorie Y:

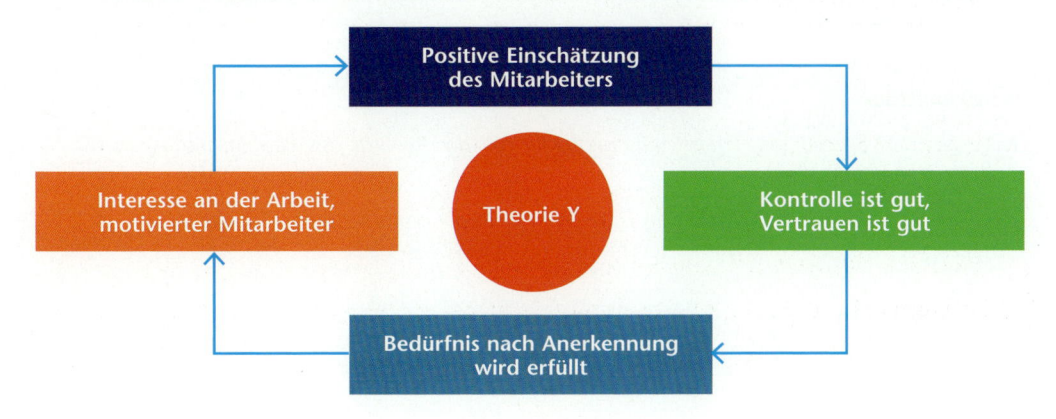

```
         Positive Einschätzung
            des Mitarbeiters
    ↑                            ↓
Interesse an der Arbeit,  Theorie Y  Kontrolle ist gut,
motivierter Mitarbeiter              Vertrauen ist gut
    ↑                            ↓
         Bedürfnis nach Anerkennung
              wird erfüllt
```

Wenn allein die Einstellung einer Führungskraft motivierend auf Mitarbeiter wirken kann, dann wäre Theorie Y die langfristig erfolgversprechendere Motivationsstrategie. Die Vertreter der Theorie X betrachten den Menschen vornehmlich als „homo oeconomicus", der allein durch materielle Anreize motiviert werden kann. Diese Einstellung ist dem Taylorismus sehr ähnlich. F. W. Taylors (1856–1915) Ziel bestand in der Entwicklung einer „idealen" Arbeitsorganisation. Anhand von Zeit- und Bewegungsstudien wurde festgestellt, wie ein Arbeitsvorgang mit dem geringstmöglichen Aufwand an Kraft und Zeit ausgeführt werden kann. Diese Art der Betriebsführung und Planung sicherte lange Zeit große Produktivitätszuwächse und ermöglichte damit auch, dass ein Arbeitnehmer mehr Geld verdienen konnte. Taylor ging damals davon aus, dass darin das größte Arbeitsmotiv für Arbeitnehmer bestehe. Arbeits- und Zeitstudien des REFA-Systems z. B. zeigen, wie stark der **Taylorismus** bis in die heutige Zeit unsere Arbeitswelt geprägt hat. Taylor war davon überzeugt, es genüge, sich ausschließlich darüber Gedanken zu machen, wie man technisch möglichst effizient die Arbeitskraft ausnutzen könne, um weitere Produktivitätssteigerungen zu erzielen. Das sogenannte **Hawthorne-Experiment** (ab 1924 durchgeführt in den Hawthorne-Werken der Western Electric Company in Chicago) führte zu einer veränderten Betrachtungsweise der Arbeitskraft. Das Experiment bewies, dass auch andere Faktoren als Geld und optimale Arbeitsteilung einen Mitarbeiter zu erheblichen Produktivitätssteigerungen veranlassen können. Allein die bewusste Teilnahme an diesem Experiment und die damit verbundene Anerkennung führte bei den entsprechenden Arbeitsgruppen zu einer Leistungssteigerung, die auch noch längere Zeit anhielt, nachdem der Versuch längst abgebrochen war. Dieses Experiment bezeichnet man auch als die Anfänge der **Human-Relation-Bewegung** in der Betriebsorganisation.

Unterschiedliche Menschenbilder im Zeitablauf

1920er-Jahre Economic man	1930er-Jahre Social man	1950er-/1960er-Jahre Self-actualizing man	Gegenwart Complex man
verantwortungsscheu, Motivation durch Geld	soziale, durch die Gruppe bedingte Motivation	Der Mensch strebt nach Selbstverwirklichung und Autonomie.	Intra- und interindividuelle Differenzen müssen beachtet werden, es gibt kein generell gültiges Menschenbild, Mensch ist flexibel und lernfähig.

Bullinger, Hans-Jörg: Ergonomie: Produkt- und Arbeitsplatzgestaltung, Teubner, Stuttgart 1994, S. 13 (gekürzt und verändert)

Arbeitsaufträge

1. Vergleichen Sie die jeweiligen Menschenbilder mit der Realität des Betriebsalltags, so wie Sie ihn erlebt haben bzw. erleben.

2. Ordnen Sie das Menschenbild von G. W. Werner in die oben stehende Tabelle ein.

Jeder ist wichtig

Drogerie-Unternehmer Götz Werner über seinen Umgang mit dem Stress seiner Mitarbeiter

(...)

SPIEGEL: Ihr Maxime lautet: „Zutrauen veredelt den Menschen". Was heißt das genau für Ihre Angestellten?

Werner: Zutrauen habe ich in jeden, mit dem ich zusammenarbeite. Auf der Basis von „Vertrauen ist gut, Kontrolle ist besser" kann man weder eine Ehe noch eine Firma gründen. Arbeitsteilige Gesellschaft heißt: Wir trauen anderen etwas zu. Ob wir die Bahn oder das Flugzeug nehmen, wir bauen auf die richtige Wartung der Fahrzeuge, darauf, dass alles klappt.

SPIEGEL: Es gibt Firmen, in denen sind Bespitzelung, Druck und Schikane an der Tagesordnung.

Werner: Wenn Unternehmen mit solchen Methoden Erfolg haben, dann nicht wegen, sondern trotz dieser harten Maßnahmen. Ein Unternehmen ist wie ein lebender Organismus. Es ist wichtig, wie man darüber denkt, denn unterschiedliche Begriffe schaffen unterschiedliche Verhaltensweisen. Ich bezeichne mich gern als Begriffsfetischisten.

SPIEGEL: Was verstehen Sie darunter?

Werner: Über Begriffe begreife ich die Welt. Ich kann mich nur mit zutreffenden Begriffen in der Welt orientieren. Wenn ich beispielsweise der Meinung bin, ein Unternehmen hat wie ein Uhrwerk zu funktionieren, werde ich die Firma anders gestalten, als wenn ich es als lebenden Organismus sehe, mit all seinen Mitarbeitern, ihren Sorgen und Nöten, aber auch mit ihren Fähigkeiten und kreativen Ideen, die sie einbringen können.

SPIEGEL: Nun führen Sie Ihr Unternehmen nicht basisdemokratisch, sondern es gibt durchaus Vorschriften und Hierarchien.

Werner: Eigenverantwortung und Eigeninitiative schließen die Anerkennung bestimmter Regeln nicht aus. Sehen Sie, viele Menschen verbringen ihr Arbeitsleben bei uns, manche sind 25 Jahre oder mehr bei dm. Diese Menschen sehe ich nicht als Kostenfaktor. Sie sollen kreativ und schöpferisch sein, dafür trage ich als Unternehmer Verantwortung. Die Mitarbeiter sollen sich wertgeschätzt fühlen.

SPIEGEL: Und das hat zur Folge?

Werner: Sie sind souverän in jeder Beziehung, gelassen. Das Ziel einer jeden Unternehmensführung müsste sein, die Voraussetzungen dafür zu schaffen, dass die Menschen ihre Aufgaben souverän meistern können. Vor 25 Jahren hatte ich ein Erlebnis. Kurz vor Ladenschluss kam ich in Pirmasens in eine Filiale. Ich stellte mich der Angestellten vor und fragte sie: Was machen Sie bei uns? Ach, sagte sie, ich bin hier nur eine geringfügig Beschäftigte.

SPIEGEL: Das war ein Schlüsselereignis für Sie?

Werner: Allerdings. Hoppla, dachte ich. Ich sagte: Sie sind die wichtigste Frau hier, denn sonst ist hier niemand. Eine Mitarbeiterin mag geringfügig beschäftigt sein, aber in dem Moment, in dem sie die Einzige im Laden ist, ist sie für die Kunden die Chefin. Diese

> Verantwortung muss sie wollen, nicht nur wegen des Geldes. Wenn innere Intention und äußeres Tun nicht im Einklang stehen, entstehen Dissonanzen, also Stress. Ein Mitarbeiter sollte das Unternehmen begreifen als einen Schauplatz, an dem er sich ausdrücken kann. Für mich ist klar: Jeder bei uns im Unternehmen macht etwas Wichtiges – unabhängig von Status und Betriebszugehörigkeit.
>
> Gatterburg, Angela: Jeder ist wichtig, in: SPIEGEL WISSEN 1/2011 vom 22.02.2011 (gekürzt), abgerufen am 18.06.2014 unter www.spiegel.de/spiegel/spiegelwissen/d-77107311.html

(Zeile 45)

> In den über 2 400 dm-Filialen erwirtschaften rund 36 000 Mitarbeiter einen Umsatz von 5,6 Milliarden Euro. 2008 gab Werner die Unternehmensleitung ab, seine Anteile brachte der heute 67-Jährige in eine Stiftung ein. (Stand 2011)

Theorie der Leistungsmotivation von McClelland (1976)

Die empirischen Untersuchungen der Leistungsmotivation von Daniel Clarence McClelland (1917–1998), US-amerikanischer Verhaltens- und Sozialpsychologe, ergaben zwei Motivtendenzen bei Arbeitnehmern:
- Hoffnung auf Erfolg (Erfolgssuche)
- Furcht vor Misserfolg (Misserfolgsvermeidung)

Personen, die Misserfolge in jedem Fall vermeiden wollen, fühlen sich durch sehr einfache oder sehr schwierige Aufgabenstellungen motiviert. Ein Misserfolg bei sehr einfachen Aufgaben ist nicht wahrscheinlich und ein Versagen bei sehr schwierigen Aufgaben ist nicht unbedingt ihrer eigenen Unfähigkeit zuzuordnen. Der erfolgsuchende Mitarbeiter fühlt sich durch Aufgaben mittleren Schwierigkeitsgrads herausgefordert, denn sie führen am ehesten zum Erfolg.

Das „Job Characteristics Modell" von Hackman/Oldman (1980)

Hackman und Oldman stellen in ihrem Modell die Arbeitsinhalte in den Mittelpunkt der Motivationsbetrachtung. Erfüllen die Arbeitsinhalte folgende fünf Hauptmerkmale, wirken sie positiv auf die Mitarbeiter und damit auf den Motivationsprozess.

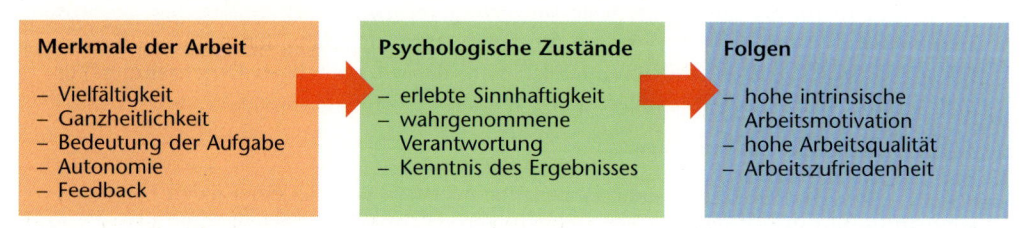

Merkmale der Arbeit	Psychologische Zustände	Folgen
– Vielfältigkeit – Ganzheitlichkeit – Bedeutung der Aufgabe – Autonomie – Feedback	– erlebte Sinnhaftigkeit – wahrgenommene Verantwortung – Kenntnis des Ergebnisses	– hohe intrinsische Arbeitsmotivation – hohe Arbeitsqualität – Arbeitszufriedenheit

4.5.2 Prozessorientierte Theorien

Häufig wird davon ausgegangen, das beobachtbare Verhalten bei einem Menschen sei allein dadurch zu erklären, dass er sich motiviert fühle oder motiviert worden sei. Wenn es darum geht, Dinge zu tun, die getan werden müssen und keinen Spaß machen, ist der innere Wille gefragt, der dabei hilft, diesen inneren Widerstand zu überwinden. Es wird ein Prozess in Gang gesetzt, in dem der Mitarbeiter aktiv Einfluss nimmt auf seinen Grad des Motiviertseins.

Die Volitionstheorie nach Heckhausen und der Rubikon-Effekt

Die Volitionstheorie von Heinz Heckhausen beschreibt den Willensbildungsprozess, den ein Mensch durchläuft, wenn er seine Ziele verfolgt. Tatsächlich werden nicht alle Zielsetzungen umgesetzt. Man denke nur an die vielen guten Vorsätze zu Beginn eines neuen Jahres. Bei einigen scheinen die Handelsbarrieren so groß zu sein, dass die Realisierung scheitert.

Diesen Volitionsprozess hat Heckhausen in vier Handlungsphasen aufgeteilt:

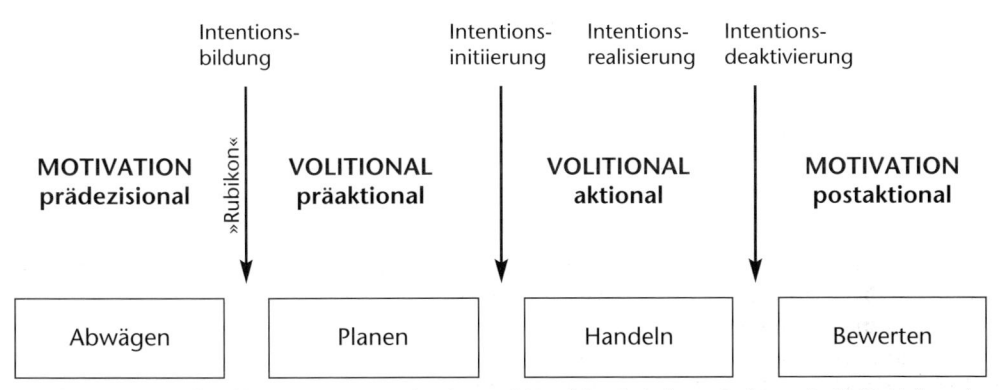

Intentions-bildung	»Rubikon«	Intentions-initiierung	Intentions-realisierung	Intentions-deaktivierung
MOTIVATION prädezisional		VOLITIONAL präaktional	VOLITIONAL aktional	MOTIVATION postaktional
Abwägen		Planen	Handeln	Bewerten

Heckhausen, Heinz/Heckhausen, Jutta: Motivation und Handeln, 4. Auflage, Springer, Berlin/Heidelberg/New York, 2010, S. 311

In der Abwägungsphase (prädezisionale Phase) vergleicht die betroffene Person ihre Motive mit vorhandenen Handlungsalternativen und bewertet sie entsprechend ihrer eigenen Fähigkeiten und Vor- und Nachteile. Oft hat man hier die Qual der Wahl. Hat man sich für eine Maßnahme entschieden, folgt die Phase 2: die Planungsphase; der Schritt von der ersten Phase in die zweite Phase bedarf der Entscheidung für die Alternative, die in der Phase 1 als die erstrebenswerteste ausgewählt worden ist. Diese Entscheidung wird von Heckhausen als Rubikon-Entscheidung bezeichnet. Man muss den Rubikon überschreiten, um von der Abwägung der Möglichkeiten zur Planung des weiteren Vorgehens zu kommen. An diesem Punkt wird die Motivation in Volition, in „Willen" umgesetzt, der notwendig ist, um Handlungsbarrieren zu überwinden.

> Rubikon: „den Rubikon überschreiten (bildungssprachlich; einen [strategisch] entscheidenden Schritt tun; nach dem Grenzfluss Rubikon [lateinisch Rubico] zwischen Italien und Gallia cisalpina, mit dessen Überschreitung Cäsar 49 v. Chr. den Bürgerkrieg begann)"
> *Defintion nach Duden*

In der Planungsphase (präaktionalen Phase) werden Strategien geplant, die geeignet sind, um die festgelegten Ziele erreichen zu können. Die Verwirklichung dieser Ziele geschieht in der Handlungsphase (aktionale Phase). Auch hier spielt der Wille (Volition) eine große Rolle. Derjenige, der bereit ist, große Anstrengungen auf sich zu nehmen, und einen hohen Einsatz bringt, wird seine Ziele am besten verwirklichen können. In der Phase der Bewertung (postaktional) zieht der Betroffene Bilanz im Sinne von „zufrieden oder nicht zufrieden" mit dem Ergebnis. Er fragt sich, ob das Ziel weiterhin verfolgt werden sollte oder ob es als erledigt betrachtet werden kann.

Sofern die geplante Intention oder beabsichtigte Handlung realisiert ist (Phase 3), wird das Ergebnis hinsichtlich der Erwartungen bewertet, die das Abwägen in der Phase 1 beeinflusst haben.

Das Modell von Heckmann zeigt, dass Motivation nicht zwangsläufig in eine Aktion übergehen muss. Es gibt störende Impulse oder ganz konträre Bedürfnisse, die es zu überwinden gilt, um das gesetzte Ziel dann doch anstreben zu können. Das ist allein vom Mitarbeiter selbst zu leisten. Er muss sich überwinden, seinen „inneren Schweinehund" besiegen.

Der Ansatz von Porter und Lawler (1968)

M. E. Porter und D. Lawler treffen bei ihrem Modell die folgende Annahme: der Mensch tritt in Arbeitsprozessen als rationaler Entscheider auf. Dabei wird seine Motivation von folgenden Faktoren beeinflusst:
- Die Wertigkeit des Ereignisses: Zunächst bestimmt der Mensch den Wert des zu erreichenden Ziels/der Belohnung.
- Die Wahrscheinlichkeit des Eintritts: Dann schätzt er die Höhe der Wahrscheinlichkeit, mit der diese Belohnung eintritt.
- Die Angemessenheit der Belohnung: Anschließend prüft er, ob die zu erwartende Belohnung angemessen ist.

Dabei werden eigene oder beobachtete Erfahrungen, die in ähnlichen Situationen gemacht wurden, in den Entscheidungsprozess einbezogen. Der arbeitende Mensch hat also eine echte Wahlfreiheit hinsichtlich seiner Anstrengung, die er im Arbeitsprozess einsetzen möchte. Schätzt er seine Erwartungen hoch ein, wird er sehr motiviert sein und umgekehrt.

Motivationsmodell von Porter und Lawler (1968)

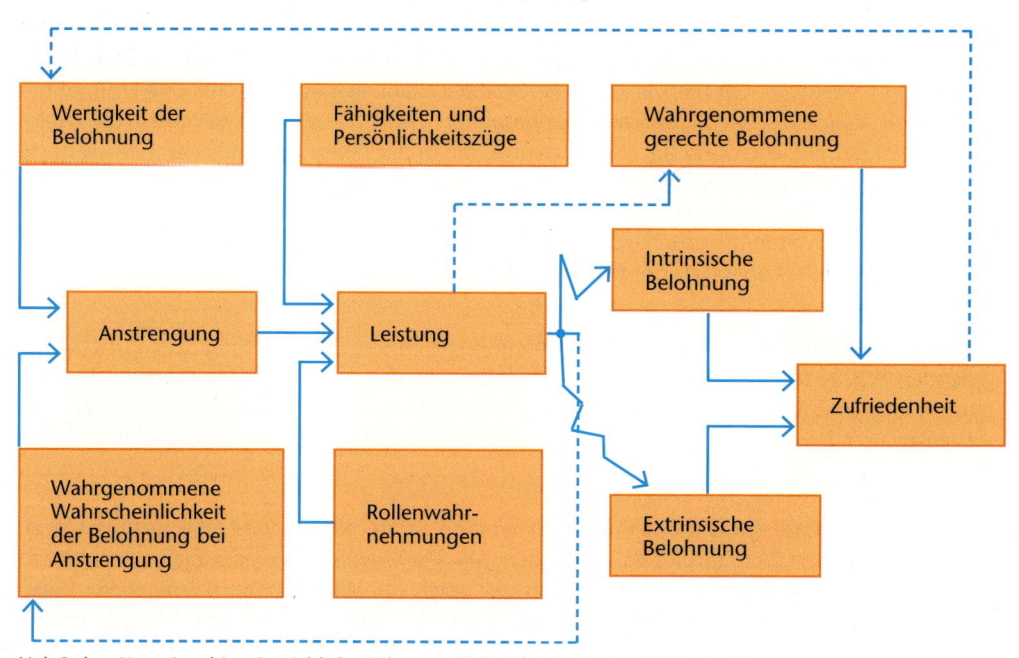

Vgl. Rahn, Hans-Joachim: Betriebliche Führung, Kiehl, Ludwigshafen 1990, S. 43

Beispiel

Die aufstiegsmotiverte Frau Schneider geht davon aus, dass überdurchschnittliche Leistungen zu der erwarteten Beförderung führen.
Sie arbeitet hoch motiviert und schneidet bei der alljährlich durchgeführten Mitarbeiterbewertung immer außerordentlich gut ab. Man hatte ihr schon vor längerer Zeit eine Beförderung in Aussicht gestellt, doch bislang wurde sie immer wieder vertröstet, sie sei noch zu jung, hieß es, und sie müsse sich noch einige Zeit beweisen. Frau Schneider ist darüber sehr verärgert und äußert gegenüber einem Kollegen: „So wollen die hier ihre Mitarbeiter motivieren, immer nur leere Versprechungen ... dann mache ich in Zukunft doch auch nur noch Dienst nach Vorschrift wie viele andere!"

Überträgt man das Motivationsmodell auf den „Fall Schneider", so wird in Zukunft ihr Leistungswille durch die Aussicht auf eine Beförderung nicht mehr angesprochen werden. Die Wertigkeit des Ziels war von ihr zunächst als sehr bedeutsam eingestuft worden, doch die wiederholt ausbleibende Belohnung hat sie als nicht gerecht empfunden. Die Wahrscheinlichkeit, mit einem Aufstieg belohnt zu werden, ist mit der Zeit gesunken, sodass sie weniger Anstrengung zeigen und ihre Arbeitszufriedenheit abnehmen wird.

Dieses Modell macht deutlich, dass die Motivation eines Mitarbeiters durch mehrere Variablen beeinflusst wird. Diese bedingen sich gegenseitig. Die Motivation wird als ein dynamischer Prozess gesehen, in dem sich „der zu Motivierende" immer neu entscheiden kann, welches Maß an Anstrengung er unter den gegebenen Bedingungen für angemessen hält.

Die Theorie der Zielsetzung von Locke und Latham (1991)

Locke und Latham gehen davon aus, dass Ziele zu besseren Leistungen bei den Mitarbeitern führen, und zwar umso mehr, je spezifischer die Ziele vorgegeben sind (vgl. S. 259, Mbo). Genau formulierte Ziele bewirken bei dem Mitarbeiter die
- Fokussierung seiner Aufmerksamkeit auf das Ziel,
- Erhöhung seiner Ausdauer zur Erreichung des Ziels und
- Förderung der Entwicklung eigener Strategien zur leichteren Zielrealisierung.

Arbeitsauftrag

Vergleichen Sie die einzelnen Motivationsmodelle miteinander.

Motivation am Arbeitsplatz

Innere Kündigung

Innere Kündigung tritt am ehesten in Unternehmen auf, in denen Mitarbeiter wegen der hohen Anzahl der Betriebsangehörigen oder der Struktur vornehmlich formal und zu wenig persönlich integriert werden. Große mittelständische Unternehmen und vor allem Großunternehmen sind besonders durch innere Kündigung gefährdet.
Allgemein stellt das Phänomen der inneren Kündigung ein zeitlich relativ stabiles, in der Regel bewusstes Verhaltensmuster dar, gekennzeichnet durch eine distanzierte, ablehnende sowie pessimistische bis resignative Grundhaltung gegenüber der Arbeitssituation. Aufgrund der inneren Kündigung steht der Mitarbeiter weniger loyal zu seinem Unternehmen. Zudem machen unmotivierte Mitarbeiter weniger Verbesserungsvorschläge und können tendenziell häufiger krank sein. Auch die Außendarstellung des Unternehmens und der Kundenkontakt durch innerlich gekündigte Mitarbeiter fallen entsprechend negativ aus. Die innere Kündigung ist als negative Steigerung des „Dienstes nach Vorschrift" immer ein ernst zu nehmendes Warnsignal. Die Produktivität eines Unternehmens kann enorm verringert werden, da sich die Mitarbeiter zurückziehen und sich entsprechend wenig an der Wertschöpfung beteiligen.
Zur Verbreitung der inneren Kündigung liegen wenige Daten vor. Generell schätzen Führungskräfte in den Personalbereichen von Dienstleistungsunternehmen das Problem der inneren Kündigung mit einem Mittelwert von 26 Prozent durchschnittlich höher ein als ihre Kollegen in Industrieunternehmen mit einem Mittelwert von 21 Prozent. (...) Es wird auch vermutet, dass das Phänomen der inneren Kündigung in Banken und Versicherungen häufiger anzutreffen ist als in Industrie- und Handelsunternehmen.
Auch das Meinungsforschungsinstitut Gallup veröffentlicht alarmierende Ergebnisse: 87 Prozent aller Arbeitnehmer in Deutschland – also 27,5 Millionen von insgesamt 31,7 Millionen – spüren keine Verpflichtung gegenüber ihrer Arbeit. Arbeitgeber müssen darauf reagieren. Den gesamtwirtschaftlichen Schaden durch innere Kündigung beziffert Gallup für Deutschland auf rund 250 Milliarden Euro im Jahr.

Ursachen und Erklärungen

Die Ursachen der inneren Kündigung können vielfältig sein. Oft liegt vorher auch ein Bruch mit dem „psychologischem Arbeitsvertrag" vor. Bei diesem Vertrag geht es darum, in welchem Maße die Erwartungen des Arbeitnehmers gegenüber dem Unternehmen und seine Bereitschaft, sich mit seinen Leistungen einzubringen, mit den Erwartungen des Unternehmens übereinstimmen. Liegt hier eine größere Diskrepanz vor, steigt die Wahrscheinlichkeit zur inneren Kündigung bei dem einzelnen Mitarbeiter. In Befragungen werden häufig folgende Gründe für eine innere Kündigung genannt:

- Führungsfehler (wie z. B. Mangel an kooperativer Führung)
- Nichterfüllung von beruflichen Erwartungen oder Versprechungen (Entwicklungsmöglichkeiten, die bei der Neueinstellung in Aussicht gestellt wurden)
- Bedrohung durch Reorganisationsprozesse (z. B. bei Verlierern eines Change-Prozesses)
- eine als ungerecht empfundene Leistungsbeurteilung
- Unzufriedenheit mit der ausgeübten Tätigkeit
- Arbeitsplatzunsicherheit

Die Zufriedenheit der Mitarbeiter mit ihrer Arbeitssituation wirkt maßgeblich auf die Bereitschaft zur inneren Kündigung ein. Abgesehen von objektiven betrieblichen

Gründen, wie beispielsweise Arbeitsplatzunsicherheit oder Reorganisationsprozesse, sind viele der genannten Gründe durch die Führungskraft beeinflussbar. Daraus resultiert, dass das Führungsverhalten der Vorgesetzten einen entscheidenden Einfluss auf die Zufriedenheit und damit auch auf die Bereitschaft zur inneren Kündigung der Mitarbeiter hat. Mitarbeiter der Bergischen Universität Wuppertal entwickelten ein Instrument zur Messung der inneren Kündigung. Dazu wird ein hypothetisches Prozessmodell der inneren Kündigung aufgestellt. Dieses Modell enthält Folgendes: Die Unzufriedenheit mit der Tätigkeit und ein Mangel an kooperativer Führung führen zu einem Gefühl von Unequity (Empfindung von Ungerechtigkeit/Unfairness). Um Equity (Gerechtigkeit/Ausgleich) zu erreichen, kündigt der Mitarbeiter innerlich. Aufgrund der inneren Kündigung steht der Mitarbeiter weniger loyal zu seinem Unternehmen. Die Bindung an den Arbeitsplatz (Involvement) und die Bindung an die Organisation (Commitment) sind verringert. Die Faktoren, die innere Kündigung am besten vorhersagen, sind: Mangel an kooperativer Führung, Zufriedenheit mit der Tätigkeit, Equity und Loyalität.

In Abgrenzung gegenüber der formalen äußeren Kündigung bezeichnet die innere Kündigung einen persönlichen Zustand, der durch innerliches Abrücken von der Arbeitsumgebung, durch Verweigerung von Eigeninitiative und Einsatzbereitschaft in Unternehmen gekennzeichnet ist (vgl. die folgende Tabelle).

	Äußere Kündigung	Innere Kündigung
Ausprägung/ Charakter	rechtlicher Akt zur Lösung des Arbeitsvertrags; formaler Charakter	psychischer Zustand der zunächst bewussten Verweigerung und desillusionierten, später u. U. depressiv-resignativen Distanzierung, verbunden mit Engagementverzicht (Restriktion der Beitragsleistungen); informeller Charakter
Kündigung	steht sowohl Arbeitgeber wie Arbeitnehmer zu	primär auf Arbeitnehmer beschränkt
Ziel	auf die unmittelbare Beendigung des Arbeitsverhältnisses gerichtet; aktiver Widerstand	unter den individuell gesetzten Bedingungen auf die Erhaltung des Arbeitsplatzes gerichtet; bewusster passiver Widerstand, später hilfloser Protest

Abgrenzung äußerer Kündigung von innerer Kündigung (Faller, Michael: Innere Kündigung. Ursachen und Folgen. Reiner Hampp Verlag, München/Mering 1991, S. 90)

Innere Kündigung ist ein Zustand der Demotivation, in den Mitarbeiter aller Ebenen geraten können. Die personalverantwortlichen Führungskräfte sollten in der Lage sein, den Entwicklungsbedingungen der inneren Kündigung entgegenzuwirken, die individuelle Entstehung bei einzelnen Mitarbeitern rechtzeitig zu erkennen und die innere Kündigung möglichst weitgehend aufzulösen. Diese Führungskräfte sollten die entsprechenden fachlichen Konzepte, die die innere Kündigung beschreiben, kennen und über entsprechende Handlungsinstrumente für die Praxis verfügen.
Der inneren Kündigung begegnet man am besten präventiv. Die Arbeitszufriedenheit der Mitarbeiter ist ein entscheidender Faktor und durch das Führungsverhalten der Vorgesetzten maßgeblich beeinflussbar. Wertschätzung und Anerkennung gegenüber dem Mitarbeiter und seiner Arbeitsleistung, Mitarbeitergespräche und vor allem der

Aufbau von Beziehungen zu den Mitarbeitern sind wichtige Gestaltungselemente einer Führungskraft, um der inneren Kündigung entgegenzuwirken.
Auch die Zufriedenheit mit der ausgeübten Tätigkeit beeinflusst die Zufriedenheit der Mitarbeiter. Hier können Personal- und Organisationsentwicklungsmaßnahmen wie „Job-Enrichment", Team- und Gruppenarbeit oder „Job-Rotation" eingesetzt werden.

Echterhoff, Wilfried/Krenz-Maes, Anja/Poweleit, Detlev/Schindler, Ulrich: Innere Kündigung, in: www.perso-net.de (hrsg. vom RKW Rationalisierungs- und Innovationszentrum der Deutschen Wirtschaft e. V., Eschborn), aufgerufen am 18.06.2014 unter www.perso-net.de/index.php?id=1518 (verändert und gekürzt)

Arbeitsaufträge

1. Definieren Sie den Begriff „innere Kündigung".

2. Beschreiben Sie die verschiedenen Ursachen, die zum Auftreten dieses Phänomens führen können.

3. Urteilen Sie über die Häufigkeit, mit der dieses Phänomen auftritt.

4. Überlegen Sie, ob und in welcher Form Sie an Ihrem Arbeitsplatz von diesem Phänomen betroffen waren.

5. Grenzen Sie die innere von der äußeren Kündigung ab.

6. Nennen Sie mögliche Abhilfemaßnahmen.

7. Urteilen Sie über deren Wirksamkeit.

8. Führen Sie eine Hierarchisierung hinsichtlich der wirksamsten und am wenigsten wirksamen Maßnahme durch und begründen Sie Ihre „Hitliste".

9. Erläutern Sie die Begriffe „Jobenrichment" und „Jobrotation".

4.6 Gruppendynamische Prozesse beschreiben

Was ist eine Gruppe?

Beispiel: Die Künstlergruppe
Im 19. Jahrhundert schlossen sich einige junge radikale Maler zusammen, die an einem neuen Ansatz der Malerei arbeiteten, der unter dem Namen „Impressionismus" bekannt wurde. Dieser stand im Gegensatz zum damals in Frankreich dominierenden Klassizismus.
Zuerst trafen sich Claude Monet und Camille Pissarro, die Freunde wurden; ein Jahr später stießen Edouard Manet und Edgar Degas dazu. Später überzeugte Monet die Malerkollegen Pierre Auguste Renoir, Alfred Sisley und Frédéric Bazille, sich der Gruppe anzuschließen.
Obwohl von den Kritikern abgelehnt und finanziell in Nöten, wurden sie nach und nach von der Künstlergemeinde anerkannt.

> **Arbeitsauftrag**
>
> Welche Grundbedürfnisse wurden in dieser Künstlergruppe erfüllt?

Im Arbeitsprozess spielen Gruppen eine große Rolle. Sie sind bekannt als
- Projektgruppe,
- (teil-)autonome Arbeitsgruppe,
- Qualitätszirkel,
- Team.

In all diesen Gruppen finden Gruppenprozesse statt und diese Gruppenprozesse veranlassen den Einzelnen dazu, ganz andere Verhaltensweisen zu zeigen, als er es als Individuum tun würde. Dieses Phänomen ist jedem bekannt, der schon einmal bei großen Fußballveranstaltungen die Fanclubs beobachtet hat.

4.6.1 Bestimmungsmerkmale einer Gruppe

> *Meist wird von einer **Gruppe** gesprochen, wenn*
>
> - *eine Mehrzahl von Personen*
> - *über einen längeren Zeitraum in Kontakt stehen,*
> - *sich durch ein Wir-Gefühl (Zugehörigkeitsgefühl) verbunden fühlen*
> - *und gemeinsame Normen entwickelt haben.*

Nach der Mitgliederzahl lassen sich **Klein-** und **Großgruppen** unterscheiden, wobei man bei einer Gruppenstärke zwischen drei bis acht Personen von einer Kleingruppe spricht.

In jeder Gruppe existieren gemeinsame **Ziele**, an denen sich die Gruppenmitglieder orientieren.

Primärgruppen sind durch enge persönliche Beziehungen geprägt, zu ihnen gehören die Familie oder die Spielgruppe im Kindergarten. **Sekundärgruppen** sind eher unpersönlich und entstehen durch aufgaben- oder zweckgebundene Beziehungen. Für die betriebliche Praxis ist die Unterscheidung zwischen **formellen** und **informellen Gruppen** besonders bedeutsam. Formelle Gruppen werden unter bestimmten sachlichen Gesichtspunkten gebildet und dienen z. B. dem Betriebszweck (Arbeitsgruppe). Informelle Gruppen hingegen entstehen aus dem spontanen Interesse der Mitglieder und orientieren sich an den augenblicklichen Bedürfnissen (Clique). In einer betrieblichen Organisation existieren neben formellen Gruppen häufig informelle Gruppierungen, die in ihrer Zielsetzung stark von der formellen Gruppe abweichen können.

Eine gewisse **Dauer** der Zusammenarbeit bzw. der gemeinsamen Ziele ist eine wesentliche Voraussetzung für das Herausbilden von Gemeinsamkeiten und gruppendynamischen Prozessen (vgl. Gruppendynamik). Gruppen, die sich nur für kurze Zeit zusammenfinden, ermöglichen meist nur Ansätze für Gruppenprozesse.

Ein **Wir-Gefühl** stellt sich ein, wenn die Gruppe das Streben ihrer Mitglieder nach Anerkennung und Einfluss erfüllen kann und damit eine Verbundenheit zur Gruppe herstellt.

Der Einzelne ordnet sich in der Gruppe ganz bestimmten **Gruppennormen** unter. Diese sind als eine Art Verhaltensanweisung zu verstehen. Die Gruppe bestimmt, was gilt, und danach richten sich die sozialen Normen. Ein Gruppenmitglied, das sich nicht an die Gruppennormen hält, hat mit negativen Sanktionen zu rechnen. Je höher die **Kohäsion** der Gruppe (die durchschnittliche Attraktivität der Gruppe für ihre Mitglieder), umso verpflichtender erscheinen die Gruppennormen für das einzelne Mitglied.

4.6.2 Phasen der Gruppenbildung (Modell nach Tuckman)

Der Prozess der Gruppenbildung durchläuft mehrere Phasen und benötigt ein wenig Zeit (vgl. S. 282, Teamregeln).

1. „Forming"	gegenseitiges Kennenlernen
2. „Storming"	Auseinandersetzungen – Rivalität um Macht und Einfluss, Rollen werden zugewiesen, Rangordnungen festgelegt
3. „Norming"	Konsolidierung – Regeln werden aufgestellt, der Gruppenzusammenhalt entwickelt sich; ist eine Einigung über Rollen und Normen erzielt, tritt das Streben nach Harmonie und Konformität in den Vordergrund
4. „Performing"	Vollzugsphase – die Rollenbeziehungen festigen sich, die Gruppe wird arbeits- und leistungsfähig
5. „Adjourning"	Auflösung der Gruppe

4.6.3 Die innere Ordnung einer Gruppe

Jedes Mitglied einer Gruppe spielt eine **Rolle**. Darunter versteht man die Verhaltensmuster, die im Rahmen der Gruppe von jedem Einzelnen angenommen und gezeigt werden.

Rollenarten	
Aufgabenrollen	– Aktivität – Initiative – Koordination

Rollenarten	
Erhaltungsrollen	– Vermittlung – Diagnose – Spannungsabbau
die Gruppe störende Rollen	– Blockade – Selbstdarstellung – Rivalität

Typische Rollen in Arbeitsgruppen

- Gruppenführer/informeller Führer
- Mitläufer
- Außenseiter/schwarzes Schaf
- Fachidiot/Isolierter
- Vergessener/graue Maus

Der **Gruppenführer** ist in der Regel sehr selbstbewusst und redegewandt. Zudem besitzt er ein gutes Gespür für andere Menschen. Seine positiven Seiten sind darin zu sehen, dass er sich gerne engagiert, zu allen Gruppenmitgliedern Kontakt hält und eine gruppenerhaltende Funktion ausübt.

Er wird jedoch kaum eine andere Starposition neben sich dulden. Das kann dazu führen, dass sich andere Gruppenmitglieder unterdrückt fühlen. Außerdem besteht die Gefahr, dass der informelle Führer in ein Konkurrenzverhältnis zu seinem direkten Vorgesetzten tritt und versucht, dessen Autorität zu untergraben. Hieraus wird ersichtlich, dass ein Gruppenführer auch einen negativen Einfluss auf das Betriebsklima ausüben kann.

Mitläufer sind für den Erhalt der Gruppe von Bedeutung, weil sie zwar keine ausgeprägten eigenen Ideen vertreten, aber sich den geltenden Normen gut anpassen können.

Das **schwarze Schaf** ist in der Regel sehr eigenwillig und zeigt wenig Bereitschaft, sich in die Gruppe einzufügen. Häufig kommen Außenseiter den Gruppenverpflichtungen nicht nach. Aggressive Außenseiter versuchen, das Gruppenleben aktiv zu stören, während depressive Außenseiter dazu neigen, sich dem Gruppenleben zu entziehen. Beide Außenseiterrollen rufen bei den anderen Ärger und Spott hervor. Die Gruppe verstärkt mit ihrer Reaktion die Rolle des schwarzen Schafes.

Eine isolierte Position hat der **Fachidiot**. Er genießt zwar fachlichen Respekt, doch ist er möglicherweise von seiner Persönlichkeit her nicht in der Lage oder nicht gewillt, Anteil am sozialen Gruppenleben zu nehmen. Durch sein Fachwissen wird er dennoch einen großen Beitrag zum Erreichen des Gruppenziels leisten können.

Die **graue Maus** hat weder eine gruppenerhaltende noch eine gruppenstörende Funktion. Sie ist meist eine introvertierte Person, die sich nicht traut, ihre Eigenschaften nach außen zu tragen. Deshalb wird sie von den anderen Gruppenmitgliedern leicht übersehen oder gar nicht wahrgenommen.

Andere mögliche Gruppenrollen sind z. B. der **Drückeberger**, der **Intrigant** oder der **Gruppenclown**. Ihre Ziele stehen nicht im Einklang mit den Zielen der Gruppe insgesamt und können ihre Realisierung sogar gefährden. Die Frage, ob eine Arbeitsgruppe als gut oder weniger gut beurteilt werden kann, hängt auch stark davon ab, welche Rollen besetzt wurden.

Aufgabe des Gruppenleiters ist es, die unterschiedlichen Rollen zu erkennen und gegebenenfalls sein Verhalten gegenüber den einzelnen Gruppenmitgliedern zu differenzieren.

Beispiel

Ein Flugzeug stürzte in den Anden ab. An Bord war ein Rugby-Team, das das Flugzeug gechartert hatte. Einige Passagiere starben, andere überlebten den Absturz. Die Überlebenden teilten die Aufgaben auf, um das Überleben zu garantieren: Einige hielten die Schlaflager sauber, einige pflegten die Verletzten, andere machten aus Schnee Trinkwasser. Der Mannschaftskapitän koordinierte die Tätigkeiten, bis eine Lawine ihn tötete. Daraufhin übernahmen drei Cousins die Führung. Es bildete sich eine autoritäre Hierarchie, in der die Rollen aufgeteilt waren. Die Gruppe lebte davon, die Körper der Toten zu essen. Als klar wurde, dass keine Rettung kommen würde, schickte die Gruppe zwei Mitglieder los, um Hilfe zu suchen. Nach 14 Tagen fanden sie einen abgelegenen Bauernhof. So konnten auch die restlichen 14 Überlebenden gerettet werden.

Der Vertreter einer Rolle muss unterschiedliche Verhaltenserwartungen erfüllen, die zu Rollenkonflikten führen können.

Mögliche Rollenkonflikte

- **Intrarollenkonflikt:** Dieser entsteht dadurch, dass der Rollenträger innerhalb der Rolle unterschiedliche Erwartungen erfüllen muss.
- **Interrollenkonflikt:** Dieser entsteht dadurch, dass der Rollenträger zwei oder mehrere verschiedene Rollen einnimmt.

Der **Status** ist die sozial bewertete Stellung oder der Rang, den eine Person in einem Sozialsystem aus der Sicht der Mitglieder einnimmt. Dieser **Rang** hängt von den Leistungen, vom Beliebtheitsgrad und/oder der Persönlichkeit ab. Er ist nicht statisch zu sehen, sondern kann sich jederzeit verändern. Jeder Rang unterliegt gewissen Verhaltenserwartungen, denen sich das Gruppenmitglied unterordnet.

Teamrollenansatz (von Belbin) – eine Unterteilung nach Aufgaben

Neun Grundtypen müssen in einem Arbeitsteam vorhanden sein, damit es erfolgreich sein kann:
- Perfektionist
- Weichensteller
- Macher
- Koordinator
- Spezialist
- Beobachter
- Umsetzer
- Teamarbeiter
- Erneuerer

Arbeitsaufträge

1. Finden Sie je Beispiele für einen
   - Intrarollenkonflikt und einen
   - Interrollenkonflikt
   aus Ihrem Arbeitsumfeld.
2. Vergleichen Sie die ausgewiesenen Gruppenrollen mit Rollen, die während Ihrer Berufstätigkeit in Arbeitsteams/Arbeitsgruppen eingenommen wurden.

4.6.4 Kommunikationsstrukturen einer Gruppe

Kreis – jedes Mitglied hat gleich viele Kommunikationswege

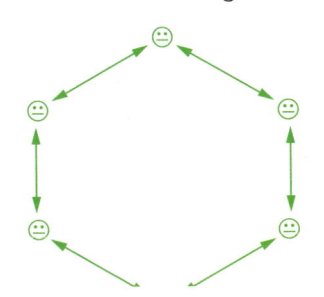

Kette – zwei Mitglieder sitzen am Ende und haben nur eine Kommunikationsmöglichkeit

Mehrkanal – jedes Mitglied kommuniziert mit jedem

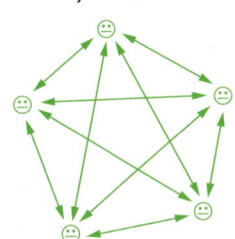

Stern – alle Informationen laufen über eine zentrale Person

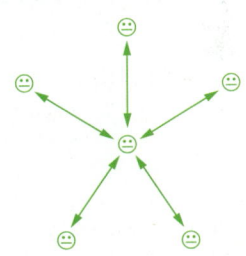

Gruppen unterscheiden sich auch stark durch die Art der persönlichen Beziehungen der Gruppenmitglieder untereinander.

Soziogramme können verdeutlichen, in welcher Weise Gruppenmitglieder miteinander kommunizieren. J. L. Moreno (1889–1974) entwickelte eine Methode zur Erfassung und Beschreibung von Gruppenstrukturen. Gruppenmitgliedern werden Fragen in der Art gestellt wie:

- Mit wem wollen Sie am liebsten zusammenarbeiten?
- Mit wem wollen Sie möglichst nicht zusammenarbeiten?
- Welchen Kollegen hätten Sie gern beim nächsten Ausflug in Ihrer Nähe?

So können Sympathien und Antipathien ermittelt werden. Dieses emotionale Beziehungsgeflecht der untersuchten Gruppe kann als Soziogramm grafisch verdeutlicht werden.

Motivationsprozesse darstellen und erklären

Beispiel 1:

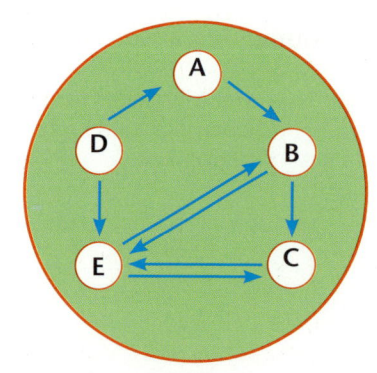

Beispiel für eine stabile Gruppenbeziehung: Alle Mitglieder sind in die Gruppe eingebunden.

Beispiel 2:

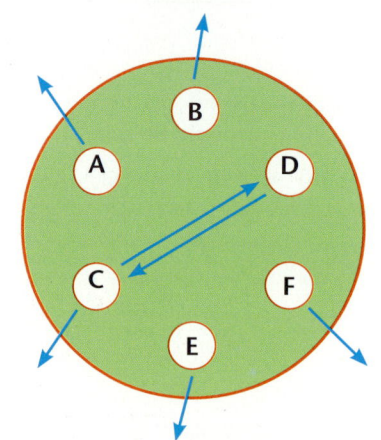

Beispiel für eine instabile Gruppenbeziehung: Die Mitglieder orientieren sich nach außen, die Gruppe ist ohne Zusammenhalt.

Beispiel 3:

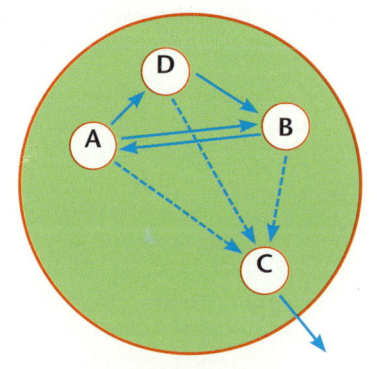

C wird von allen anderen abgelehnt, er orientiert sich nach außen.

Beispiel 4:

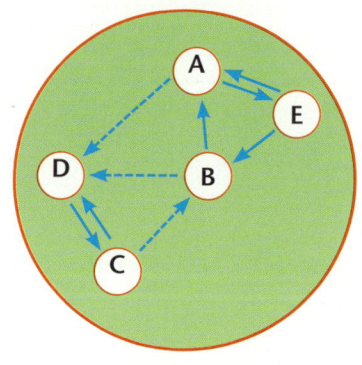

Hier liegt die Bildung von zwei Untergruppen vor, die sich gegenseitig ablehnen.

Vgl. Scheben, Mathias: Die erfolgreichsten Methoden der Konfliktvermeidung und Konfliktbewältigung in Unternehmen. WEKA Verlag, Kissingen 1979, S. 71

Arbeitsaufträge

1. Diskutieren Sie mit anderen Kursteilnehmern die Frage, wie ein Vorgesetzter am besten mit
   - einem informellen Führer,
   - einem Außenseiter,
   - einem „Fachidioten"

   umgehen sollte, um die Harmonie in der Arbeitsgruppe zu erhalten und jedem Einzelnen eine konstruktive Mitarbeit zu ermöglichen.

2. Erläutern Sie, welche Kommunikationsstruktur in Ihren Arbeitsgruppen häufig vertreten war.

3. Begründen Sie, warum es für einen Vorgesetzten hilfreich ist, über Gruppenbeziehungen in seinem Arbeitsteam Bescheid zu wissen.

4. Beurteilen Sie die Aussagekraft von sogenannten Soziogrammen.

5. Der Teamleiter eines spannungsreichen Arbeitsteams hat sein Team nach seinen persönlichen „Vorlieben" und „Abneigungen" befragt. Folgendes Ergebnis stellte sich heraus:

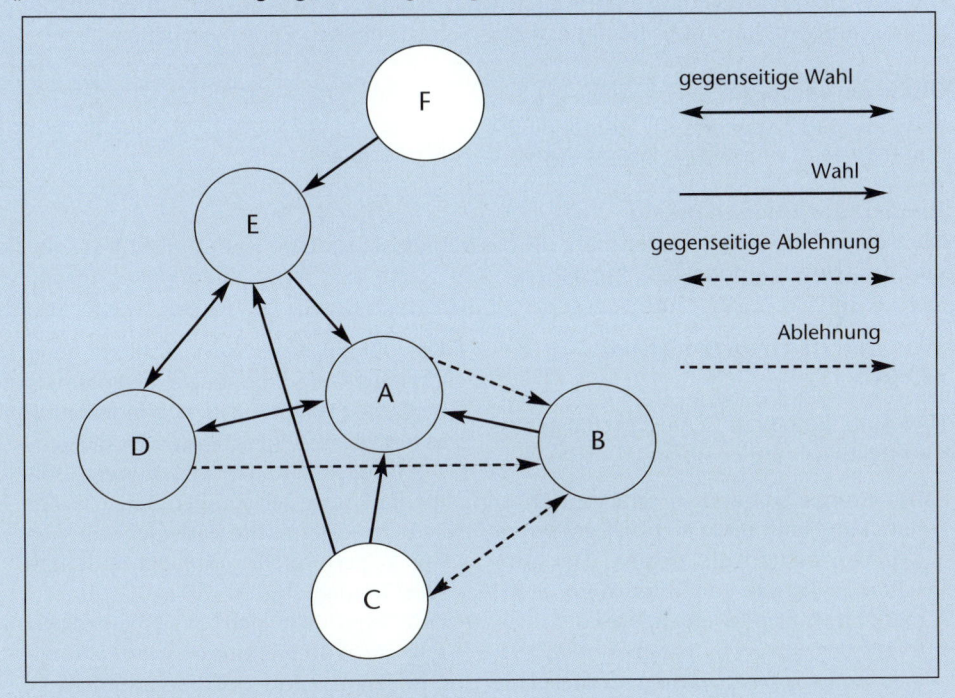

   a) Erläutern Sie den Begriff „Soziogramm".
   b) Überprüfen Sie Ihr erstelltes Soziogramm nach typischen Gruppenrollen und erläutern Sie diese.
   c) Angenommen, Sie würden dieses Team als Teamleiter übernehmen und müssten für eine Arbeitsphase von vier Wochen zwei Dreierteams bilden. Wie würden Sie diese zusammensetzen? Machen Sie einen begründeten Vorschlag.

4.6.5 Gruppenregeln

- **Interaktionsregel**
  Die Gruppenmitglieder stehen immer mehr oder weniger stark in Wechselwirkung zueinander.

- **Angleichungsregel**
  Mit zunehmender Wechselwirkung gleichen sich die Gefühle, Einstellungen und Sympathien immer stärker an. Es gibt sogar Tendenzen zur „Zensur" der Gruppenmeinung. Drei verschiedene Zensurmechanismen können auftreten:

  - **Gruppenzensur**
    Es wird Druck auf Mitglieder ausgeübt, die Zweifel an Gruppenmeinung und Prämissen artikulieren (Androhung oder Einsatz von Sanktionen).

  - **Meinungswächter**
    Einzelne Gruppenmitglieder versuchen, potenzielle Abweichler zum Schweigen zu bringen, bevor sie mit ihren Zweifeln die Gruppenmeinung unterminieren können.

  - **Selbstzensur**
    Wenn die Gruppenmitglieder von sich aus eigene Zweifel an der Gruppenmeinung unterdrücken, kommt es häufig erst gar nicht zu offenen Zensurversuchen.

- **Distanzierungsregel**
  Binnengruppen distanzieren sich gegenüber Außengruppen; sie werden negativ wahrgenommen (z. B. Krawalle von Fangruppen in Fußballstadien).

- **Tendenz zur Überschätzung**
  Die eigene Gruppe gilt immer mehr als die fremde, scheinbare Einmütigkeit lässt die Illusion der „Unverwundbarkeit" entstehen.

Was macht Gruppenarbeit effektiv?

Hier sind fünf praktische Ratschläge für die effektive Gruppenarbeit:

- Die Gruppe sollte klein sein und etwa fünf Mitglieder umfassen. Bei größeren Gruppen besteht die Gefahr, dass einschlägige Beiträge von Mitgliedern nicht mehr eingebracht werden, dass der relative Zugewinn von Informationen für die Aufgabenbearbeitung zurückgeht und dass Reibungsverluste in der Gruppe zunehmen.
- Die unterschiedlichen Aspekte der Aufgabe sollten durch jeweils dafür kompetente Mitglieder vertreten sein, die zudem alle am Gesamtproblem interessiert sind.
- Die Gruppenmitglieder sollten durch strukturale und personale Bedingungen bereit und befähigt sein, sich miteinander in der gleichen Sprache zu verständigen.
- Die interpersonalen Beziehungen sollten frei von Belastungen sein. Widerspruch in der Sache darf nicht als Ausdruck persönlicher Abneigung eingesetzt werden.
- Das Team hält sich an Arbeitsregeln, z. B. an Vorbereitungs-, Moderations-, Diskussions- und Dokumentationstechniken: Beispielsweise bereiten einzelne Mitglieder Beiträge für eine Teamsitzung vor. Ein Teammitglied moderiert die Sitzung und leitet die Diskussion, ein weiteres führt das Protokoll, das Verlauf, Ergebnisse und ggf. getroffene Entscheidungen dokumentiert.

Rosenstiel, Lutz von/Regnet, Erika/Domsch, Michel E. (Hrsg.): Führung von Mitarbeitern, 6. Aufl., Schäffer-Poeschel Verlag, Stuttgart 2009, S. 317f.

4.6.6 Leistungsfähigkeit einer Gruppe

Die Leistungsfähigkeit und das Leistungsverhalten einer Arbeitsgruppe werden stark durch ihren Zusammenhalt (Kohäsion) und die Abhängigkeit der Gruppenmitglieder von der Gruppe (Dependenz) beeinflusst.

Kohäsion

Kohäsion beschreibt den Gruppenzusammenhalt, die Geschlossenheit und Stabilität durch die Attraktivität der Gruppe für ihre Mitglieder. Hoch kohäsive Gruppen weisen eine hohe Kommunikationsdichte, Zufriedenheit und Normkonformität auf. Die Grenzziehung der Gruppe nach außen ist besonders ausgeprägt.

Dependenz

Gruppen werden nicht nur durch innere, sondern auch durch äußere Faktoren und Zwänge zusammengehalten. Diese Abhängigkeit eines Mitgliedes von der Gruppe wird als „Dependenz" bezeichnet. Sie entsteht beispielsweise, wenn die Mitglieder fürchten, bei Verlust der Gruppenmitgliedschaft Vorteile einzubüßen.

Situationen (z. B. Entlassungen), die als Bedrohung von außen wahrgenommen werden, steigern den Zusammenhalt ursprünglich kohäsiver Gruppen und schwächen den Zusammenhalt anfänglich wenig kohäsiver Gruppen.

Generell kann gesagt werden, dass homogen zusammengesetzte Gruppen eine höhere Kohäsion entwickeln als heterogene.

Die Gruppengröße und der Kohäsionsgrad stehen in inverser Beziehung: Je größer die Gruppe ist, umso geringer ist in der Regel ihr Zusammenhalt.

Die Mitglieder kohäsiver Gruppen erleben ihre Mitgliedschaft meist als identitäts- und sinnstiftend. Das ist genau der Aspekt, der die Organisationstheorie heute unter dem Stichwort **Unternehmenskultur** (vgl. S. 211 f.) stark beschäftigt.

Kohäsion und Effektivität

- **Fehlzeiten und Fluktuation**
  Hochkohäsive Gruppen weisen im Durchschnitt geringere Fehlzeiten und weniger Fluktuation auf als wenig kohäsive Gruppen. Allerdings spielt hierbei neben der Kohäsion die Dependenz eine Rolle. Bei hoher Kohäsion und geringer Dependenz sind Abwesenheit und Fluktuation gering. Die Mitglieder halten sich gerne in der Gruppe auf. Ist dagegen die Kohäsion gering und die Dependenz hoch, sind viele Fehlzeiten bei geringer Fluktuation wahrscheinlich.
  Hohe Gruppenkohäsion führt laut einer Befragung in einer Schwermaschinenfabrik bei den Gruppenmitgliedern zu geringeren arbeitsbezogenen Belastungs-, Spannungs- und Angstgefühlen. Die Mitglieder hochkohäsiver Gruppen sind außerdem zufriedener, da der Kohäsionsgrad ja gerade der Attraktivität und dem Ausmaß der individuellen Bedürfnisbefriedigungsmöglichkeit in der Gruppe entspricht.

- **Standards für Leistungen und Verhalten**
  Gruppennormen können zu Leistungsbeschränkungen führen. Untersuchungen einzelner Arbeitergruppen haben ergeben, dass deren Mitglieder trotz leistungsbezogener Entlohnung (Akkordlohn) eine bestimmte von der Gruppe als Norm festgesetzte Leistungsschwelle nicht überschritten. Die Angst vor Sanktionen der Gruppe könnte die vom Arbeitgeber intendierte finanzielle Anreizwirkung unwirksam gemacht haben; oder der Kohäsionsgrad der Gruppe war so groß, dass deren Mitglieder gegen den Arbeitgeber zusammengehalten haben.

4.6.7 Gruppenführung

> *Gruppenführung heißt, die Gruppenmitglieder unter Berücksichtigung der jeweiligen Gruppensituation auf einen gemeinsam zu erzielenden Gruppenerfolg hin zu beeinflussen, d. h., ein hohes Maß an Kohäsion zu ermöglichen.*

Vorgesetzte haben dabei mit zwei Ebenen zu tun: Die Sachebene beinhaltet alle formalen Aspekte und stellt eine organisatorische Herausforderung dar. Darunter befindet sich die Beziehungsebene, die einen sehr großen Einfluss auf die Leistungsfähigkeit der Gruppe hat.

Ganz allgemein ist zu sagen:

- Der Führungsstil beeinflusst das Gruppenverhalten.
- Demokratische Gruppenführung bedeutet dennoch: Der Gruppenleiter muss für Klarheit und Struktur sorgen.
- Bei wichtigen Entscheidungsprozessen brauchen Gruppen immer eine Leitung.
- Die Effizienz der Gruppe ist abhängig von
  - der Persönlichkeit des Leiters,
  - dem Führungsverhalten des Leiters.
- Je wichtiger/bedeutsamer die Arbeit ist, umso stärker ist das Bedürfnis, gesehen zu werden, in seinen ganz persönlichen Leistungen wahrgenommen zu werden.

Überlegenheit der Gruppe?

Beispiel
Präsident John F. Kennedy bildete ein Komitee, weil die anstehende Aufgabe zu komplex war, um sie einer Person alleine zu überlassen: Es ging um den Plan der CIA, eine Invasion Kubas durch 1 400 Exilkubaner zu unterstützen. Der Präsident versammelte eine Gruppe der besten politischen Experten, um diese Entscheidung zu beraten. Die Gruppe entschied sich für die Invasion und bestimmte selbst den Ort: die Bahía de Cohinos – die Schweinebucht.
Die Invasion war eine komplette Katastrophe. Das Komitee nahm an, dass die kubanische Armee desorganisiert, schlecht ausgerüstet und klein sei. Aber in weniger als 24 Stunden wurden 200 Invasoren getötet, die restlichen 1 200 Exilkubaner innerhalb kurzer Zeit gefangen genommen. Das Komitee wunderte sich in den nächsten Monaten, wie kurzsichtig sie waren, und fragte sich: Was war falsch?

Gruppendynamische Prozesse beschreiben   159

Arbeitsaufträge

1. Fällt eine Gruppe bessere Entscheidungen als eine Einzelperson? Diskutieren Sie Ihre Ansichten in der Klasse.

2. Bearbeiten Sie die Fallsituation zum Thema Rollenkonflikt, indem Sie
   - den hierarchischen Aufbau der XYZ GmbH untersuchen,
   - die beteiligten Rollen identifizieren,
   - etwaige Rollenkonflikte ausfindig machen,
   - die Gruppendynamik verdeutlichen und
   - einen Lösungsvorschlag für diesen Konflikt entwickeln.

Fallsituation

Die XYZ GmbH beschäftigt 300 Mitarbeiter. In der Produktion arbeiten 170 Arbeiter jeweils an einer Maschine. Fünf Vorarbeiter koordinieren die Abläufe. Hermann Schlichter ist für das Lager und für die Materialzulieferung zuständig und vertritt manchmal auch die Produktionsleitung. Diese liegt bei Silvia Meier.

Der Mechaniker (Edgar Schnelle) hat die Aufgabe, die 170 Maschinen bei auftretenden Fehlern zu reparieren. Täglich fallen 15 bis 20 Maschinen aus. Jeder Arbeiter meldet seinen Reparaturwunsch direkt bei dem Mechaniker an, und die Maschine wird von ihm sofort repariert.

Zeitlich gesehen ist es Schnelle auch möglich, alle ausfallenden Maschinen nacheinander zu reparieren.

Doch oft passiert es, dass zwei Arbeiter gleichzeitig beim Mechaniker mit Reparaturwünschen erscheinen. Da der Mechaniker jedoch immer nur eine Maschine zur gleichen Zeit reparieren kann, muss er notgedrungen einen der Arbeiter auf später vertrösten. Ihm fällt jedes Mal die Entscheidung darüber schwer, wem er zuerst helfen soll. Wonach soll er sich hierbei richten? Da er fürchtet, die Arbeiter könnten schlecht über ihn reden, wird er wohl meistens die Arbeiter zuerst bedienen, deren Meinungen im Kreise der Arbeiter tonangebend sind (informelle Führer).

Ist nun einer der vertrösteten Arbeiter besonders ärgerlich, so geht er zu Hermann Schlichter und versucht durch ihn, die Reparatur seiner Maschine beim Mechaniker durchzusetzen. Er gibt bei Schlichter keineswegs den wahren Grund für die Verzögerung der Reparatur an. Schlichter ist also nicht darüber informiert, dass der Mechaniker eben begonnen hat, die Maschine des anderen Arbeiters zu reparieren. Er hört nur die Klage und sieht den Mechaniker beschäftigt. Er will seine Arbeiter vor einem Verdienstausfall durch die stehende Maschine bewahren und sieht praktisch keine Möglichkeit dazu. Der Mechaniker ist ja schon an einer Maschine tätig. Daher meint er: „Schnelle ist kein guter Mechaniker. Oft weiß er nicht, was an einer Maschine nicht in Ordnung ist, und pflegt ewig an ihr herumzufuschen." Dieses Vorurteil hindert Schlichter vermutlich daran, mit dem Mechaniker sachlich zu verhandeln, denn dadurch würde er den Grund seiner „Weigerung" schnell einsehen.

Der schwelende Konflikt wird akut, als sich ein Arbeiter erneut bei Schlichter darüber beschwert, dass der Mechaniker seine Maschine nicht reparieren wolle. Nun geht Hermann Schlichter zum Mechaniker und sagt, er müsse das sofort tun. Der Arbeiter hätte ihm berichtet, er lehne die Reparatur ab. Der Mechaniker wird ärgerlich und erklärt, Derartiges habe er nicht geäußert. Er geht zu dem Arbeiter und stellt ihn zur Rede. Der Arbeiter erwidert ihm, so etwas hätte er niemals gesagt, der „Schlichter" lüge. Daraufhin gehen der Mechaniker und der Arbeiter zum für das Lager und die Materialzulieferung verantwortlichen Schlichter und versuchen, ihm zu beweisen, dass er dem Mechaniker gegenüber gelogen habe. Da nimmt Schlichter seine Jacke, geht zur Produktionsleiterin und droht mit Kündigung, wenn sich nicht endlich etwas an der Organisation ändere. Sie lässt den Mechaniker kommen …

5 Mit Konflikten angemessen umgehen

> **Fallbeispiel**
>
> Der Facharbeiter Willi Breit stellt bei der Montage eines Industriemotors fest, dass die Halterung, mit der die Ölwanne montiert werden soll, nicht passt. Er beschwert sich bei seinem nächsten Vorgesetzten, Meister Grün, darüber, dass falsche Teile aus der Arbeitsvorbereitung geliefert worden seien. Grün antwortet gereizt: „Das kann nicht sein, denn die Arbeitsvorbereitung richtet sich genau nach den Konstruktionsplänen. Im Übrigen habe ich zu viel um die Ohren, um mich darum zu kümmern!" und verweist Breit weiter an die Abteilung Arbeitsvorbereitung. Der für die Konstruktionspläne zuständige Ingenieur Ernst Walter wird eingeschaltet. Er erklärt knapp: „Das muss passen." Breit wird zornig und erwidert: „Dann legen Sie sich doch selbst drunter und montieren die Wanne!" Walter verlässt mit rotem Kopf und voller Zorn die Halle: „So weit kommt's noch." – Breit denkt: „Der Depp, von der Praxis hat der keine Ahnung."

„Wenn sich eine Tür schließt, dann öffnet sich eine andere. Wenn wir jedoch nur auf die verschlossene Tür schauen, nehmen wir die offenen Türen nicht wahr."
Verfasser unbekannt

5.1 Der Begriff „Konflikt"

Konflikte gehören zum täglichen Leben und entstehen durch unterschiedliche Ziele oder Bedürfnisse, die nicht miteinander in Einklang gebracht werden können. Das Wort „Konflikt" hat seinen Ursprung im Lateinischen „confligere" = zusammenstoßen. Das kann sich auf Gedanken, Ideen, Überzeugungen oder Interessen beziehen. Unterschiedliche Ziele und Bedürfnisse prallen aufeinander. Das wird häufig als sehr negativ und störend empfunden, ist aber sowohl im beruflichen als auch im privaten Bereich meist unvermeidbar. Konflikte binden viel Energie und wirken daher leistungshemmend, bieten aber auch die Chance, Veränderungen herbeizuführen. Das Aufdecken von Gegensätzen ermöglicht es, neue Wege zu suchen.

Die Einstellung gegenüber Konflikten hat sich in den letzten Jahren verändert. Folgende Gegenüberstellung soll dies verdeutlichen:

Heutige Ansicht	Frühere Auffassung
– Konflikte sind unvermeidbar. – Sie haben verschiedene Ursachen, die meist miteinander in Zusammenhang stehen. – Konflikte sind produktiv nutzbar.	– Konflikte sind vermeidbar. – Nur schwierige Personen verursachen Konflikte (Sündenbock). – Konflikte wirken immer destruktiv (zerstörerisch).

5.2 Konfliktformen

„Keine Situation ist hoffnungslos oder ausweglos, solange wir sie nicht so sehen."
Verfasser unbekannt

Konflikte kann man unterscheiden nach
- ihren **Erscheinungsformen (1)** und
- der **sozialen Ebene (2)**, auf der sie sich abspielen:

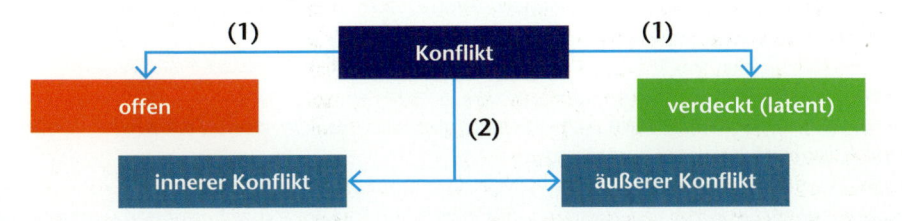

```
                    (1)                           (1)
          ┌──────────────── Konflikt ────────────────┐
          ▼                     │                    ▼
        offen                  (2)            verdeckt (latent)
                                │
          ┌─────────────────────┴─────────────────────┐
          ▼                                           ▼
    innerer Konflikt  ◄──────────────────►   äußerer Konflikt
```

Offene Konflikte sind für jeden spürbar und werden mehr oder weniger heftig ausgetragen. **Verdeckte Konflikte** hingegen schwelen unter der Oberfläche und sind noch nicht offen ausgebrochen.

Konfliktsymptome unterschiedlicher Art geben Außenstehenden Hinweise auf das Vorhandensein von Konflikten. Eine gereizte Atmosphäre zeigt beispielsweise, dass nicht alles in Ordnung ist. Der Ärger wird heruntergeschluckt und tritt in versteckten Andeutungen zutage. Da unausgesprochene Konflikte stets negative Auswirkungen auf die Leistungsbereitschaft haben, ist Desinteresse oder auch Widerstand im Arbeitsbereich ein Indiz für eine problematische Situation. Nicht ausgesprochene Konflikte fördern darüber hinaus Intrigen und Gerüchte.

> Eine Auseinandersetzung zwischen Personen (interpersonalen Konflikt) oder Gruppen (Inter-Gruppen-Konflikt) bezeichnet man als **äußeren Konflikt**.

Folgende Merkmale deuten konfliktäre Beziehungen an:

- Die Kommunikation ist destruktiv.
- Gemeinsamkeiten werden nicht mehr wahrgenommen.
- Es herrscht eine misstrauische, feindselige Atmosphäre.
- Im Blickwinkel steht vor allem das Trennende.
- Es gibt keine echte Zusammenarbeit.

> **Innere Konflikte** kommen dadurch zustande, dass auf eine Person Kräfte einwirken, die sie in verschiedene Richtungen drängen. Zwiespältigkeit ist ein wesentliches Merkmal eines inneren Konfliktes.

Bein einem inneren Konflikt gibt es drei Konstellationen:

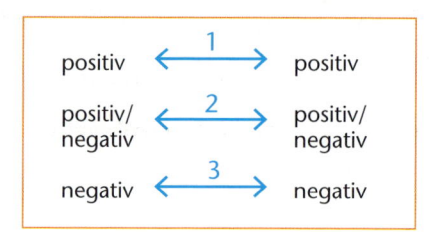

positiv	←1→	positiv
positiv/negativ	←2→	positiv/negativ
negativ	←3→	negativ

Konstellation 1 bezeichnet man als **Annäherungs-Annäherungs-Konflikt** (Appetanz-Appetanz-Konflikt). Die Person steht zwischen zwei Zielen, die sie für gleich wertvoll hält, aber nicht gleichzeitig anstreben kann.

Beispiel
Die Angestellte Lara Krause fühlt sich an ihrem Arbeitsplatz sehr wohl. Das Betriebsklima ist gut und ihr Aufgabenbereich sehr interessant.
Dennoch überlegt sie zu kündigen, als ihr von einer konkurrierenden Firma ein lukratives Angebot unterbreitet wird. Sie kann sich zwischen den ihrer Meinung nach gleichermaßen wertvollen Alternativen nicht entscheiden.

Der Konflikt zwischen positiven und negativen Seiten einer Entscheidung stellt sich als **Annäherungs-Vermeidungs-Konflikt** (Appetanz-Aversions-Konflikt) dar.

Beispiel
Der Facharbeiter Grassner möchte an einer Weiterbildungsmaßnahme zum staatlich geprüften Techniker teilnehmen. Das bedeutet für ihn, dass er zwei Jahre lang nicht in seinem Beruf arbeiten kann. Da er gerade eine Familie gegründet hat, fällt ihm der daraus folgende Gehaltsverzicht besonders schwer. Andererseits erscheint ihm eine höhere berufliche Qualifikation für seine Zukunft als sehr wichtig.
Seine Entscheidung für die eine oder andere Alternative beinhaltet immer auch einen Verzicht. Beide Möglichkeiten enthalten sowohl Wertvolles als auch Nachteiliges.

Wenn eine Person zwischen zwei Gegebenheiten entscheiden muss, die sie beide als Übel ansieht (Konstellation 3), so spricht man von einem **Vermeidungs-Vermeidungs-Konflikt** (Aversions-Aversions-Konflikt).

Beispiel
Der Angestellte Moritz Ernst leidet unter dem Verhalten seines direkten Vorgesetzten. Seiner Meinung nach hat er nur die Wahl zwischen zwei negativen Alternativen: Entweder kann er versuchen, die Firma zu wechseln, was für ihn mit einem Wohnortwechsel verbunden wäre. Da er aber gerade ein Haus gebaut hat, würde er dies nur sehr ungern in Kauf nehmen. Oder er muss seinen Vorgesetzten ertragen, was ihm als kaum möglich erscheint. Dieser Konflikt erscheint ihm nicht lösbar und belastet ihn sehr.

5.3 Konfliktarten

Von einem **Zielkonflikt** spricht man, wenn Menschen verschiedene Absichten haben. Sie haben zu einem Thema vielleicht unterschiedliche Erfahrungen oder Informationen gesammelt und vertreten deshalb konträre Standpunkte.

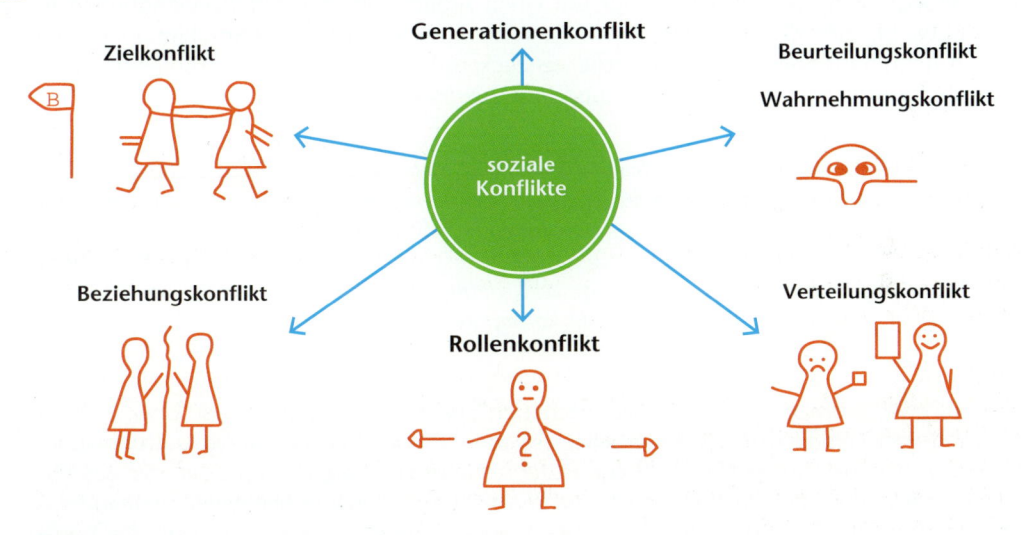

Beispiel
Frau Schuster hat längere Zeit in den USA gearbeitet und dort viel über Teamarbeit gelernt. In ihrer deutschen Firma schlägt sie nun eine Umstrukturierung der Arbeitsorganisation vor. Ihr Vorgesetzter, Herr Schubert, lehnt solche Änderungen als neumodischen Quatsch ab.

Möglich ist auch, dass beide die gleichen Informationen besitzen und daraus konträre Schlüsse ziehen.

Beispiel
Auf obiges Beispiel bezogen hieße dies, dass auch Herr Schubert die Vorteile von Teamarbeit kennengelernt hat, sie aber ablehnt, da er sie in seiner Firma für nicht durchführbar hält. Er hat vielleicht Angst davor, einen bedeutenden Teil seines Einflusses zu verlieren, oder hält seine Mitarbeiter generell für unfähig.

Als Zielkonflikt kann sich auch eine Konstellation entwickeln, in der von der Geschäftsleitung eine Entscheidung getroffen wird, die die Mitarbeiter nicht mittragen wollen. Sie wurden nicht gefragt und zu spät informiert.

> In **Beurteilungs- und Wahrnehmungskonflikten** interpretiert jede Partei die Sachlage aus ihrem persönlichen Blickwinkel.

Beispiel
Um eine wirtschaftliche Krise zu überwinden, hat die Geschäftsleitung eines mittelständischen Betriebs der Maschinenbaubranche eine Reihe drastischer Sparmaßnahmen beschlossen, die aus ihrer Sicht unabdingbar erscheinen. Aus der Sicht der Belegschaft werden diese Maßnahmen als ausbeuterisch und unfair bewertet.

> Wenn es darum geht, knappe Ressourcen zuzuteilen, kann es zu **Verteilungskonflikten** kommen, weil die vorgenommene Verteilung als ungerecht empfunden wird oder weil die Menge der Mittel einfach zu begrenzt ist, um die Wünsche aller zu erfüllen.

Konfliktgegenstand ist z. B. der Kampf um einen Arbeitsplatz, um Mittelzuwendungen für eine Abteilung oder Gehaltserhöhungen. Da in unserer Gesellschaft die Bezahlung ein wichtiges Kriterium für Anerkennung darstellt, verstecken sich hinter Verteilungskonflikten häufig auch Bedürfnisse nach mehr Anerkennung und Zuwendung.

> Die hierarchische Struktur eines Betriebs führt dazu, dass Vorgesetzte Mitarbeiter haben, für die sie weisungsbefugt sind, während sie gleichzeitig anderen Vorgesetzten unterstehen, von denen sie Weisungen empfangen. Diese Positionen beinhalten demnach zwei ganz verschiedene Rollen: die des Vorgesetzten und die des Mitarbeiters in einer Person. An sie werden zum Teil gegensätzliche Verhaltenserwartungen gestellt, denn von einem Vorgesetzten erwartet man andere Dinge als von einem Mitarbeiter. Es kommt zu **Rollenkonflikten**.

Aus den USA stammt der Ausdruck „sandwich man", der die schwierige Position einer mittleren Führungskraft verdeutlicht. Die Mitarbeiter erwarten von ihr Fairness, wenig Leistungsdruck, Anerkennung und Verständnis. Ihr Vorgesetzter verlangt Leistung, das Vertreten der Betriebsziele und reibungsloses Funktionieren. Manchmal sind diese Erwartungen nicht miteinander zu vereinbaren, denn Verständnis für die Situation eines Mitarbeiters ist z. B. nicht mit der hohen Leistungsanforderung in Einklang zu bringen, die an ihn selbst gestellt wird. Ein typischer Rollenkonflikt liegt auch in den miteinander konkurrierenden Erwartungen der Familie an die Mutter oder den Vater einerseits und der Firma an sie oder ihn als Mitarbeiter andererseits.

Beispiel
Die Firma fordert von einer Mitarbeiterin, dass sie jederzeit vollständig zur Verfügung steht, während sich ihre Familie eine ausgeglichene Ehefrau und Mutter wünscht, die frühzeitig nach Hause kommt und viel Zeit für sie hat. Die Kollegen erwarten Solidarität und kollegiales Verhalten, aber keine Konkurrenz. Sie selbst möchte unbedingt Karriere machen.

Jeder Mensch spielt demnach in einer bestimmten Position ganz verschiedene Rollen, die nicht immer im Einklang miteinander stehen. In jeder Rolle ist auch ein Bündel an **sozialen**

Normen vereinigt, die der Rollenträger erfüllen muss. Man bezeichnet sie als **Rollenattribute**. Sie machen deutlich, was in der jeweiligen Position als richtig und als falsch gilt.

Beispiel
Der Bankangestellte trägt Anzug und Krawatte, was nicht zu den Erwartungen gehört, die an einen Bauleiter gestellt werden. Der laut singende Inhaber eines Beerdigungsinstitutes würde sicherlich als „aus der Rolle fallend" bezeichnet werden, sofern er dies während seiner Arbeitszeit tut. Er zeigt nicht die Bereitschaft oder die Fähigkeit, sich seiner Rolle entsprechend zu verhalten.

Eine Ursache für Rollenkonflikte kann auch in der Rollenunsicherheit begründet sein.

Beispiel
Der Mitarbeiter eines Arbeitsteams bekommt Leitungsfunktionen übertragen; damit hat er große Schwierigkeiten, denn er identifiziert sich noch zu sehr mit seiner Gruppe als ihr Mitarbeiter und kann nur schwer die neue Rolle annehmen.

> ***Beziehungskonflikte*** *ergeben sich aus Antipathien und Kommunikationsstörungen. Ihre Ursache liegt unter anderem in der Persönlichkeitsstruktur der Beteiligten. Eigene Unzulänglichkeiten werden verdrängt und auf andere Personen übertragen. Dies wird als „Projektion" bezeichnet. Dem anderen wird in diesem Fall genau das vorgeworfen, was selbst verdrängt wurde. Ungelöste Konflikte aus der Vergangenheit werden auf Kontakte in der Gegenwart übertragen.*

Beispiel
Frau Müller aus der Buchhaltung hasst das arrogante Auftreten von Herrn Schlau, mit dem sie zusammenarbeiten muss, so sehr, dass sie an einen Stellenwechsel denkt. Sie vergleicht ihn in Gesprächen mit einer ihr vertrauten Kollegin oft mit ihrem geschiedenen Ehemann.

Werden Konflikte nicht bemerkt, haben sie die Tendenz, sich auszuweiten.

Eine verdeckte Form der Austragung von Beziehungskonflikten stellt die **Intrige** dar. In einer Infas-Umfrage zur Atmosphäre am Arbeitsplatz, die der Bundesverband der Betriebskrankenkassen in Auftrag gegeben hat, antworteten etwa 71 % der befragten deutschen Arbeitnehmer auf die Frage, welches Verhalten das Betriebsklima besonders negativ beeinflusse, mit „Intrigen" (vgl. S. 167, Mobbing).

Der Intrigant möchte einen persönlichen Vorteil bewirken. Dazu benutzt er planmäßig die Schwächen von anderen und arbeitet mit List und Tücken wie:
- Denunziation (Verleumdung)
- Informationsverfälschung
- Aufbau einer „Falle"

In der Regel ist unklar, wer hinter einer Intrige steckt (anonym), doch die Angriffe sind immer zielgerichtet. Intrigenfördernd wirken:
- starke Konkurrenz (erweckt Neid und Rivalität)
- mangelnde Information und mangelnde Kommunikation
- autoritäre Führungsstrukturen
- fehlende Konfliktbearbeitung
- fehlende Transparenz bezüglich Beförderungen, Beurteilungen, Arbeitseinteilungen

Generationenkonflikt

Beispiel
Auch wenn jüngere und ältere Kollegen auf einer Hierarchiestufe zusammenarbeiten, treten Probleme auf, denn die älteren haben möglicherweise Angst, dass ihnen ihre Position streitig gemacht wird, und die jüngeren kämpfen darum, neue Ideen durchsetzen zu können und ernst genommen zu werden.

Ein wesentlich jüngerer Mitarbeiter wird zum Vorgesetzten eines älteren, der sich vielleicht zudem noch früher um diese Position beworben hatte. Er versucht, den neuen Vorgesetzten abzuwerten, sich nichts sagen zu lassen, seine Erfahrung herauszustreichen, und hat insgeheim Angst vor möglichen Veränderungen. Der jüngere Vorgesetzte hat Angst um seine Anerkennung, fühlt sich in seiner neuen Rolle vielleicht noch unsicher und damit angreifbar.

Arbeitsauftrag

Fallsituation

Zwischen zwei Mitarbeitern in einem kleineren Baubetrieb besteht ein gespanntes Verhältnis. Da beide schulpflichtige Kinder haben, gibt es immer wieder Schwierigkeiten bezüglich der Ferienregelung. Herr F. wirft in einer Diskussion über den Verlauf ihres gemeinsamen Projekts nun Frau H. vor, dass sie nie Rücksicht auf andere Kollegen nehme und überhaupt einen rauen und unfreundlichen Umgangston pflege. Frau H. ihrerseits ist überrascht über den plötzlichen Gefühlsausbruch ihres Kollegen und weist seine Vorwürfe entschieden zurück. Sie könne sich an kein Beispiel erinnern, wo sie unfreundlich oder unkollegial gewesen sei. Auch hätten sich weder andere Kollegen noch Kunden über sie beschwert, was man von Herrn F. nicht behaupten könne. Da wäre doch die Angelegenheit mit dem Kunden Z. gewesen, der schließlich nur noch mit ihr hätte verhandeln wollen, denn sie habe damals sehr viel mehr Einfühlungsvermögen besessen, um auf seine individuellen Wünsche einzugehen. Herr F. fällt nun Frau H. wütend ins Wort und schreit sie an: „Das war ja wohl sonnenklar, dass Sie als Frau bei diesem Kunden ... Darauf bilden Sie sich nun auch noch was ein. Sie sollten sich lieber um Ihre drei Kinder und Ihren Mann kümmern, anstatt Ihre Arbeitszeit dazu zu benutzen, mit Kunden zu flirten!"

Analysieren Sie dieses Konfliktgespräch.
– Worin sehen Sie den Konfliktauslöser?
– Um welche Art und Form des Konflikts handelt es sich Ihrer Meinung nach?
– Welche Stufen des Konfliktverlaufs lassen sich hier erkennen?

5.4 Mobbing

*"Unter **Mobbing** wird eine konfliktbelastete Kommunikation am Arbeitsplatz unter Kollegen oder zwischen Vorgesetzten und Untergebenen verstanden, bei der die angegriffene Person unterlegen ist (1) und von einer oder einigen Personen systematisch, oft (2) und während längerer Zeit (3) und mit dem Ziel und/oder dem Effekt des Ausstoßes aus dem Arbeitsverhältnis (4) direkt oder indirekt angegriffen wird und dies als Diskriminierung empfindet."*

Leymann, Heinz: Mobbing – Psychoterror am Arbeitsplatz und wie man sich dagegen wehren kann. Rowohlt, Hamburg 1993, S. 18

Der Begriff „Mobbing" hat sich aus dem englischen Wort „mob" (= Meute) entwickelt. Es handelt sich dabei nicht um gewöhnliche Konflikte, sondern um ein systematisches Ausgrenzen und Erniedrigen eines Mitarbeiters. Am Anfang steht häufig ein normaler Arbeitskonflikt, aus dem heraus sich schleichend ein Mobbing-Prozess entwickelt.

Der „Täter" macht sich meist nur wenig Gedanken über die Auswirkungen seines Handelns. Daneben gibt es eine Vielzahl von Beteiligten, die Mobbing überhaupt erst möglich machen, indem sie aus Unbedachtheit oder Nachlässigkeit am Mobbing teilnehmen oder dabei zusehen. Opfer kann dabei prinzipiell jeder werden.

Mobbing kann häufig nur deshalb auftreten, weil es geduldet wird. Wenn es gelingt, eine gemeinsame moralische Grenzlinie zu ziehen, die Mobbing-Handlungen im Betrieb als inakzeptabel erscheinen lässt, dann wird Mobbing viel seltener auftreten. Wohlgemerkt geht es nicht darum, Konflikte zu verbieten. Konflikte sind notwendig und auch durch Verbote nicht zu verhindern. Aus ungelösten Konflikten kann jedoch nur dann Mobbing entstehen, wenn sich niemand mehr um den Konflikt kümmert und er unbeachtet weiter schwelen darf. Mobbing kann durch ein mutiges Auftreten von Kollegen und Vorgesetzten, die klar ihre Meinung sagen, verhindert werden.

Mobbing-Verlauf

1. Auslöser: negative Konfliktbearbeitung
2. Mobbing-Prozess beginnt
3. Rechts- und Machtübergriffe
4. Ausschluss des Opfers

Mobbing-Verhalten

Kränkung	jemanden lächerlich machen, nicht zu Wort kommen lassen, keine Antworten geben, hinter dem Rücken reden
Isolation	Kontakt vermeiden, bei Aktivitäten ausschließen

Verleumdung	Gerüchte und/oder Unwahrheiten in Umlauf bringen
Zerstören der sozialen Anerkennung	jemandem keine oder bewusst falsche Informationen über Arbeitsvorgänge geben, zu leichte/zu schwierige Aufgaben oder demütigende Aufgaben zuweisen, diskreditieren

Die Abfolge permanenter Angriffe führt beim Mobbing-Opfer zu großem Stress. Sein Selbstwertgefühl wird untergraben, physische und psychische Gesundheit werden beeinträchtigt: Oft treten Schlafstörungen, Magenbeschwerden, Kopfschmerzen, Konzentrationsschwäche bis hin zu Depressionen auf.

Hintergründe von Mobbing

Untersuchungen und Fallstudien zeigen, dass es im Wesentlichen vier Gründe sind, die für die Entstehung von Mobbing verantwortlich sind. Dabei tritt selten einer der Gründe allein auf, sondern es handelt sich häufig um eine Mischung aus verschiedenen Gründen:

- *Organisation der Arbeit (z. B. unbesetzte Stellen, hoher Zeitdruck, starre Hierarchie mit unsinnigen Anweisungen, Umstrukturierungen)*
- *Inhalte der Arbeit (z. B. hohe Verantwortung bei geringem Handlungsspielraum, geringe Bewertung der Tätigkeit, Unter- oder Überforderung)*
- *Führungsverhalten der Vorgesetzten*
- *personelle Faktoren (z. B. Auffälligkeiten, Andersartigkeiten)*

Die Schwierigkeit besteht vor allem im Erkennen von Mobbing und in der Beurteilung der Glaubwürdigkeit der Betroffenen.

Unsichere Anstellungsverhältnisse, Umstrukturierungen, Fusionen von Firmen und das schnelle Einführen neuer Technologien fördern ein Betriebsklima, in dem Mitarbeiter unter Umständen versuchen, Konkurrenten durch Mobbing zu eliminieren, und in dem Mitarbeiter es nicht mehr wagen, sich zur Wehr zu setzen.

Über- oder Unterforderung der Arbeitnehmer, Mängel in der Arbeitsorganisation und im Verhalten der Vorgesetzten bedeuten Stress für alle Arbeitnehmer und begünstigen daher ebenfalls das Auftreten von Mobbing.

Ökonomische Folgen

Wenn Mobbing zwischen Kollegen entsteht, ist der Vorgesetzte gefragt. Er hat nicht nur die Weisungsbefugnis, sondern auch eine Fürsorgepflicht für seine Mitarbeiter. Aber nicht nur die Fürsorgepflicht veranlasst einen Vorgesetzten, Mobbing zu unterbinden, sondern auch die Tatsache, dass Mobbing betriebliche Kosten verursacht.

Diese entstehen durch
- Minderleistungen,
- Fehlzeiten,
- Fluktuation.

Mobbing-Opfer reagieren in der Regel zuerst mit erhöhter Leistung, dann aber, wenn sie die Sinnlosigkeit ihres Bemühens erkennen, gehen sie zu Minderleistung und Arbeit auf Anweisung über. Dies erfüllt alle Merkmale der inneren Kündigung. Später werden sie krank und fehlen am Arbeitsplatz. Wenn keine Lösung möglich ist, verlassen sie das Unternehmen.

Rechtslage

Mobbing am Arbeitsplatz ist in Deutschland noch kein Straftatbestand. Arbeitgeber stehen jedoch in der Pflicht, ihre Arbeitnehmer vor Mobbing zu bewahren. Dies ergibt sich aus Art. 1 und 2 des deutschen Grundgesetzes. Der Arbeitgeber ist verpflichtet, das Persönlichkeitsrecht, die Gesundheit und die Ehre des Arbeitnehmers zu schützen. Auch aus den vorhandenen gesetzlichen Bestimmungen ergeben sich umfangreiche Schutz- und Handlungsmöglichkeiten.

Der Vorgesetzte entscheidet, ob gemobbt wird oder nicht

Die Bosheit im Betrieb nimmt zu, wenn der Leistungsdruck steigt

„Wenn der Vorgesetzte den Mumm aufbringt, offen zu reden und Konflikte sofort zu klären, dann ist Mobbing nicht möglich", sagt Michael Ziegelmayer. Der Freiburger Diplompsychologe hält Mobbing für ein Problem, das auf Schwächen in der Führung verweist. Glücklich ist er über das Schlagwort „Mobbing" nicht. „Eigentlich ist dieses Phänomen zunächst ganz normales sozial aggressives Verhalten mit allen möglichen Techniken der Ab- und Ausgrenzung." Und dieses Verhalten findet sich in jeder großen Gruppe. Die entscheidende Frage laute, wie die jeweilige Führungskultur aussieht. „Die einzelnen Vorgesetzten entscheiden darüber, ob in ihrem Bereich gemobbt wird oder nicht. Darin liegt im Sinne von Prävention der richtige Ansatz." Chefs müssten schwelende Konflikte auf den Tisch bringen und ausgrenzendes Verhalten nicht dadurch befördern, dass sie Probleme totschweigen. Ziegelmayer skizziert einen Fall: Drei Mitarbeiter sollen gemeinsam ein neues Produkt entwickeln. Sie finden sich aber immer nur einzeln im Chefbüro ein und berichten über die jeweils anderen Kollegen. Allein diese Tatsache sollte einen sensiblen Vorgesetzten stutzig machen. „Der müsste fragen: Was ist hier los? Ihr habt einen gemeinsamen Auftrag, warum kommt jeder mit Details? Warum präsentiert ihr nicht zu dritt einen Vorschlag?" Diese Wehret-den-Anfängen-Haltung sei Chefsache. Ein klares Machtwort ist aller- spätestens dann überfällig, wenn ein Mitarbeiter über den anderen in Abwesenheit schimpft: Der habe etwas weggenommen, etwas falsch gemacht und überhaupt ... „Das ist der Ansatz zum Mobbing. Dann muss der Vorgesetzte sofort ein anderes Modell liefern und den Beschuldigten hinzuholen. Es obliegt ihm, eine offene Kommunikation zwischen den Beteiligten herzustellen." Denn das Kernproblem beim Mobbing laute: Der, mit dem ich ein Problem habe, mit dem rede ich nicht darüber. Das mache ich nur verdeckt deutlich.
Einem souveränen Chef obliegt es auch, zu beobachten, ob es Mitarbeiter gibt, mit denen niemand spricht, die immer isoliert sitzen, mit denen sich kein informeller Kontakt entwickelt. „Es geht dann nicht darum, Ratschläge zu erteilen, aber aufmerksam zu werden", sagt Michael Ziegelmayer. Im Großen und Ganzen bestätigt Martin Jakubeit diese Thesen. Er ist Psychologe bei der Bereitschaftspolizei in der Schwarzwaldstadt Lahr und bekräftigt: „Natürlich kommt dem Chef eine Kanalisierungsfunktion zu. Aber die Kartoffel macht es in der Suppe nicht alleine." (…) Der durch Mobbing entstehende volkswirtschaftliche Schaden wird auf 25 Milliarden Euro geschätzt. Mobbingopfer spiegeln die ganze Palette der psychosomatischen Erkrankungen und fallen dann im schlimmsten Fall aus.
Zwei Entwicklungen, die dieses aggressiv-ausgrenzende Verhalten befördern, nennt

Michael Ziegelmayer, der sich auf Personalthemen und Beratung von Unternehmen spezialisiert hat: erstens Veränderungs- und Reorganisationsprozesse, die von der neu zugeordneten Abteilung bis zur internationalen Fusion reichen. „Dies führt zwangsläufig zur Verunsicherung." Zweitens der zunehmende Leistungsdruck, der damit häufig einhergeht. „Der Output muss gesteigert werden, die Anforderungen sind erhöht." Während der Arbeitsdruck steigt, sinkt die Stimmung. In dieser angespannten Situation passiere es sehr schnell, dass ein Mitarbeiter negativ auffalle, weil er einen Auftrag verbaselt hat oder eine Eigenschaft besitzt, die unangenehm wirkt. Ob das nun die schrille Krawatte oder das permanente Zuspätkommen ist oder einfach die Eigenheit, sich spontan freizunehmen, ohne dass dies die anderen nachvollziehen können. Auch ein Bücherfreund, der in einen Kollegenkreis enthusiastischer Sportler geraten ist, kann gruppendynamisch zum idealen Sündenbock werden: einfach nur, weil er nach Feierabend lieber daheim zum Krimi greift als in der Gruppe zum Fitnesscenter- und Kneipenabend zu ziehen. Entscheidend ist: Er oder sie hat gegen die ungeschriebenen Gesetze verstoßen. Gerade neue Mitarbeiter, die diese firmeninternen Regeln nicht kennen, sind dann schnell außen vor. Ihr Ruf wird systematisch zerstört, und sie werden auf alle erdenkliche Art gemobbt: Wichtige Informationen werden ihnen vorenthalten. Zu Besprechungen werden sie zu spät oder gar nicht eingeladen. Ihnen werden Aufgaben entzogen oder zu viele Aufträge aufgebürdet. Der berühmte Schwatz am Kopierer wird verweigert. Gespräche verstummen, sobald sie den Raum betreten. Die Palette der Schlechtigkeiten ist groß. Mit dem üblichen Büroklatsch oder vorübergehend mies gelaunten Kollegen hat das nichts zu tun. (...)

Was kann ein Gemobbter gegen diese gezielte Feindseligkeit tun? Ziegelmayer nennt drei Wege. Zunächst muss im privaten Leben ein vertrauensvoller Ansprechpartner her, um die Isolation aufzubrechen. Der Partner ist da nur bedingt geeignet, weil automatisch Beziehungsmuster in ein Gespräch spielen. „Besser ist ein guter Freund und Bekannter, um sich klar zu werden, was ist da eigentlich los?" Zweitens soll der unmittelbare Vorgesetzte ins Vertrauen gezogen werden. Schließlich ist es dessen Aufgabe, das Verhalten der anderen zu unterbinden. Leider gibt es auch die tragischen Fälle, bei denen die Vorgesetzten beim Mobbing mitmachen. Dieser Fall tritt beispielsweise dann auf, wenn der Chef Personal abbauen muss und er den Gemobbten ohnehin nicht mag. Aus was für Gründen auch immer. Dann hilft Weg drei, nämlich Rückendeckung vom Betriebsrat und der Personalvertretung einzuholen. Die sind zur Verschwiegenheit verpflichtet.

Ulla Dick, die das Hamburger Mobbingtelefon berät, ermutigt Betroffene, sich auf jeden Fall aktiv gegen das Schikanieren zu wehren, mit einem Vier-Augen-Gespräch mit dem boshaften Kollegen, in dem der Leidende aber das Wort „Mobbing" vermeiden sollte. Denn sonst kommt es möglicherweise zu einer Diskussion um den Begriff, nicht aber zu einer Lösung.

Die Trainerin, die auch als Mediatorin in Ministerien und Unternehmen arbeitet, empfiehlt, ein Mobbingtagebuch zu führen. So ist schriftlich festgehalten, was wann vorgefallen ist, möglicherweise mit klaren Beweisen. Bei der Vorbereitung auf ein klärendes Gespräch mit dem Chef oder Betriebsrat helfen solche Aufzeichnungen.

Teamarbeit stehe – laut Jakubeit – nicht hoch im Kurs, es sei denn als Modell: toll, ein anderer macht's. (...)

Kals, Ursula: Der Vorgesetzte entscheidet, ob gemobbt wird oder nicht, in: FAZ, 02.10.2004, S. 55 (gekürzt)

Arbeitsaufträge

1. *Beschreiben Sie eine Situation, in der Sie Zeuge eines Mobbing-Verhaltens wurden.*
2. *Finden Sie Ansprechpartner, die beim Lösen eines Mobbing-Problems behilflich sein können.*
3. *Sie sind als Vertreter der Arbeitnehmer zu einer Diskussionsrunde eingeladen. Das Thema der Veranstaltung lautet „Mobbing, ein Problem unserer Zeit". Geladen sind außerdem der Bürgermeister, Vertreter der Industrie, ein Arzt und ein Psychologe. Bereiten Sie sich anhand des Artikels aus der FAZ auf diese Diskussionsrunde vor.*
   - *Welchen Standpunkt wollen Sie vertreten?*
   - *Wie wollen Sie Ihren Standpunkt begründen?*
   - *Welche Argumente werden die Vertreter der anderen Gruppen vorbringen?*

5.5 Konfliktablauf

Konflikte können nach unterschiedlichen Spielregeln ausgetragen werden. Sie werden in Form einer **Debatte**, eines **Spiels** oder im regelrechten **Kampf** geführt. In einer Debatte geht es darum, den anderen zu überzeugen, während im Spiel der andere unter der Beachtung gewisser Spielregeln besiegt werden soll. Der Kampf lässt eine Verschärfung der Mittel zu, wie z. B. Drohungen und Einschüchterungen. Der Konfliktpartner soll in diesem Fall nicht nur besiegt, sondern persönlich getroffen werden. Mit den Begriffen „Debatte", „Spiel" und „Kampf" wird angedeutet, dass Konflikte die Tendenz zur Eskalation beinhalten, denn oft beginnt ein Konflikt als bloße Debatte und endet infolge von Kommunikationsschwierigkeiten im Kampf.

Beispiel
In einem Arbeitsteam hat sich ein Streit zwischen zwei Mitarbeitern verschärft. Beiden erscheint es nicht mehr möglich, weiter miteinander zu arbeiten. Es kommt unter Umständen zum Kontaktabbruch, sie reden kein Wort mehr miteinander. Jeder wartet nur auf eine Gelegenheit, dem anderen eins auszuwischen oder ihn in die Pfanne zu hauen.

Die Konflikteskalation kann sich über unterschiedlich lange Zeiträume hinweg bewegen. Dabei werden verschiedene Phasen durchlaufen, die in ihrer Heftigkeit aufeinander aufbauen. Es gibt dabei Konfrontationsabschnitte und Phasen des Kontaktabbruchs. Nicht jeder Konflikt durchläuft alle nachfolgend dargestellten Stadien.

1. Phase: **Verstimmung**
Eine Begebenheit, wie z. B. Tuscheln mit einer Kollegin oder eine überzogene Mittagspause, bewirkt eine atmosphärische Störung.

2. Phase: **Konfliktdiskussion**
Der Konflikt kommt zur Sprache. Diese Phase wird häufig übergangen. Man ignoriert die Existenz des Konfliktes.

3. Phase: **Kontaktabbruch**
Die Konfliktpartner gehen sich aus dem Weg. Sofern keine organisatorische oder räumliche Veränderung möglich ist, können Spannungen zwischen den Beteiligten immer größer werden.

4. Phase: **Soziale Ausweitung**
Andere Personen werden in den Konflikt mit einbezogen. Jeder sucht offen oder verdeckt nach Bestätigung durch andere. (Wer hat recht?)

5. Phase: **Strategiesuche**
Es werden Möglichkeiten entwickelt, wie man den „Gegner" ausschalten oder zumindest unter Druck setzen kann.

6. Phase: **Anwendung von psychischem Druck**
Die beteiligten Personen beschäftigen sich vor allem mit diesem Konflikt, intrigieren und behindern sich gegenseitig, anstatt zu kooperieren.

7. Phase: **Regelbruch**
Die negativen Wahrnehmungen verschärfen sich. Eine Verschlechterung der eigenen Situation wird sofort der anderen Seite angelastet.

8. Phase: **Angriffe**
Es erfolgen massive Angriffe und offene Behinderungen des „Gegners" und seiner „Verbündeten".

9. Phase: **Wirklicher Krieg**
Es besteht der Wunsch, den anderen tatsächlich zu zerstören, seine berufliche Laufbahn, sein gesellschaftliches Ansehen usw.

Beispiel
Dem Bauführer Hubert wird von seinem Chef zunehmend mehr Arbeit übertragen. Er hat jedoch nicht den Eindruck, dass sein Einsatz in irgendeiner Weise gewürdigt wird. Sein Chef, der einen sehr autoritären Führungsstil pflegt, hat sich im letzten Jahr nicht für eine zusätzliche Prämie eingesetzt; auch äußert er seinem Mitarbeiter gegenüber nie ein Lob. Hubert gewinnt immer mehr den Eindruck, sein enormer Arbeitseinsatz werde als selbstverständlich angesehen. Seiner Frau gegenüber hat er einmal geäußert: „Die tun so, als ob es eine Ehre sei, für sie zu arbeiten." Es entwickelt sich ein Konflikt, in dem Hubert sich möglicherweise schon auf der Stufe der Strategiesuche befindet, ehe sein Chef überhaupt wahrnimmt, dass es mit diesem Mitarbeiter ein Problem gibt.

5.6 Konfliktursachen unterscheiden

Konflikte haben ganz unterschiedliche Ursachen. Sie sind auf die beteiligten Personen zurückzuführen, die z. B. vom Typ her nicht zusammenpassen oder sich hinsichtlich ihrer Einstellungen und Wahrnehmungen stark unterscheiden (**subjektive** Konfliktursachen). Auch **objektive** Gegebenheiten wie Arbeitsorganisation, Arbeitsbedingungen, die wirtschaftliche Lage eines Unternehmens und die Unternehmenspolitik wirken konfliktfördernd. Nachfolgend sollen einige für den beruflichen Alltag typische Konfliktbereiche dargestellt werden.

Konfliktursachen unterscheiden   173

5.6.1 Selbstbild – Fremdbild

In der Arbeitswelt treffen Menschen mit verschiedenen Interessen, Absichten und Motiven aufeinander. Wichtig für eine gute Zusammenarbeit ist es, sich gegenseitig kennenzulernen, um sich aufeinander einstellen zu können, das Verhalten der Kollegen richtig zu verstehen und womöglich vorauszusehen. Je größer die Gemeinsamkeiten und je besser das gegenseitige Kennen, desto konstruktiver und vertrauensvoller ist die Zusammenarbeit. Unbekanntes und Fremdes scheinen eher Vorsichts- und Abwehrmechanismen auszulösen.

> *Das amerikanische Psychologenteam **Jo**sef Luft und **Har**ry Ingham machten mithilfe eines grafischen Schemas deutlich, dass Selbstwahrnehmung (Selbstbild) und Fremdwahrnehmung (Fremdbild) sich nicht entsprechen. Dieses Schema wird als JOHARI-Fenster bezeichnet. Das Konzept geht davon aus, dass es sowohl bei einem selbst als auch bei anderen bekannte und unbekannte Bereiche gibt. Die Verständigung erfolgt in dem Bereich, der beiden bekannt ist (Quadrant I). In diesem Bereich verstehen sie sich und wissen, was der andere meint. Die drei anderen Felder behindern die Kommunikation untereinander und bewirken oftmals Spannungen und Konflikte.*

Das JOHARI-Fenster

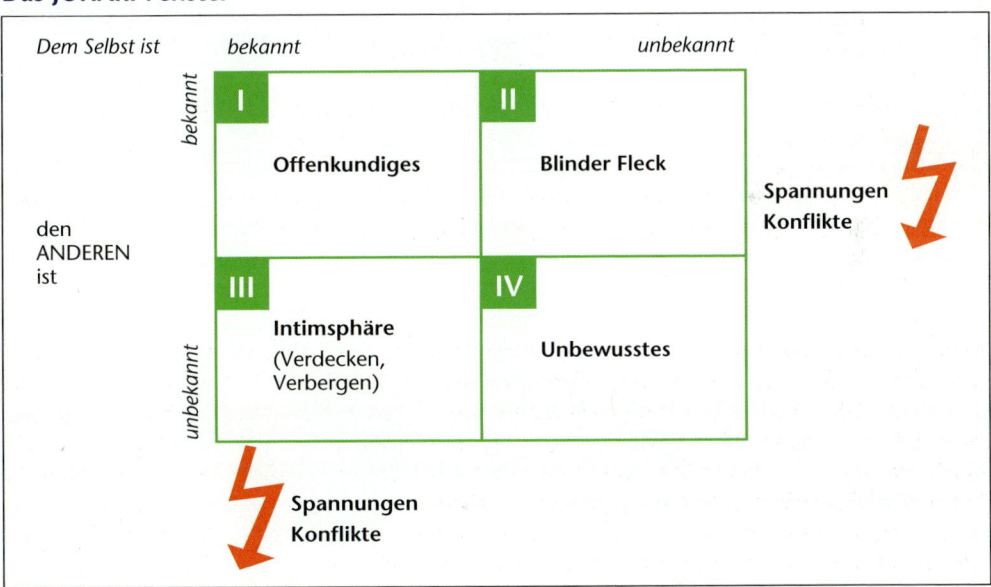

	Dem Selbst ist bekannt	Dem Selbst ist unbekannt
den ANDEREN ist bekannt	**I** Offenkundiges	**II** Blinder Fleck → Spannungen Konflikte
den ANDEREN ist unbekannt	**III** Intimsphäre (Verdecken, Verbergen) ↓ Spannungen Konflikte	**IV** Unbewusstes

Vgl. Schema von Luft und Ingham (1955)

Quadrant I: Es gibt Verhaltensweisen, die sowohl einem selbst als auch den anderen bekannt sind.
Quadrant II: Dieser Bereich beinhaltet Verhaltensweisen, die andere an einem selbst zwar wahrnehmen, derer man sich selbst aber nicht bewusst ist.
Quadrant III: Einige Verhaltensweisen möchte man ganz bewusst vor den anderen verbergen.
Quadrant IV: Es gibt auch Verhaltensweisen, die sowohl einem selbst als auch den anderen unbekannt sind.

Für ein konfliktfreieres Arbeiten ist es nun sinnvoll, den Quadranten I zu vergrößern. Zwei Möglichkeiten stehen zur Verfügung:

- **Feedback (Rückmeldung) des/der anderen:** Durch ein Feedback im Sinne eines Vergleichs zwischen Selbstbild und Fremdbild kann sich der unbekannte Bereich verkleinern, sofern das Feedback angenommen und konstruktiv reflektiert wird. Gleichzeitig wird der bekannte Bereich vergrößert.

- **Offenheit (sich zeigen):** Offenheit über Dinge, die den anderen bislang unbekannt waren, kann zu mehr Verständnis für die eigene Situation führen und eventuelle Vorurteile oder Fehleinschätzungen vermeiden; denn je weniger sich ein Mensch die Verhaltensweisen eines anderen erklären kann, desto eher treten Spannungen in der gegenseitigen Beziehung auf.

Beispiel
Ein Mitarbeiter weigert sich strikt, Überstunden zu machen. Dabei wird er immer sehr ärgerlich und sein Verhalten erweckt den Anschein, dass er jede Mehrarbeit als absolute Zumutung empfinde. Seine schwierige familiäre Situation verschweigt er, sie gehört zu seiner Intimsphäre. Da sein Vorgesetzter nichts von seinen Problemen weiß, wird er möglicherweise ganz falsche Schlüsse ziehen. Naheliegend ist der Gedanke: „Der Mitarbeiter ist faul, den versuche ich bei der nächsten Gelegenheit loszuwerden …" Er wird den Mitarbeiter daraufhin ganz anders behandeln; dieser kann sich das Verhalten nicht erklären und reagiert seinerseits. Offenheit würde diese Konfliktsituation abschwächen. Für den Mitarbeiter seinerseits wäre ein Feedback zu seinem „Ärger" hilfreich, denn er ist sich aller Wahrscheinlichkeit nach seiner Wirkung nicht bewusst.

Arbeitsauftrag

Fallsituation

Sachbearbeiterin Elvira Mustavi, die früher eine gute Fachkraft war, ist in letzter Zeit häufig krank. Ihre Arbeitsleistungen haben stark nachgelassen. Ihr Vorgesetzter Harald Zumbacher rechnet in Zukunft damit, dass es im Büro zu ernsthaften Spannungen kommen wird. Schon jetzt ist die Stimmung sehr gereizt. Er beschließt deshalb, mit ihr ein Gespräch zu führen.

a) Zumbacher entscheidet sich für einen non-direktiven Gesprächsstil. Erklären Sie diesen Begriff.
b) Warum wählt Zumbacher gerade diesen Gesprächsstil?
c) Im Gespräch stellt sich heraus, dass Elvira Mustavi der eigene Leistungsabfall nicht bewusst ist. Sie gibt an, privat stark belastet zu sein.
Verdeutlichen Sie an dem Schema des „JOHARI-Fensters" die Konfliktursache dieser Fallsituation und die Möglichkeiten ihrer Beseitigung.

5.6.2 Problem der Wahrnehmung

Wahrnehmung ist eine Grundfunktion der menschlichen Existenz. Sie liefert uns die Informationen, die wir für unsere Orientierung und unser Handeln benötigen. Unsere Wahrnehmung ist aber nicht eine objektive, fotografisch genaue Aufnahme des Umfeldes, sondern sie geschieht durch aktive Selektion (Auswahl) der Eindrücke. So werden vornehmlich Informationen aufgenommen, die abhängig sind von unseren momentanen Bedürfnissen, vom jeweiligen Erfahrungshintergrund und den kulturellen Vorstellungen.

Konfliktursachen unterscheiden | 175

> **Arbeitsauftrag**
>
> Was sehen Sie in den sogenannten Kippfiguren? – Es sind jeweils zwei Alternativen möglich (Lösungen siehe S. 178 f.).

Kippfiguren

Wahrnehmungsprozesse führen zu Schlussfolgerungen und damit zu Bewertungen von Personen und Zusammenhängen. Mögliche Schlussfolgerungen sind:

Schlussfolgerung	Bewertung	Beispiel
Analogieschluss	Ein einzelnes Merkmal wird verallgemeinert.	Die Chefin sieht einen Mitarbeiter vor einem aufgeräumten Schreibtisch sitzen und schließt daraus, dass es sich um einen ordnungsliebenden Menschen handelt.

Übertragung	Einer anderen Person werden aufgrund von Äußerlichkeiten die gleichen Merkmale zugeordnet wie einer bereits bekannten Person.	Jemand erinnert uns wegen seiner Frisur an einen Freund und wir beurteilen ihn wie diesen Freund.
Zeitliche Ausdehnung	Von einem kurzfristig wahrgenommenen Verhaltensmerkmal wird auf ein beständiges geschlossen.	Ein Konferenzteilnehmer reagiert in einer Sitzung sehr unbeherrscht. Die anderen Teilnehmer betrachten ihn fortan als Choleriker.

Berufsspezifische Verzerrungen der Wahrnehmung

Rosenhan und seine Mitarbeiter schleusten sich als Scheinpatienten in verschiedene psychiatrische Krankenhäuser ein. Sie wollten herausfinden, ob es dem Krankenhauspersonal gelingt, Gesunde von Kranken zu unterscheiden. Jede der eingeschleusten Personen sollte versuchen, aus eigener Kraft wieder aus dem Krankenhaus herauszukommen, und zwar dadurch, dass sie das Klinikpersonal durch ein entsprechendes Verhalten von ihrer geistigen Gesundheit überzeugte. Das Ergebnis dieses Versuches war ziemlich eindeutig: **Alle zwölf Scheinpatienten wurden zwar nach einer gewissen Zeit wieder entlassen, aber nur „in Remission", also als vorläufig geheilt. In keinem einzigen Fall wurde** – trotz der öffentlichen Zurschaustellung von „geistiger Gesundheit" – **ein Scheinpatient als solcher entlarvt.** Das Verhalten der Scheinpatienten wurde von den Ärzten und Pflegern so wahrgenommen, als ob es in irgendeiner Weise krankhaft wäre. Offensichtlich wurden die Wahrnehmungen des Krankenhauspersonals durch ganz bestimmte **Annahmen und Erwartungen von vornherein** in eine einzige Richtung gelenkt: **Wer Insasse ist, muss auch krank sein.** Interessanterweise berichtet Rosenhan, dass die Scheinpatienten von wirklichen Patienten häufig durchschaut wurden, aber von keinem einzigen der Ärzte. Rosenhans Untersuchung zeigt deutlich berufstypische Verzerrungen der Wahrnehmung, durch die hier völlig harmlose Verhaltensweisen als „krank" eingestuft wurden:
– Die Scheinpatienten machten sich des Öfteren Notizen. Das erschien dem Personal höchst auffällig und wurde als Symptom für eine geistige Erkrankung registriert, etwa als „Schreibgewohnheit".
– Wie alle Patienten litten die Scheinpatienten unter Langeweile. Deshalb spazierten sie häufig durch die Krankenhausgänge. Das wurde als ein Zeichen für innere Unrast und Nervosität gesehen.
– Gelegentlich beschwerten sich die Scheinpatienten wegen falscher Behandlung beim Pflegepersonal oder sie stellten Fragen nach der Behandlung. Solche Konflikte wurden als ein „Ausbruch der Krankheit" registriert.
– Das längere Warten vor der Kantine, das in der wenig anregenden Umwelt des Krankenhauses noch immer zu den reizvollsten Aktivitäten gehörte, wurde als ein Indiz für die „oralfixierte Natur des Krankenhaussyndroms" gedeutet.

Kühne, Norbert u. a.: Psychologie für Fachschulen und Fachoberschulen, 7. Auflage, Bildungsverlag EINS, Troisdorf 2003, S. 23

Sehr viele Menschen versuchen, Wahrnehmungsprozesse dadurch zu erleichtern, dass sie Kategorien bilden. Diese Kategorien dienen als Ordnungssystem und sind mit bestimmten Merkmalen versehen. Man sagt „der Bayer", „die Jugendlichen", „die BMW-Fahrer", „die Lehrer", und automatisch werden bestimmte **Stereotype** assoziiert. Dann genügt die

Klassifikation, um daraus Schlüsse auf eine konkrete Person zu ziehen, ohne sie näher beobachten zu müssen.

Stereotype Einstellungen haben einerseits den Nachteil, dass sie die Wahrnehmung einengen und die Verhaltensweisen unflexibel werden lassen. Andererseits fühlen sich Personen durch ihre Einstellungen sicherer, denn sie haben für sich eine klare Ordnung entwickelt.

Von einem **Vorurteil** ist dann zu sprechen, wenn das vorgefasste Urteil negativ ist und zu einer ablehnenden Haltung gegenüber dieser Person führt. Vorurteile haben die Funktion, eigene Minderwertigkeit/eigenes Minderwertigkeitsgefühl zu überspielen.

Beispiel
Wenn man der Meinung ist, dass alle älteren Arbeitnehmer nicht mehr so viel leisten können wie die jüngeren, dann wird es schwerlich gelingen, die tatsächliche Leistung eines älteren Arbeitnehmers wahrzunehmen und zu würdigen, denn das würde das eigene Bild infrage stellen.

Anonym: Der Indianer und der weiße Mann

1 Ein Indianer besuchte einen weißen Mann. In einer Stadt zu sein, mit dem Lärm, den Autos und den vielen Menschen – all dies war ganz neuartig und auch verwirrend für ihn. Die beiden Männer gingen die Straße entlang, als plötzlich der Indianer seinem Freund auf die Schulter tippte und ruhig sagte: „Hörst du auch, was ich höre?" Der Freund
5 horchte und sagte: „Alles, was ich höre, ist das Hupen der Autos und das Rattern der Omnibusse." – „Ich höre ganz in der Nähe eine Grille zirpen." – „Du musst dich täuschen; hier gibt es keine Grillen. Und selbst, wenn es eine gäbe, würde man ihr Zirpen bei dem Lärm nicht hören." Der Indianer ging ein paar Schritte und blieb vor einer Hauswand stehen. Wilder Wein rankte an der Mauer. Er schob die Blätter auseinander
10 – und da saß tatsächlich eine Grille.
Der Weiße sagte: „Indianer können eben besser hören als Weiße." Der Indianer erwiderte: „Da täuschst du dich. Ich will es dir beweisen." Er warf ein 50-Cent-Stück auf das Pflaster. Es klimperte auf dem Asphalt, und die Leute, die mehrere Meter entfernt gingen, wurden auf das Geräusch aufmerksam und sahen sich um. „Siehst du", sagte
15 der Indianer, „das Geräusch, das das Geldstück gemacht hat, war nicht lauter als das der Grille. Und doch hörten es viele der weißen Männer. Der Grund liegt darin, dass wir alle stets das gut hören, worauf wir zu achten gewohnt sind."

Graf, Lore/Kabitz, Ulrich/Lienhard, Martin/Pertsch, Reinhard (Hrsg.): Die Blumen des Blinden. Kurze Geschichten zum Nachdenken. Christian Kaiser, München 1983, S. 19

Arbeitsaufträge

1. Die innere Einstellung

Setzen Sie sich einem Partner gegenüber. Schließen Sie die Augen und konzentrieren Sie sich eine Minute lang auf die positive oder auf die negative Seite des anderen. Dann öffnen Sie die Augen und sehen den anderen an, der die Seite erraten muss, an die Sie gedacht haben.
Meist ist verblüffend, wie klar sich die innere Einstellung mitteilt, ohne dass ein Wort gesprochen wird.

2. Papprollen-Kamera

Jeder hat zwei äußerlich unterscheidbare Pappröhren als „Kameras". Die eine zeichnet alles in der Umgebung auf, was schön, angenehm, freundlich usw. ist. Die andere „Kamera" beschäftigt sich

nur mit allem, was unfreundlich, hässlich usw. ist. Die Ergebnisse werden mit denen eines anderen Gruppenmitgliedes verglichen.
- *Welche „Kamera" hat bei mir/dir besser funktioniert?*
- *Warum hat die eine oder andere „Kamera" besser funktioniert als die andere?*
- *Was hat jeder aufgezeichnet?*

Lösung zu den Kippfiguren:

1. Rubin'sche Vase: Vase oder zwei Porträts
(© Edgar John Rubin: Synoplevde Figurer, Gyldendalske, Kopenhagen 1915/dt. Visuell wahrgenommene Figuren. Studien in psychologischer Analyse, Verlagsdruckerei Berlin 1921)
2. Ente oder Hase
(© J. Jastrow: The mind's eye, in: Popular Science Monthly, 54, 1899, S. 312)
3. Schröder'sche Treppe: Treppe oder herabhängendes Gesims
(© Heinrich G. F. Schröder: Ueber eine optische Inversion bei Betrachtung verkehrter, durch optische Vorrichtung entworfener, physischer Bilder, in: Annalen der Physik und Chemie, Bd. 181, 1858, S. 298–311/653)
4. Frau oder Schwiegermutter
(© E. G. Boring: A new ambiguous figure, in: American Journal of Psychology, 42, 1930, S. 444–445)

5.6.3 Führungsfehler

Typische Situationen, die Stress und Konflikte auslösen können, sind z. B.:

- **Entscheidungen werden über den Kopf der Mitarbeiter hinweg getroffen.**
- **Kontrollen erfolgen aufgrund von (offensichtlichem) Misstrauen.**
- **Mitarbeiter werden ungerecht und/oder unbeherrscht behandelt.**
- **Privilegien werden offensichtlich missbraucht.**

Beispiel
Der Vorgesetzte genehmigt sich eine kostspielige, wenig nutzbringende Fortbildung, während dem Mitarbeiter eine teure Fortbildung mit dem Hinweis auf die Kosten verweigert wird.

Kritik und Anerkennung sind wichtige Führungsmittel. Die meisten Menschen verbinden mit Anerkennung etwas Positives, sie bewirkt Zuneigung bei dem anderen. Kritik hingegen wird fast durchweg als negativ empfunden. Man möchte nicht getadelt werden, dem Kritisierenden wird Abneigung entgegengebracht. Dennoch ist Kritik genauso wichtig wie Anerkennung, sie erleichtert es dem Mitarbeiter, seine eigene Position zu bestimmen, und ist eine Form der Zuwendung.

Information und Kontrolle sind für jeden Arbeitnehmer wichtige Bestandteile in seinem Arbeitsprozess. Er möchte, dass gesehen wird, was er leistet. Dazu ist Kontrolle notwendig. Außerdem gewährleistet sie auch eine Rückkopplung über die geleistete Arbeitsqualität. Vom Führungsstil hängt nun das Maß an Kontrolle ab.

Ein autoritärer Vorgesetzter wird wahrscheinlich sehr stark kontrollieren, denn er steht dem Typ X aus dem Modell von McGregor (siehe S. 139) nahe, dessen Motto lautet: „Vertrauen ist gut, Kontrolle ist besser." Mitarbeiter fühlen sich gegängelt, ihre Initiative erlahmt, und sie zeigen höchstwahrscheinlich nur noch wenig Interesse an ihrer Arbeit. Eng mit dem autoritären Führungsstil verbunden ist in der Regel die Tendenz, möglichst wenig Informationen an die Mitarbeiter weiterzuleiten, was das Desinteresse der Arbeitnehmer noch verstärkt, denn Informationsmangel wirkt demotivierend. Zudem lässt Informationsmangel Gerüchte entstehen, die einen Nährboden für Konflikte bilden.

Zu wenig Kontrolle, die oft mit einem Laissez-faire-Stil verbunden wird, erzeugt bei vielen Mitarbeitern hingegen ein Gefühl der Orientierungslosigkeit, die sich in häufigeren Fehlern zeigt und auch darin, dass Konflikte unter den Mitgliedern einer Arbeitsgruppe zunehmen. Verantwortlichkeit wird hin und her geschoben, Arbeitsunlust macht sich breit. Der Gruppe mangelt es an notwendiger Struktur.

Experiment zur Wirkung verschiedener Führungsstile

1939 entwickelten Lewin und seine Kollegen ein Experiment zur Erforschung der Effekte von unterschiedlichen Führungsstilen auf die Funktionsweise einer Gruppe. Sie wollten herausfinden, ob Menschen glücklicher oder produktiver sind, wenn sie unter autokratischer oder demokratischer [oder Laissez-faire-]Führung stehen. Um den Einfluss der unterschiedlichen Führungsstile zu erfassen, bildeten die Forscher drei Experimentalgruppen, wiesen ihnen unterschiedliche Arten von Führern zu und beobachteten die Gruppen in Aktion. Die Teilnehmer waren vier kleine Gruppen von zehnjährigen Jungen, die sich nach der Schule trafen. Die Anführer der Gruppen waren Männer, die man trainiert hatte, jeden der drei Führungsstile auszuüben, während sie von einer Gruppe zur anderen wechselten. (...) Das Ergebnis des Experiments legt eine Reihe von Verallgemeinerungen nahe. Erstens hatte der *autokratische* Führer eine Reihe unterschiedlicher Effekte auf seine Anhänger – einige davon positiv, andere negativ. Zeitweilig arbeiteten die Jungen sehr hart, aber üblicherweise nur dann, wenn der Führer – in der Rolle des Chefs – sie beobachtete. Was die Jungen in den autokratischen Gruppen jedoch am meisten auszeichnete, war ihr hohes Maß an Aggression. Diese Jungen zeigten *30 Mal mehr Feindseligkeit*, wenn sie einen autokratischen Führer hatten, als unter den anderen Arten von Führern. Sie verlangten mehr Aufmerksamkeit, zerstörten mit größerer Wahrscheinlichkeit ihren eigenen Besitz und machten andere häufiger zu Sündenböcken – sie benutzten schwächere Individuen als stellvertretende Ziele für ihre Frustration und ihre Wut.

Bei den *Laissez-faire-Gruppen* entstand nicht viel Gutes. Sie waren von allen am wenigsten effizient, schafften die geringste Menge an Arbeit und dies von schlechtester Qualität. Ohne irgendeine soziale Struktur machten sie einfach Unsinn.

Wenn dieselben Gruppen jedoch *demokratisch* geführt wurden, arbeiteten die Mitglieder gleichmäßiger und waren am effektivsten. Die Jungen zeigten unter demokratischer Führung das höchste Maß an Interesse, Motivation und Originalität. Wenn Unzufriedenheit entstand, wurde sie mit größerer Wahrscheinlichkeit offen ausgedrückt. Fast alle Jungen zogen die demokratische Gruppe den anderen vor. Demokratie förderte mehr Gruppenloyalität und Freundlichkeit. Es gab mehr gegenseitiges Lob, mehr freundliche Bemerkungen, mehr Teilen und insgesamt eine spielerischere Atmosphäre.

Zimbardo, Philip G./Gerrig, Richard J.: Psychologie, übersetzt von Dr. Ralf Graf, Dagmar Mallett, Markus Naglar, Brigitte Ricker, 18. Aufl., Pearson Studium, München 2008, S. 705 f. (gekürzt)

5.6.4 Unternehmenspolitik

Neben offensichtlichen Führungsfehlern gibt es Arbeitsbedingungen, die konfliktfördernd wirken können.

Falscher Mitarbeitereinsatz

Wird ein Mitarbeiter nicht entsprechend seiner Ausbildung und seinen Möglichkeiten eingesetzt, ist er unzufrieden und seine Leistungsmotivation ist gering. Eng damit verbunden ist die Perspektivlosigkeit für viele Arbeitnehmer. Sie sind zunehmend besser qualifiziert und haben höhere Ansprüche an ihre Tätigkeit als vor zehn oder 20 Jahren.

Unterschiedliche Bezahlung bei gleicher Tätigkeit

Dieser Zustand verletzt das Gerechtigkeits- und das Selbstwertgefühl der Arbeitnehmer. Zwar ist das Arbeitsentgelt nicht das einzige Motiv, um zu arbeiten, doch bedeutet die Bezahlung immer ein Maß an Wertschätzung. Kriterientransparenz ist ein Ansatzpunkt, um das Konfliktpotenzial in dieser Frage zu verringern.

5.7 Konfliktanalyse am Beispiel der Transaktionsanalyse (TA)

Das Konzept der Transaktionsanalyse (TA) eignet sich gut, um zwischenmenschliche Konflikte zu erklären. Es wurde von Eric Berne in den 1960er-Jahren entwickelt und vertritt als philosophisches Modell ein positives Menschenbild. Grundannahmen sind:

1. Alle Menschen sind o. k. und haben einen liebenswerten Kern.
2. Jeder Mensch ist zur Selbsteinsicht, Selbstverwirklichung und Entfaltung der in ihm liegenden Möglichkeiten fähig, sofern seine Grundbedürfnisse erfüllt sind.

Als Fortentwicklung der Psychoanalyse entwickelte sich die TA zu einer Methode, sich selbst genauer kennenzulernen und mit anderen Menschen bewusster umzugehen.

5.7.1 Persönlichkeitsstruktur

Eric Berne ging davon aus, dass sich beim Menschen drei unterschiedliche Bereiche unterscheiden lassen, die sogenannten Ich-Zustände. Jeder dieser Ich-Zustände stellt eine in sich geschlossene Einheit des Denkens, Fühlens und Handelns dar.

> 1. *Eltern-Ich-Zustand (EL): Hier sind alle Informationen gespeichert, die durch die Erziehung vermittelt wurden; wer denkt, handelt und fühlt, wie es seine Eltern oder andere für ihn wichtige Autoritätspersonen gemacht haben, befindet sich im EL.*
>
> 2. *Erwachsenen-Ich-Zustand (ER): Dieser Ich-Zustand ist verantwortlich für die gegenwärtige Realität. Der ER drückt sich in einer sachlichen Haltung aus; er übernimmt die Verarbeitung von Informationen, das Erforschen und Einschätzen von Möglichkeiten und das Bedenken von Folgen. Der Mensch, der sich in diesem Ich-Zustand befindet, setzt sich nüchtern und sachlich mit Tatsachen auseinander und sucht vernünftige Lösungen.*
>
> 3. *Kind-Ich-Zustand (K): Wünsche, Gefühle, Neugier, Kreativität, aber auch Wut und Trauer entspringen diesem Ich-Zustand.*

Alle drei Ich-Zustände sind vollkommen wertneutral zu betrachten. Sie gehören zur Persönlichkeit eines Menschen und sind bei jedem unterschiedlich stark ausgeprägt. Die jeweilige Situation, in der sich eine Person befindet, begünstigt das verstärkte Besetzen des einen oder anderen Ich-Zustandes.

Beispiel
Der Ausbilder Frank Borne agiert während seiner Arbeitszeit vor allem aus seinem EL und ER heraus. Er erklärt, achtet streng auf eine korrekte Ausführung von Anweisungen, überprüft die Ergebnisse usw. In seiner Freizeit – beim Fußball – zeigt er viele Anteile aus seinem K. Er freut sich über ein Tor, ist wütend über die falsche Strategie eines Mitspielers. Einer seiner Auszubildenden schaut ihm beim Spiel zu und stellt erstaunt fest: „So habe ich den aber noch nie erlebt."

Die drei Ich-Zustände werden in der Transaktionsanalyse üblicherweise symbolisch dargestellt:

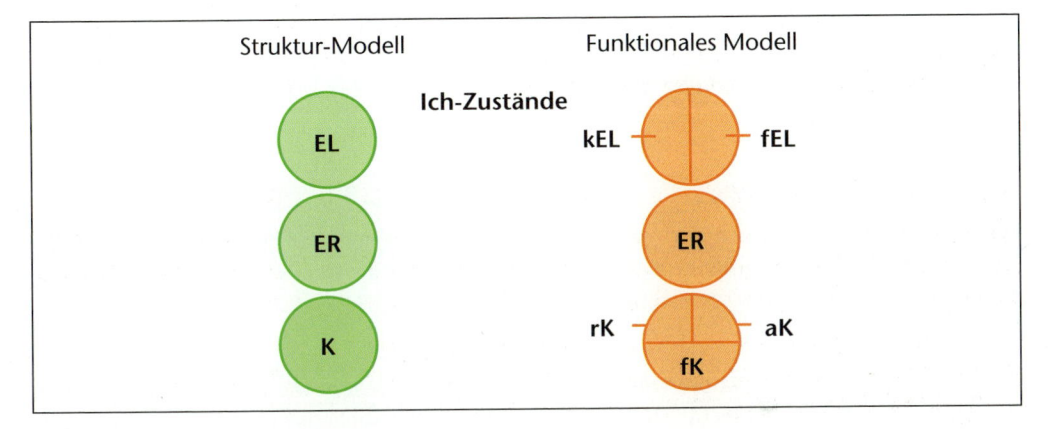

Die funktionale Darstellung unterscheidet sich von der strukturellen durch eine weitere Differenzierung der EL- und der K-Ich-Zustände. So werden ihre unterschiedlichen Funktionen klarer. Die Stimme, die Gestik, die Mimik und die verwendete Sprache können als Hinweis dafür herangezogen werden, um zu erkennen, aus welchem Ich-Zustand heraus eine Person gerade agiert.

Das kritische Eltern-Ich (kEL)
Das kEL wertet, moralisiert, weist zurecht, befiehlt, beherrscht, tyrannisiert, bestraft, kontrolliert, sorgt für Ordnung. Charakteristische Signale für diesen Ich-Zustand sind der erhobene Zeigefinger, die zusammengezogenen Augenbrauen, eine energische Stimme usw. Beim Sprechen fallen häufig Wörter wie „müssen", „immer", „nie".

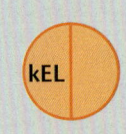

Das fürsorgliche/stützende Eltern-Ich (fEL)
Das fEL hört zu, hat Verständnis, lobt, tröstet, pflegt, unterstützt, hilft, umsorgt. Erkennbar ist dieser Zustand z. B. an einer beruhigenden Stimme und liebevollen Gebärden. Es werden Wendungen wie „Kopf hoch", „das wird schon wieder", „das kriegen wir hin", „du Armer" benutzt.

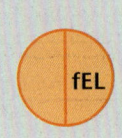

Das Erwachsenen-Ich (ER)

Das ER beobachtet objektiv, sammelt Informationen und verarbeitet sie logisch. Dieser Ich-Zustand zeigt sich in einer klaren, leidenschaftslosen Stimme, Mimik und Gestik. Häufig gebrauchte Wörter sind „wer", „was", „wann", „wo".

Das freie Kind (fK)

Das fK spielt, faulenzt, freut und ärgert sich, erfindet, weint, lacht, tanzt, schreit, ist egoistisch und hemmungslos. Charakteristisch für diesen Zustand sind eine freie, laute Stimme und eine energiegeladene, ungehemmte Gestik und Mimik. Wörter wie „toll", „super", „prima" usw. deuten diesen Ich-Zustand an.

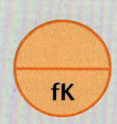

Das angepasste Kind (aK)

Das aK gehorcht, zögert, fürchtet sich, ist unsicher, höflich, ohne eigene Meinung und Initiative und richtet sich immer nach anderen. Wahrzunehmen sind eine eher leise Stimme, eine gebeugte Körperhaltung und ein „Dem-Gegenüber-zugewandt-Sein". Es werden gern Wörter wie „wird sofort gemacht", „selbstverständlich", „ich kann nicht" verwendet.

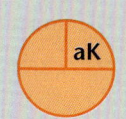

Das rebellische Kind (rK)

Das rK widerspricht, fordert heraus, verstößt ständig gegen Regeln, will sich nicht unterordnen. Charakteristisch sind verschränkte Arme, provozierende Kleidung, lautes Gebaren, Empörung, Trotz. Vom rK sind Äußerungen zu hören wie „Der kann mich mal", „Mach das doch selbst", „Das kann ja jeder".

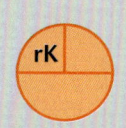

Nach der Ansicht Bernes gehören alle drei Ich-Zustände zu jedem Menschen. Keiner der Ich-Zustände ist gut oder schlecht, sondern sie bilden die Persönlichkeit eines Menschen. Alle diese Ich-Zustände sollten verfügbar sein, um im geeigneten Moment aktiviert werden zu können.

Arbeitsauftrag

Fallsituation

Mitarbeiter Bernd Berger kommt zu einer Besprechung in das Büro seiner Chefin Else Ehrmann.
Herr Berger: „Ich habe den Bericht fertiggestellt, wenn Sie kurz reinschauen möchten?"
Frau Ehrmann: „Ich habe Ihnen schon etliche Male gesagt, Sie sollen mir Ihre Berichte vor der Fertigstellung zeigen. Schließlich weiß man bei Ihnen nie, ob auch alles richtig ist."
Herr Berger: „Aber Frau Ehrmann, Änderungen sind doch immer noch möglich, ich habe doch alles im Computer …"
Frau Ehrmann: „Widersprechen Sie mir nicht, wer ist hier der Chef, ich oder Sie?"

Analysieren Sie, in welchem Ich-Zustand sich die jeweils sprechende Person befindet.

5.7.2 Das Egogramm

Das Aufstellen eines **Egogramms** bietet die Möglichkeit, sich zu verdeutlichen, aus welchen Ich-Zuständen heraus besonders häufig reagiert wird. Dabei geht es nicht darum, die Ich-Zustände zu quantifizieren, sondern grafisch ihr Verhältnis zueinander darzustellen.

Es gibt kein ideales oder richtiges bzw. falsches Egogramm, sondern jeder Mensch hat sein individuelles Egogramm, das zeigt, wie seine Energie in einer bestimmten Situation verteilt ist.

Egogramme, die deutlich machen, dass einzelne Ich-Zustände auf Kosten anderer deutlich dominieren, weisen sicherlich auf eine problematische persönliche Konstellation hin, denn die betreffende Person scheint nicht all ihren Ich-Zuständen ausreichend Platz einzuräumen.

Beispiel: Egogramm

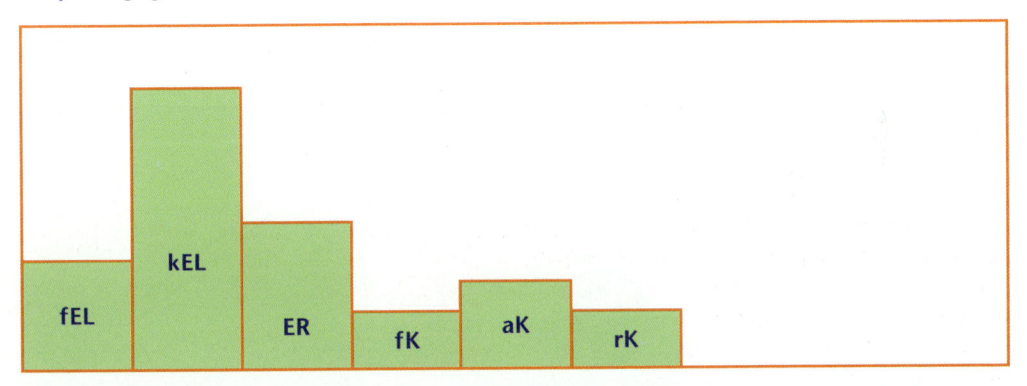

[Balkendiagramm mit den Kategorien: fEL, kEL, ER, fK, aK, rK]

Arbeitsauftrag

*Suchen Sie sich einen Partner und zeichnen Sie jeweils ein Egogramm nach dem Beispiel für **sich selbst** und für **Ihren Partner**. Beziehen Sie sich dabei auf Ihr Verhalten und das Ihres Partners zum Beispiel in der Schule/am Arbeitsplatz. Die gleiche Aufgabe hat Ihr Partner zu erfüllen. Im Anschluss daran vergleichen Sie Ihre jeweiligen Egogramme miteinander. Was stellen Sie fest, was fällt Ihnen auf?*

5.7.3 Die Transaktionen

Die Transaktionsanalyse (TA) bezeichnet die kleinste Einheit von Kommunikation zwischen zwei Personen als Transaktion. Diese Transaktion (kleinste Einheit sozialen Handelns) kann verbal oder/und nonverbal ablaufen.

In der Begegnung zwischen zwei Menschen beginnt einer von beiden mit der Kontaktaufnahme (Stimulus) und der andere reagiert (Reaktion). Die TA unterscheidet hier zwischen drei grundsätzlichen Möglichkeiten:
- parallele Transaktion
- gekreuzte Transaktion
- verdeckte Transaktion

Parallele Transaktion

Die TA spricht von einer „parallelen Transaktion", wenn die Reaktion
1. aus dem gleichen Ich-Zustand erfolgt, an den der Stimulus gesendet wurde, und
2. an den gleichen Ich-Zustand zurückgeht, von dem der Stimulus ausging.

Solche Transaktionen verhalten sich komplementär (sich ergänzend) und können ohne Störungen lange andauern.

Beispiele

Beispiel 1
A: „Wie spät ist es?"
B: „Es ist genau zwei Uhr."

Beispiel 2
A: „Warum passen Sie auch nicht auf?"
B: „Es tut mir leid, Entschuldigung."

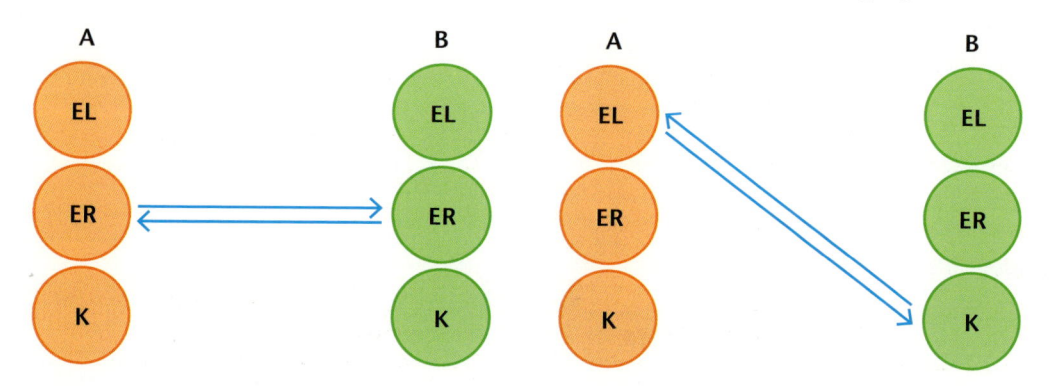

Gekreuzte Transaktionen

Kommt die Erwiderung des Kommunikationspartners aus einem anderen Ich-Zustand als aus dem bei ihm durch den Stimulus angesprochenen, so spricht man von einer „gekreuzten Transaktion". Dies führt zu einer Irritation (kurze Kommunikationsstörung) oder zu einer Unterbrechung. Das kann im negativen Fall zu einer Konfliktsituation führen. Die Kommunikationspartner verstehen sich nicht oder falsch, sie reden aneinander vorbei und ärgern sich übereinander (Beispiel 1).

Eine Kreuzung kann aber auch einen positiven Effekt haben, und zwar dann, wenn die Kreuzung dazu führt, dass eine wenig konstruktive Kommunikationsform in ein sinnvolles Gespräch übergehen kann (Beispiel 2).

Beispiele

Beispiel 1
A: „Wie spät ist es?"
B: „Kauf dir gefälligst endlich eine Uhr!"

Beispiel 2
A: „Warum passen Sie auch nicht auf?"
B: „Was wollten Sie mir sagen?"

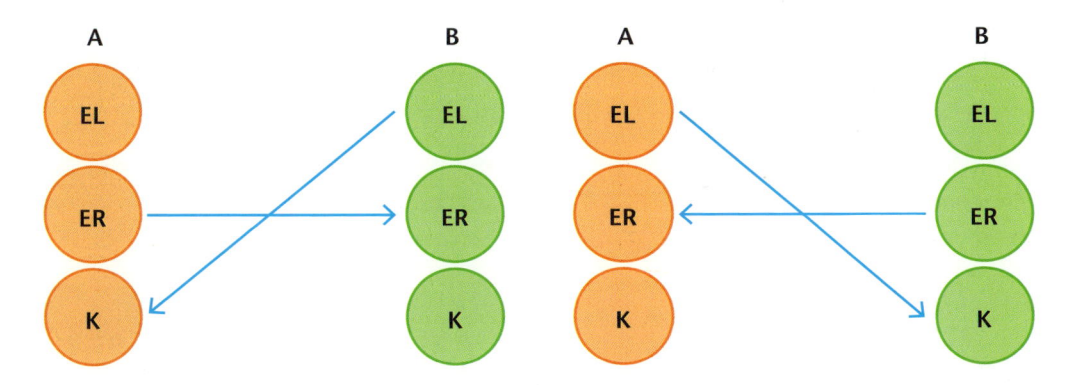

Verdeckte Transaktionen

Diese Transaktionen verlaufen auf zwei Ebenen gleichzeitig, einer psychologischen, verborgenen und einer sozialen, offenkundigen. Auf der letztgenannten Ebene wird verhandelt, doch das eigentliche Gespräch und damit die Gesprächskraft (die eigentliche Bedeutung des Gesprächs) findet auf der verborgenen, der psychologischen Ebene statt.

Beispiele

Beispiel 1
A: „Wie spät ist es?"
B: (stöhnt leicht und verdreht die Augen)
„Es ist zwei Uhr!"
(„Mensch, wann kaufst du dir endlich eine Uhr?")

Beispiel 2
A: „Soll das Projekt etwa tatsächlich bis zum Herbst fertig werden?"
(„Die werden schon sehen, dass ihre Vorstellungen idiotisch sind!")
B: (grinsend)
„Ja, so lautet die Anweisung."
(„Auf deren Ärger freue ich mich.")

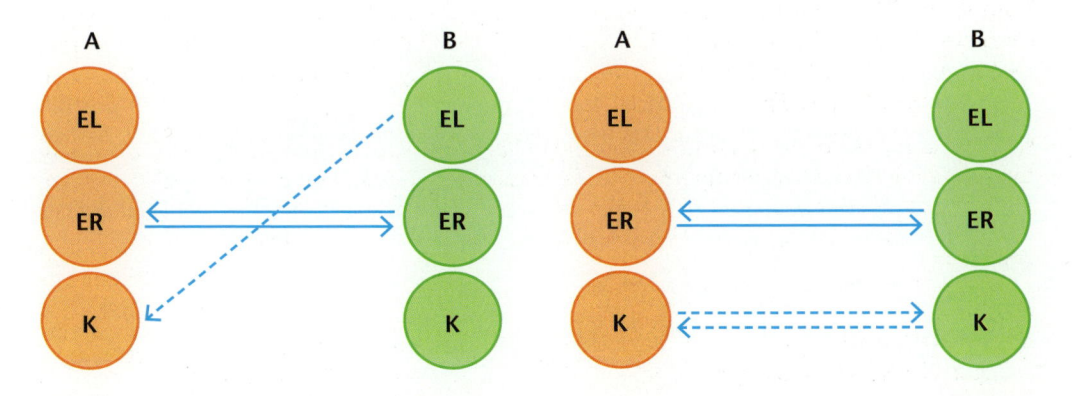

Beispiel 3

A: „Wo haben Sie die Baupläne versteckt?"
(„Sie verkramen aber auch alles!")
B: „Haben Sie schon einmal in Ihrem Schrank nachgesehen?"
(„Sie halten doch schließlich keine Ordnung!")

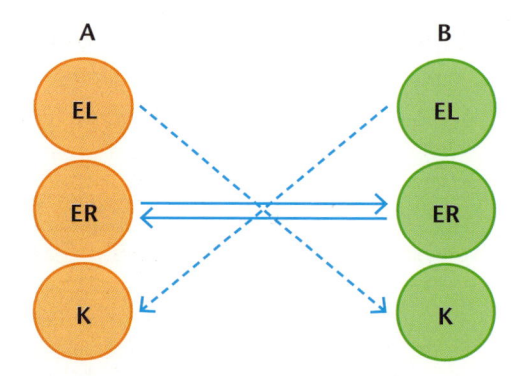

Wenn auf der verdeckten Ebene Informationen gesendet werden, die dem anderen mitteilen, er sei z. B. nett, tüchtig oder sympathisch, dann können diese Transaktionen durchaus positiv wirken. Problematisch ist jedoch, dass diese Informationen nicht offen ausgetauscht werden und deshalb immer viel Spielraum für Interpretationen und Missdeutungen zulassen. Deshalb sind verdeckte Transaktionen weniger geeignet, um eine vertrauensvolle Beziehung aufzubauen, und sollten aus diesem Grund vermieden werden. Offenes Kommunizieren führt zu Klarheit im Gespräch und hilft, Konflikte zu vermeiden.

Arbeitsaufträge

1. Bilden Sie je ein Beispiel für eine
   – parallele Transaktion,
   – gekreuzte Transaktion,
   – verdeckte Transaktion.

2. Ein Verkaufsleiter der Fertighaus GmbH Schneider macht einem seiner Verkäufer für das Gebiet Südbaden klar, dass man von ihm im kommenden Jahr einen Mehrumsatz von 20 % erwarte. Der Verkäufer hält dieses Ziel für unrealistisch. Der Verkaufsleiter reagiert (alternativ) folgendermaßen:

   1. „Was heißt hier unrealistisch? Vielleicht sollten Sie einmal Ihren Markt gründlicher bearbeiten! Dann würden Sie erkennen, was da an Steigerungsmöglichkeiten drinsteckt."

   2. „Ich weiß, das klingt unglaublich. Aber wir müssen im kommenden Jahr endlich unseren alten Konkurrenten schlagen. Das wäre doch gelacht – bei unseren Möglichkeiten, bleiben wir bei unserem Motto … Siegen macht Spaß."

   3. „Ich weiß, dass das kaum zu schaffen sein wird. Aber was soll ich machen, der Vorstand hat diese Zahlen bereits verbindlich beschlossen."

   4. „Welche Umsatzsteigerung halten Sie für realistisch?"

   5. „Ich verstehe vollkommen, dass 20 % plus unglaublich hoch klingt. Zudem ja der Vorjahresumsatz, der die Basis für diese Steigerung darstellt, auch schon überdurchschnittlich hoch lag. Ich glaube, wir sollten uns jetzt gemeinsam den Marketing-Plan anschauen … ich will Ihnen dabei helfen …"

   6. „Sie sind vielleicht ein Loser … kaum wird's schwierig, fangen Sie an zu jaulen."

   a) Bestimmen Sie für jede Alternative den Ich-Zustand, aus dem heraus der Verkaufsleiter reagiert.
   b) Welche Wirkung kann dieses Verhalten jeweils auf den Mitarbeiter haben?
   c) Entscheiden Sie begründet darüber, welches Verhalten Ihrer Meinung nach am konstruktivsten ist.

Wenn der Chef den Vater spielt

„Sie haben das wieder total falsch gemacht!" Wenn Sie von Ihrem Chef so angedonnert werden, fühlen Sie sich möglicherweise wie ein fünfjähriges Kind, das eine Schimpftirade seines Vaters über sich ergehen lassen muss. Sie werden kleinlaut, haben Angst. Oder: Sie reagieren mit kindlichem Trotz. Wer das Rollenspiel durchschaut, verhält sich erwachsen.

Dass sich Vorgesetzte wie überkritische oder überbeschützende Eltern verhalten und ihre Mitarbeiter damit zu kindlichem Verhalten provozieren, ist ein verbreitetes Phänomen. „Viele Führungskräfte beklagen, dass ihre Mitarbeiter ihr Hirn an der Pforte abgeben und nach dem Motto handeln: Die Großen werden mir schon sagen, was ich machen muss", beschreibt die Persönlichkeitstrainerin Suzanne Grieger-Langer die Folgen. Das ist fatal: Denn so fühlt sich der Chef in seiner Annahme bestätigt: „Ohne Druck funktioniert hier gar nichts." Der amerikanische Psychiater Eric Berne hat seit den 1950er Jahren beobachtet, wie derartige Kommunikationsmuster entstehen. Daraus leitete er die Theorie der Transaktionsanalyse (TA) ab.

Ein Kernpunkt der TA ist das Modell der drei Ich-Zustände, aus denen heraus ein Mensch reagiert. Er verhält sich:
- **wie ein Kind:** natürlich, rebellisch oder angepasst,
- **wie ein Erwachsener:** logisch und der Situation angemessen,
- **wie ein Elternteil:** fürsorglich oder kritisch.

Für Berufseinsteiger und Young Professionals bietet die Transaktionsanalyse eine Menge Vorteile. Zum Beispiel den, sich vor seinem kritischen Chef nicht mehr so klein und hilflos zu fühlen. TA-Trainer Günther Mohr sagt, wie das geht: „Es ist wichtig, erst einmal die eigene, auch emotionale Reaktion anzunehmen und mit diesem Gefühl einen Moment innezuhalten." Sich also bewusst zu sagen: „Ich ärgere mich." Oder: „Ich bekomme Angst." Die meisten Menschen sind hier zu schnell, findet Mohr. „Sie wollen die Emotion schnell wegschieben. Das funktioniert aber nicht." Danach gibt es zwei Wege. Erstens: sich nicht in die Kinderrolle drängen lassen, auch wenn der Boss das gerne hätte. Lieber sachlich fragen: „Was meinen Sie genau damit?"

Weg Nummer zwei erfordert Mut, denn dabei geben Sie Ihrem Chef Rückmeldung darüber, was er bei Ihnen auslöst. „Ich merke, dass mich das, was Sie sagen, gerade irritiert. Ich habe mir alle Mühe gegeben und empfinde, dass Sie meine geleistete Arbeit pauschal herabmindern." Wer noch mehr Courage mitbringt, kann noch einen Wunsch anhängen: „Ich würde mir wünschen, dass Sie auch mein Engagement sehen. Dann fällt es mir leichter, auch einen Kritikpunkt anzunehmen."

Tanja Grabaritz hat ein TA-Seminar bei Mohr besucht. Als Personalreferentin bei Applied Biosystems in Darmstadt führt sie viele Beratungsgespräche. „Ich verstehe jetzt viel besser, warum Gespräche so laufen, wie sie laufen", sagt die 33-Jährige. Und wenn eine Beratung aus dem Ruder läuft, weiß sie genau, wie sie die Sache wieder in den Griff bekommt. Typisch für Beratungssituationen ist das „Ja, aber"-Spiel: Der Berater macht einen Vorschlag, der Gesprächspartner lehnt diesen Vorschlag mit einem Gegenargument ab. Auf einen zweiten Vorschlag reagiert das Gegenüber wieder mit „Ja, aber ...". Auf einen dritten ebenfalls. Solche Spiele lassen sich beenden, indem der Berater die Situation spiegelt. Etwa so: „Ich habe den Eindruck, Sie lehnen alle meine Vorschläge grundsätzlich ab." Damit wird das Spiel zunächst einmal unterbrochen.

Machtspielchen und mögliche Auswege:

Einschüchtern: Ihr Boss verbreitet Angst und Schrecken. Typisch sind Sätze wie: „Haben Sie denn überhaupt keine Ahnung?" ◊ Klarheit, inneren Abstand herstellen!

Alles oder nichts: Ihr Chef vermittelt Ihnen den Eindruck, dass Sie nur zwei Möglichkeiten haben: nachgeben oder alles verlieren. Er arbeitet mit Druck und Drohungen. ◊ Frage an sich selbst – wie abhängig bin ich eigentlich wirklich? Sich die eigene Angst eingestehen!

Lügen: Ein Kollege schiebt dem anderen eine unangenehme Aufgabe zu und behauptet: „Das ist dein Bereich." Oder: „Der Vorstand will das so." ◊ Einlassen auf Machtspiele führt in eine Eskalationsspirale …

Passivität: Sie bitten einen Kollegen um einen Gefallen. Er lässt sie zappeln, setzt ein Pokerface auf. – Rolle eines ruhigen, sachlichen Erwachsenen einnehmen, Situation direkt ansprechen: „Ich habe den Eindruck, Sie möchten nicht auf meine Bitte reagieren. Das irritiert mich. Was möchten Sie mir mit dieser Reaktion sagen?"

Jacoby, Anne: Wenn der Chef den Vater spielt, in: FAZ Hochschulanzeiger vom 16.05.2010 (gekürzt)

5.7.4 Konflikte als Spielsituationen

Das Streben nach Beachtung, in der Transaktionsanalyse auch „stroke-Hunger" genannt (engl. stroke = streicheln), ist ein biologisches Grundbedürfnis eines Menschen. Den Mitmenschen beachten heißt in diesem Zusammenhang, sein Dasein zur Kenntnis nehmen, sich ihm zuwenden, auf ihn eingehen, ihm Anerkennung geben. Diese Beachtung oder Zuwendung kann positiv (warm und liebevoll) oder negativ (kalt und ablehnend) ausgedrückt werden.

> *Wenn Menschen nicht in der Lage sind, sich offen Beachtung, Anerkennung oder Zuwendung zu holen, wenden sie (im Modell der Transaktionsanalyse) **„Spiele"** an, um dieses Bedürfnis zu befriedigen. Diese **psychologischen Spiele** sind eine reiche Quelle für Streicheleinheiten.*

Mit dem Begriff „Spiel" meint die Transaktionsanalyse eine Abfolge von Transaktionen, die beiden Spielern einen Spielgewinn (Streicheleinheiten) bringen. Er besteht entweder darin, sich selbst schlecht zu fühlen (sich abwerten) oder den anderen abgewertet zu haben und sich damit auf dessen Kosten „gut" zu fühlen.

Ein psychologisches Spiel ist an folgenden Merkmalen erkennbar:
- Es läuft immer gleich ab.
- Es besteht aus einer Abfolge verdeckter Transaktionen.
- Es ist den Beteiligten nicht bewusst, dass sie spielen.
- Es geht immer schlecht aus.
- Einer oder alle Beteiligten fühlen sich am Ende unwohl.

Grundsätzlich geht es dabei um Umgangsformen zwischen zwei oder mehreren Personen, die von uneingestandenen Motiven beherrscht werden. Spielgewinn ist letztlich eine negative Zuwendung.

Die Transaktionsanalyse geht davon aus, dass die meisten Menschen Grundüberzeugungen haben („Die Welt ist schlecht" – „Man kann niemandem trauen" – „Ich bin bedauernswert" usw.), die meist durch Erfahrungen in der Kindheit geprägt worden sind. Im Rahmen psychologischer Spiele lassen sich diese Grundüberzeugungen immer von Neuem bestätigen.

Überall werden Spiele gespielt. Einige für das Arbeitsleben typische psychologische Spiele sollen hier anhand von **Beispielen** erklärt werden.

Beispiel: „Ja, aber"-Spiel
In einer Besprechung beklagt sich ein Gruppenführer über die Terminplanung, die ihn in größte Schwierigkeiten bringt. Die Zuhörenden versuchen mit Ratschlägen zu helfen, doch auf jeden Einwand antwortet er: „Das mag schon richtig sein, aber ..." Irgendwann sind alle frustriert: Die Besprechungsteilnehmer ärgern sich darüber, dass er sich nicht helfen lassen will, und der Gruppenführer fühlt sich in seiner ausweglosen Lage bestätigt („Mir kann ja doch keiner helfen").

Beispiel: „Gerichtssaal"-Spiel
Zwei Mitarbeiter haben eine Auseinandersetzung. Der Vorgesetzte soll nun entscheiden, wer recht hat. Eventuell mischen sich noch andere Mitarbeiter ein, sodass die Situation wirklich mit der in einem Gerichtssaal vergleichbar wird. Spricht der Vorgesetzte „Recht" und ergreift damit Partei, so gibt es einen Verlierer, der möglicherweise auf Rache sinnt.

Beispiel: „Makel"-Spiel
Obwohl die Arbeitsgruppe gut funktioniert, nörgelt ihr Leiter ständig an Kleinigkeiten herum. Die Gruppenmitglieder werden zunehmend unzufriedener und ihre Arbeitsmotivation lässt nach. Der Leiter behauptet zwar, dass seine Kritik konstruktiv sei, um ein noch besseres Arbeitsergebnis erzielen zu können, doch tatsächlich wirkt sie zerstörend.

Beispiel: „Überlastet"-Spiel
Der hektische Chef fühlt sich für alles verantwortlich und glaubt, dass ohne ihn nichts funktioniere. Er überhäuft sich mit Arbeit, delegiert kaum und riskiert gesundheitliche Folgen, wenn er dieses Spiel lange spielt. Dahinter verbirgt sich die Überzeugung, dass alle anderen unfähig seien. Der Chef wertet damit die anderen Mitspieler ab.

Beispiel: „Ist das nicht schrecklich?"-Spiel
Zwei Vorgesetzte unterhalten sich wie folgt. Der eine: „Heute will ja niemand mehr arbeiten, sondern alle wollen nur noch Geld verdienen." Der andere: „Alle denken vor allem in Kategorien wie Freizeit und Urlaub ... Ja, früher war das ganz anders!"

Diese Spielart ist sehr verbreitet. Eine Lösung gibt es nicht, da es um den Austausch negativer Aspekte geht. Unbewusstes Ziel ist es, sich und dem anderen die Stimmung zu verderben, um z. B. die Grundüberzeugung bestätigt zu sehen, dass die Welt schlecht sei.

Eine Beendigung all der hier aufgeführten Spiele ist nur möglich, wenn man sie zunächst als solche erkennt und daraufhin sein Verhalten ändert, d. h., einen anderen Ich-Zustand besetzt.

> *Arbeitsauftrag*
>
> **Fallsituation**
>
> *Heiner Schuster hat große Schwierigkeiten beim Fertigstellen einer wichtigen Aufgabe und spricht darüber mit seinem Kollegen Fritz Schneider. Da Fritz Schneider sehr viel Erfahrung auf diesem Gebiet vorweisen kann, gibt er Heiner Schuster gute Ratschläge. Dieser hört sich jeden Ratschlag an und antwortet stets mit: „Ja, gute Idee, aber ..."*
>
> *Spielen Sie diese Situation mit einem Partner durch, wobei die Aufgabe von Schuster darin besteht, möglichst bei seinem „Ja, aber ..." zu bleiben. Schneider hingegen geht kurz auf dieses Spiel ein und versucht dann, es mit einer veränderten Reaktionsweise zwar zu unterbrechen, aber dennoch mit Schuster im Gesprächskontakt zu bleiben.*

5.7.5 Das Drama-Dreieck

> *In psychologischen Spielen können die Spieler drei verschiedene Rollen besetzen:*
>
> 1. **Verfolger:** Er ahndet, setzt anderen zu, taktiert und erweckt Schuldgefühle.
>
> 2. **Opfer:** Es ist hilflos, leidet und übernimmt keine Verantwortung. Es braucht jemanden, der ihm Hilfestellung leistet.
>
> 3. **Retter:** Der Retter meint es gut. Er will helfen, trösten, etwas übernehmen, was der andere selbst erledigen könnte. Indem er sich selbst zum Retter macht, drängt er den anderen in die Opferrolle.

Keine dieser Rollen hat eine überlegene Position; auch der Verfolger und der Retter fühlen sich unbewusst unterlegen und benötigen ihre Position, um ihr Selbstwertgefühl zu steigern.

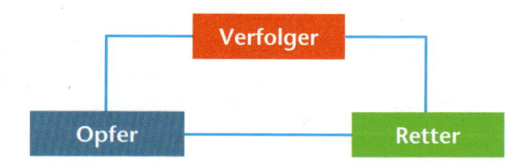

Beispiel
Meister Schramm (Verfolgerposition) greift im Beisein seines Chefs Meier den Mitarbeiter Grau (gerät in die Opferposition) massiv an, weil diesem ein Fehler unterlaufen ist. Der Chef findet diese heftige Reaktion nicht ganz in Ordnung und ergreift Partei (Retter) für Grau. Auch Grau ärgert sich darüber, so bloßgestellt zu werden. Bei der nächsten Gelegenheit versucht er, Schramm eins auszuwischen, indem er ihn bei einem wichtigen Problem übergeht und sich gleich an Meier wendet. Hier lässt er durchblicken, dass Schramm in diesem Bereich nicht sehr kompetent ist (Verfolger), und Meier löst das Problem gern (Retter). Das bringt Schramm in eine schwierige Lage, denn er fühlt sich in die Enge getrieben (Opfer).

Das Drama-Dreieck verdeutlicht einen dynamischen Prozess. Jeder Spieler kann die Rolle des Opfers, des Retters oder des Verfolgers annehmen. Dabei kann die Rolle im Laufe des Spiels gewechselt werden. Der Retter kann zum Verfolger oder zum Opfer werden, das Opfer zum Verfolger usw.

Diese Spiele werden in unterschiedlicher Intensität und über unterschiedlich lange Zeiträume hinweg gespielt. Im Fallbeispiel „Meister Schramm" besteht die Möglichkeit, den Konflikt zu beenden, indem einer der Beteiligten aus dem Drama-Dreieck aussteigt, also sein Verhalten ändert. Anderenfalls ist es durchaus möglich, dass diese Konfliktsituation langsam eskaliert.

> *Arbeitsauftrag*
>
> *Beschreiben Sie eine Konfliktsituation und definieren Sie dabei die von den Konfliktpartnern eingenommenen Rollen aus dem Drama-Dreieck.*

5.7.6 Lebenseinstellungen

Die Transaktionsanalyse unterscheidet vier Grundpositionen, aus denen heraus sich Menschen begegnen und die mitverantwortlich sind für die Erfahrungen, die sie miteinander machen. Diese Positionen erklären auch, warum Menschen in dem Drama-Dreieck immer wieder ganz bestimmte Rollen spielen.

Grundpositionen	
I Ich bin nicht o. k. – du bist nicht o. k.	II Ich bin nicht o. k. – du bist o. k.
III Ich bin o. k. – du bist nicht o. k.	IV Ich bin o. k. – du bist o. k.

Personen, die sich überwiegend in der Grundposition „Ich bin nicht o. k., du bist o. k." befinden, nehmen in Spielen gern die Rolle des Opfers ein. Verfolger und Retter spielen häufiger Menschen mit der Grundhaltung „Ich bin o. k., du bist nicht o. k.". Sie finden immer einen Schuldigen. Die Position „Ich bin nicht o. k., du bist nicht o. k." ist eine verzweifelte Grundeinstellung, die Grundhaltung eines Verlierers. Die vierte Position ist die Position, aus der heraus konstruktive Kritik möglich erscheint. Eine Person mit dieser Einstellung hat die Fähigkeit, sachliche und klare Auseinandersetzungen zu führen, ohne den anderen herabzusetzen oder zu manipulieren. Sie ist die Grundhaltung eines Gewinners.

Beispiel

> **Fallsituation**
>
> **Der Problemfall**
>
> *Ich habe mich in den letzten sechs Monaten recht gut eingelebt. Natürlich war das eine Umstellung für mich, plötzlich auch Personalverantwortung im größeren Rahmen zu übernehmen. Andererseits, von dem Geschäft verstehe ich ja aufgrund meiner Vertriebstätigkeit im Ausland eine ganze Menge. Gleich am Anfang habe ich die Abteilung umorganisiert. Mein Vorgänger, der zehn Jahre diese Position innehatte, hat bis zu seiner Pensionierung in den letzten Jahren hier nicht mehr viel investiert. Aber heute haben sich die Marktbedingungen geändert, auch die interne Reorganisation hin zu Profit-Centern hat in der jüngsten*

Vergangenheit organisatorische Veränderungen bedingt. Mein Ziel ist es, eine schlagkräftige, motivierte und erfolgreiche Abteilung aufzubauen.

Allerdings ist hier – wie meistens – ein Haar in der Suppe. Während ich grundsätzlich ein gutes Verhältnis zu meinen zwölf Mitarbeitern habe, gibt es doch einen Mitarbeiter, der mir Sorgen macht. Er war früher einmal der „Starverkäufer". So manche können sich daran erinnern, dass er ihre Leitfigur war, ein wahrer Vollblutverkäufer. Wenn man sich die Entwicklung der letzten Jahre ansieht, weiß man, dass davon nicht mehr viel übrig geblieben ist. Mit zu meinen ersten Handlungen gehörte es deshalb, ihn langsam aus dem Verkaufsgeschäft abzuziehen. Nicht nur, dass er tatsächlich den Umsatz nicht brachte. Hinzu kommt viel entscheidender, dass ich ihn auf die Kundschaft nicht loslassen kann. Er hat eine Art, die Kunden eher in die Flucht zu jagen. Er ist eckig, rechthaberisch, schlicht ein Typ, der kein Verkaufsklima aufbauen kann. Das ist übrigens nicht mein Urteil allein. Ich habe die Personalakten eingesehen. Schon vor fünf Jahren wurde dies im Rahmen von Beurteilungsgesprächen mit ihm besprochen. In den letzten Jahren wurde es nicht mehr ausdrücklich genannt, aber es wurde auf die früheren Beurteilungen hingewiesen. Vom Markt kamen die gleichen Beschwerden. Ich habe es mir nicht einfach gemacht. In mehreren Gesprächen habe ich versucht ihn zu ändern. Dann sitzt er stets brav und angepasst vor mir und erzählt mir das Blaue vom Himmel herab. Angeblich völlig eingestimmt und motiviert verlässt er mich. Dann aber läuft er herum, erzählt, mit seinen früheren Vorgesetzten habe es viel besser geklappt, pocht auf seine 20-jährige Erfahrung, erinnert an seine Erfolge und stellt unsere gemeinsamen Anstrengungen innerhalb der Einheit negativ dar. Am Anfang war es schwerer, heute hat er sich damit wohl selbst etwas isoliert.

Aber was soll ich machen? Nachdem ich ihn vom Verkauf abgezogen habe, konnte er auch keine Gruppenleiterfunktion mit Personalverantwortung mehr ausüben. Ich habe ihn jetzt auf eine Referentenstelle gesetzt. Zwar hat er keine materiellen Einbußen dadurch, aber er ist halt schlicht nur noch Referent ohne Personalverantwortung. Das ist bei uns auch ein Statusproblem. Dann noch was: Nächstes Jahr geht einer meiner Verkaufsleiter in Pension. Er glaubt wohl immer noch, dessen Stellvertreter zu sein. Und: Er hofft darauf, dessen Nachfolger zu werden. Die Beförderungs-Karawane ist wohl früher öfter an ihm vorbeigezogen, ohne dass er berücksichtigt wurde. Nun soll es anders sein. So wurde es mir zugetragen. Wie ich ihn kenne, glaubt er nach wie vor, dass er Anspruch auf Karriere habe. Mehr als alle diese „Youngsters", die wir haben. Er wird nicht Verkaufsleiter werden. Ich habe den Mitarbeiter dort drüben dafür vorgesehen. Er weiß es schon. Ich habe Vertrauen zu ihm, er wird es schaffen. Aber ich sehe schon die Folgen deutlich vor mir. Der Problemfall wird vorher und nachher für Stimmung sorgen.

Nächste Woche werde ich eine neue Aufgabenbeschreibung mit ihm besprechen. Ich will ihm als Referent Aufgaben der Verkaufsplanung sowie verschiedene administrative Tätigkeiten, aber auch das Center-Controlling übertragen. Ich glaube, das packt er. Ich hoffe für ihn, dass er sich mit dieser neuen Aufgabenstellung anfreunden kann und sie auch vollwertig ausfüllt. Aber dennoch sehe ich der Besprechung mit ihm mit gewissen Bedenken entgegen. Natürlich wird er wie immer Treue und Einsatz schwören. Das tut er ja stets, wenn er bei mir sitzt. Andererseits sehe ich ihn schon wieder die Leute wild machen, Meinungsbildung betreiben, sich über mich und die neuen Aufgaben mokieren. Nur, er macht es ja immer unterhalb der Oberfläche. Ich bekomme es so informell mit, spüre es manchmal nur. Ich mache mir keine Illusionen darüber, dass ich ihn nicht einfach abschieben kann. Entlassen wird bei uns doch keiner. Haben will ihn sicherlich auch keine andere Abteilung. Wir müssen also wohl mit ihm leben. Doch was soll ich machen, wenn er weiter so agiert?

Domsch, Michael/Regnet, Erika/Rosenstiel, Lutz von (Hrsg.): Führung von Mitarbeitern – Fallstudien zum Personalmanagement, 2. Aufl., Schäffer-Poeschel, Stuttgart 2001, S. 76 f.

> *Arbeitsaufträge*
>
> 1. Skizzieren Sie das Problem des Abteilungsleiters.
> 2. Analysieren Sie die Ich-Zustände des Abteilungsleiters der Fallstudie „Der Problemfall",
>   – während er sein Problem erzählt,
>   – im Kontakt zu „seinem" Problemfall (so wie er es darstellt).
> 3. Überprüfen Sie diese Fallsituation auf das Vorhandensein von psychologischen Spielen.
> 4. Worin liegt Ihrer Meinung nach die Ursache für diesen Konflikt?

5.8 Konstruktiver Umgang mit Konflikten

Besonders im Arbeitsleben wird die Fähigkeit, mit Konflikten konstruktiv umgehen zu können, immer wichtiger, denn

| einerseits sind die Vorstellungen des Einzelnen durch den sich gesellschaftlich vollziehenden Wertewandel immer individueller und anspruchsvoller geworden | ← → | andererseits gewinnt die Zusammenarbeit am Arbeitsplatz immer mehr an Bedeutung und für Effizienz ist ein allgemeiner Konsens erforderlich |

Möglichkeiten des Umgangs mit Konflikten

Konfliktunterdrückung	zudecken, verleugnen
Konfliktvermeidung	vorhandenes Konfliktpotenzial durch geeignete Maßnahmen reduzieren, z. B. durch „Flucht"
Konfliktregelung	einen Ausweg finden, z. B., indem man sich unterordnet oder den Konflikt zur Lösung an andere delegiert
Konfliktlösung	eine echte, dauerhafte Lösung finden, z. B. durch einen Kompromiss oder Konsens

> *Arbeitsaufträge*
>
> 1. Stellen Sie Situationen dar, in denen Ihrer Meinung nach Konflikte
>   – unterdrückt,
>   – geregelt,
>   – vermieden,
>   – wirklich gelöst worden sind.
> 2. Beschreiben Sie die jeweilige Vorgehens-/Verhaltensweise der Beteiligten in diesen Situationen.

5.8.1 Konfliktdiagnose

Um mit einem Konflikt konstruktiv umgehen zu können, muss man ihn gründlich untersuchen. Hilfreich sind hierzu die folgenden Fragen zur **Konfliktgeschichte**:
- Wer ist beteiligt? Wer streitet mit wem?
- Wie ist es zu diesem Konflikt gekommen?
- Gab es in der Vergangenheit ähnliche Konflikte (typische Konfliktmuster)?
- Wie stehen die Beteiligten im Moment zueinander?
- Was wollen die Beteiligten im Einzelnen erreichen?
- Wem nutzt dieser Konflikt?
- Wem schadet der Konflikt?
- Was wurde bisher zur Lösung unternommen?

Um Abstand zum Konflikt gewinnen zu können, sind Fragen zum **Konfliktgegenstand** sinnvoll:
- Worin besteht rein sachlich und rational der Konflikt?
- Worin besteht der emotionale Anteil in diesem Konflikt?
- Worin sind soziale Ausweitungen zu sehen?
- Welche Rahmenbedingungen/Zwänge (innerhalb der Organisation) sind vorhanden?

5.8.2 Konfliktlösungsstrategie nach Gordon

> *Thomas Gordon* (1918–2002), Psychologe an der Universität Chicago, erkannte die große Bedeutung der Kommunikation und gewaltfreien Konfliktlösung für die zwischenmenschliche Beziehung.

Bekannt sind Gespräche, die nach dem Muster **Gewinner/Verlierer** ablaufen. Einer setzt sich auf Kosten des anderen durch, der Konflikt ist scheinbar gelöst. Doch Siege und Niederlagen belasten längerfristig das Verhältnis der Gesprächsteilnehmer.

Beispiel A

Die Gruppenleiterin Vera Möller bittet ihren Chef um eine zusätzliche Arbeitskraft, da immer mehr zu tun ist. Der Chef weist diese Idee empört zurück. Er bezieht sich dabei auf die wirtschaftliche Situation, die das Einstellen neuen Personals nicht erlaube. Außerdem macht er Frau Möller den Vorwurf, ihre Truppe nicht im Griff zu haben, denn mit einem höheren Arbeitstempo sei die Belastung schnell aufzufangen. Frau Möller gibt klein bei und zieht sich zurück. Der Chef geht als Sieger aus diesem Gespräch hervor, doch dieser Sieg hat einen recht hohen Preis: Seine Gruppenleiterin wird diesen Vorfall nicht so schnell vergessen können. Sie musste in der Sache nachgeben und fühlt sich zudem negativ beurteilt. Auch wenn die Lage des Betriebs keine Entlastung der Arbeitsgruppe von Frau Möller zulässt, wäre dennoch ein anderer Gesprächsverlauf möglich gewesen.

Beispiel B

Der Chef weist das Ansinnen von Frau Möller nicht zurück, sondern zeigt Verständnis für die enorme Arbeitsbelastung. Daraufhin erklärt er ihr die augenblickliche Situation und verspricht, dennoch ihre Anregung an das Personalbüro weiterzugeben, um zu prüfen, ob z. B. vorübergehend jemand aus einer anderen Gruppe zur Unterstützung freigestellt werden kann.

Das Ergebnis ist identisch, aber der Gesprächsverlauf vollzieht sich im Beispiel B nach dem Muster **Gewinner/Gewinner**, sodass eine klassische Win-win-Situation entsteht. Der Chef signalisiert klar, dass ihm eine gemeinsame Lösung wichtig ist. Zwischen beiden Gesprächspartnern findet eine echte Verständigung statt. Sie wird durch die Grundposition „Ich bin o. k., du bist o. k." ermöglicht. Dem Modell der Transaktionsanalyse folgend würde man sagen, dass das Agieren aus dem ER-Zustand einen konstruktiven Gesprächsverlauf ermöglicht, während in der ersten Gesprächssituation der Chef seiner Gruppenleiterin aus dem kritischen Eltern-Ich (kEL) heraus begegnet. Sie antwortet ihrerseits aus ihrem angepassten Kind (aK), indem sie sich zurückzieht.

Konfliktlösungsstrategien nach Thomas Gordon

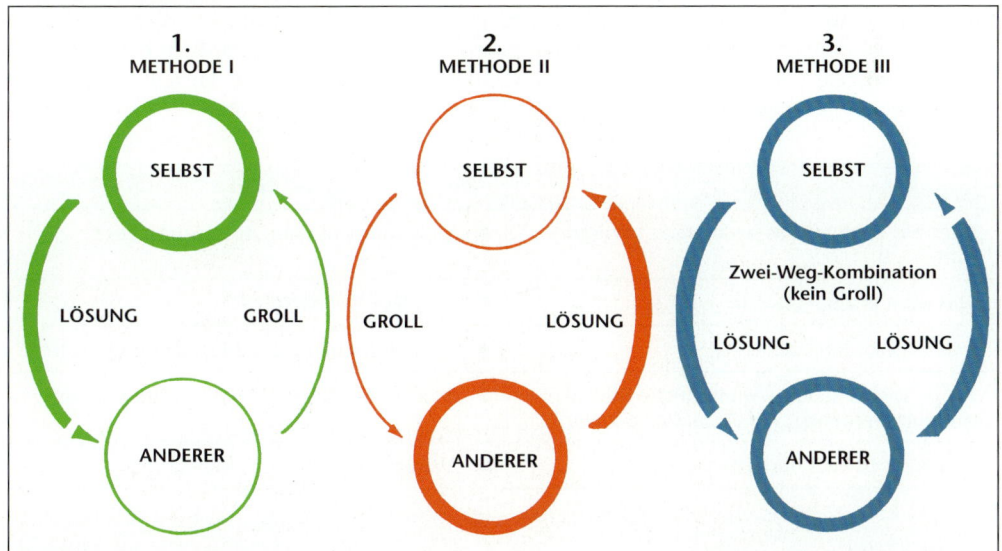

1. METHODE I
SELBST — LÖSUNG — GROLL — ANDERER
Machtkampf, Schuldfrage
„Wer hat recht?"

2. METHODE II
SELBST — GROLL — LÖSUNG — ANDERER

3. METHODE III
SELBST — Zwei-Weg-Kombination (kein Groll) — LÖSUNG — LÖSUNG — ANDERER
echte Lösung, Beziehung
„Wer hat das Problem?"
„Was ist zu tun?"

Gordon, Thomas: Managerkonferenz – Effektives Führungstraining, aus dem Amerikanischen von Hainer Kober, 19. Aufl., Wilhelm Heyne Verlag, München 2005, S. 181 f.

Arbeitsauftrag

Fallsituation

In einer Abteilung herrscht ein schlechtes Betriebsklima. Der Leiter rettet sich von einem Wutanfall in den nächsten und seine Mitarbeiter schimpfen hinter seinem Rücken über seine schlechten Führungsqualitäten. Einer äußert: „Er kann sich einfach nicht beherrschen; dabei nützen seine Wutanfälle sowieso nichts." Ein anderer: „Alles geht drunter und drüber. Er lässt an keinem ein gutes Haar ... Bei dem halte ich es nicht mehr lange aus." Der Leiter selbst beschwert sich bei einem Kollegen über seine Arbeitsgruppe: „Dort klappt wirklich gar nichts. Heutzutage will jeder nur noch Geld verdienen und nicht mehr arbeiten." Beide Parteien fühlen sich im Recht und jeder weist die Schuld dem anderen zu.

a) Analysieren Sie diese Konfliktsituation:
 – Wie kommt es zu dem Konflikt?
 – Welcher Konfliktverlauf ist denkbar?
 – Wer wird formal siegen?

b) Entwickeln Sie eine mögliche Lösung.

5.8.3 Umgang mit Killerphrasen

Nicht jeder Gesprächspartner zeigt sich in Konfliktdiskussionen kooperativ, sondern häufig geschieht es, dass ein Gesprächspartner versucht, denjenigen zu blockieren, der sich um eine echte Lösung bemüht. Solche Versuche werden in der Fachliteratur als **Killerphrasen** bezeichnet. Wenn man sich nicht geschlagen zurückziehen will, müssen Reaktionsmöglichkeiten gefunden werden, die diese destruktiven Gesprächsbeiträge neutralisieren können. Nur dann ist eine sinnvolle Gesprächsfortsetzung denkbar. Die folgende Tabelle enthält einige sehr häufig verwendete Killerphrasen und Möglichkeiten, darauf zu reagieren.

Beispiele für Killerphrasen	Beispiele für Reaktionsmöglichkeiten
„Alles nur Theorie. Das funktioniert sowieso nicht."	▶ „Gut, wie sieht dann Ihre Lösung aus?"
„Das kann ja wohl nicht Ihr Ernst sein."	▶ „Was lässt Sie zweifeln?"
„Das ist nicht Ihre Sache."	▶ „Wessen Sache ist das Ihrer Meinung nach?"
„Na ja, wieder so eine neumodische Idee, die wird auch vergehen, wie alle anderen zuvor."	▶ „Wie stellen Sie sich eine Veränderung vor?"
„Das ist doch alles dummes Gerede."	▶ „Warum sind Sie dieser Meinung?"

Arbeitsauftrag

Finden Sie typische Killerphrasen, mit denen Sie persönlich konfrontiert worden sind, und überlegen Sie sich neutralisierende Reaktionen.

5.9 Konfliktlösungsmodelle

5.9.1 Sechs-Stufen-Methode nach Gordon

Für die **Methode III** (Konfliktlösung im Sinne einer **Win-win**-Situation) schlägt Thomas Gordon zur Konfliktlösung sechs Schritte vor **(Sechs-Stufen-Methode)**.

Voraussetzung ist, dass alle Beteiligten diese Methode des Win-win kennen und an einer Problemlösung interessiert sind, die keinen Beteiligten als Verlierer zurücklässt.

Schritte zur Konfliktlösung	Stolpersteine
1. Definition des Problems Die erste Phase ist der Problemerkennung gewidmet. Jede Konfliktpartei stellt das Problem aus ihrer eigenen Sichtweise dar, denn jede hat ihre eigene Wahrheit. Eine beiderseitige Bedürfnisklärung findet statt. Anhand dieser Angaben wird das Problem genau definiert. Wichtig dabei ist, eine Definition für das Problem zu finden, die beide Parteien akzeptieren können.	– Erkennung und Definition benötigen viel Zeit – Gefahr des zu schnellen Vorgehens
2. Lösungswege suchen Wenn das Problem definiert ist, geht es um die Frage: „Was ist nun zu tun?" Die Konfliktparteien suchen in dieser Phase gemeinsam nach Lösungsmöglichkeiten. Jede Partei sollte die Ideen der anderen ernst nehmen und jede Art der Wertung vermeiden.	– Gefahr des Sich-Festfahrens – negative Bewertung von Lösungsansätzen
3. Bewertung der Lösungsansätze Alle gefundenen Lösungsansätze werden auf den Prüfstand gestellt, Unterschiede und Gemeinsamkeiten herausgefiltert. Vor- und Nachteile der Lösungsansätze für die Konfliktparteien sind gegeneinander abzuwägen.	Gefahr der nicht exakten Überprüfung
4. Wahl des besten Lösungsweges Die Entscheidung für die beste Lösung ist wiederum gemeinsam zu treffen. Beide Parteien müssen sich ohne Druck auf eine Lösung einigen oder, falls dies nicht möglich erscheint, noch einmal bei Schritt 2 beginnen. Vielleicht wurde dieser Schritt nicht genau genug bearbeitet.	Gefahr des Drängens
5. Realisierung der vereinbarten Lösung Im fünften Schritt treffen die Parteien Abmachungen darüber, wer was wann tut. In dieser Phase bereits darüber zu sprechen, was passieren soll, wenn eine der Konfliktparteien ihre Vereinbarungen nicht einlöst, ist wenig konstruktiv und lädt quasi zum Nichteinhalten der Vereinbarungen ein.	Gefahr des Zweifelns
6. Kontrolle Nicht alle vereinbarten Lösungen stellen sich während der Realisierungsphase als in jedem Punkt richtig heraus, sondern sie müssen vielmehr aus einem zeitlichen Abstand heraus neu bewertet und ggf. abgeändert oder neu vereinbart werden.	Gefahr des Festschreibens von Lösungen („einmal vereinbart, ist immer vereinbart")

Die hier beschriebenen Schritte sind dann erfolgversprechend, wenn wirklich alle Betroffenen an diesem Prozess beteiligt werden. Eine Maßnahme, die gemeinsam und einvernehmlich beschlossen wurde, ist in der Regel tragfähiger als eine vom Vorgesetzten vorgeschriebene.

Arbeitsaufträge

1. **Fallsituation**

   In der letzten Beurteilung ist der Mitarbeiter Hofmann von seinem Vorgesetzten Schulz sehr negativ beurteilt worden. Hofmann ist empört und fühlt sich ungerecht behandelt. In dem sich anschließenden Mitarbeitergespräch versucht Hofmann, Schulz unter allen Umständen zu einer Änderung der Beurteilung zu bewegen.

   Rollenanweisung: Spielen Sie diese Situation in einer Kleingruppe durch.
   - Mitarbeiter Hofmann: Er versucht, so geschickt wie möglich zu verhandeln (verbindlich im Ton, aber hart in der Sache).
   - Vorgesetzter Schulz: Er ist von der Richtigkeit seiner Beurteilung überzeugt.
   - Beobachter: aufmerksamer Zuhörer, macht sich ggf. Notizen, um nach dem Gespräch den beiden Gesprächspartnern Feedback über den Verlauf des Gesprächs geben zu können.

2. **Fallsituation**

   Sie sind Abteilungsleiter/-in bei der Firma Niedrig & Breit, einem großen Unternehmen, das weltweit operiert und seit einigen Jahren eine bestimmte Unternehmenskultur entwickelt hat.

   Wichtige Schlagworte sind in diesem Zusammenhang:

   „Wir sitzen alle in einem Boot." – „Alle Mitarbeiter sind auch Kunden." – „Ständige Kritikbereitschaft, auch gegenüber Führungskräften, ist ausdrücklich erwünscht." Sie heißen Frau/Herr Stark, sind 30 Jahre alt und seit einem Jahr in diesem Unternehmen beschäftigt. Sie kommen gut zurecht, doch in letzter Zeit beobachten Sie mit wachsendem Unmut, dass der Gruppenleiter W. Busch, ein sehr erfahrener Mann und außerdem der Schützling Ihres Chefs, und der Vorarbeiter B. Mittler nicht mehr so zuverlässig arbeiten wie anfangs. Sie verbringen auffällig viel Zeit im Büro, die Mitarbeiter in der Werkhalle haben Leerlauf, da Anweisungen fehlen oder unklar formuliert wurden. Einige Male ist es schon vorgekommen, dass Material zu spät geliefert worden ist. Sie entschließen sich, mit W. Busch ein Gespräch zu führen.

   a) Bereiten Sie das Gespräch anhand eines Fragebogens vor (siehe S. 98, Gesprächsvorbereitung).
   b) Führen Sie das Gespräch nach der Sechs-Stufen-Methode von Thomas Gordon im Rollenspiel durch.

5.9.2 Die Harvard-Methode

Das **Harvard-Konzept** wurde 1977 in Camp David (Friedensvertrag Ägypten/Israel) von Sadat, Begin und Carter angewendet.

Menschen kennen meist nur zwei Arten zu verhandeln:

- Die eine basiert auf sehr hartem Verhandeln und dem Versuch, seine Vorstellung auf Kosten des anderen durchzusetzen.

- Die andere basiert hingegen darauf, weich zu verhandeln, Konflikte zu vermeiden und sich lieber zurückzuziehen.

Das Harvard-Konzept könnte als dritter Weg bezeichnet werden, die Methode des sachbezogenen Verhandelns.

Hart in der Sache – verbindlich im Ton

Diese Methode beruht auf dem „Harvard Negotiation Project" der Harvard Universität und favorisiert wie Thomas Gordon die Kooperation, also eine Win-win-Lösung. Angestrebt werden erstens die Verbesserung des Verhältnisses zwischen den Verhandlungsparteien, zweitens die Effizienz und drittens eine vernünftige Übereinkunft. Vier Bedingungen sind notwendig, um diese Methode erfolgreich einsetzen zu können:

1. Sachprobleme müssen von den Menschen getrennt werden. Verstehen statt Recht erhalten steht im Vordergrund. Dazu ist es notwendig, über die Vorstellungen beider Verhandlungsparteien zu sprechen und sich in die Lage des anderen hineinzuversetzen. Man sollte die vorliegenden Probleme angehen und nicht sein Gegenüber angreifen.

2. Im Mittelpunkt stehen die Interessen und nicht die Positionen in einer Verhandlung. Man sollte erkennen, dass jeder Verhandlungspartner unterschiedliche Interessen hat, die er einbringen und gewürdigt wissen möchte.

3. Es gilt, neue Alternativen zu entwickeln, die für beide Verhandlungspartner Vorteile bringen. Verhandeln ist als gemeinsame Problemlösung zu verstehen. Um das Fällen eines zu schnellen Urteils zu verhindern, sollten sich alle um die Schaffung einer Lösungsvielfalt bemühen. Denn oft glaubt man, es gebe nur eine Lösung und der Kuchen der Verteilungsmöglichkeiten sei begrenzt.

4. Alle Teilnehmer müssen sich auf objektive Kriterien einigen, an denen sie das Ergebnis messen können. Auf reine Willensbildung sollte verzichtet werden. Die Suche nach Beurteilungskriterien ersetzt das Streitgespräch zum Thema: „Wer hat Recht?"

Beispiel: konstruktive Gesprächsführung

Ausgangssituation
Der geparkte Wagen von Tom war von einem Lastwagen völlig ramponiert worden. Das Auto war versichert, aber die Höhe des Schadens sollte Tom nun mit dem Sachbearbeiter der Versicherung aushandeln.

Das Gespräch

Sachbearbeiter	Tom
Wir haben Ihren Fall geprüft und sind zu der Entscheidung gekommen, dass die Police den Unfall deckt. Das heißt, Sie bekommen eine Entschädigung von 3 300 Dollar.	Mal sehen. Wie sind Sie zu der Summe gekommen?
Das entspricht der Höhe, auf die wir Ihren Wagen wertmäßig schätzen.	Das verstehe ich schon, aber nach welchen Kriterien setzen Sie üblicherweise diese Höhe fest? Können Sie mir sagen, wo ich für den Preis einen vergleichbaren Wagen kaufen kann?
Wie viel wollen Sie denn an Entschädigung?	Genauso viel, wie die Police es vorsieht. Ich habe einen Wagen gefunden, der meinem früheren entspricht, und der kostet 3 850 Dollar. Mit Mehrwertsteuer und Vermittlungsgebühr sind das über 4 000 Dollar.
4 000 Dollar! Das ist zu viel!	Ich fordere nicht 4 000 Dollar – auch nicht 3 000 oder 5 000, sondern eine faire Entscheidung. Sind Sie der Meinung, dass es nur fair ist, wenn ich genug bekomme, um den Wagen zu ersetzen?
Einverstanden. Ich biete Ihnen 3 500 Dollar an. Das ist der höchste Satz, den ich geben kann. Das entspricht den Gepflogenheiten der Versicherung.	Nach welchen Kriterien berechnet die Gesellschaft das?
Sehen Sie, 3 500 Dollar sind das Höchste, was Sie bekommen können. Nehmen Sie's oder lassen Sie's.	Kann sein, dass 3 500 Dollar ein fairer Preis sind, ich kenne mich da nicht aus. Ich verstehe natürlich Ihre Position, wenn Sie da an die Gepflogenheiten der Firma gebunden sind. Aber so lange Sie mir nicht objektiv sagen können, warum gerade diese Summe berechtigt ist, werde ich meine Sache wohl besser vor Gericht verfolgen. Vielleicht sollten wir aber beide die Sache noch einmal durchsehen und uns dann wieder sprechen. Ginge es am Mittwoch um 11 Uhr?
Schön, Mr. Griffith, heute habe ich eine Anzeige in der Zeitung gefunden, ein Pkw, Modell 78, für 3 400 Dollar.	Ich sehe es. Wie viel km hat er?
70 000. Warum?	Der meine hatte erst 40 000 km. Wie viel Wertminderung entspricht das in Ihren Richtlinien?
Will mal sehen … 150 Dollar.	Nehmen wir die 3 400 Dollar als Grundpreis, macht das nun 3 550 Dollar. Steht etwas über ein Radio in der Anzeige?
Nein.	Was macht das nach Ihren Richtlinien zusätzlich aus?
125 Dollar.	Klimaanlage?

Das Ergebnis
Eine halbe Stunde später kam Tom mit einem Scheck über 4 012 Dollar aus der Versicherungsagentur heraus.

Fisher, Roger/Ury, William/Patton, Bruce: Das Harvard-Konzept, aus d. Engl. übers. von Werner Raith und Wilfried Hof, 22. Aufl., Campus, Frankfurt a.M. 2004, S. 135 f.

Konstruktive Gesprächsführung durch:

Vernunft:	vernünftig sein und dabei die eigenen Gefühle wahrnehmen
Verständnis:	die Sichtweise des anderen in der jeweiligen Situation verstehen lernen
Kommunikation:	zuhören und darüber sprechen
Vertrauenswürdigkeit:	sich klar und deutlich ausdrücken, berechenbare Reaktionen zeigen
Überzeugen:	keine persönlichen Angriffe starten, sondern Argumente austauschen
Akzeptanz:	Formulierungen bevorzugen wie „Wie haben Sie das gemeint?" anstelle von „Sind Sie noch bei Trost?".

5.9.3 Mediation

Die Mediation (= Vermittlung zwischen Streitenden) wurde in den USA als eine Form der alternativen Konfliktberatung entwickelt. Es sollte ein Weg gefunden werden, der einen wirklichen Interessenaustausch (Gewinner-Gewinner-Lösung/Win-win-Situation) ermöglicht.

Die Mediation stellt nicht die Frage nach der Schuld, sondern sie dient der gütlichen Einigung der Konfliktpartner. Dabei ist es notwendig, den Konfliktpartnern Hilfestellung zu geben, damit sie die Positionen Gewinner – Verlierer aufgeben und lösungsorientiert miteinander verhandeln können. Dabei muss der Mediator das vorliegende Problem umreißen, die Muster erkennen, die die beteiligten Konfliktparteien benutzen, um Situationen wahrzunehmen und Entscheidungen zu treffen.

Ein **neutraler Dritter**, **der Mediator**, unterstützt die Konfliktparteien in ihren Bemühungen um eine für beide Seiten akzeptable Regelung.

Drei Faktoren geben das Gefühl einer fairen Verhandlung:

1. **Neutralität des Vermittlers**
   Der Vermittler ist nicht parteiisch, sondern vollkommen neutral. Seine Aufgabe besteht darin, durch geschicktes Fragen die Sichtweise beider Seiten zu erweitern. Er kann erreichen, dass gegnerische Vorschläge nicht sofort abgewertet, sondern zunächst überdacht werden.

2. **Partizipation der Konfliktparteien**
   Die Konfliktparteien können den Prozess und das Ergebnis in großem Umfang mitbestimmen. Keine Seite verfügt über die andere, nur weil sie mehr Macht hat oder größeren Einfluss ausüben kann.

3. **Akzeptanz beider Seiten**
   Die Parteien fühlen sich in ihrem Anliegen ernst genommen, weil sie angemessen gehört werden und über den Verlauf der Beratung zu jedem Zeitpunkt orientiert sind.

Mediationen sind in vielen Bereichen hilfreich. Sie können als außergerichtliche Vermittlungsform z. B. in Scheidungskonflikten und beim Täter-Opfer-Ausgleich eingesetzt werden oder zur Konfliktintervention in Unternehmen, Schulen (Streitschlichtung).

Voraussetzung für eine Mediation ist die Gleichberechtigung zwischen den Konfliktparteien. Jede Partei muss über eine gewisse Verhandlungsmacht verfügen. Gibt es ein Machtgefälle

(Betriebsrat gegen Betriebsleitung, Bürgerinitiative gegen Staat), so muss die mächtigere Seite auf einen Teil ihrer Macht verzichten, um eine Gleichrangigkeit im Mediationsprozess herstellen zu können.

Ein guter Mediator ist in der Lage, mit schwierigen Gesprächssituationen umzugehen; er sollte

- die Sache und die Person streng voneinander trennen.
- die gegenseitigen Interessen (Erwartungen) klären.
- auf der Grundlage von Interessen anstatt von Positionen verhandeln.
- Kreativität besitzen, um neue Lösungsansätze zu finden.
- bei der Auswahl und Bewertung von Optionen behilflich sein.

„Handwerkszeug" des Mediators

- *Spiegeln*
- *Aktives Zuhören*
- *Fragetechnik*
- *Ich-Botschaften*
- *Doppeln*

Darunter ist der Versuch zu verstehen, die Verhaltensweise an den „Sender" zu spiegeln – nach dem Motto: „Ist es das, was du versuchst zu senden?" „Spiegeln" kann Blockaden lösen, weil es den Parteien hilft, die jeweils eigene Position aus der Distanz wahrzunehmen.
Aber: Die Methode erfordert <u>empathische</u> Fähigkeiten und einen sensiblen Umgang mit dem anderen. Jede Überzeichnung („Karikatur") kann Konflikte verschärfen.

Schwierige Inhalte werden durch den Mediator von einem Konfliktpartner zum anderen transportiert. Der Mediator präsentiert dabei die Aussage so, dass der Angesprochene sie versteht und der Gedoppelte sie noch als seine erkennt.

Arbeitsauftrag

Fallsituation

„Hören Sie mal", brüllt der Leiter der Produktion Paul Ehrlich ins Telefon: „So habe ich mir das aber nicht vorgestellt. Sie hatten mir versprochen, die Sache pünktlich zu erledigen, und nun warte ich schon seit zwei Wochen auf die Preisliste. Mit mir nicht! Das wird Folgen für Sie haben." Der Gruppenleiter Herbert Ginstermann reagiert verärgert. „Die Verzögerung habe ich nicht zu vertreten, denn zunächst war schließlich gar nicht geklärt, welche Lieferanten wir wegen der Preislisten ansprechen sollten ... und dann soll immer alles hoppla hopp gehen ..." Ehrlich fällt ihm ins Wort: „Ihre Ausreden und Entschuldigungen interessieren mich nicht ..." Nach Beendigung des Telefonats beschwert sich Herr Ginstermann bei seiner Kollegin über das Verhalten seines Chefs. „Langsam reicht es mir, er sucht immer einen Schuldigen, alles wälzt er ab. Er droht mir sogar mit Folgen, was auch immer er damit meint." Seine Kollegin versucht ihn zu beruhigen: „Du hast mit deinem Ärger recht, aber der Ehrlich steht unter immensem Druck von oben. Die Vorgaben sind hoch, der Zeitdruck enorm, klar, dass der ausrastet." Herr Ginstermann ist davon nicht überzeugt: „Sein Problem, ich mache ab jetzt nur noch das Nötigste, mir kann nach fast 30 Jahren Betriebszugehörigkeit schließlich nicht mehr viel passieren." Paul Ehrlich hingegen überlegt, ob er Herbert Ginstermann wegen Arbeitsverweigerung eine Abmahnung schreiben soll, und hofft insgeheim auf das nächste kleine Fehlverhalten von Gruppenleiter Ginstermann: „Dann kann ich ihm sofort kündigen."

a) Bestimmen Sie den vorliegenden Konflikt hinsichtlich
   – Konfliktform,
   – Konfliktart.
b) Analysieren Sie die Aussage von Produktionsleiter Ehrlich: „Hören Sie mal, so habe ich mir das aber nicht vorgestellt. Sie hatten mir versprochen, die Sache pünktlich zu erledigen" anhand des „Vier-Seiten-Modells" von Schulz von Thun.
c) Auf welchem Ohr ist der Gruppenleiter Ginstermann besonders empfänglich? Begründen Sie Ihre Entscheidung.
d) Herr Ginstermann droht mit „innerer Kündigung". Erklären Sie diesen Begriff aus der Arbeitswelt und beschreiben Sie – abgesehen von offensichtlichen Führungsfehlern wie im Fallbeispiel – eine weitere Ursache für das Auftreten dieses Phänomens.
e) Angenommen, der Produktionsleiter Ehrlich entscheidet sich für eine Abmahnung. Nennen Sie die Punkte, die seine Abmahnung in jedem Fall enthalten muss.
f) Beurteilen (Pro und Contra) Sie das Führungsinstrument „Abmahnung" hier in diesem Zusammenhang.
g) Könnte der Produktionsleiter Ehrlich Herrn Ginstermann tatsächlich nach einer Abmahnung bei dem nächsten kleinen Fehlverhalten kündigen? Begründen Sie Ihre Antwort.

5.10 Moderationstechnik

Beispiel: Ein alltägliches Konferenzszenario
In der monatlichen Abteilungsbesprechung der Firma Gärtner wird wieder einmal um den heißen Brei geredet. Einige Vielredner dominieren die Konferenz, andere schweigen. Die Diskussion springt hin und her und alle reden aneinander vorbei. Ohne greifbare Ergebnisse und sehr unzufrieden verlassen die Teilnehmer nach Beendigung der Konferenz den Raum. „Wie immer, viel Lärm um nichts" – so lautet die Meinung der meisten.

Die gewonnenen Erkenntnisse der Teilnehmer bezüglich Konferenzen könnte man so zusammenfassen:

- Besprechungen sind Zeitverschwendung.
- Einer muss durchgreifen.
- Teamarbeit funktioniert nicht.
- Jeder sollte seine Arbeit allein machen.
- Ein Erfahrungsaustausch ist unsinnig, da nur wenige Gehör finden.

Dieser Teufelskreis kann nur durch eine genaue Vorbereitung durchbrochen werden. Dazu gehört zunächst die Wahl des richtigen **Sitzungszeitpunkts**. Vormittage eignen sich z. B. besser als späte Nachmittage, insbesondere dann, wenn es sich um einen Freitag handelt. Die **Sitzungsdauer** sollte von vornherein beschränkt werden, eine vorher allen Teilnehmern bekannte **Tagesordnung** hilft, die Sitzung zu strukturieren. Jede Sitzung sollte **ergebnisorientiert** sein, um von den Teilnehmern nicht als Zeitverschwendung empfunden zu werden. Klare **Regeln für Wortbeiträge** ermöglichen allen, sich an der Sitzung zu beteiligen. Das Einhalten der Reihenfolge der Wortmeldungen unterstützt eine Gleichbehandlung aller Mitglieder der Teamsitzung genauso wie die Beschränkung der Redezeit. Dadurch lassen sich Langredner wirksam stoppen, Schweigsame hingegen bekommen die Chance, sich ebenfalls zu äußern.

> *Arbeitsauftrag*
>
> *Beschreiben Sie Ihre Erfahrungen mit Teamsitzungen in Ihrem beruflichen Alltag, mit Gruppentreffen in einem Verein oder mit Diskussionen im Familienkreis.*

Moderation

Wenn alle Teilnehmer aktiv Problemlösungen erarbeiten und anschließend in den Entscheidungsprozess einbezogen werden sollen, eignet sich die Anwendung der **Moderationsmethode**. Hierbei handelt es sich um eine Methode, mit deren Hilfe sich Kommunikationsprozesse auch in größeren Arbeitsgruppen so gestalten lassen, dass
- tatsächlich **alle** Teilnehmer aktiv am Prozess teilnehmen und
- eine **Identifikation** mit dem Arbeitsergebnis für jeden möglich wird, weil
- alle wesentlichen Arbeitsbeiträge **strukturiert visualisiert** werden.

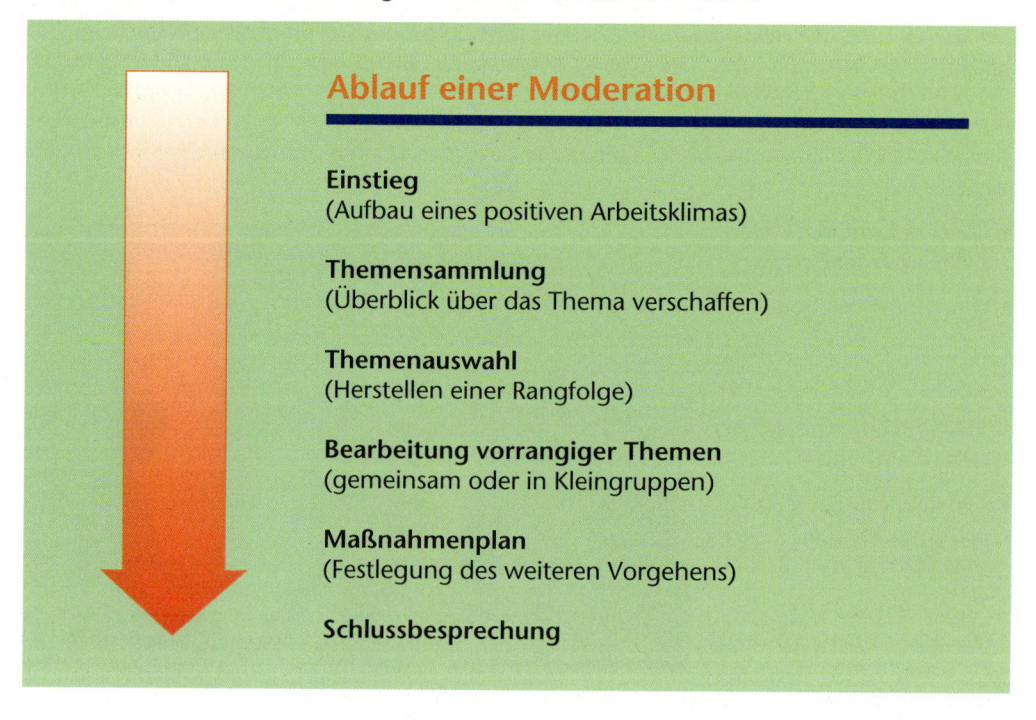

Ablauf einer Moderation

Einstieg
(Aufbau eines positiven Arbeitsklimas)

Themensammlung
(Überblick über das Thema verschaffen)

Themenauswahl
(Herstellen einer Rangfolge)

Bearbeitung vorrangiger Themen
(gemeinsam oder in Kleingruppen)

Maßnahmenplan
(Festlegung des weiteren Vorgehens)

Schlussbesprechung

Beispiel: Moderationszyklus

Thema: Projektarbeit „XYZ" – Planung des Verlaufs für die nächsten vier Wochen

1. Einstieg:
Der Moderator hat zur Einstimmung auf einem Plakat eine Einpunktfrage vorbereitet. Die Projektteilnehmer werden gebeten, ihre Wertung durch Vergabe eines Punktes oder Kreuzes zum bisherigen Verlauf ihrer Arbeit abzugeben. So haben alle Teilnehmer die Gelegenheit, ihre Einschätzung für alle sichtbar zu machen. Sich anschließende Kommentare der Gruppenmitglieder über das Ergebnis der Einpunktfrage können vom Moderator ebenfalls auf dem Plakat visualisiert werden.

„Meine Erfahrungen in den letzten Wochen waren ..."

sehr gut	gut	befriedigend	eher schlecht

2. Sammeln:
Mit einer sogenannten Kartenabfrage können Ideen, Themen usw. gesammelt werden. Jeder Teilnehmer erhält die Möglichkeit, ein ihm am Herzen liegendes Problem, einen Wunsch oder Gedanken auf ein Metaplankärtchen zu schreiben.

„Über welches Thema wollen wir heute sprechen?"

Folgende Regeln sind beim Beschriften der Kärtchen zu beachten:
– pro Karte nur einen Gedanken
– deutlich schreiben (Druckbuchstaben, Groß- und Kleinbuchstaben verwenden)
– Stichwörter oder Kurzsätze formulieren
– Anzahl der möglichen Karten vorgeben

Die beschrifteten Karten werden vom Moderator eingesammelt und gemischt. Dadurch ist eine gewisse Anonymität der Wortbeiträge sichergestellt. Danach liest er jede Karte laut vor und heftet sie an die Pinnwand. Bei allen nachfolgenden Karten hat die Gruppe die Aufgabe, Sinnzusammenhänge mit bereits hängenden Karten festzustellen und bereits beim Anbringen der Karten optisch Gemeinsamkeiten herzustellen. Sind alle Karten angeheftet, überprüft die Gruppe mithilfe des Moderators die jetzt sichtbaren Sinneinheiten und führt gegebenenfalls noch Korrekturen durch. Sind alle mit den Zuordnungen einverstanden, werden geeignete Überschriften für die Sinneinheiten gesucht.

3. Auswahl:
„Was soll heute bearbeitet werden?"
Diese Frage wird dann wichtig, wenn in der Sammlungsphase mehrere Problemkreise genannt werden, die in einer Sitzung nicht alle behandelt werden können. Jedes Mitglied kann nun eine vom Moderator festgelegte Punktzahl für das Thema oder die Themen vergeben, die es persönlich für am dringlichsten hält. Die Themensammlung wird so in eine Rangfolge gebracht. Alle Teilnehmer haben durch ihre Stimmabgabe mitgewirkt. Die dringlichsten Themen werden zunächst bearbeitet, die anderen können auf einen späteren Zeitpunkt verschoben werden.

4. Bearbeitung:
Das am höchsten gewichtete Thema (oder Themen) wird (werden) gemeinsam oder in Kleingruppen bearbeitet. Leitfragen, die auf einer Pinnwand visualisiert werden, helfen dem Team, seine Arbeit zielgerichtet auszuführen und nicht vom Thema abzuschweifen.

Mögliche Fragestellungen sind:
- „Welche Rahmenbedingungen sind zu beachten?"
- „Was soll erreicht/auf keinen Fall erreicht werden?"
- „Wer ist davon betroffen?"
- „Wie können wir vorgehen?"

5. Planung von Maßnahmen:
Die Arbeitsergebnisse werden zusammengefasst. Der daraus abzuleitende Maßnahmenkatalog ist auf einer Pinnwand festzuhalten. Jeder Maßnahme wird eine Person zugeordnet, die für deren Durchführung verantwortlich ist. Gleichzeitig lässt sich der Zeitpunkt bestimmen, bis zu dem alle notwendigen Aufgaben erfüllt sein müssen. Diese Form der Dokumentation stellt eine Verbindlichkeit der Vereinbarungen für alle her.

6. Schluss:
Alle Teilnehmer erhalten die Gelegenheit, sich kurz zu dem vorangegangenen Arbeitsprozess und dem Ergebnis zu äußern. Der Moderator leitet das Feedback ein, indem er der Gruppe Fragen wie folgende stellt:
- „Stellt Sie das Ergebnis zufrieden?"
- „Wie haben Sie die Zusammenarbeit der Gruppe empfunden?"
- „Wurden Ihre Erwartungen erfüllt?"

> Dies ist die Geschichte von vier Leuten namens Jedermann, Jemand, Irgendwer und Niemand. Es gab eine wichtige Aufgabe zu erledigen, und Jedermann sollte sich darum kümmern. Jedermann war sich sicher, dass Jemand sie erledigen würde. Irgendwer hätte sie übernehmen können, aber Niemand führte sie aus. Jemand wurde wütend, denn es war Jedermanns Aufgabe. Jedermann dachte, Irgendwer könnte sie erledigen, aber Niemand bedachte, dass Jedermann sich darum drücken würde. Die Geschichte lief darauf hinaus, dass Jedermann Jemanden beschuldigte, weil Niemand das tat, was Irgendwer hätte tun können.
>
> Herwig-Lempp, Johannes: Ressourcenorientierte Teamarbeit, Vandenhoeck & Ruprecht, Göttingen, 2012, S. 39

Moderationsregeln

- *Arbeitsregeln*
  - Es wird großflächig – gut lesbar – visualisiert.
  - Fragen und Unmutäußerungen werden auf Unterbrechungskarten festgehalten.
  - Es herrscht Fairness untereinander.
  - Jeder bringt sich ein.
  - Alle Nennungen sind erlaubt.
  - Wortbeiträge werden kurz gefasst.

- *Aufgabe des Moderators*
  Der Moderator leitet und strukturiert die Diskussionen während einer Moderationssequenz. Seine Aufgabe ist es, für die jeweilige Situation das geeignete methodische Vorgehen anzuregen. Mit seiner Qualifikation steht und fällt die Gruppenarbeit. Er sollte
  - so neutral wie möglich sein,
  - vermeiden, Beiträge zu bewerten oder zu kommentieren,
  - Teilnehmer vor unfairen Angriffen aus der Gruppe schützen,
  - Dominanz einzelner Gruppenmitglieder über die anderen unterbinden,
  - die Stimmungen in der Gruppe verdeutlichen,
  - Rückblenden zwischenschalten und Zusammenfassungen vornehmen,
  - Kreativität fördern und Strukturierungen unterstützen,
  - Konsens herstellen und sichern und
  - mit Fragen steuern.

Moderationstechnik

- *Frageformen*
  Geeignet erscheinen solche Fragen, die
  - der Gruppe einen tatsächlichen Handlungsspielraum einräumen,
  - den Prozess der Selbststeuerung fördern,
  - weiterführende Fragen erleichtern,
  - viele differenzierte Antworten ermöglichen.

Arbeitsauftrag

Formulieren Sie Fragen zu dem Thema „Wir wollen unsere Lernsituation verbessern".

Visualisierung

Beispiel: Einpunktfrage

Die Klassenraumgestaltung hat einen entscheidenden Einfluss auf den Unterrichtserfolg!

++	+	−	− −

Arbeitsaufträge

1. Beantworten Sie die obige Einpunktfrage, indem Sie Ihren Punkt in das Ihrer Meinung nach zutreffende Feld setzen.
2. Vergleichen Sie Ihre Einstellung mit der Ihrer Mitschüler.

Die optische Darstellung (Visualisierung) aller Ideen und Meinungen ist ein ganz wichtiger Bestandteil der Moderationstechnik. Dazu sind folgende Arbeitsmittel notwendig:
- Pinnwände
- Pinnwandpapier
- Moderationskoffer mit Arbeitsmaterialien
  - Schere, Klebematerial, Markierungsnadeln, dicke Filzstifte

> *Arbeitsaufträge*
>
> *Anwendung der Moderationsmethode: Sie wollen die nächste Studienfahrt planen. Über das Ziel herrscht große Uneinigkeit. Um zu einer für alle tragfähigen Lösung zu gelangen, wählen Sie die Moderationsmethode.*
> *a) Führen Sie in der ersten Sequenz eine Entscheidung über die Zielsetzung und den Zielort herbei.*
> *b) Die genaue Organisation der Reise wird in einer zweiten Sequenz geplant.*
> *c) Eine dritte Sequenz kann dazu dienen, Klarheit darüber herzustellen, ob und in welcher Form eine Nachbereitung der Fahrt stattfinden soll.*

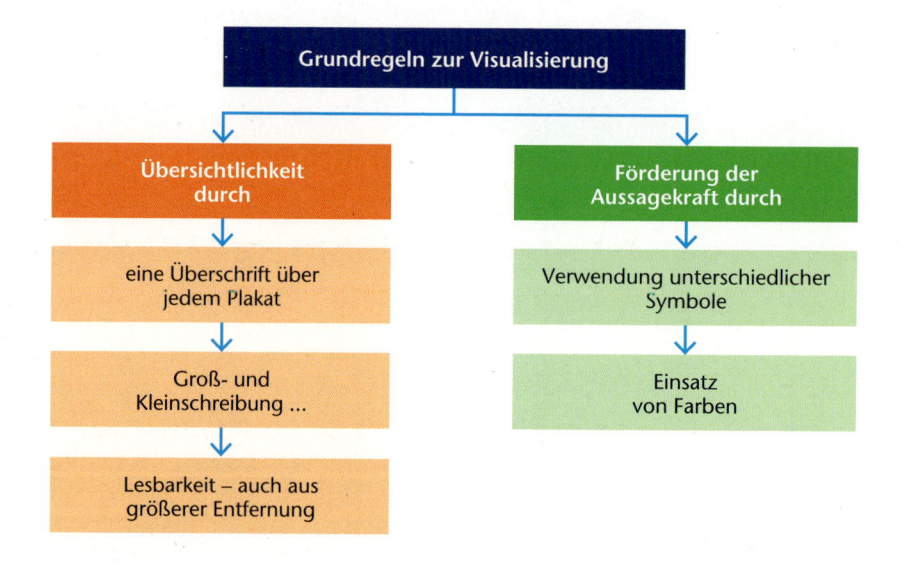

Grundregeln zur Visualisierung

Übersichtlichkeit durch
- eine Überschrift über jedem Plakat
- Groß- und Kleinschreibung ...
- Lesbarkeit – auch aus größerer Entfernung

Förderung der Aussagekraft durch
- Verwendung unterschiedlicher Symbole
- Einsatz von Farben

6 Sich selbst und andere führen

„Wer nicht genau weiß, wohin er will, braucht sich nicht zu wundern, wenn er ganz woanders ankommt."
Robert F. Mager: Lernziele und Unterricht, aus dem Amerikanischen übersetzt von Hermann Rademacher, Beltz-Verlag, Weinheim und Basel 1977, Umschlaginnenseite vorne

Fallsituation

Die Revisionsabteilung der ARBAG Holzbearbeitungsmaschinen GmbH schickt fünf Tischkreissägemaschinen an die Fertigung zurück, da die Sägeblätter nicht rund laufen. Offensichtlich hat Gruppenführer Bender die Endkontrolle etwas nachlässig gehandhabt. Für das Justieren der Sägeblätter war Maschinenführer Hofmann zuständig, der zurzeit jedoch in Urlaub ist. Bender meint, dass die Nacharbeiten an den Maschinen an den Arbeitsplätzen durchgeführt werden müssen, an denen die Fehler aufgetreten sind, und beauftragt Hofmanns Vertreter Meier mit der Beseitigung der Mängel. Dieser weigert sich, da er im Moment mit anderen wichtigen Arbeiten beschäftigt sei. Deshalb wendet sich Bender an seinen Vorgesetzten, den Maschinenbautechniker Werner, der für diesen Produktionsbereich zuständig ist. Werner sagt ihm: „Für solchen Kleinkram habe ich jetzt keine Zeit. Seht zu, wie ihr die Angelegenheit klärt." Bender glaubt, dass Werner mit Meier keinen Streit haben wolle, da er mit diesem schon häufiger aneinandergeraten ist. Zudem ist Meier bei den anderen Kollegen sehr beliebt und Mitglied im Betriebsrat. Die mangelhaften Tischkreissägemaschinen bleiben zwei Tage bei Bender stehen.
Als die Revision die Maschinen anfordert, ruft Werner den Gruppenführer Bender wütend zu sich und stellt ihn zur Rede. Dieser redet sich heraus, er habe ihm doch die Angelegenheit gemeldet und außerdem lege er sich nicht mit Meier an. Das sei Angelegenheit von Werner, der für diesen Produktionsbereich zuständig sei. Das Verhalten von Werner habe außerdem seine Autorität untergraben, deshalb halte er sich lieber heraus. Werner ist sprachlos und

> *beschließt, die Sache selbst in die Hand zu nehmen. Er eilt in die Produktionshalle und weist den Arbeiter Heck an, die Nacharbeiten an den Maschinen durchzuführen. Heck antwortet: „Im Moment stehe ich unter Zeitdruck, ich werde die Sache in den nächsten Tagen erledigen. Ich denke, es ist wichtiger, dass die Produktion nicht ins Stocken gerät. Das mit den Nacharbeiten hat sicher Zeit."*
>
> *Werner brüllt ihn wütend an: „Das Denken überlassen Sie gefälligst mir. Sie werden dafür bezahlt, dass Sie das tun, was ich Ihnen sage. Wenn die Maschinen in zwei Stunden nicht gerichtet sind, können Sie etwas erleben." Murrend über das autoritäre Gehabe von Werner macht sich Heck an die Nacharbeiten. Wie sollte er sich sonst verhalten?*

6.1 Führung und Unternehmenskultur

Der Begriff „Unternehmenskultur" ist in Europa noch relativ jung und hat sich in der betrieblichen Führungspraxis noch nicht allgemein durchgesetzt. Er wird mit unterschiedlichen Begriffen und Inhalten belegt wie z. B. Unternehmensphilosophie, Corporate Identity, Unternehmensethik oder Unternehmensimage. Jedes Unternehmen hat eine Kultur, auch wenn dies vielen Führungskräften nicht bewusst ist. Unternehmenskultur ist zusammen mit der Unternehmervision eine wichtige Grundlage für die unternehmerische Langfriststrategie.

6.1.1 Begriffsklärung

Unter **Kultur** versteht man heute die Gesamtheit der Wertvorstellungen, Verhaltensnormen, Denk- und Handlungsweisen, die von einer Gesellschaft vereinbart, erlernt und akzeptiert werden. In diesem Sinn sollen innere und äußere Stabilität zusammen mit einem größtmöglichen individuellen Nutzen (z. B. Wohlstand, sichere Umwelt) erreicht werden. Kultur wird damit in einen gesellschaftlichen Rahmen projiziert, in dem die Unternehmungen einen wichtigen Platz einnehmen, womit der Zusammenhang zwischen der Unternehmensführung und Kultur herstellbar ist. Wertvorstellungen, Verhaltensnormen und Denkhaltungen der Mitarbeiterinnen und Mitarbeiter aller Stufen des Unternehmens prägen die Kultur des Unternehmens und damit sein Erscheinungsbild.

Unternehmenskultur ist nicht statisch. Sie kann sich verändern und ist damit gestaltbar. Das Formen und Ausgestalten der Unternehmenskultur in eine bestimmte Richtung ist somit eine wichtige unternehmerische Aufgabe. Unternehmenskultur ist weniger anwendungsbezogen, da sie eher wertorientierte Aussagen macht, die das Unternehmen als Ganzes betreffen, und nicht umfassend in detaillierten Verhaltensregeln festgelegt werden kann. Sie betrifft eher die **Grundorientierung**, die sich, abgeleitet aus gesellschaftlichen Wertvorstellungen, in unterschiedlichen Bedeutungs- und Handlungsfeldern zeigt, wie z. B. der **Unternehmensethik** (humane Wertvorstellungen wie Gerechtigkeit, Fairness, Integrität), **Corporate Identity** (Identifikationsmöglichkeit mit unternehmerischen Entscheidungen) und **Unternehmensleitbildern** (verbindliche Anweisungen an Mitarbeiter und Führungskräfte).

6.1.2 Gesellschaft im Umbruch

Die Gegenwart ist weltweit durch einen Wertewandel gekennzeichnet, der sich in einem sozialen und kulturellen Umbruch äußert. Anders als in den 50er- und 60er-Jahren des letzten Jahrhunderts macht sich Skepsis gegenüber wissenschaftlichem und technischem Fortschritt breit. Die Menschen leben nicht mehr in demselben Fluss der gesellschaftlichen Ereignisse wie in diesen Jahren. Das gesellschaftliche Leben wird durch den schnelleren technologischen, wirtschaftlichen und politischen Wandel unberechenbarer und damit komplizierter und unsicherer.

Die Folgen dieses Wandels für die zukünftigen Lebens- und Handlungsbedingungen des Einzelnen sind nicht absehbar, da auch die politischen und wirtschaftlichen Führungskräfte in der großen Mehrzahl keine zukunftsweisenden gesellschaftlichen Perspektiven erarbeiten. Dieser Umstand führt immer mehr zu einer Orientierung im Denken und Handeln an kurzfristigen Zielen und Erfolgen. Das äußert sich in unterschiedlichen Erscheinungsformen, wie beispielsweise übersteigertem Einzel- und Gruppenegoismus, schwindendem Gemeinschaftsgefühl, Aggressivität im Umgang miteinander sowie dem Brüchigwerden gesellschaftlicher Grundwerte, Ziele und Aufgaben.

Wissenschaft, Technik und Wirtschaft stehen heute vor der Aufgabe, die gesellschaftlichen Folgen zu bewältigen, die sie selbst durch die rasante Entwicklung seit der industriellen Revolution verursacht haben. Führungskräfte sind heute gefordert, den Menschen zu unterstützen bei der Suche nach Werten und Normen, nach personaler Identität und nach Lebenssinn. Die Schaffung einer Unternehmenskultur als fester Bestandteil der Unternehmensführung trägt in großem Maße dazu bei, dass sich Mitarbeiter mit den Leitgedanken, Wertvorstellungen und Zielen eines Unternehmens identifizieren können.

6.1.3 Elemente der Unternehmenskultur

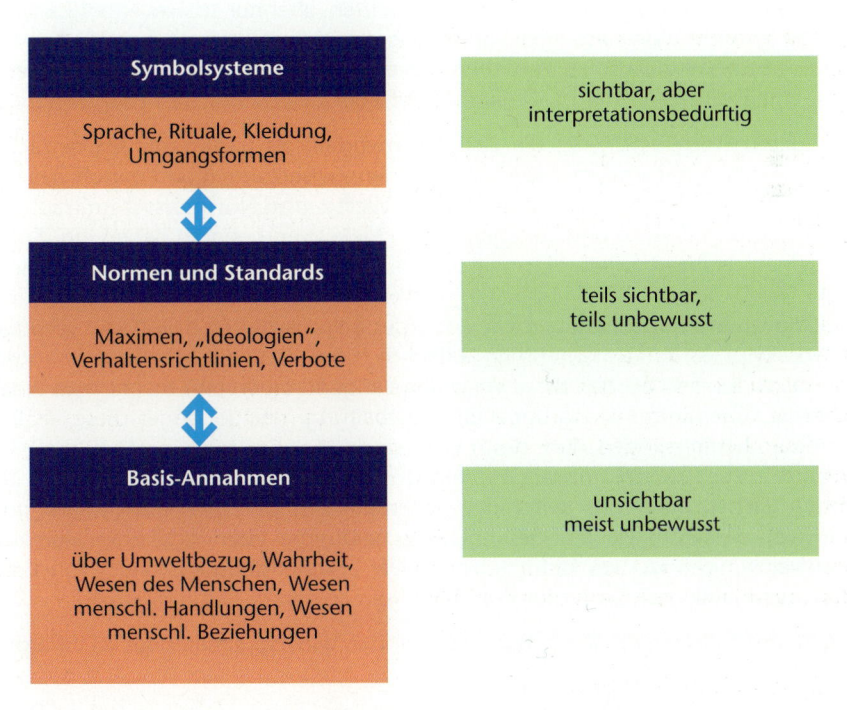

Symbolsysteme Sprache, Rituale, Kleidung, Umgangsformen	sichtbar, aber interpretationsbedürftig
↕	
Normen und Standards Maximen, „Ideologien", Verhaltensrichtlinien, Verbote	teils sichtbar, teils unbewusst
↕	
Basis-Annahmen über Umweltbezug, Wahrheit, Wesen des Menschen, Wesen menschl. Handlungen, Wesen menschl. Beziehungen	unsichtbar meist unbewusst

Schein, Edgar: Unternehmenskultur: ein Handbuch für Führungskräfte, Campus, Frankfurt a. M./New York 1995, S. 30 ff.

Was macht nun konkret eine Unternehmenskultur aus? Bei allen Definitionen wird vor allem auf die verhaltenskanalisierende Funktion verwiesen. Der Schweizer Sozialpsychologe Edgar Schein unterscheidet dabei drei verschiedene Ebenen von Unternehmenskultur (siehe Abbildung S. 211).

Die oberste Ebene sind die sogenannten **Artefakte**, mit denen die offenkundigen Zeugnisse des Unternehmens gemeint sind, wie z. B. die Architektur ihrer räumlichen Umgebung, ihre Sprache, ihre Technologie und Produkte, der Stil, wie er z. B. in der Kleidung, der Sprechweise, den Gefühlsäußerungen der Mitarbeiter, den Legenden und Verlautbarungen über Unternehmenswerte und den beobachtbaren Ritualen und Zeremonien zum Ausdruck kommt. Durch sein **Erscheinungsbild** kann ein Unternehmen seine Werte nach außen hin sichtbar darstellen. So sollen beispielsweise helle, offene Räume Offenheit und Kommunikation ausdrücken. Zur Kultur eines Unternehmens gehört vielfach ein **Dresscode**, der teilweise sogar schriftlich fixiert ist. In manchen Hierarchieebenen kann hiervon abgewichen werden, vor allem in Sekretariaten (zumindest teilweise, wenn keiner oder nur wenig Publikumsverkehr herrscht oder branchenabhängig), Telefonzentralen, Aktenarchiven oder in der Haustechnik. Dennoch sollte die Abweichung vom allgemeinen Dresscode nicht zu groß sein. Jedes Unternehmen ist geprägt durch Geschichten und Ereignisse im Unternehmen. Sie machen den Mitarbeitern deutlich, worauf es im Unternehmen ankommt. Es gibt eine **gemeinsame Sprache** bzw. eine gemeinsame Wahrnehmungsperspektive, die auch das Wertesystem des Unternehmens ausdrückt. Es gibt viele Expertenteams, die alle eine gemeinsame Sprache sprechen, damit sich keine bzw. wenige Verständigungsschwierigkeiten ergeben. Rituale und Zeremonien tragen zur Formung der Unternehmensidentität bei. Beispiele hierfür sind Betriebsfeiern oder Wettbewerbe (z. B. „Mitarbeiter des Monats").

Diese Ebene der Kultur lässt sich zwar leicht beobachten, aber nur schwer entschlüsseln. Wahrgenommene Symbole lassen also nicht von vornherein Rückschlüsse auf wichtige Grundannahmen der Organisation zu. Um zu verstehen, ob die Artefakte eine tiefer liegende Bedeutung für die Unternehmenskultur haben, ist eine Analyse der beiden weiteren Ebenen notwendig.

Die bekundeten Werte sind jene, die das Unternehmen als seine Leitlinien betrachtet. Sie manifestieren sich in der strategischen Planung, den Zielsetzungen und der offiziellen Unternehmensphilosophie. Ein gemeinsam getragenes **Werte- und Normensystem** trägt dazu bei, Handlungen zu beeinflussen und zu legitimieren. Viele Unternehmen haben ihre **Soll-Kultur** bereits in einem **Leitbild** fixiert. Normen sind als Ist-Kultur eines Unternehmens die Verhaltensregeln, nach denen sich Mitarbeiter wertkonform verhalten sollten. Beachtung und Nichtbeachtung sind mit Sanktionen wie Lob oder Beförderungen bzw. Tadel verbunden. In der Entstehungsphase von Unternehmen äußern sich die Werte der Mitglieder in Vorschlägen darüber, was zu tun sei. Werden diese Vorschläge angenommen und macht man gute Erfahrungen damit, übernimmt die Gruppe die Werthaltung, und je länger diese als Entscheidungskriterium herangezogen wird, desto tiefer dringt sie allmählich in unbewusste Bereiche vor und wird so zur Grundprämisse. Grundannahmen eines Unternehmens werden zu etwas Selbstverständlichem, die Mitarbeiter des Unternehmens sind sich nur in sehr geringem Maße bewusst, dass ihren Handlungen und Entscheidungen eben diese Prämissen zugrunde liegen; Abweichungen werden kaum toleriert. Die „Nichthinterfragbarkeit" von Grundprämissen ist auch häufig der Grund für Konflikte.

Andere Grundannahmen, die den schon bestehenden widersprechen oder sie infrage stellen, werden einfach nicht akzeptiert.

Es ist nicht nur wichtig, im Unternehmen ein klares Bild von der Ist- und Soll-Kultur zu haben, es ist auch darüber hinaus ein kontinuierliches Monitoring notwendig. In vielen Unternehmen gibt es keine spezifische Bestandsaufnahme zur Unternehmenskultur. Bereits vorhandene

Daten werden nicht systematisch ausgewertet. Aus den wenigen in der Regel zur Verfügung stehenden Erkenntnissen werden nur selten Maßnahmen zur Verbesserung der Kultur abgeleitet und umgesetzt. (Vgl. Landau, David: Unternehmenskultur und Organisationsberatung, 2. Aufl., Carl-Auer-Verlag, Heidelberg 2007, S. 5 f.)

> *Arbeitsauftrag*
>
> *Sie sind Mitglied einer Projektgruppe, die von der Unternehmensleitung den Auftrag „Erstellen eines Konzepts zur Diagnose der Unternehmenskultur" erhalten hat.*
> *a) Welche methodischen Möglichkeiten bieten sich zur Diagnose der Unternehmenskultur an?*
> *b) Welche Grenzen gibt es, eine Unternehmenskultur zu analysieren?*

6.1.4 Anforderungen an die Führungskräfte

Das Verhalten eines Vorgesetzten übt starken Einfluss auf das Bewusstsein und Verhalten der Mitarbeiter aus. Gefühle, Einstellungen und Urteile der Mitarbeiter sowie ihr Verhalten gegenüber anderen Vorgesetzten, Kollegen und gegenüber Dritten (Kunden und Lieferanten), das Betriebsklima und die Arbeitsatmosphäre werden maßgeblich durch den Vorgesetzten beeinflusst. Negativvorbilder wie der Vorgesetzte, der sich vor Entscheidungen drückt, der die Spielregeln der Zusammenarbeit nicht so genau nimmt, auf den kein Verlass ist, der seinen Mitarbeitern in den Rücken fällt, prägen die Einstellung der Mitarbeiter, die diese oft verallgemeinernd auch auf andere Mitarbeiter/Kollegen oder die gesamte Unternehmung übertragen.

Damit die Mitarbeiter ihre Arbeit im Sinne der Unternehmensziele optimieren können, müssen diese bekannt sein. Die Führungskraft muss die Information und Kommunikation so gestalten, dass die Gruppe ihre Aufgabe im gesamten Prozess der Leistungserstellung erkennt und nicht nur eine gruppeninterne Optimierung anstrebt. Die Führungskraft muss ein internes Kunden-Lieferanten-Verhältnis aufbauen und pflegen, das beinhaltet, dass sie sich als Lieferant der Führungsleistung für ihre Kunden, die Mitarbeiter, versteht und nach deren Anforderungen fragt. Neben Fachkompetenz und Durchsetzungsvermögen ist damit gleichwertig Sozialkompetenz gefordert.

Die Anforderungen an das Führungsverhalten sind:

- *Delegation von Aufgaben*
- *Konsequenz im Verhalten und Handeln*
- *Erklärung von Zusammenhängen*
- *Vorbildfunktion*
- *Schaffung von Vertrauen*
- *Begründung von Aufgaben*
- *Offenheit in der Kommunikation*

Das heißt, dass die Schaffung einer Unternehmenskultur vor allem durch das Verhalten der Führungskräfte erreicht werden kann. Dies bedingt einen langfristig angelegten Entwicklungsprozess im Alltag der Unternehmung und an den einzelnen Arbeitsplätzen. Die Führungskräfte haben zwar einen starken Einfluss auf diese Entwicklung, sie sollten sie auch wollen, unterstützen und initiieren, dennoch darf diese nicht verordnet werden. Leitbilder und Grundsätze des Mitarbeiterverhaltens müssen in einem ständigen Dialog zwischen Vorgesetzten und Mitarbeitern erarbeitet werden, da nur das verhaltensbeeinflussend ist, womit sich Mitarbeiter identifizieren können.

Da Führungskräfte durch die Autorität ihrer Position und ihre Entscheidungsmacht besonders großen Einfluss ausüben können, müssen gerade sie **sich mit dem Unternehmen und seinen Zielen identifizieren**, loyales und solidarisches Verhalten vorleben sowie Werte und Leitbilder offensiv vertreten.

6.1.5 Symptome und Beurteilung der Unternehmenskultur

Wie äußert sich die Unternehmenskultur im betrieblichen Alltag und wie geht man praktisch bei der Beurteilung der Unternehmenskultur vor?

Im Gegensatz zu einer schriftlich fassbaren Unternehmensstrategie oder einem grafisch darstellbaren Organigramm ist Unternehmenskultur als Ganzheit nicht fassbar. Sie ist lediglich erkennbar an den Folgen und Erscheinungsformen, die durch Werte und Normen in betrieblichen Strukturen und Prozessen geprägt sind. Dazu gehört z. B., wie man miteinander umgeht, wie man über Kunden spricht, auf welche Weise Konflikte ausgetragen werden, wer aufgrund welcher Leistungen befördert wird, wie der Briefstil des Hauses ist (persönlich, bürokratisch). Die Unternehmenskultur zeigt sich in der Bereitschaft zu Überstunden, im Verhalten der Führungskräfte bei Sitzungen, in der Ausstattung der Arbeitsplätze, am Verhalten der Mitarbeiter/-innen in der Telefonzentrale, Sekretärinnen und Pförtner gegenüber Kunden und Kollegen usw.

Instrumente zur Beurteilung der Unternehmenskultur:

- Mithilfe der **Dokumentenanalyse** wird geprüft, was im Unternehmen auf der Strategie- und Geschäftsführungsebene an Unterlagen und Dokumenten vorhanden ist, insbesondere Geschäftsberichte, Protokolle von Sitzungen, Stellenbeschreibungen, Personalkennzahlen, Hauszeitungen, Werbe- und PR-Material usw.

- Bei **Firmenrundgängen** mit möglichst objektiven Experten ist auf bestimmte Äußerlichkeiten zu achten, die dem Unternehmen ein bestimmtes Gepräge geben.

- Bei **systematischen Untersuchungen** durch ein Beratungsunternehmen werden oft Fragebogen eingesetzt, in denen die Mitarbeiter Auskunft geben über bestimmte Haltungen und Grundabläufe, wie z. B. Zusammenarbeit im Unternehmen, Kommunikationsverhalten, Karrieremechanismen und anderes. Sitzungen der Geschäftsführung können beobachtet werden hinsichtlich ihrer Interaktionen, Rituale, symbolischen Handlungen, Atmosphäre usw.

Nach der Diagnose wird die vorhandene Unternehmenskultur beurteilt, indem beispielsweise festgestellt wird, in welchem Maße bestimmte Grundorientierungen ausgeprägt sind.

6.1.6 Bereiche der Unternehmenskultur

Die Unternehmenskultur lässt sich in folgende Bereiche mit spezifischen Handlungsspielräumen unterteilen:

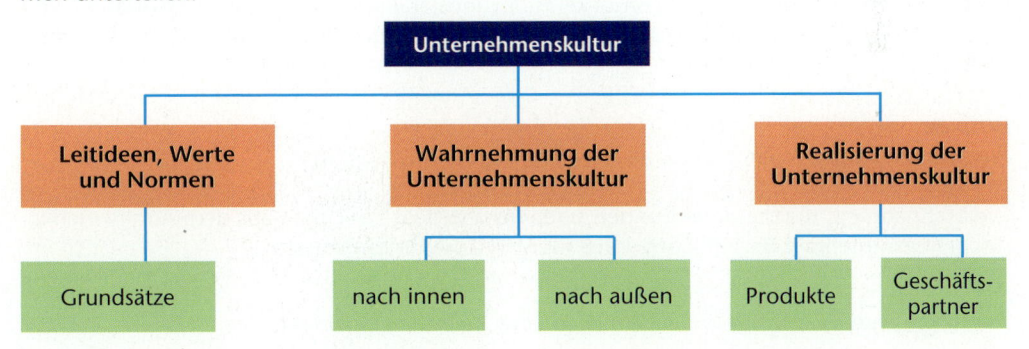

```
                        Unternehmenskultur
           ┌───────────────────┼───────────────────┐
    Leitideen, Werte    Wahrnehmung der      Realisierung der
      und Normen        Unternehmenskultur   Unternehmenskultur
           │              ┌─────┴─────┐        ┌─────┴─────┐
      Grundsätze      nach innen  nach außen  Produkte  Geschäfts-
                                                         partner
```

Als Träger der Unternehmenskultur agiert die Unternehmensführung, die in Übereinkunft mit den Mitarbeitervertretern **Leitideen** entwirft, die allgemein akzeptiert werden können. Diese beziehen sich auf die Art und Weise des Miteinanders in der Unternehmung und sollen in erster Linie eine Identifikation der Mitarbeiter mit der Unternehmung erzielen. Sie sollten als **Normen** definiert und schriftlich allen Mitarbeitern zugänglich gemacht werden (z. B. als Ergänzung der Arbeitsordnung).

Die Wahrnehmung der **Unternehmenskultur nach innen** zeigt sich beispielsweise in einer Palette von Sozialprogrammen, wie Kindertagesstätten für Kinder von berufstätigen Eltern, Unterstützung von Weiterbildungsaktivitäten der Mitarbeiter, Förderung kultureller Aktivitäten der Mitarbeiter usw.

Unternehmenskultur **nach außen** zeigt sich als Übernahme gesellschaftlicher Verantwortung in vielfältiger Weise. Aktionsfelder sind hier z. B. die Beziehungen zu den Kapitalgebern, den Interessenvertretungen der Arbeitgeber und den Kammern. Über die Fachverbände wie DIHT (= Deutscher Industrie- und Handelstag) oder BDI (Bundesverband der Deutschen Industrie) hat ein Unternehmen direkte Einflussmöglichkeiten auf die Gestaltung von sozialen und wirtschaftlichen Rahmenbedingungen der Gesellschaft. Die **Förderung und Unterstützung von gemeinnützigen Einrichtungen**, z. B. der Max-Planck-Gesellschaft, Fördervereinen von Ausbildungsstätten und anderen Einrichtungen, stellen ein weiteres Aktionsfeld dar. Neben dieser direkten Förderung erfolgt heute die Wahrnehmung der Unternehmenskultur durch die Methoden des **Sponsorings**, wie beispielsweise der Förderung von Sportveranstaltungen, kulturellen Ereignissen, Jugendinitiativen („Jugend forscht") und anderen Bereichen.

Die Umsetzung der Unternehmenskultur in **konkrete Entscheidungs- und Handlungsanweisungen** innerhalb des Unternehmens erfolgt in den Bereichen Produktgestaltung und Verhandlungsgestaltung mit den Geschäftspartnern. Umweltverträgliche Produkte, Service-Leistungen, Garantien, Haftungen, Zusicherung von Qualitätsstandards sind Beispiele für Erwartungen der Kunden an die Produkte des Unternehmens. Bei Verhandlungen gilt der Grundsatz der Fairness, beispielsweise bei Vertragsgestaltung, Preisen, Zusagen von Lieferungen und Leistungen.

6.1.7 Einführung der Unternehmenskultur

Unternehmenskultur wirkt im Unternehmen von oben nach unten. Die Führungskräfte als Träger der Unternehmenskultur müssen bei ihren Mitarbeitern **Akzeptanz** und **Identifikationsbereitschaft** mit den definierten Grundsätzen und Leitideen erreichen. Erst dann kann das Unternehmen schrittweise die Unternehmenskultur nach außen tragen. Bei der Wirkung nach außen spielt das Produkt eine große Rolle. Das Produkt muss eine Identifikation mit dem Unternehmen ermöglichen und umgekehrt. In idealer Form erfolgt eine Assoziation von einem Markenprodukt mit bestimmten Standards wie Qualität, Zuverlässigkeit, Sicherheit oder Umweltfreundlichkeit.

Beispiele
Papiertaschentücher – Tempo; Computer – IBM; Auto – Mercedes usw.

Die Maßnahmen, die damit verbunden sind, werden heute mit dem aus dem Angloamerikanischen stammenden Begriff **Corporate Identity** zusammengefasst.

> *Corporate Identity wird im Wesentlichen von drei Bereichen bestimmt:*
>
> - **Corporate Design** oder Unternehmenserscheinungsbild: Darunter versteht man den abgestimmten Einsatz visueller Elemente wie z. B. Firmenlogo, Farben, Fahnen.
>
> - **Corporate Communications** oder Unternehmenskommunikation beinhaltet den systematisch kombinierten Einsatz von Kommunikationsinstrumenten nach außen (Absatzförderung, Werbung, Personalwerbung usw.).
>
> - **Corporate Behaviour** oder Unternehmensverhalten ist das schlüssige und widerspruchsfreie Verhalten aller Mitarbeiter des Unternehmens mit seiner Wirkung und den Folgen nach innen und außen.

Alle Maßnahmen müssen ständig auf ihre Wirkung kontrolliert und organisatorisch abgestützt werden, z. B. durch Schaffung besonderer Stellen unter dem Aspekt der Unternehmenskultur wie den Umweltschutzbeauftragten, Design-Koordinator, PR-Manager. Dieses **Feedback** kann beispielsweise erfolgen über Fragebogenaktionen, Auswertungen von Berichterstattungen über das Unternehmen, Marktanalysen. Gegebenenfalls erfolgt eine Anpassung an neue Leitideen und Grundsätze.

Die Aktivitäten zur Einführung der Unternehmenskultur können wie folgt zusammengefasst werden:

Einführungsphase	Bereich	Aktionen
Definition der Unternehmensgrundsätze und -leitideen	Unternehmensphilosophie	Formulierung der Leitsätze und Abstimmung mit der Arbeitnehmervertretung, Förderung der Identifikationsbereitschaft bei den Mitarbeitern
Bestimmung der Aktionsbereiche	Corporate Identity	Auswahl der Zielgruppen und Produkte
Ausweitung auf Gesprächspartner und Institutionen	Corporate Behaviour Corporate Design Corporate Communications	Mitgliedschaft in Verbänden, Schulung der Mitarbeiter, Produktgestaltung, Informationspolitik (Medien, Messen), Imagepflege
Kontrolle und organisatorische Abstützung	Weiterentwicklung der Unternehmensphilosophie	Beobachtung der Aktionen, Soll-Ist-Vergleich, Auswertungen, Schaffung besonderer Stellen

Eine Unternehmenskultur muss gelebt werden, sie zeigt sich an Verhaltensweisen von Mitarbeitern und Vorgesetzten:

- Wie ist die Art der Kommunikation der Mitarbeiter untereinander: bürokratisch oder unkompliziert?
- Der Briefstil zeigt, ob ein Unternehmen offen, direkt, freundlich und kundenbezogen oder umständlich, bürokratisch und unpersönlich ist.
- Auch am Umgang mit Kritik und Konflikten zeigt sich die gelebte Unternehmenskultur. Werden Konflikte offen und sachlich ausgetragen oder sucht man zuerst nach Schuldigen?
- Sind die Mitarbeiter teamfähig oder arbeiten sie als Einzelkämpfer?
- Wenn Titel und Hierarchien wenig Bedeutung im Unternehmen haben, ist die Zusammenarbeit unkompliziert und sachbezogen.
- Wie werden Anrufer bei Anfragen behandelt: abweisend oder hilfreich und freundlich?

Arbeitsauftrag

Entwerfen Sie eine „Unternehmenskultur" für Ihre Schule.

6.1.8 Corporate Governance

Einer der am häufigsten verwendeten Begriffe in der Diskussion um die Modernisierung des Gesellschaftsrechts ist **Corporate Governance**. Dieser Ausdruck wird oft gleichgesetzt mit der Frage der Transparenz der Managergehälter. Diese ist jedoch nur ein Teil des mit „Corporate Governance" bezeichneten Ordnungsrahmens für die Unternehmensführung.

> *Corporate Governance umfasst alle Grundsätze für die Leitung und die Überwachung eines Unternehmens. Corporate Governance (= gute Unternehmensführung) soll ein effizientes System von „checks and balances" in einer Aktiengesellschaft garantieren. Die Grundsätze von Corporate Governance betreffen das Verhältnis von Aufsichtsrat, Vorstand und Hauptversammlung sowie das Verhältnis der (Aktien-)Gesellschaft nach außen.*

„Nach außen" meint hier gegenüber anderen Personen oder Einrichtungen, die in einem wirtschaftlichen Verhältnis zur Gesellschaft stehen. Hier soll ein Ausgleich zwischen den Interessen des Unternehmens, den Anlegern am Kapitalmarkt sowie den Aktionären und weiteren Betroffenen erreicht werden.

Der Kodex bezieht sich auf alle wesentlichen – vor allem internationalen – Kritikpunkte an der deutschen Unternehmensverfassung, nämlich
- mangelhafte Ausrichtung auf Aktionärsinteressen,
- die duale Unternehmensverfassung mit Vorstand und Aufsichtsrat,
- mangelnde Transparenz deutscher Unternehmensführung,
- mangelnde Unabhängigkeit deutscher Aufsichtsräte,
- eingeschränkte Unabhängigkeit der Abschlussprüfer.

„Corporate Governance" bezeichnet die rechtlichen und institutionellen Rahmenbedingungen, die unmittelbar oder mittelbar Einfluss auf die Führungsentscheidungen eines Unternehmens und folglich auf den Unternehmenserfolg haben.

Vor dem Hintergrund der zunehmenden Auswirkung internationaler Kapitalmärkte haben seit Mitte der 1990er-Jahre weltweit die Bemühungen zugenommen, Grundsätze einer guten Corporate Governance zu Papier zu bringen. Diese Grundsätze bestehen einerseits aus den wesentlichen gesetzlichen Regelungen zur Unternehmensführung und -überwachung, andererseits aber ebenso aus bloßen Empfehlungen, etwa zur Rechnungslegung und Abschlussprüfung oder zur Arbeit des Vorstandes und der Aufsichtsgremien (z. B. Aufsichtsrat) von Unternehmen.

> *In Deutschland sind die Corporate-Governance-Grundsätze in dem sogenannten **Corporate-Governance-Kodex** fixiert worden. Eine vom Bundesministerium für Justiz im September 2001 eingesetzte Regierungskommission hat am 26. Februar 2002 diesen Kodex verabschiedet. Der Kodex soll dazu beitragen, die in Deutschland geltenden Regeln für die Unternehmensleitung und -überwachung für nationale und internationale Investoren transparent zu machen. Auf diese Weise soll das Vertrauen in die Führung deutscher Unternehmen nachhaltig gestärkt werden.*

Eine verantwortungsvolle Unternehmensführung, d. h. die Art und Weise, wie Unternehmen gut (ethisch einwandfrei) geführt werden sollen, wird international auch als „Corporate Behaviour" bezeichnet.

„Corporate Governance" bedeutet eigentlich nur „Unternehmensführung", der Begriff wird aber zumeist normativ in dem hier definierten Sinne verwendet.

Es gibt zahlreiche Regelwerke (Leitlinien, Prinzipien, Kodizes), die gute Unternehmensführung definieren, wobei die Zielrichtungen differieren:
1. Einerseits geht es um eine verantwortliche Unternehmensführung im Interesse der Eigentümer/Aktionäre und der Öffentlichkeit, z. B. um Unternehmenszusammenbrüche zu vermeiden.
2. Eine weitere Perspektive bezieht auch die **Stakeholder** (Interessengruppen, Anspruchsgruppen bzw. das Mitglied einer dieser Gruppen, auch: Betroffener, Beteiligter) ein. Bei Corporate Governance sind dies vorwiegend die Beschäftigten.
3. Die umfassendste Perspektive fordert auch soziale, gesellschaftliche und kulturelle Verantwortung der Unternehmen und entspricht damit dem umfassenden Qualitätsmanagement **TQM (Total Quality Management)**.

Für die öffentliche Hand (Regierung und Verwaltung von Kommunen, Ländern, Staaten, öffentlichen Institutionen) wird die Fragestellung als „Good (Public) Governance" bezeichnet. Stakeholder sind dabei insbesondere die Auftraggeber und der Steuerzahler, die durch das Handeln der öffentlichen Verwaltung (positiv oder negativ) Betroffenen (Bürger, Kunden), die Mitarbeiter sowie die Öffentlichkeit, die durch die Aktivitäten beeinflusst wird.

In Deutschland überwacht eine vom Bundesministerium für Justiz eingesetzte Regierungskommission die Einhaltung des Corporate-Governance-Kodex in der Unternehmenspraxis. Der Kodex besitzt über die Entsprechenserklärung gemäß § 161 Aktiengesetz eine gesetzliche Grundlage. Er ist im amtlichen Teil des elektronischen Bundesanzeigers in der für die Erklärung nach § 161 Aktiengesetz maßgeblichen Fassung bekannt gemacht.

Der Corporate-Governance-Kodex wurde seit 2003 ständig erweitert. In der aktuellen Fassung findet man ihn unter anderem unter der Internetadresse www.bccg.tu-berlin.de/main/publikationen.htm.

Arbeitsauftrag

Informieren Sie sich über Grundsätze und Richtlinien im Sinne von Corporate Governance in einem Großunternehmen und überprüfen Sie kritisch, ob und wie diese umgesetzt werden.

6.2 Grundlagen der betrieblichen Führung

Aufgrund des Wandels in Gesellschaft, Wirtschaft und Technik und der damit veränderten Einstellung zur Arbeit ist Mitarbeiterführung im Betrieb schwieriger geworden. Mitarbeiter stellen höhere Anforderungen an ihre Vorgesetzten und sie beanspruchen in größerem Maße eigene Entscheidungsspielräume. Zudem sind heute in vielen Betrieben die Möglichkeiten für kostensenkende Rationalisierungsmaßnahmen ausgeschöpft, sodass zur Verbesserung des Betriebsergebnisses umso mehr geeignete Führungstechniken und -instrumente notwendig sind.

Die Wirtschaftsliteratur setzte sich in den vergangenen Jahren intensiv mit dem Begriff der „betrieblichen Führung" auseinander. Unter „Führung" als Funktion bzw. Tätigkeit versteht man die **Steuerung und Gestaltung des Handelns anderer**. Nach herrschender Meinung kann die Führungskraft dabei nicht isoliert betrachtet werden. Es besteht eine Interaktionsbeziehung (wechselseitiges Einwirken) verschiedener Einflussfaktoren auf den Führungsprozess. Solche Einflussfaktoren sind die Führungskraft, die Mitarbeiter, die Gruppe, das Ziel und die Situation.

Führung ist die gezielte Beeinflussung von Mitarbeitern bzw. einer Gruppe von Mitarbeitern unter Berücksichtigung der jeweiligen Situation auf ein bestimmtes Ziel hin.

Seit einigen Jahren wird auch der aus dem Amerikanischen stammende Begriff **Management** für betriebliche Führungsaufgaben verwendet, der in der deutschsprachigen Literatur jedoch eher im Sinne der Unternehmensführung mit sachlichen Führungsaufgaben wie Strukturieren von Systemen sowie Gestalten, Einleiten und Regeln von Prozessen definiert wird.

Führung heißt, Mitarbeiter im positiven Sinne zu beeinflussen. Bei einem starken Informationsgefälle zwischen Vorgesetzten und Mitarbeitern besteht die **Gefahr der Manipulation**. Manipulationen sollen andere Personen durch egoistisches und fehlinformierendes Verhalten zum eigenen Vorteil beeinflussen. Wenn die Mitarbeiter dies durchschauen, wird es zu einem gestörten Vertrauensverhältnis zwischen Mitarbeitern und Vorgesetzten kommen. Manipulation ist deshalb zu vermeiden.

Führungsaufgaben werden auf verschiedenen Führungs- bzw. Managementebenen wahrgenommen. Die meisten Unternehmen sind pyramidenförmig organisiert, das heißt, die Spitzenpositionen sind „oben" und die Menge der durchführenden Mitarbeiter ist „unten".

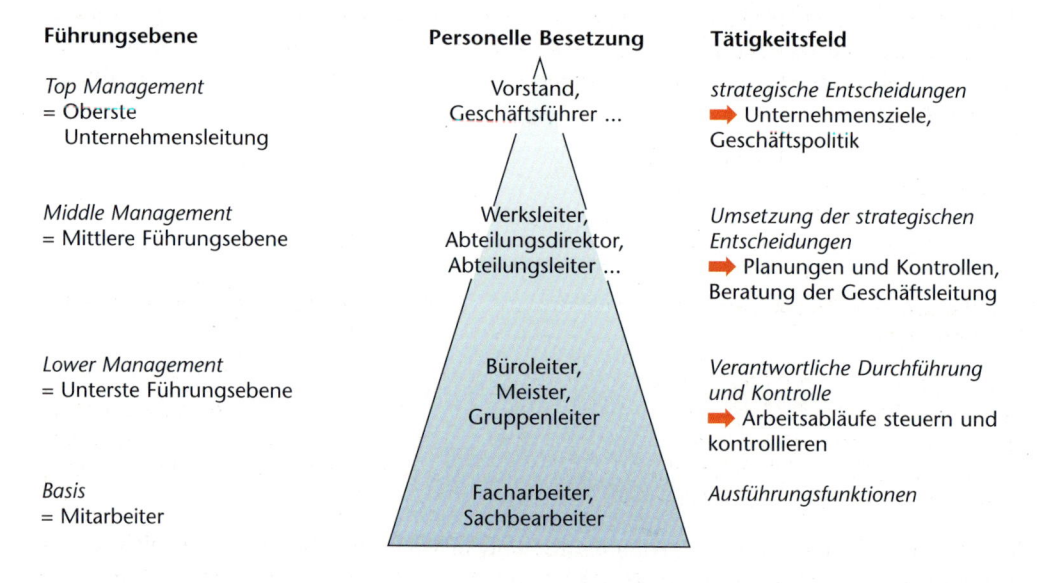

Führungsebene	Personelle Besetzung	Tätigkeitsfeld
Top Management = Oberste Unternehmensleitung	Vorstand, Geschäftsführer ...	*strategische Entscheidungen* ➡ Unternehmensziele, Geschäftspolitik
Middle Management = Mittlere Führungsebene	Werksleiter, Abteilungsdirektor, Abteilungsleiter ...	*Umsetzung der strategischen Entscheidungen* ➡ Planungen und Kontrollen, Beratung der Geschäftsleitung
Lower Management = Unterste Führungsebene	Büroleiter, Meister, Gruppenleiter	*Verantwortliche Durchführung und Kontrolle* ➡ Arbeitsabläufe steuern und kontrollieren
Basis = Mitarbeiter	Facharbeiter, Sachbearbeiter	*Ausführungsfunktionen*

Je höher eine Führungskraft im Unternehmen die Karriereleiter hinaufsteigt, umso mehr verändert sich die Art der Führung. In höheren Positionen nimmt der Anteil des notwendigen Fachwissens gegenüber dem Führungswissen ab.

Fachwissen				
		Aufstieg im Unternehmen		
				Führungswissen
Fach-arbeiter/-in	Meister/-in	Abteilungs-leiter/-in	Werks-leiter/-in	Direktor/-in

Führung muss zudem die sozialen Erscheinungen in einer Gruppe, wie Macht, Status, Gruppennormen, und das Gruppengeschehen berücksichtigen. Führung muss also verstanden werden als Wahrnehmung einer Rolle im Rahmen eines Gruppenprozesses. Die Gruppenmitglieder erwarten dabei von der Führungskraft, dass sie mehr als alle anderen zum Erreichen der Gruppenziele (Lokomotion) und des Gruppenzusammenhalts (Kohäsion) beiträgt (vgl. S. 242).

6.2.1 Merkmale einer Führungskraft

Beförderungen zum Vorgesetzten werden oft nur nach **fachlichen Qualifikationen** vorgenommen. Fachliches Wissen hat jedoch in Führungspositionen eine geringere Bedeutung. Es ist zwar Basis für den Führungserfolg, jedoch müssen noch andere Qualifikationen dazukommen. Der Vorgesetzte ist nicht nur für seine Arbeit zuständig, sondern im Wesentlichen auch für die Arbeit der ihm unterstellten Mitarbeiter. Er ist andererseits auf die Fachkenntnisse und Erfahrungen seiner Mitarbeiter angewiesen, da heute selbst der beste Fachmann nicht mehr in der Lage ist, alle Fachbereiche seines Fachgebietes zu beherrschen. Das fachliche Wissen von Führungskräften ist mehr Methodenwissen bzw. Grundsatzwissen über die Tätigkeiten der Mitarbeiter.

Der Vorgesetzte ist dadurch in der Lage
- Mitarbeiter richtig einzusetzen,
- Mitarbeiter koordinierend zu unterstützen,
- ihre Leistungen zu beurteilen.

Fähigkeiten zum Organisieren und Koordinieren sind somit weitere wesentliche Bereiche der Führungstätigkeit.

Im Unterschied zu einer Maschine ist der Mensch an seiner Arbeit mit beteiligt: Motive, Interessen, Gefühle usw. fließen in seine Arbeit ein. Von einem Techniker wird erwartet, dass er den Konstruktionsplan einer Maschine kennt. Genauso wichtig ist es für einen Vorgesetzten, den „Konstruktionsplan" des „Systems Mensch" zu kennen. Führungstätigkeit erfordert demnach auch **psychologische Fähigkeiten**.

Welche Eigenschaften für eine Führungskraft besonders wichtig sind, lässt sich nicht allgemeingültig definieren. Je nachdem, in welcher Situation sich ein Unternehmen befindet (z. B. Gründungsphase, Krise, Ausdehnung), können andere Eigenschaften dominieren. Mithilfe **psychodiagnostischer Testverfahren** (Methoden zur Erfassung von Wesensmerkmalen und Charaktereigenschaften) versucht man, ein persönliches Anforderungsprofil von Bewerbern für Führungspositionen zu ermitteln.

Persönliches Anforderungsprofil einer Führungskraft

Konzeptionelle Befähigung
- Fantasie
- Kreativität
- Originalität

Analytisches Denkvermögen
- Methodik
- Systematik
- Logik

Urteils- und Entscheidungsvermögen
- Blick für das Wesentliche und Zusammenhänge
- Organisationsvermögen

Ausdrucksvermögen
- schriftlich
- mündlich

Überzeugungsfähigkeit
- Argumentation
- Auftreten
- Darstellung/Präsentation
- Verhandlungsgeschick

Steh- und Durchsetzungsvermögen
- Belastbarkeit
- Beharrlichkeit
- Zielstrebigkeit

Bereitschaft zur Zusammenarbeit
- Kollegialität
- Kommunikation

Sozialverhalten
- Sensibilität
- Einfühlungsvermögen
- Aufgeschlossenheit
- Toleranz
- Flexibilität

Ergebnisorientierung
- Eigeninitiative
- Engagement
- Lernbereitschaft
- Erfolgsstreben
- wirtschaftliches Denken

Verantwortungsbereitschaft
- Selbstständigkeit
- Risikobereitschaft
- Zivilcourage

Führungseignung
- Charisma und persönliche Ausstrahlung
- Delegation und Motivation
- Gerechtigkeitssinn

Selbstdisziplin
- Loyalität
- Vertrauenswürdigkeit
- selbstkritische Einschätzung
- Selbstkontrolle

Arbeitsaufträge

1. Welche der oben aufgeführten Anforderungen an eine Führungskraft sind Ihrer Meinung nach besonders wichtig? Diskutieren Sie in Ihrer Gruppe über eine mögliche Rangfolge der Anforderungen.

2. Entwerfen Sie für Ihre Person ein Profil Ihrer Führungsfähigkeiten mithilfe des obigen Anforderungsprofils nach folgendem Muster:

	++	+	0	–	– –
Fantasie					
Kreativität					

++ = sehr stark ausgeprägt
+ = überdurchschnittlich ausgeprägt
0 = normal ausgeprägt
– = schwach ausgeprägt
– – = nicht vorhanden

3. Diskutieren Sie in der Gruppe, wie Führungsfähigkeiten erworben oder verbessert werden könnten.

Die dargestellten Führungseigenschaften verdeutlichen, dass Führung eine **Kombination persönlicher Eigenschaften und sachlich fundierter Entscheidungsfähigkeiten darstellt**. Führungserfolg hängt von der Qualifikation des Vorgesetzten auf fachlichem, organisatorischem und psychologischem Gebiet ab. Die Anzahl derjenigen, die die zur Führung notwendigen Qualifikationsmerkmale besitzen, ist erfahrungsgemäß gering, was eine intensive Schulung der Führungskräfte notwendig macht.

6.2.2 Aufgaben einer Führungspersönlichkeit

Eine Führungskraft hat grundsätzlich zwei Aufgabenbündel zu realisieren:

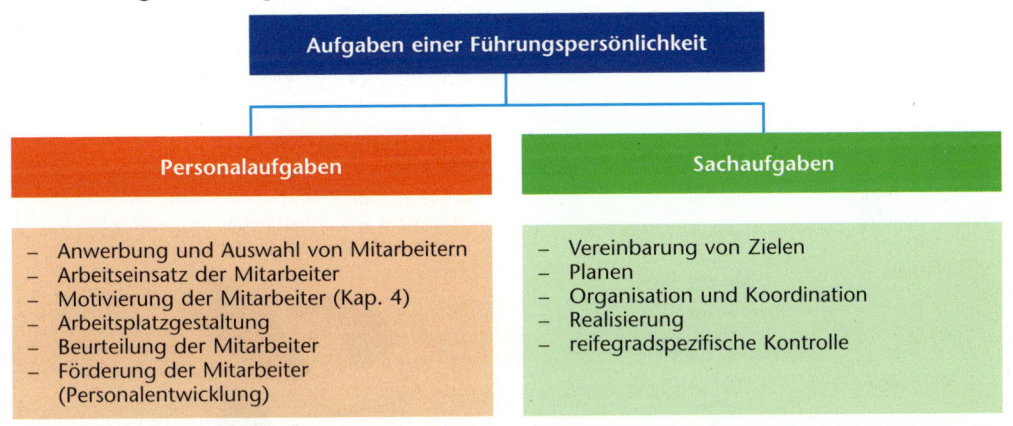

Aufgaben einer Führungspersönlichkeit

Personalaufgaben
- Anwerbung und Auswahl von Mitarbeitern
- Arbeitseinsatz der Mitarbeiter
- Motivierung der Mitarbeiter (Kap. 4)
- Arbeitsplatzgestaltung
- Beurteilung der Mitarbeiter
- Förderung der Mitarbeiter (Personalentwicklung)

Sachaufgaben
- Vereinbarung von Zielen
- Planen
- Organisation und Koordination
- Realisierung
- reifegradspezifische Kontrolle

Rechtlich ist das Beschäftigungsverhältnis durch den Arbeitsvertrag geregelt. Hinzu treten Betriebsvereinbarungen, tarifvertragliche Regelungen und gesetzliche Bestimmungen. Die Kenntnis des vorhandenen arbeitsrechtlichen Regelwerks ist wichtige Voraussetzung der Mitarbeiterführung. Unter Berücksichtigung dieser Kenntnis ergeben sich für Führungskräfte die genannten **Personalaufgaben**.

Die **Sachaufgaben** einer Führungskraft leiten sich aus der Verantwortung für einen Teil der betrieblichen Einsatzfaktoren und der Erfüllung der Unternehmensziele ab. Für die Durchführung von Sachaufgaben werden folgende Hilfsmittel eingesetzt:

- Kennziffern zur Ermittlung von Soll- und Istwerten
- Planungsmethoden (z. B. Netzplantechnik) für Aufgabenplanungen
- Berichtswesen in Form vergleichender Statistiken

6.2.3 Führungsverhalten und Autorität

> Um die Richtung des Handelns von Mitarbeitern bestimmen zu können, benötigt der Vorgesetzte Autorität. Es sollen **drei Autoritätsformen** unterschieden werden:
> - Amtsautorität aufgrund der hierarchischen Position des Vorgesetzten
> - funktionale Autorität aufgrund seines Sachverstands und seiner Expertenrolle
> - persönliche Autorität aufgrund der Ausstrahlungskraft des Vorgesetzten

Die **individuelle Autorität** ergibt sich jeweils aus der Autoritätsform, die der Vorgesetzte schwerpunktmäßig betont.

Vielfach versteht man heute unter „Autorität" noch das Durchsetzen von Macht, die direkt oder indirekt aus der eingenommenen Stellung abgeleitet wird. Diese Auffassung von Autorität als Über- und Unterordnung, die nicht die Persönlichkeit des Einzelnen, sondern die Autorität des Amtes in den Vordergrund stellt, wird als **Amtsautorität** bezeichnet. Mit seiner Autoritätsstellung sind pflichtgemäß wahrzunehmende Bestimmungs- und Verfügungsrechte des Vorgesetzten gegenüber seinen Mitarbeitern verbunden.

Der **Sach- oder Fachautoritäre** erhält Anerkennung und Achtung seiner Mitarbeiter auch ohne äußere Autoritätsmerkmale. Er erwirbt sich Autorität durch seine fachlichen Kenntnisse, Fertigkeiten, Erfahrungen und Urteilsfähigkeiten. Er wird demnach von seinen Mitarbeitern wegen seiner fachlichen Qualitäten geschätzt, insbesondere dann, wenn diese selbst von ihm eine fachliche Förderung erfahren.

Die **persönliche Autorität** liegt in den persönlichen Eigenschaften der Führungskraft begründet. Sie gewinnt Autorität durch die persönliche Wertschätzung, die ihr von den Mitarbeitern aufgrund ihrer menschlichen Qualitäten entgegengebracht wird. Solche Qualitäten sind z. B.:

- Pflichtbewusstsein
- charakterliches Vorbild
- Ausgeglichenheit
- Gerechtigkeitssinn
- Selbstbeherrschung
- Einfühlungsgabe
- Taktgefühl

Die individuelle Autorität setzt sich aus allen drei Autoritätsformen zusammen und kann je nach Person und Situation die eine oder andere Art der Autorität umfassen.

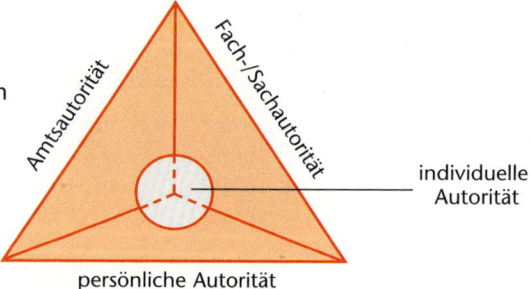

Grundlagen der betrieblichen Führung

> *Arbeitsauftrag*
>
> Abteilungsleiter Froh hat wenig persönliche Ausstrahlung, stützt sich kaum auf die Macht seiner Position, verfügt aber über eine hervorragende Fachkenntnis und ein fundiertes Detailwissen. Überlegen Sie sich Führungssituationen, in denen Froh mit einer nur geringen Akzeptanz seiner Weisungen rechnen muss.

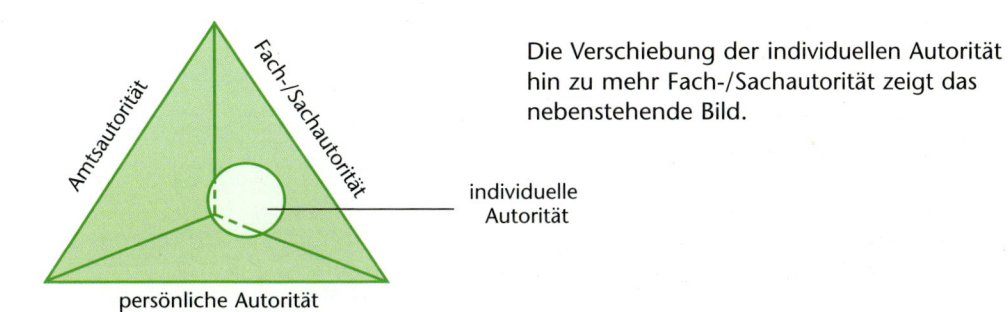

Die Verschiebung der individuellen Autorität hin zu mehr Fach-/Sachautorität zeigt das nebenstehende Bild.

Inwieweit ein Vorgesetzter wirkliche Autorität besitzt, zeigt sich, wenn Weisungen gegen die Einstellung oder Gewohnheit der Mitarbeiter befolgt werden und dies ohne Androhung von Sanktionen geschieht.

Beispiel
Wegen eines wichtigen Auftrags bittet der Vorgesetzte einige Mitarbeiter, Überstunden zu leisten. Diese sagen sofort zu.

Mitarbeiter werden Weisungen des Vorgesetzten in höherem Maße akzeptieren, wenn diese Weisungen von ihm begründet werden.

> *Arbeitsauftrag*
>
> Beschreiben Sie Führungsverhalten von Vorgesetzten mit Amtsautorität, Fachautorität bzw. persönlicher Autorität.

6.3 Organisationsstrukturen

Arbeitspyramide, von unten betrachtet

> **Fallsituation**
>
> Die Bauma GmbH ist ein mittleres Unternehmen in der Baumaschinenbranche. Sie stellt hauptsächlich Baugeräte wie Kompressoren, Betonmischer, Baukreissägen usw. her. Aufgrund des Konkurses eines Hauptlieferanten für Maschinenteile kommt es seit einiger Zeit zu Schwierigkeiten bei der Produktion. Die Ersatzlieferanten kommen mit der Lieferung nicht nach, zudem ist die Qualität schlecht. Kundenbeschwerden häufen sich.
> Der Geschäftsführer schaltet sich selbst ein und lässt die Produktion durch seinen Assistenten überprüfen. Bei dieser Gelegenheit beschwert sich die Produktionsabteilung über die stockende Nachlieferung der Materialverwaltung und die schlechte Qualität der zu verarbeitenden Teile.
> Der für die Materialverwaltung zuständige Techniker Hans Obermüller gibt eine momentane Verzögerung bei der Nachlieferung zu, von einem Qualitätsmangel sei ihm jedoch nichts bekannt. Die Qualitätsprüfung habe er im Übrigen seinem Vorarbeiter Fred Heinzmann übertragen. Die Lagerarbeiter bestätigen, dass der Vorarbeiter tatsächlich von Obermüller mit der Qualitätsprüfung betraut war und ihm das Ergebnis jeweils mitteilen sollte. Der Vorarbeiter bekräftigt diesen Sachverhalt, erwidert jedoch, er habe auch noch anderes zu tun. Außerdem habe Obermüller nie nach den Qualitätsberichten gefragt. Den Teilen könne man auch nicht ansehen, ob sie etwas taugten. Er weise jede Schuld von sich.
> Für Hans Obermüller trägt eindeutig der Vorarbeiter die Verantwortung für die Qualitätsprüfung, da er ihm die Prüfung delegiert habe. Bisher habe es ja auch noch nie Ärger gegeben.

6.3.1 Betriebliche Organisation

> Unter „Betriebsorganisation" versteht man in erster Linie das bestmögliche Organisieren und Abstimmen aller **Produktionsfaktoren** des Betriebs (Werkstoffe und Betriebsmittel, menschliche Arbeitskraft) zur Herstellung von Produkten oder zur Erbringung von Leistungen im Sinne der betrieblichen Zielsetzung.

Wesentliche Merkmale der betrieblichen Organisation sind demnach erstens die **Schaffung von Ordnung** im betrieblichen Leistungsprozess, zweitens die **Zielgerichtetheit** und drittens die **Wirtschaftlichkeit**. Wirtschaftlichkeit bedeutet, dass mit gegebenen Mitteln ein Höchstmaß an Erfolg (Maximalprinzip) oder ein vorgegebener Erfolg mit einem geringstmöglichen Einsatz an Mitteln (Minimalprinzip) erreicht werden soll.

Die Organisation erfordert die Beachtung bestimmter **Organisationsprinzipien**:

- Die Organisation soll einfach, klar und für jedermann leicht verständlich sein.
- Die organisatorische Zielsetzung muss mit einem Minimum an Aufwand erreichbar sein.
- Generelle Regelungen sind langfristig/dauerhaft ausgerichtet und eher träge, schaffen aber Stabilität und Sicherheit im Arbeitsablauf.
- Regelungen mit vorläufigem oder zeitlich befristetem Charakter werden als „Improvisation" bezeichnet. Improvisationsregelungen sind sehr dynamisch und können, wenn sie sich bewähren, zur neuen Regel werden.
- Bei Dispositionen handelt es sich um einmalige, fallweise Regelungen. Sie sorgen für die notwendige Anpassung an sich ändernde Marktdaten und beinhalten einen größeren Handlungsspielraum innerhalb organisatorischer Grenzen.
- Das Verhältnis von vorläufigen, fallweisen und generellen Regelungen soll ausgewogen sein, um eine Über- oder Unterorganisation zu vermeiden.
- Eine detaillierte Prüfung zwischen Dispositionsfreiräumen oder provisorischen Regelungen empfiehlt sich zugunsten einer höheren Stabilität.

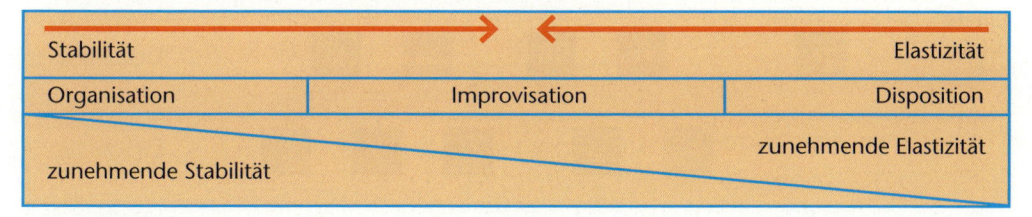

Stabilität		Elastizität
Organisation	Improvisation	Disposition
zunehmende Stabilität		zunehmende Elastizität

> *Arbeitsauftrag*
>
> *Beschreiben Sie Bereiche aus Ihrer beruflichen Tätigkeit,*
> *a) die organisatorischer Regelungen bedürfen,*
> *b) bei denen fallweise Entscheidungen zulässig sind und*
> *c) bei denen auch eine Improvisation zugestanden werden muss.*

In der Organisationslehre wird unterschieden zwischen Aufbau- und Ablauforganisation. Veränderungen in der Aufbauorganisation haben in der Regel auch Anpassungen in der Ablauforganisation zur Folge.

6.3.2 Betriebliche Aufbauorganisation

Die Aufbauorganisation beschäftigt sich mit der Organisationsstruktur.

Die kleinste Einheit der Aufbauorganisation ist die **Stelle**. Darunter versteht man eine Zusammenfassung von Teilaufgaben unter gleichzeitiger Regelung der Verantwortung und der Zuständigkeit. Um eine Stelle bilden zu können, ist es notwendig, die einzelnen Aufgaben zunächst aufzugliedern, das heißt eine **Aufgabenanalyse** vorzunehmen und sie anschließend zusammenzufassen, also eine **Aufgabensynthese** durchzuführen.

Aufgabenanalyse

*Unter „Aufgabenanalyse" versteht man eine schrittweise Zerlegung der **Gesamtaufgabe** in ihre einzelnen Bestandteile. Die Gesamtaufgabe wird durch das Unternehmensziel bestimmt, sodass sich eine **Aufgabenhierarchie** ergibt.*

Die Gesamtaufgabe als höchste Aufgabenebene ist z. B. der Verkauf von Maschinen, die Elementaraufgabe als niedrigste Aufgabenebene ist ein einzelner Arbeitsschritt, wie beispielsweise das Fräsen eines Werkstücks.

Immer dann, wenn zur Erfüllung der Gesamtaufgabe mehrere Personen (= Aufgabenträger) erforderlich sind, und dies ist der Normalfall, muss die Gesamtaufgabe in **Teilaufgaben** (TA) zerlegt werden.

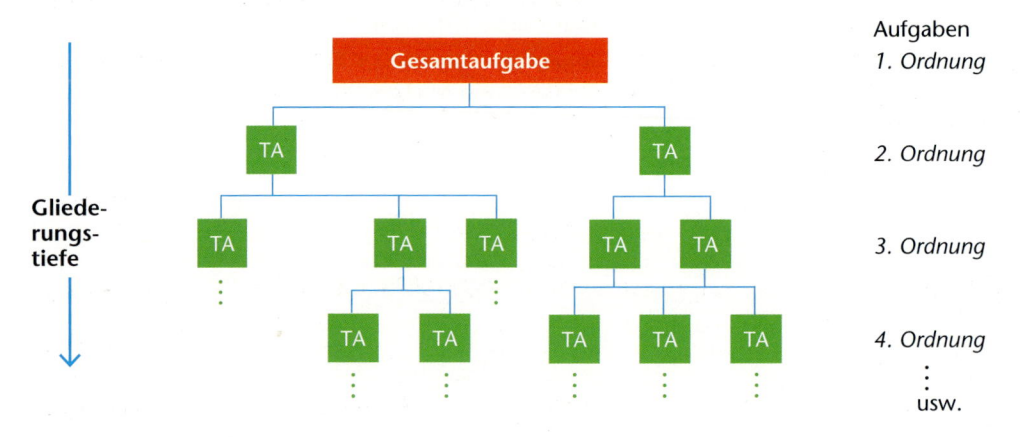

Die Aufgabenanalyse hat somit folgende **Zielsetzungen**:

- vollständige Erfassung aller Teilaufgaben
- übersichtliche Abbildung der Teilaufgaben
- Sichtbarmachung der Zusammenhänge zwischen den Teilaufgaben

Die Zerlegung der Gesamtaufgabe eines Unternehmens kann nach **sachlichen** und **formalen Kriterien** vorgenommen werden.

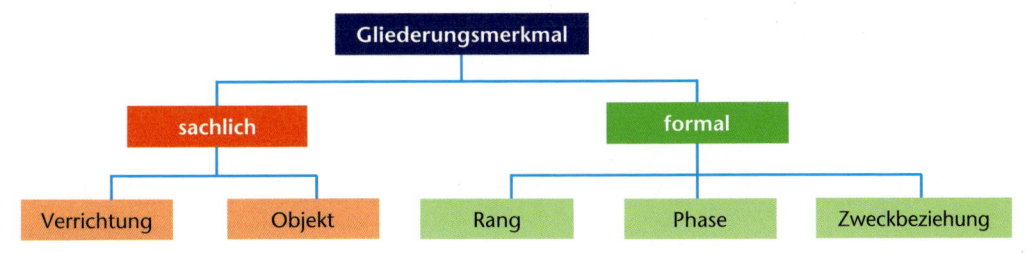

Gliederungsmerkmal

- **sachlich**
  - Verrichtung
  - Objekt
- **formal**
  - Rang
  - Phase
  - Zweckbeziehung

Die **Analyse nach Verrichtungen** gliedert die Aufgaben nach Tätigkeitsarten, was bei einem relativ kleinen und überschaubaren Produktprogramm anwendbar ist.

Beispiel
Die verrichtungsorientierte Analyse eines Industrieunternehmens, das Haushaltsgeräte herstellt, ergibt folgenden (auszugsweise wiedergegebenen) Aufgabengliederungsplan:

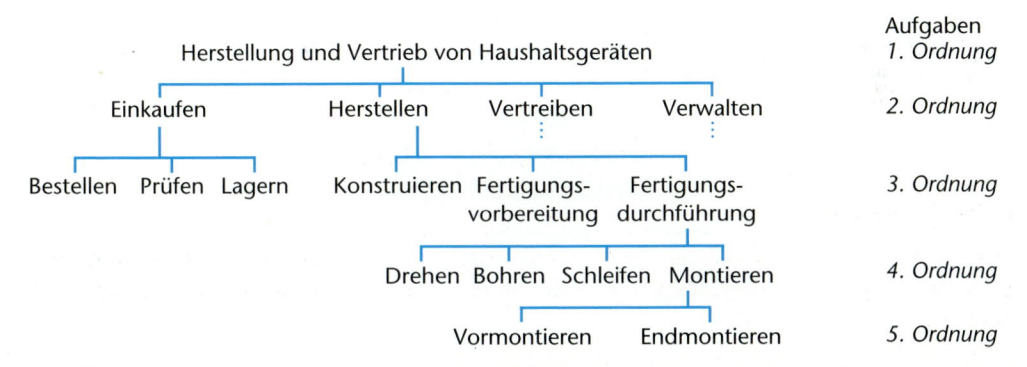

Struktur	Aufgaben
Herstellung und Vertrieb von Haushaltsgeräten	1. Ordnung
Einkaufen — Herstellen — Vertreiben — Verwalten	2. Ordnung
Bestellen, Prüfen, Lagern / Konstruieren, Fertigungsvorbereitung, Fertigungsdurchführung	3. Ordnung
Drehen, Bohren, Schleifen, Montieren	4. Ordnung
Vormontieren, Endmontieren	5. Ordnung

Jede Verrichtung muss an einem Objekt vorgenommen werden. Solche Objekte sind z. B. Produkte, Kundengruppen, Absatzgebiete usw. Eine **Analyse nach Objekten** kann folgendermaßen aussehen:

Beispiel

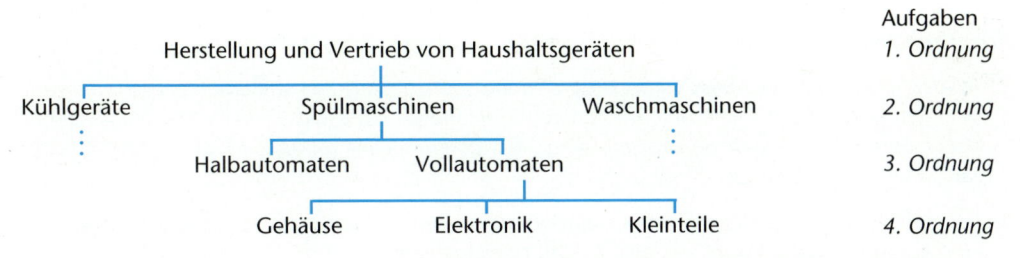

Struktur	Aufgaben
Herstellung und Vertrieb von Haushaltsgeräten	1. Ordnung
Kühlgeräte — Spülmaschinen — Waschmaschinen	2. Ordnung
Halbautomaten, Vollautomaten	3. Ordnung
Gehäuse, Elektronik, Kleinteile	4. Ordnung

Mit der **Ranganalyse** wird dem Umstand Rechnung getragen, dass bei jeder verrichtungsorientierten Teilaufgabe eine Entscheidungs- und eine Ausführungsaufgabe notwendig sind.

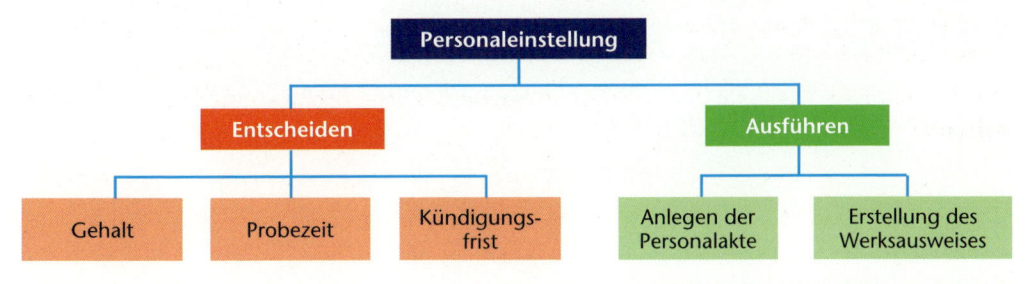

Personaleinstellung
- **Entscheiden**
  - Gehalt
  - Probezeit
  - Kündigungsfrist
- **Ausführen**
  - Anlegen der Personalakte
  - Erstellung des Werksausweises

Die **Phasenanalyse** trennt die Aufgabenerledigung nach Planungs-, Durchführungs- und Kontrollaufgaben. Auch hier wird meist an die in der Verrichtungsanalyse gewonnenen Teilaufgaben angeknüpft.

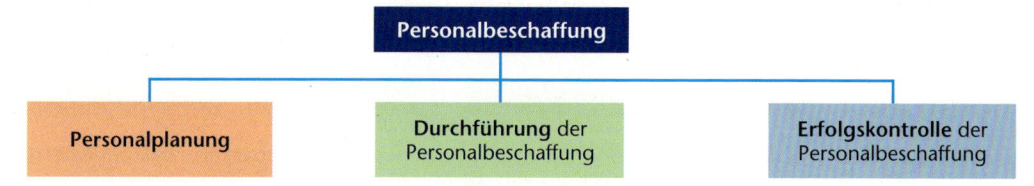

```
                    Personalbeschaffung
           ┌─────────────┼─────────────┐
    Personalplanung  Durchführung der  Erfolgskontrolle der
                     Personalbeschaffung Personalbeschaffung
```

Bei der **Zweckbeziehungsanalyse** werden die Gesamtaufgaben und die daraus resultierenden Teilaufgaben in zwei Aufgabenarten zerlegt:

- **Zweckaufgaben** dienen unmittelbar den Unternehmenszielen (Beschaffung, Fertigung, Vertrieb).

- Zu den **Verwaltungsaufgaben** gehören Aufgaben, die nur indirekt den Unternehmenszielen nützen, wie z. B. Buchhaltung, Kostenrechnung, Statistik.

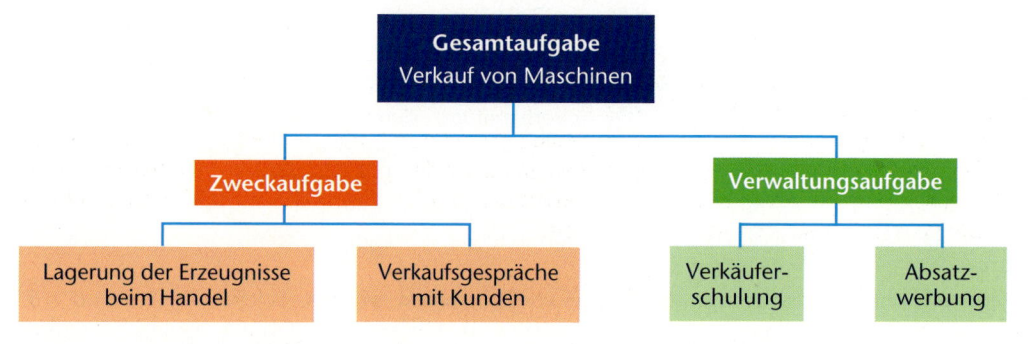

```
                 Gesamtaufgabe
               Verkauf von Maschinen
              ┌──────────┴──────────┐
         Zweckaufgabe          Verwaltungsaufgabe
         ┌─────┴─────┐         ┌─────┴─────┐
    Lagerung der  Verkaufs-  Verkäufer-  Absatz-
    Erzeugnisse   gespräche  schulung    werbung
    beim Handel   mit Kunden
```

In der betrieblichen Organisationspraxis findet man vielfältige Kombinationen der verschiedenen Gliederungsmerkmale.

Arbeitsaufträge

1. Bei der Schaffung neuer oder veränderter Organisationsstrukturen in einem Unternehmen wird in einem ersten Schritt eine Aufgabenanalyse durchgeführt. Welche Ziele werden damit angestrebt und welche Probleme sind mit einer Aufgabenanalyse anhand der genannten Gliederungsmerkmale verbunden?

2. Formulieren Sie in der Gruppe Gesamtaufgaben aus Ihrer betrieblichen Tätigkeit und führen Sie eine Aufgabenanalyse nach den genannten Gliederungskriterien durch.

Aufgabensynthese

Die Aufgabensynthese fügt die mithilfe der Aufgabenanalyse ermittelten Elementaraufgaben zu **Stellen** und **Abteilungen** zusammen.

Es ergibt sich folgender Ablauf:

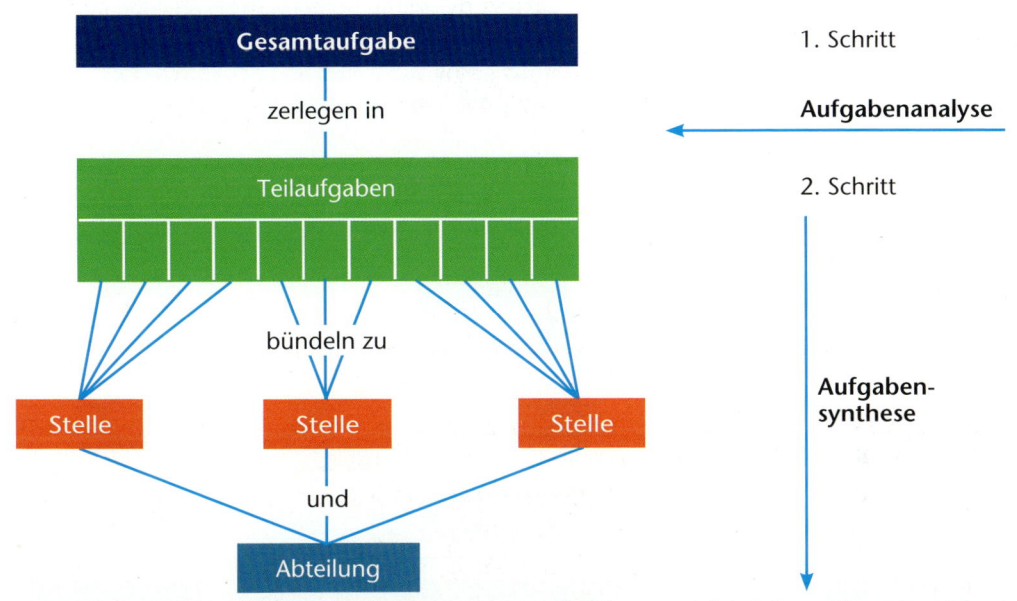

```
        Gesamtaufgabe                    1. Schritt
           zerlegen in                Aufgabenanalyse
         Teilaufgaben                    2. Schritt

           bündeln zu
                                        Aufgaben-
   Stelle    Stelle    Stelle            synthese
              und
           Abteilung
```

Unter einer Stelle versteht man die sinnvolle Koordination von Tätigkeiten, die, ausgerichtet auf eine bestimmte Aufgabe, von einer Person zu bewältigen sind, wobei Arbeitsgebiete und Verantwortung eindeutig abgegrenzt werden müssen. Je nach Aufgabenstellung lassen sich folgende **Arten von Stellen** unterscheiden.

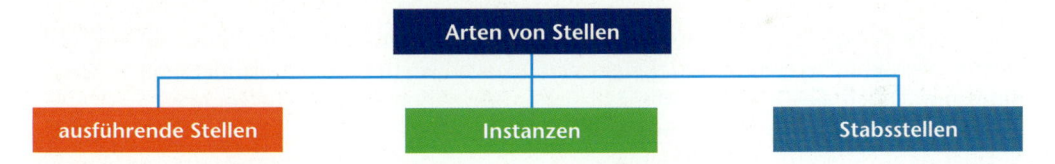

```
                Arten von Stellen
                       |
   ausführende Stellen | Instanzen | Stabsstellen
```

- **Ausführende Stellen** sind Stellen ohne Leitungsbefugnisse.

    Beispiel
    Sachbearbeiter, Schreibkraft usw.

- Eine mit bestimmten Kompetenzen oder Entscheidungs- bzw. Anordnungsbefugnis ausgestattete Stelle wird als **Instanz** bezeichnet.

    Beispiel
    Bauleiter, der eine Baustelle betreut

- **Stabsstellen** sind Hilfs- und Entlastungsorgane der Leitung ohne eigene Entscheidungs- und Anordnungsbefugnis. Sie bereiten Entscheidungen durch Beratungen und Informationen nur vor.

    Beispiel
    Assistent der Geschäftsleitung, Leitung Public Relations usw.

Die **Abteilung** ist ein Stellenverbund zwischen einer Leitungs- und einer oder mehreren Ausführungsstellen. Die Bündelung von Stellen zu Abteilungen hat im Wesentlichen folgende Gründe: Sie dient der Schaffung von überschaubaren und leicht kontrollierbaren Bereichen. Die steigende Spezialisierung ermöglicht darüber hinaus die Nutzung der Vorteile der Arbeitsteilung. Zudem werden durch die Festlegung der Leitungs- und Entscheidungsbefugnisse Kompetenzstreitigkeiten vermieden.

Das Prinzip der Bündelung von Stellen findet man auf allen Hierarchiestufen eines Unternehmens, wobei die Benennungen unterschiedlich sind. In einem größeren Unternehmen könnte etwa folgender Aufbau erforderlich sein:

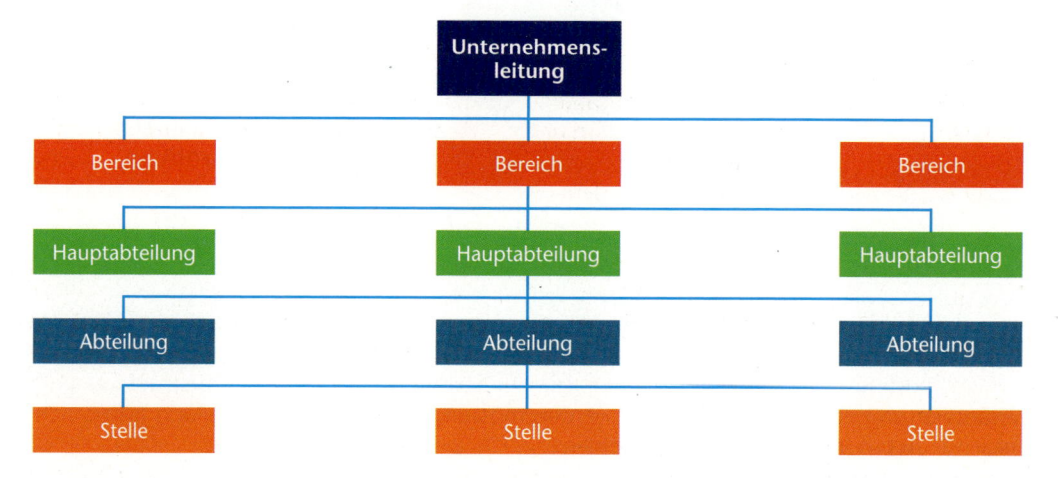

```
                    Unternehmens-
                       leitung
         ┌─────────────────┼─────────────────┐
      Bereich           Bereich           Bereich
         │                 │                 │
   Hauptabteilung    Hauptabteilung    Hauptabteilung
         │                 │                 │
      Abteilung         Abteilung         Abteilung
         │                 │                 │
       Stelle            Stelle            Stelle
```

Diese Form der grafischen Darstellung der Organisationsstruktur eines Unternehmens, welche die hierarchische Einordnung der einzelnen Stellen wiedergibt, bezeichnet man als **Organigramm**. Durch ein Organigramm lässt sich im Einzelnen Folgendes erkennen:
- der hierarchische Aufbau des Betriebs
- Über- und Unterordnungsverhältnisse
- die Verbindung der organisatorischen Einheiten untereinander

> *Arbeitsauftrag*
>
> *Die Elko Maschinenbau GmbH fertigt Papier verarbeitende Maschinen. Es hat sich als zweckmäßig erwiesen, das Unternehmen in einen kaufmännischen und in einen technischen Bereich zu gliedern. Krause ist als Kaufmann Leiter des kaufmännischen Bereichs, Müller als Techniker leitet den technischen Bereich.*
> *Der kaufmännischen Leitung unterstehen die Abteilungen Einkauf, Verkauf, Rechnungswesen, Finanzwesen, Personalwesen und allgemeine Verwaltung. Der technischen Leitung unterstehen die Planung, Herstellung und Kontrolle als drei selbstständige Abteilungen.*
> *Die Einkaufsabteilung untergliedert sich in Bestellungen, Rechnungsprüfung und Rohstofflager. Zum Verkauf gehören Marketing, Auftragsabwicklung, Rechnungserstellung und Kundendienst. Der Abteilung Rechnungswesen unterstehen die Buchhaltung, die Betriebsabrechnung und die Statistik. Zur Abteilung Finanzwesen gehören Finanzplanung und Kalkulation. Die Personalabteilung beinhaltet das Personalbüro, das Lohnbüro und die Ausbildungsbetreuung. Zur allgemeinen Verwaltung gehören das Sekretariat, die Vervielfältigung, die Poststelle, die Registratur, das zentrale Schreibbüro und die Hausverwaltung.*

Die Planungsabteilung besteht aus Konstruktion und Arbeitsvorbereitung. Die Herstellung ist nach den Produktlinien A, B und C gegliedert. Zur Kontrolle gehören die Funktionskontrolle, die Material- und die Montagekontrolle.
a) Erstellen Sie das Organigramm.
b) Nach welchen Gliederungsmerkmalen wurden auf den einzelnen Unternehmensebenen Teilaufgaben zu Stellen und Abteilungen zusammengefasst?
c) Welche Vorteile der einzelnen Organisationsformen sollten dadurch verwirklicht und welche Nachteile vermieden werden?

6.3.3 Organisationsformen

Die beiden grundlegenden organisatorischen **Gestaltungsprinzipien** bei der Stellen- und Abteilungsbildung sind die **Zentralisation** und die **Dezentralisation**. Diese kennzeichnen die Strukturierung von Unternehmen im Hinblick auf die Art der Zusammenfassung von Stellen und der Überordnung von Leitungsstellen.

- ***Zentralisation*** *bedeutet die Zusammenfassung gleichartiger Teilaufgaben an einer zentralen Stelle.*
- *Unter **Dezentralisation** versteht man die Aufteilung gleichartiger Teilaufgaben auf mehrere Stellen.*

Die Anwendung dieser Grundsätze kann sich auf Verrichtungen, Objekte und Personen beziehen. Unter **Verrichtungszentralisation** versteht man die Zusammenfassung gleichartiger Tätigkeiten zu Bereichen wie Beschaffung, Fertigung, Vertrieb, Verwaltung. Diese Tätigkeiten werden zentral für verschiedene Objekte durchgeführt. Vornehmlich in kleineren und mittleren Unternehmen mit relativ einheitlichen Leistungen oder einem kleinen Sortiment findet man diese Zentralisierungsart.

Beispiel: Verrichtungszentralisation

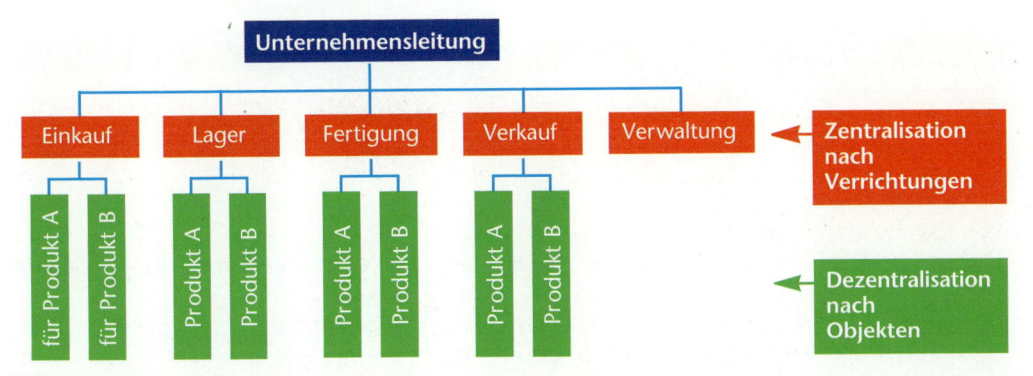

Bei der **Objektzentralisation** werden alle Aufgaben zusammengefasst, die sich auf ein bestimmtes Produkt, eine Produktgruppe, einen Kundenkreis usw. beziehen. Sie wird auch als produktionale oder Sparten- bzw. Divisional-Organisation bezeichnet. Bereiche, die für alle Sparten Leistungen erbringen, werden zentral geführt. Die Objektzentralisation ist die typische Zentralisierungsart für Großunternehmen mit einem vielseitigen Leistungsprogramm.

Beispiel: Objektzentralisation

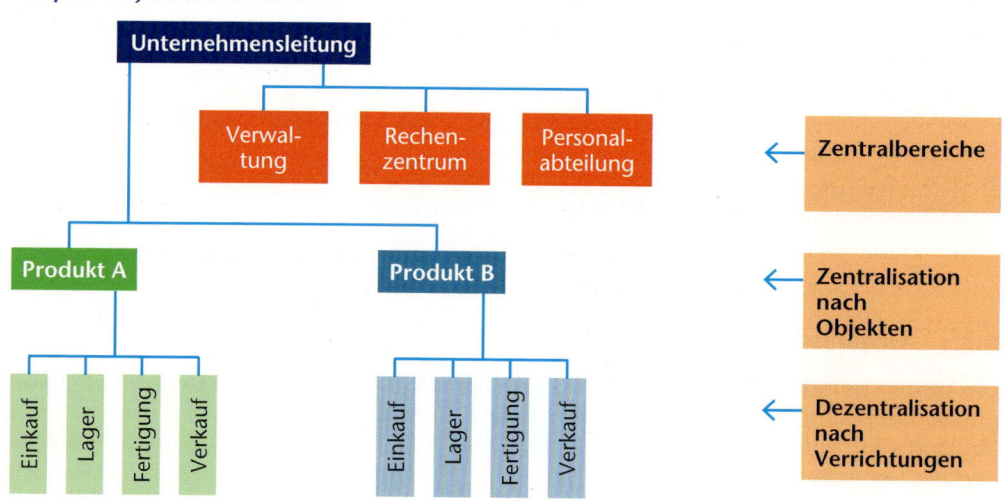

```
                    Unternehmensleitung
                            │
         ┌──────────────────┼──────────────────┐
    Verwaltung          Rechen-           Personal-       ← Zentralbereiche
                        zentrum           abteilung
         │
    ┌────┴────┐
 Produkt A  Produkt B                                     ← Zentralisation
                                                            nach Objekten
  │             │
 Einkauf       Einkauf                                    ← Dezentralisation
 Lager         Lager                                        nach Verrichtungen
 Fertigung     Fertigung
 Verkauf       Verkauf
```

Bei der **personalen Zentralisation** erfolgt die Strukturierung des Unternehmens in Abhängigkeit von Person, Fachkenntnissen, Erfahrungen und Vorlieben der verfügbaren Manager. Diese Art der Zentralisation ist typisch in wachsenden kleineren und mittleren Unternehmen. Da ein Wechsel der Stelleninhaber mit großen Problemen verbunden sein kann, wenn ein Mitarbeiter mit entsprechend gleicher Qualifikation nicht gefunden wird, sollte diese Zentralisationsform die Ausnahme sein.

Beispiel: Personenorientierte Abteilungsbildung

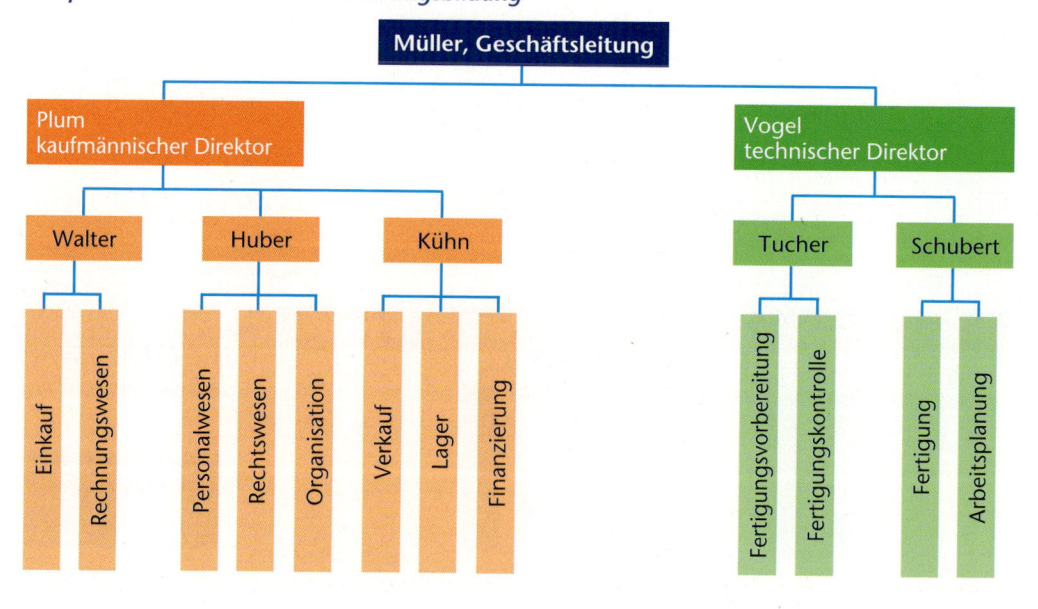

```
                         Müller, Geschäftsleitung
                                  │
              ┌───────────────────┴───────────────────┐
      Plum                                       Vogel
      kaufmännischer Direktor                    technischer Direktor
              │                                       │
     ┌────────┼────────┐                      ┌───────┴───────┐
  Walter   Huber     Kühn                   Tucher         Schubert
     │        │         │                      │              │
  Einkauf  Personal-  Verkauf               Fertigungs-    Fertigung
  Rechnungs- wesen    Lager                 vorbereitung   Arbeitsplanung
  wesen    Rechts-   Finanzierung           Fertigungs-
           wesen                            kontrolle
           Organisation
```

Jeder Vorgesetzte kann nur eine begrenzte Anzahl von Mitarbeitern optimal betreuen. Diese Mitarbeiterzahl bezeichnet man als „Leitungsspanne". Die Größe der Leitungsspannen ist von folgenden Faktoren abhängig:
- Komplexität der Aufgaben der untergeordneten Stellen
- fachliche und menschliche Qualifikation des Vorgesetzten und der Mitarbeiter
- Art des benutzten Führungsstils
- Umfang und Art des Einsatzes technischer Hilfsmittel
- Ausmaß des Entscheidungsspielraums der Mitarbeiter

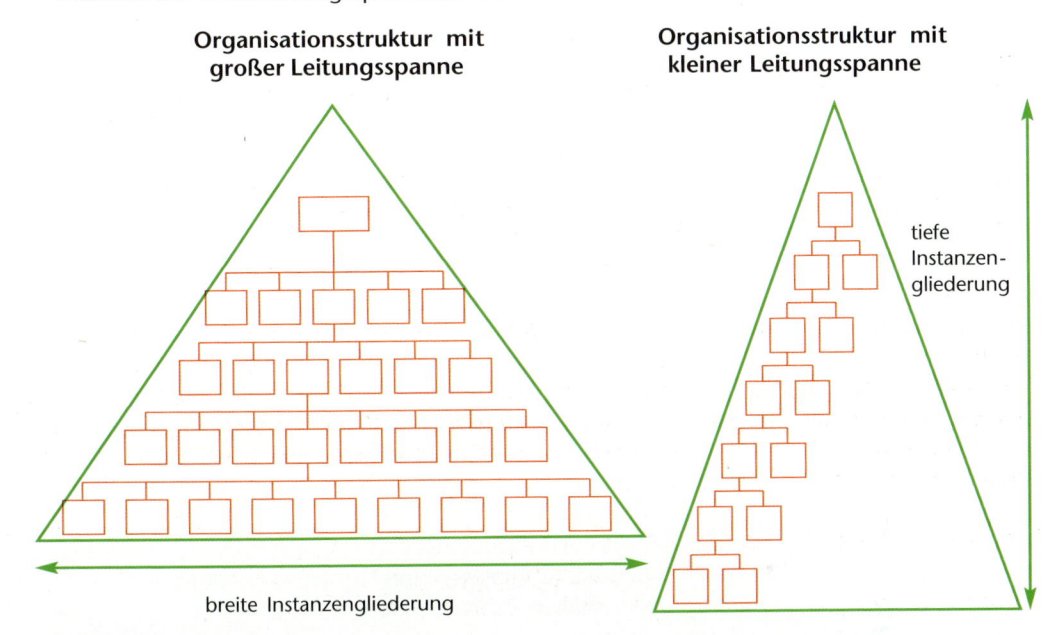

Organisationsstruktur mit großer Leitungsspanne

breite Instanzengliederung

Organisationsstruktur mit kleiner Leitungsspanne

tiefe Instanzengliederung

Die Weiterleitung von Informationen und Weisungen zwischen den verschiedenen Stellen geschieht auf dem **Dienstweg**. Diese von der Unternehmensleitung festgelegten Verbindungslinien von den übergeordneten zu den untergeordneten Stellen sind aus dem Organigramm ersichtlich. Je kleiner die Leitungsspanne, desto länger ist der Dienstweg und umgekehrt.

> *Arbeitsaufträge*
>
> *1. Erklären Sie den Begriff „Leitungsspanne".*
>
> *2. Würden Sie für die Entwicklungsabteilung eines Unternehmens eine große oder kleine Leitungsspanne empfehlen? Begründen Sie Ihre Ansicht.*

6.3.4 Stellenbeschreibung

Eine Abgrenzung und Abstimmung der Teilaufgaben einer einzelnen Stelle erfolgt in der **Stellenbeschreibung**. Die Stellenbeschreibung ist personenunabhängig abzufassen, damit sie bei einem Personenwechsel nicht beeinflusst wird.

Durch eine Stellenbeschreibung wird der Grundsatz, dass der Mitarbeiter im Rahmen seines Delegationsbereichs selbstständig zu handeln und zu entscheiden hat, für den Stelleninhaber konkretisiert und in der Regel fixiert.

Beispiel: Stellenbeschreibung

Stellenbeschreibung	
Stellenbezeichnung	Leiter der Konstruktion
Vorgesetzter	Leiter der Produktentwicklung/Konstruktion
Mitarbeiter	Technische Zeichner (4)
Stellvertretung	Leiter der Abteilung Betriebsabrechnung
Stellenziele	Der Stelleninhaber hat seine Aufgaben so wahrzunehmen, dass 1. im Rahmen der Produktentwicklung Konstruktionsgrundsätze angewendet werden, die eine kostengünstige Fertigung der Produkte unter Einhaltung der Qualitätsstandards gewährleisten; 2. ... 3. ...
Stellenaufgaben	Der Stelleninhaber nimmt folgende Aufgaben wahr: 1. Er wirkt an konstruktiven Veränderungen von Produkten mit. 2. Er nimmt an Produkttests teil. 3. Er bearbeitet Anfragen von Firmen zu konstruktiven Sachverhalten. 4. ... 5. ...
Stellenbefugnisse	1. Der Stelleninhaber unterschreibt seine Post gemäß Richtlinie. 2. Er ist berechtigt, Anforderungen für Material-, Zeichenbedarf und DIN-Unterlagen im Konstruktionsbereich bis 10 000,00 EUR zu unterzeichnen. 3. ...
Stellenverantwortung	Der Stelleninhaber entscheidet über 1. die Ablaufregelung und Auftragsverteilung im nachgeordneten Bereich; 2. die Festlegung von Maßen und Toleranzen in Zweifelsfällen; 3. die Beurteilung neuer Mitarbeiter zum Ablauf der Probezeit im Konstruktionsbereich; 4. ... 5. ...

> *Die Stellenbeschreibung enthält folgende **Angaben**:*
>
> - Stellenbezeichnung
> - Zielsetzung der Stelle
> - Regelung der Stellvertretung
> - Kompetenzen
> - Art der Aufgabe, z. B. Linien-, Stabsfunktion
> - Rang der Stelle
> - Unterstellungs- und Überstellungsverhältnis

Durch die Stellenbeschreibung ist der **Mitarbeiter** genau über seine Aufgaben, Befugnisse und Verantwortung informiert. Er gewinnt damit Handlungsfreiheit gegenüber seinem Vorgesetzten, da er sich über seine Entscheidungen nicht jedes Mal vergewissern muss. Es gibt keine Kompetenzstreitigkeiten mit Kollegen. Der Mitarbeiter kann sich selbst kontrollieren, da er weiß, was von ihm erwartet wird. Insbesondere neue Mitarbeiter können durch Stellenbeschreibungen schnell in ihr neues Aufgabengebiet hineinwachsen. Der Bewerber um eine Stelle erhält eine Übersicht über die ihn erwartenden Aufgaben.

Der **Vorgesetzte** erhält durch die Stellenbeschreibung eine Grundlage für die Dienstaufsicht und die Kontrolle über den Mitarbeiter. Zudem ist sie ein Hilfsmittel für die fachliche Beurteilung eines Mitarbeiters. Der Vorgesetzte gewinnt Zeit, da er sich bei sinnvoller Verteilung der Aufgaben nicht mehr um jede Einzelheit kümmern muss. Durch eine Stellenbeschreibung kann sich der Mitarbeiter seiner Handlungsverantwortung nicht entziehen.

Für das Unternehmen als Ganzes ergibt sich der Vorteil, dass durch Stellenbeschreibungen die Gesamtorganisation durchsichtiger wird. Sie können als Grundlage für Personalplanung, Personaleinsatz, Entwicklung eines gerechten Lohn- und Gehaltsgefüges usw. herangezogen werden.

Stellenbeschreibungen sind in regelmäßigen Abständen auf ihre Übereinstimmung mit der betrieblichen Wirklichkeit zu überprüfen.

> *Arbeitsauftrag*
>
> *Fertigen Sie eine Stellenbeschreibung für Ihre letzte bzw. derzeitige Tätigkeit an.*

6.3.5 Leitungssysteme

Leitungssysteme beschreiben die Anordnungsbeziehungen von den übergeordneten zu den untergeordneten Stellen. Nach der Art der Anordnungsbeziehungen lassen sich folgende Leitungssysteme unterscheiden:

Leitungssystem	Merkmale	Vorteile	Nachteile
Einliniensystem	– Anordnungen von einer übergeordneten an eine untergeordnete Stelle – eindeutige Delegation von oben nach unten – Dienstweg bei gleichrangigen Stellen über den gemeinsamen Vorgesetzten	– einheitlicher Instanzenweg – nur ein Dienstweg für Anweisungen – genaue Kompetenzabgrenzung – einfacher organisatorischer Aufbau – übersichtlich	– schwerfälliger Dienstweg – starke Belastung der Instanzen – Gefahr der Bürokratisierung – Gefahr der Informationsfilterung durch Zwischeninstanzen

Leitungssystem	Merkmale	Vorteile	Nachteile
Mehrliniensystem/ Funktionalsystem	– eine Stelle hat mehrere übergeordnete Stellen – Weisungen der spezialisierten Vorgesetzten jeweils auf ihren Spezialgebieten	Spezialisierung der Instanzen – Fachkompetenz und Entscheidungskompetenz stimmen überein – Prinzip des kürzesten Weges	– schwierige Kompetenzabgrenzung – unklare Verantwortlichkeiten – Gefahr der Verunsicherung untergeordneter Stellen – schwierige Kontrolle des Arbeitsvollzugs – Unübersichtlichkeit der Organisation
Stabliniensystem	– baut auf Einliniensystem auf – Stabsstellen haben Beratungs- und Unterstützungsfunktion, aber keine Weisungsbefugnis	– Beratung und Unterstützung durch Stabsstellen – Erhöhung der Sicherheit der Entscheidung – Entlastung der Instanzen	– aufwendig – unter Umständen zu geringe Auslastung der Stäbe – durch Einsatz von Spezialisten Außerachtlassung von gesamtunternehmerischen Aspekten – höhere Personalkosten
Matrixorganisation	– verschiedene Aufgaben, die sich aus dem Objekt und der Verrichtung ergeben, werden koordiniert	– verbesserte Problemlösung durch Fachspezialisten – Teamarbeit – Entlastung der Unternehmensleitung	– Spannungen durch viele Berührungspunkte – Zeitverluste bis zur Entscheidung – hoher Kommunikationsbedarf – Gefahr von Kompromissen wegen Konfliktvermeidungsverhalten
Teamorganisation	– Bildung von überlappenden Teams aus einem Vorgesetzten und den jeweils unterstellten Mitarbeitern – Merkmal ist das Bindeglied zwischen den hierarchischen Teams – Vorsitzender des untergeordneten Teams ist Mitglied eines übergeordneten Teams	– höherer Leistungsgrad – Befriedigung von Kommunikations- und Informationsbedürfnissen im Team – verbesserte Entscheidungsqualität	– hoher Zeitaufwand bis zur Entscheidungsfindung – keine klaren Kompetenzbeziehungen – für Routineaufgaben überflüssig
Center-Konzept	– objektorientierte Aufteilung des Betriebs in Geschäftsbereiche (Center) – selbstständige Führung der Center durch den jeweiligen Leiter	– schnelle, flexible Entscheidungen in den selbstständigen Einheiten – kurze Kommunikationswege – Entlastung der Leitungsebene – motivierte Mitarbeiter durch erweiterte Verantwortungsbereiche	– geringe Kontrollmöglichkeit durch die Leitungsebene – Gefahr von Koordinationsproblemen zwischen den Einheiten – höhere Personalkosten für Führungskräfte – kurzfristiges Erfolgsdenken im Profit-Center

Arbeitsaufträge

1. Sie sind an einem Umstrukturierungsprojekt in Ihrem Unternehmen beteiligt. Ihre Aufgabe ist es, im Rahmen der Einführung schlanker Strukturen im Unternehmen den Abbau ganzer Hierarchieebenen zu unterstützen. Dabei sollen Sie für die Geschäftsführung einen Vortrag von maximal fünf Minuten Dauer vorbereiten, der Aussagen zu den Einflussfaktoren auf die optimale Kontrollspanne und Vorschläge dazu enthält, wie die derzeit vorhandene Kontrollspanne erhöht werden könnte.

2. Die Firma Eltro AG ist ein Großhandelsunternehmen, das die Generalvertretung eines ausländischen Elektronik-Konzerns besitzt. Der Umsatz der Firma betrug im vergangenen Jahr 500 Mio. Euro. Die Zentrale ist in Düsseldorf, Zweigniederlassungen sind nicht vorhanden. Das Unternehmen vertreibt folgende Erzeugnisgruppen:
   - Geräte der Unterhaltungselektronik
   - Geräte der Kommunikationstechnik
   - Computer und Zubehör

   Der Vertrieb dieser Erzeugnisse erfolgt durch Reisende, die jeweils eine Produktgruppe vertreiben. Das Unternehmen besitzt keine eigene Fertigung.
   Die derzeitige Aufbauorganisation des Unternehmens ist unbefriedigend und soll daher geändert werden. Folgende Abteilungen sollen organisatorisch vertreten sein: Einkauf – Lager – Marktforschung – Organisation – Personal – Rechnungswesen – Verkauf – Verkaufsförderung – Warenprüfung.
   Neben dem Vorstandsvorsitzenden amtieren drei vielseitig verwendbare Vorstandsmitglieder, die in der obersten Leitungsebene bleiben sollen.

   a) Erarbeiten Sie eine Linienorganisation.
   b) Organisation und Marktforschung sollen als Stabsstellen in einer Stablinienorganisation ausgewiesen werden.
   c) In welcher Form wäre eine Matrixorganisation möglich?
   d) Welche Vorteile brächte das Center-Konzept für das Unternehmen?

6.3.6 Entscheidungssysteme

Besteht eine Instanz aus einer oder mehreren Personen, die nur gemeinschaftlich Entscheidungsbefugnis haben, so taucht die Frage nach der Art der **Willensbildung** auf. Folgende Entscheidungssysteme werden hierbei unterschieden:

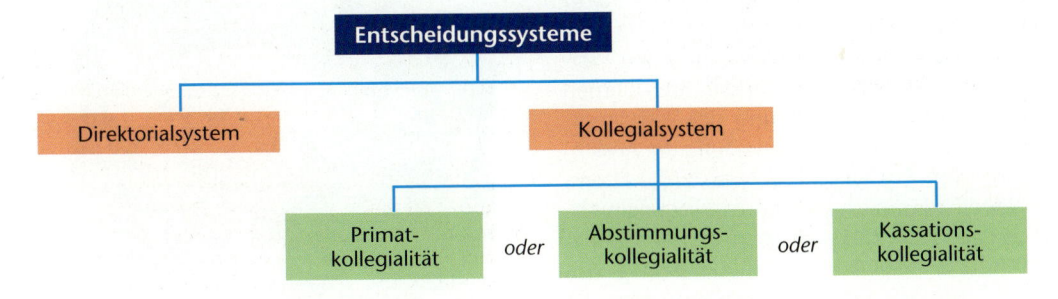

```
                    Entscheidungssysteme
                    /              \
        Direktorialsystem        Kollegialsystem
                              /        |        \
                      Primat-    Abstimmungs-   Kassations-
                   kollegialität oder kollegialität oder kollegialität
```

- Beim **Direktorialsystem** liegt die Leitung einer Instanz in der Hand einer Person, die allein die Verantwortung trägt. Dieses System findet man meist in kleineren Unternehmen, in denen die Verhältnisse überschaubar sind.
    - **Vorteile** des Direktorialsystems sind rasche Entscheidungen und die straffe Leitung des Unternehmens.
    - **Nachteile** sind die starke Belastung der Führung, das Risiko von Fehlentscheidungen und die Machtkonzentration in einer Hand.

- Beim **Kollegialsystem** trifft ein Kollegium die Entscheidungen. Je nachdem, in welcher Weise eine Entscheidung dieser Gruppe zustande kommt, unterscheidet man die **Primatkollegialität** (bei Stimmengleichheit entscheidet der Vorsitzende), die **Abstimmungskollegialität** (gleichberechtigte Mitglieder müssen mit Mehrheit die Entscheidung fällen) und die **Kassationskollegialität** (alle Mitglieder müssen mit einer Entscheidung einverstanden sein).
    - **Vorteile** des Kollegialsystems sind die breitere Informationsgrundlage durch Beratung im Führungsgremium und die geringere Gefahr von Fehlentscheidungen.
    - **Nachteil** ist, dass der Entscheidungsprozess langwierig ist und durch Eigeninteressen von Mitgliedern Entscheidungen unter Umständen sogar verhindert werden können.

Arbeitsauftrag

a) Sie planen eine Studienfahrt. Spielen Sie in Gruppen die einzelnen Arten der Willensbildung nach den obigen Entscheidungssystemen durch.
b) Diskutieren Sie anschließend die Vor- und Nachteile der getroffenen Entscheidung für die Gruppe.

6.4 Führungsfunktionen

6.4.1 Menschenbild und Führungsverhalten

Wie ein Vorgesetzter führt, hängt im Wesentlichen von seiner Einstellung und Werthaltung den Mitarbeitern gegenüber ab. Diese ihrerseits sind geprägt vom Stand der Wissenschaft, vom Zeitgeist und der Kultur. Einstellungen und Werthaltungen werden schon früh geprägt. Kinder übernehmen dabei in ihrer Einschätzung der Verhaltensweisen anderer Menschen häufig die Ansichten von Erwachsenen, wie z. B. Eltern, Lehrer. Persönliche Lernprozesse beeinflussen auch das Menschenbild von Vorgesetzten und beeinflussen die Auffassung von Führung. Seit der Industrialisierung im 19. Jahrhundert hat sich das Menschenbild in unserer Gesellschaft gewandelt und das Führungsverhalten geprägt.

Eine bedeutende Auswirkung auf die Arbeitswelt hat bis heute der sogenannte **Taylorismus**. Danach werden Arbeitsabläufe wissenschaftlich erfasst und zergliedert (scientific management). Das Ziel besteht darin, die Produktivität menschlicher Arbeit durch deren Teilung in kleine Arbeitseinheiten zu steigern. Die Arbeit soll durch Arbeits- und Bewegungsstudien rationeller gestaltet werden, das Leistungs- und Effizienzdenken im Unternehmen also bestärkt werden.

> Fast allgemein hört man die Ansicht vertreten, dass die grundlegenden Interessen des Arbeitgebers und Arbeitnehmers sich unvereinbar gegenüberstehen. Im Gegensatz hierzu liegt einer auf wissenschaftlicher Grundlage aufgebauten Verwaltung als Fundament die unumstößliche Überzeugung zugrunde, dass die wahren Interessen beider Parteien ganz in derselben Richtung liegen, dass Prosperität des Arbeitgebers auf lange Jahre hinaus nur bei gleichzeitiger Prosperität des Arbeitnehmers bestehen kann und umgekehrt; es muss möglich sein, gleichzeitig dem Arbeiter seinen höchsten Wunsch – nach höherem Lohne – und dem Arbeitgeber sein Verlangen – nach geringeren Herstellungskosten seiner Waren – zu erfüllen.
>
> Taylor, Frederic Winslow/Roesler, Rudolf: Die Grundsätze wissenschaftlicher Betriebsführung, Originaltitel: The Principles of Scientific Management, übersetzt von Dr. Karl Schmid, Imprint der Salzwasser GmbH, Paderborn 2011, Original aus dem Oldenbourg Verlag, Berlin 2011, S. 8

Arbeitsaufträge

1. Formulieren Sie die Aussage Taylors in eigenen Worten.
2. Auf welche Ebene sieht Taylor die enge Verflechtung von Betrieb und Arbeitenden begrenzt?

Die Arbeitsgestaltung von Taylor zeigte bald negative Folgen. Die Arbeiter leisteten zwar mehr und erhielten höhere Löhne, dennoch blieben die Leistungssteigerungen hinter den Erwartungen zurück. Zudem waren die Arbeiter unzufrieden und arbeiteten nur unter Antrieb und Kontrolle. In einer geänderten Betrachtungsweise versuchte man nun, Rationalisierungen durch Anpassung der Arbeit an den arbeitenden Menschen zu erreichen. Untersuchungen über Arbeitsleistung, Ermüdung, Monotonie und Arbeitsfreude zeigten, dass die Leistungsbereitschaft von verschiedenen Umgebungseinflüssen abhängt. In den Hawthorne-Werken der Western Electric Corporation in Chicago wurden Forschungsarbeiten durchgeführt, die den Zusammenhang zwischen menschlichen Beziehungen und Arbeitsverhalten der Mitarbeiter deutlich aufzeigten. Das **Hawthorne-Experiment** bestätigte stärker die Notwendigkeit von sozialen Fähigkeiten einer Führungskraft – Ausgangspunkt der Human-Relations-Bewegung.

Hawthorne-Experiment
In den Hawthorne-Werken sollte der Einfluss der Beleuchtung auf die Arbeitsproduktivität untersucht werden. Es konnte jedoch kein Zusammenhang festgestellt werden. Unabhängig davon, ob die Beleuchtung heller, dunkler oder konstant war, stieg die Produktion sowohl bei der Versuchs- als auch bei der Kontrollgruppe.
Das Beleuchtungsexperiment machte die Forscher auf den psychologischen Effekt aufmerksam, dass allein die Anwesenheit der Forscher und das Bewusstsein der Arbeiterinnen, Teil eines Versuchs zu sein und beobachtet zu werden, die Leistungssteigerung hervorrief.

> Weitere Untersuchungen wurden mit Variationen der Ruhepausen und der Dauer der Arbeitszeit durchgeführt. Man bemühte sich dabei um eine möglichst gute Kooperation in den Gruppen. Die Leistungskurve stieg ebenfalls, allerdings unabhängig von den Veränderungen der Arbeitsbedingung.

Arbeitsauftrag

Wie lässt sich das Phänomen der Hawthorne-Untersuchungen erklären?

Nach 1945 führten Wissenschaftler an der Ohio State University Studien durch, in denen sie versuchten, das Führungsgeschehen umfassend zu analysieren. Mithilfe von Fragebogen, die von den geführten Mitarbeitern auszufüllen waren, sollte das tatsächliche Führungsgeschehen erfasst werden.

Es stellten sich zwei Dimensionen des Führungsverhaltens heraus. Die **Beziehungsorientierung** drückt ein Verhalten des Vorgesetzten aus, das geprägt ist von einem guten Verhältnis zu seinen Mitarbeitern. Er verhält sich ihnen gegenüber loyal, erkennt Leistungen an und zeigt den Mitarbeitern gegenüber Achtung, Vertrauen und Interesse. Die **Sachorientierung** bezieht sich eher auf die Organisation der Arbeit, auf Regeln sowie auf Verfahren und Arbeitsweisen. Beide Führungsdimensionen lassen sich nicht unabhängig voneinander interpretieren. Damit widerlegte die Ohio-Schule, dass sich Sach- und Beziehungsorientierung gegenseitig ausschließen. In der Führungspraxis ist der Vorgesetzte erfolgreich, der sach- und beziehungsorientiert führen kann. Auf dieser Erkenntnis bauen viele Führungstheorien auf.

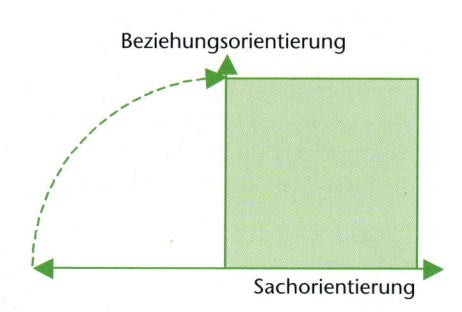

Arbeitsauftrag

Entwerfen Sie einen Fragebogen, mit dessen Hilfe Sie feststellen können, welches Verhalten Mitarbeiter von ihren Vorgesetzten erwarten.

6.4.2 Lokomotion und Kohäsion

Führung wird als **Interaktion** zwischen den Gruppenmitgliedern und dem Gruppenführer verstanden. Je nach der zu bewältigenden Aufgabe werden an den Führenden unterschiedliche Rollenerwartungen gestellt. Dabei lassen sich zwei Grundaufgaben der Führung unterscheiden:

- **Lokomotion:** Es muss gewährleistet sein, dass das Sachziel der Gruppe erreicht wird.
- **Kohäsion:** Der Zusammenhalt der Gruppe muss herbeigeführt und aufrechterhalten werden.

- **Lokomotion** betrifft den **Leistungsbereich** des Unternehmens. Der Vorgesetzte wirkt als Zielsetzer, Planer, Koordinator, Kontrolleur und Experte. Lokomotion ist für ein Unternehmen als Leistungsorganisation, deren Ziele erreicht werden müssen, unabdingbar.

- **Kohäsion** bezeichnet den **Beziehungsaspekt**, d. h. die menschliche Seite der Führung, und zeigt sich unter anderem in folgenden Verhaltensweisen der Führungskraft:
    - allen Betroffenen die Möglichkeit geben, an Entscheidungen teilzunehmen
    - aufmerksam zuhören können
    - Ideen der Gruppe aufnehmen
    - Spannungen innerhalb der Gruppe spüren
    - Minderheiten unterstützen
    - ein gutes Verhältnis zum informellen Führer haben
    - mit Spaß in Gruppen arbeiten
    - Gruppen ohne Schwierigkeiten führen können
    - sich der Wirkung auf die Gruppe bewusst sein
    - ohne Probleme an Informationen aus der Gruppe kommen

Führungsfähigkeit hängt davon ab, in welchem Maße ein Vorgesetzter beide Führungsfunktionen – Lokomotion und Kohäsion – erfüllen kann, wobei die Führungsfunktionen auch auf zwei Führer verteilt sein können. Einer treibt die Erfüllung der Sachaufgabe voran, der andere fördert den Gruppenzusammenhalt. Um sich richtig kohäsiv oder lokomotiv zu verhalten, benötigt ein Vorgesetzter zwei **Verhaltensmuster**:

1. Lokomotion erfordert, sich auf wechselnde Situationen flexibel einstellen zu können. Diese Beweglichkeit im Handeln kann in zwei Handlungsweisen ausgeprägt sein:
    - Veränderung des eigenen Verhaltens entsprechend der gegebenen Situation
    - Veränderung der Situation, damit man mit ihr leben kann

2. Kohäsion erfordert Gespür für das Verhalten von Individuen und Gruppen. Führungskräfte, die über ein solches **Gespür** verfügen, zeigen folgende Verhaltensweisen:
    - Sie denken sich in ihre Mitarbeiter hinein.
    - Sie interessieren sich für die Erwartungen ihrer Mitarbeiter.
    - Sie berücksichtigen Mitarbeiter bei ihren Entscheidungen.
    - Sie schaffen unmittelbaren Kontakt.
    - Sie zeigen sich für Wechselbeziehungen zwischen den Gruppenmitgliedern aufgeschlossen.

6.4.3 Sachorientiertes Führungsverhalten

Dieses Verhalten stellt eindeutig definierte Aufgaben, Vorschriften und Kommunikationswege in den Vordergrund, indem der Vorgesetzte in erster Linie das Erreichen des Sachziels und weniger die Beziehungen zwischen sich und den Mitarbeitern bzw. unter den Mitarbeitern fördert. Die Leistungsmotivation bzw. Aktivierung der Mitarbeiter steht im Vordergrund. Sachorientiertes Führungsverhalten zeigt sich in folgenden **Verhaltensweisen des Vorgesetzten**:

- Er legt Wert auf genaue Einhaltung von Terminen.
- Er gibt den Mitarbeitern spezifische Arbeitsaufgaben.
- Fehlerhafte Arbeit wird kritisiert.

- Er herrscht mit eiserner Hand.
- Er besteht auf Informationen über Entscheidungen seiner Mitarbeiter.
- Er verlangt von leistungsschwachen und langsamen Mitarbeitern, dass sie mehr aus sich herausholen.
- Er legt besonderen Wert auf die Arbeitsmenge.
- Er erwartet von den Mitarbeitern, dass sie ihre Arbeit in jeder Einzelheit nach genau festgelegten Richtlinien erledigen.

6.4.4 Personenorientiertes Führungsverhalten

Mitarbeiter- oder personenorientiertes Führungsverhalten zeichnet sich aus durch Vertrauen, Achtung, Wärme, Freundlichkeit, Anerkennung und enge zwischenmenschliche Kontakte zwischen dem Vorgesetzten und den Mitarbeitern. Der personenorientierte Vorgesetzte zeigt folgende **Verhaltensweisen**:

- Er bemüht sich um ein gutes Verhältnis zwischen höheren Vorgesetzten und unterstellten Mitarbeitern.
- Er spricht den Mitarbeitern Anerkennung aus, wenn sie gut mitarbeiten.
- Es herrscht ein freundlicher Umgangston zwischen dem Vorgesetzten und seinen Mitarbeitern.
- Er setzt sich vorbehaltlos für seine Mitarbeiter ein.
- Er drückt sich leicht verständlich aus.
- Er gibt den Mitarbeitern das Gefühl, unbefangen mit ihm reden zu können.
- Er behandelt alle Mitarbeiter als Gleichberechtigte.
- Seine Mitarbeiter finden bei allem, was sie tun, Unterstützung bei ihm.
- Er kommt seinen Mitarbeitern entgegen, indem er ihnen gelegentlich einen persönlichen Gefallen tut.

Personenorientiertes Führungsverhalten dient in erster Linie der Erfüllung der Kohäsionsfunktion, während die Lokomotionsfunktion eher durch sachorientiertes Führungsverhalten gekennzeichnet ist. Mitarbeiterorientiertes Verhalten kann aber auch die Sachaufgabe fördern, während sachorientiertes Führungsverhalten sich auch günstig auf den Zusammenhalt der Arbeitsgruppe auswirken kann. In der betrieblichen Praxis werden deshalb meist Mischformen des Führungsverhaltens auftreten. Es lässt sich daher in der Regel nur tendenziell bestimmen, ob ein Vorgesetzter eher sach- oder personenorientiert führt. Führungsverhalten und Führungserfolg müssen außerdem nicht notwendigerweise miteinander im Zusammenhang stehen. Zudem kann ein bestimmtes Führungsverhalten nur gedeutet werden, wenn der Einfluss der Situation auf das Führungsverhalten berücksichtigt wird. Trotz dieser Mängel ist diese Analyse des Führungsverhaltens Grundlage einer Vielzahl situationsorientierter Führungsmodelle geworden.

6.4.5 Eindimensionale Führungsstile

Die traditionellen Führungsstile beschreiben die Art und Weise der Willensdurchsetzung nach einem situationsabhängigen, regelmäßig wiederkehrenden Verhaltensmuster des Vorgesetzten gegenüber Mitarbeitern. Die klassischen Führungsstile werden wie folgt unterschieden:

```
                    ┌─────────────────┐
                    │  Führungsstile  │
                    └─────────────────┘
         ┌─────────────────┼─────────────────┐
         ▼                 ▼                 ▼
┌────────────────┐ ┌────────────────┐ ┌────────────────┐
│   Autoritärer  │ │  Kooperativer  │ │  Laissez-faire-│
│  Führungsstil  │ │  Führungsstil  │ │  Führungsstil  │
└────────────────┘ └────────────────┘ └────────────────┘
```

Diese Bezeichnungen beziehen sich sowohl auf das Verhalten des Vorgesetzten gegenüber seinen Mitarbeitern und umgekehrt als auch auf die sich daraus ergebenden organisatorischen Regelungen.

Autoritärer Führungsstil

Dieser Führungsstil wird auch als autokratischer, direktiver oder imperativer Führungsstil bezeichnet. Er ist gekennzeichnet durch eine machtgebietende und einheitliche Leitung.

Merkmale

- Entscheidungen werden vom Vorgesetzten allein ohne Anhören der Mitarbeiter getroffen.

- Aufgaben werden befehlsmäßig den „Untergebenen" angeordnet, ohne sie zu begründen. Die Arbeitsanweisungen werden bis ins Detail festgelegt und die Mitarbeiter führen die Anordnungen nur aus, ohne Verantwortung und Kompetenz zu besitzen.

- Informationen werden nur auf dem Dienstweg weitergegeben und enthalten ausschließlich das zur Aufgabenerfüllung Notwendige.

- Der Vorgesetzte geht auf Distanz zu seinen Mitarbeitern und pocht auf seine Amtsautorität. Er erwartet von ihnen in erster Linie Pünktlichkeit, Ordnung, Aufrechterhaltung der Disziplin und Anerkennung der gegebenen Zustände.

- Er geht davon aus, dass er gegenüber seinen Mitarbeitern den größeren Sachverstand besitzt, und glaubt, dass ohne sein Eingreifen und seine ständige Kontrollen keine Leistung zustande käme.
- Kritik ist nicht konstruktiv, die Mitarbeiter erhalten kein persönliches Lob, keine Anerkennung und kein Feedback.

Der autoritäre Führungsstil führt zu einer gespannten Atmosphäre im Betrieb, da die Mitarbeiter keine Achtung, Anerkennung und Möglichkeit zur Selbstentfaltung erleben. Sie sind in der Regel unzufrieden, manchmal auch aggressiv.

Der autoritäre Führungsstil hat folgende Nachteile:
- geringe Entwicklungsmöglichkeiten der Mitarbeiter
- fehlende Motivation der Mitarbeiter zur Eigeninitiative
- Überlastung des Vorgesetzten, dadurch Gefahr von Fehlentscheidungen
- Zeitverlust durch die häufigen Kontrollen der Mitarbeiter

Kooperativer Führungsstil
Andere Bezeichnungen für diesen Führungsstil sind demokratischer, kollegialer, sozial-integrativer oder partizipativer Führungsstil.

Merkmale

- Der Vorgesetzte berücksichtigt alle relevanten Kenntnisse und Informationen der Mitarbeiter bei der Entscheidungsfindung. Aufgaben und Entscheidungsbefugnisse werden an die Mitarbeiter delegiert; sie übernehmen auch die Verantwortung für den delegierten Aufgabenbereich.
- Ein hierarchischer Abstand zwischen Vorgesetztem und Mitarbeitern wird eher als hinderlich angesehen, eine persönliche Autorität des Vorgesetzten wird jedoch vorausgesetzt.
- Der Vorgesetzte setzt einen hohen Sachverstand bei seinen Mitarbeitern voraus und erwartet, dass diese im Rahmen ihrer festgelegten Aufgabenbereiche selbstständig denken, handeln und entscheiden.
- Informationen, die der Mitarbeiter benötigt, werden leicht zugänglich gemacht.
- Die Mitarbeiter kontrollieren sich selbst oder der Vorgesetzte kontrolliert in Form von Ergebniskontrollen.
- Soziale Bedürfnisse, Statusstreben und der Wunsch nach Selbstverwirklichung werden befriedigt. Somit sind die Mitarbeiter zufrieden, freundlich und vertrauensvoll untereinander.

Der kooperative Führungsstil kann folgende **Nachteile** haben:
- Die Entscheidungsfindung wird verzögert.
- Unreife Mitarbeiter können diesen Stil ausnutzen.
- Mitarbeiter mit geringer Qualifikation sind unter Umständen überfordert.

Laissez-faire-Stil
Dieser Führungsstil (frz. laissez = lasst, faire = machen) ist durch folgende Verhaltensweisen gekennzeichnet:

Merkmale

- Der Vorgesetzte bemüht sich nicht, bei den Mitarbeitern Interesse und Aktivität zu wecken und diese auf die Unternehmensziele auszurichten.

- Er kontrolliert die Mitarbeiter selten und lässt sie gewähren.
- Er entwickelt ein distanziertes Verhältnis zur Person des Mitarbeiters. Ihn interessiert nur die Leistung, um die persönlichen Probleme der Mitarbeiter kümmert er sich nicht.
- Er neigt zu einem weichen Kurs und übersieht unerwünschtes Verhalten von Mitarbeitern.
- Die Informationen fließen mehr oder weniger zufällig.

Der größte Nachteil bei diesem Führungsstil liegt darin, dass der Vorgesetzte auf eine bewusste und zielgerichtete Beeinflussung des Handelns der Mitarbeiter verzichtet und diese somit schnell unkoordinierte Einzelinteressen verfolgen. Da der organisatorische Betriebsablauf jedoch bestimmte Anordnungen erfordert, kommt dieser Führungsstil im betrieblichen Alltag kaum vor.

Arbeitsauftrag

Kennzeichnen Sie jeweils drei Reaktionen einer Mitarbeitergruppe im Hinblick auf den autoritären, den kooperativen und den Laissez-faire-Führungsstil.

Besonders in Klein- und Mittelbetrieben, in denen meist eine direkte Beziehung zwischen den Vorgesetzten und den Mitarbeitern besteht, hat sich die Auffassung durchgesetzt, dass der **kooperative Führungsstil** am günstigsten ist. Er entspricht am besten dem Streben der Menschen nach Selbstentfaltung, Mitentscheidung, Mitverantwortung und Anerkennung. In der betrieblichen Praxis gibt es eine Vielzahl von Varianten dieses Führungsstils, die sich immer mehr dem angestrebten partnerschaftlichen Führungsstil nähern. Dies lässt sich unter dem Aspekt der Entscheidungsfindung deutlich machen:

- Der Vorgesetzte entscheidet und ordnet an.
- Der Vorgesetzte entscheidet allein, ist aber bestrebt, seine Mitarbeiter zu überzeugen.
- Der Vorgesetzte entscheidet, lässt aber Fragen zu seinen Entscheidungen zu.
- Der Vorgesetzte informiert seine Mitarbeiter über beabsichtigte Entscheidungen; diese haben die Möglichkeit sich zu äußern.
- Die Mitarbeiter entwickeln Vorschläge, aus denen der Vorgesetzte die Entscheidung zugunsten einer von ihm favorisierten Lösung trifft.
- Die Mitarbeiter entscheiden innerhalb eines vom Vorgesetzten vorgegebenen Entscheidungsspielraums.
- Die Mitarbeiter entscheiden alleine. Der Vorgesetzte fungiert nur als Koordinator nach innen und außen.

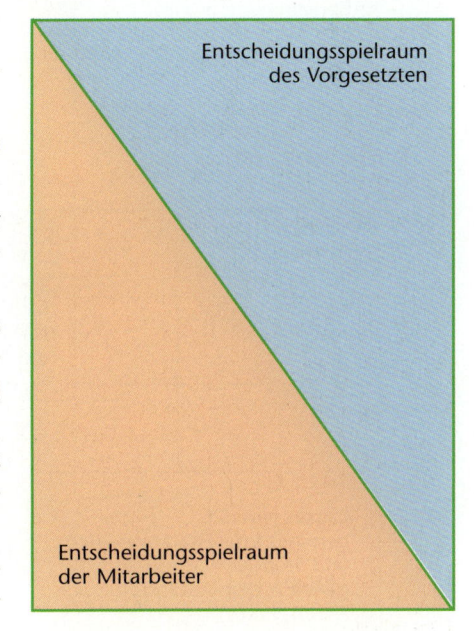

Entscheidungsspielraum des Vorgesetzten

Entscheidungsspielraum der Mitarbeiter

Es gibt im betrieblichen Alltag jedoch auch Situationen, in denen der autoritäre Führungsstil in reiner Form angebracht ist, nämlich:

- wenn eine Entscheidung klar, einheitlich und schnell zu treffen ist,
- wenn Mitarbeiter aufgrund einer geringen Qualifikation die Sachzusammenhänge nicht verstehen,
- in einer Gefahrensituation.

6.4.6 Mehrdimensionale Führungsstile

Vorwiegend von amerikanischen Führungsforschern sind Führungsmodelle entwickelt worden, die eine Antwort darauf geben sollen, welcher Führungsstil in der jeweiligen Situation erfolgreich ist. Führungsverhaltensweisen können in der betrieblichen Praxis erheblich variieren. Erfolgreiche Führung erfordert ein Führungsverhalten, das den Anforderungen einer bestimmten Situation gerecht wird.

Verhaltensgitter von Blake/Mouton
Das Führungsmodell von Blake/Mouton dient dazu, die verschiedenen Verhaltensmuster verschiedener Menschen bei der Ausübung von Initiative, Informationsbeschaffung, Meinungs-

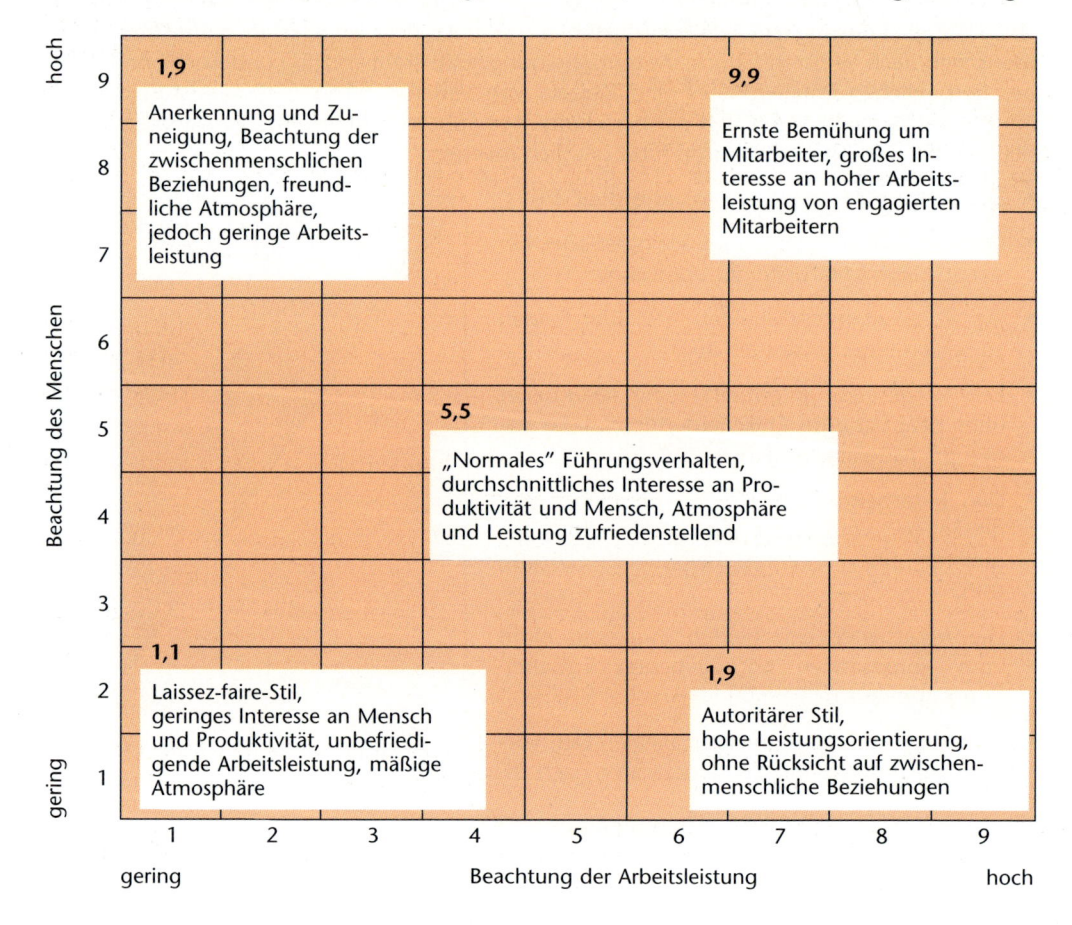

Beachtung des Menschen (gering → hoch) vs. *Beachtung der Arbeitsleistung* (gering → hoch)

- **1,9**: Anerkennung und Zuneigung, Beachtung der zwischenmenschlichen Beziehungen, freundliche Atmosphäre, jedoch geringe Arbeitsleistung
- **9,9**: Ernste Bemühung um Mitarbeiter, großes Interesse an hoher Arbeitsleistung von engagierten Mitarbeitern
- **5,5**: „Normales" Führungsverhalten, durchschnittliches Interesse an Produktivität und Mensch, Atmosphäre und Leistung zufriedenstellend
- **1,1**: Laissez-faire-Stil, geringes Interesse an Mensch und Produktivität, unbefriedigende Arbeitsleistung, mäßige Atmosphäre
- **1,9**: Autoritärer Stil, hohe Leistungsorientierung, ohne Rücksicht auf zwischenmenschliche Beziehungen

bildung usw. zu analysieren. Es sieht den Führungsstil eines Vorgesetzten unter dem Aspekt der jeweils schwachen bzw. starken

- Betonung des Menschen ➔ **personenorientiert**,
- Betonung der Arbeitsleistung ➔ **aufgabenorientiert**.

Diese beiden Basis-Verhaltensweisen werden in einem Koordinatensystem als Verhaltensgitter dargestellt, wobei der Wert 1 die geringste und der Wert 9 die höchste Ausprägung hat. Theoretisch lassen sich mit diesem Verhaltensgitter 81 verschiedene Führungsstile bilden. Blake/Mouton haben jedoch nur die fünf genannten beschrieben und den Führungsstil 9,9 als den idealen Führungsstil empfohlen.

Auch wenn dieses Modell durch seine einfache und übersichtliche Darstellung durchaus dazu geeignet ist, das eigene Führungsverhalten zu analysieren, hat es folgende **Nachteile**:

- Die Extremkombinationen werden zu stark herausgestellt.
- Der Führungsstil 9,9 wird als erfolgreichster Führungsstil empfohlen, ohne die spezifische Situation zu berücksichtigen, in der dieses Führungsverhalten auftritt bzw. sinnvoll ist.

> *Arbeitsauftrag*
>
> *Ordnen Sie die folgenden Verhaltensweisen von Vorgesetzten in das Verhaltensgitter ein:*
> *a) „Ich glaube, ihr könnt die Situation besser einschätzen. Ich werde mich da gar nicht einmischen."*
> *b) „Wir müssen zuerst feststellen, was der Kunde genau wünscht. Dann müssen wir überlegen, ob wir dem Wunsch unseres Kunden entsprechen können. Ich schlage vor, wir bilden eine Arbeitsgruppe, in der alle mitarbeiten, die von dem Auftrag betroffen sind, um gemeinsam eine optimale Lösung zu finden."*
> *c) „Ich habe mir die Sache durch den Kopf gehen lassen und habe mich dafür entschieden, den Auftrag anzunehmen."*

3-D-Führungsmodell von Reddin

Reddin geht vom Dogma eines einzigen richtigen Führungsstils ab und fügt den beiden Dimensionen Personen- und Aufgabenorientierung als dritte Dimension die **Effektivität des Führungsstils** hinzu (3-D = drei Dimensionen). Aus der Personen- und Aufgabenorientierung leitet er **vier Grundstile** ab:

1. Im **Beziehungsstil** werden zwischenmenschliche Beziehungen und die Bedürfnisse der Mitarbeiter berücksichtigt.

2. Beim **Verfahrensstil** verlässt sich der Vorgesetzte auf Methoden und Systeme und bevorzugt stabile Umweltsituationen.

3. Der **Integrationsstil** setzt beim Vorgesetzten gleichgewichtige Beachtung von Mitarbeiter und Aufgabe voraus.

4. Der **Aufgabenstil** betont Leistungsergebnisse und Produktivität.

Jeder dieser vier Grundstile kann in unterschiedlichen Führungssituationen effektiv oder ineffektiv sein. Dies hängt von folgenden **situativen Bedingungen** ab:

- den Anforderungen der Arbeitsaufgabe
- den Wertvorstellungen bezüglich der Art der Mitarbeiterführung und des Betriebsklimas

- dem Führungsstil des nächsthöheren Vorgesetzten
- der Zusammenarbeit mit den Kollegen
- den unterstellten Mitarbeitern

Im betrieblichen Alltag werden Führungskräfte mit unterschiedlichen Führungssituationen konfrontiert und benötigen deshalb ausreichend **Stilflexibilität**. Dies bedeutet effektive Anpassung des Führungsstils an die Anforderungen einer Situation, das heißt, Vorgesetzte müssen sowohl aufgabenorientiert als auch personenorientiert führen können.

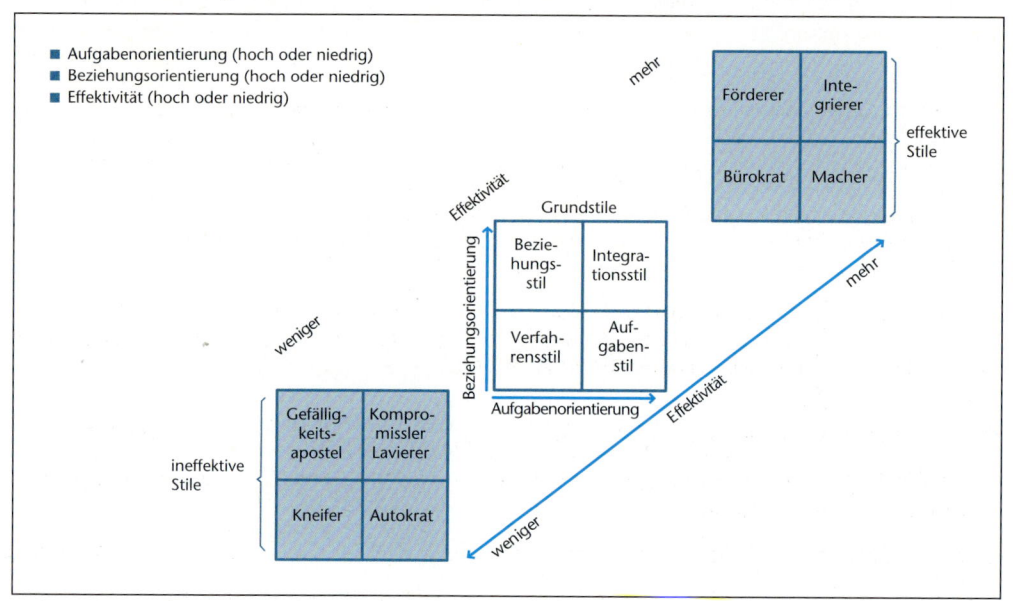

Rahn, Horst-Joachim: Kompendium der Praktischen Betriebswirtschaft – Unternehmensführung, Kiehl-Verlag, Ludwigshafen 2005, S. 55

Beispiele
Die Aufgabe für die Mitarbeiter ist einfach und klar strukturiert. Die Mitarbeiter besitzen die Fähigkeit, die Aufgabe zu erledigen, und sind von der Arbeit ihrer Kollegen unabhängig. Hier ist der Verfahrensstil des Bürokraten angebracht, der Routineprozesse durch straffe Organisation und disziplinierte Regelbeachtung beherrscht.
Stehen die Mitarbeiter vor einer schwierigen und schlecht strukturierten Aufgabe, die mit anderen Aufgaben verzahnt ist und eine enge Zusammenarbeit zwischen den Kollegen und dem Vorgesetzten der Gruppe erfordert, dann wäre der Verfahrensstil mit einer niedrigen Effektivität verbunden. Eine solche Führungskraft bezeichnet Reddin als „Kneifer", der auf Regeln und Vorschriften beharrt, wo eine flexible Anpassung notwendig wäre.

Diese Beispiele zeigen, dass derselbe Führungsstil je nach Situation effektiv oder ineffektiv sein kann.

mitarbeiter-orientiert führen		integrativ führen
Die Arbeit der Mitarbeiter		
– erfordert hohe Geschicklichkeit und Urteilskraft – erfordert viel Engagement – stellt Wahl des Verfahrens frei – gewährt lange Kontrollzeitspanne – erfordert schöpferische Leistungen		– erfordert ständiges Zusammenwirken – steht in Abhängigkeit von Kollegen – erfordert häufiges Einschalten des Chefs – bietet viele richtige Lösungsmöglichkeiten – erlaubt Eigenentscheidung über Arbeitstempo
verfahrens-orientiert führen		ziel-orientiert führen
– erfordert vorwiegend Denkarbeit – ist in sich interessant – erlaubt Eigenentscheidung bei Zielvereinbarung – läuft nach vorgegebenen Regeln ab (Systemkontrolle)		– erfordert körperliche Anstrengung – setzt Wissensvorsprung des Chefs voraus – ist vielen unvorhersehbaren Zwischenfällen ausgesetzt – bedarf laufender Direktiven – ist leicht mess- und korrigierbar

Stroebe, Rainer W. Welcher Führungsstil ist bei welchen Anforderungen an die Mitarbeiter besonders effizient? (nach W. J. Reddin, 3-D-Modell zur Leistungssteigerung des Managements), in: Grundlagen der Führung, 14. Aufl., Windmühle Verlag, Hamburg 2015, S. 115

Effektive Führungsstile verweisen auf die folgenden Charakteristika von Vorgesetzten:

- Der **Förderer** delegiert so viel, wie es die Situation erlaubt. Er sieht in der Mitarbeiterentwicklung keinen Selbstzweck.
- Der **Bürokrat** beherrscht Routineprozesse durch straffe Organisation und Regelbeachtung.
- Der **Integrierer** entscheidet und führt kooperativ. Die Mitarbeiter werden zielorientiert motiviert und gefördert.
- Der **Macher** setzt realistische und anspruchsvolle Ziele. Er überzeugt durch Expertenwissen.

Ineffektive Führungsstile sind mit folgenden Vorgesetzten verbunden:

- Der **Gefälligkeitsapostel** glaubt, dass zufriedene Mitarbeiter mehr leisten. Er vernachlässigt die Aufgabenerreichung.
- Der **Kneifer** beharrt auf Regeln und Vorschriften, obwohl die Situation eine flexible Anpassung erfordert.
- Der **Kompromissler** meidet die Konfrontation und will es allen recht machen.
- Der **Autokrat** überfordert die Mitarbeiter. Er pocht auf seine Amtsautorität.

Das 3-D-Modell eignet sich umfassend zur Diagnose von Führungssituationen, wobei jedoch eine schematische Anwendung zu vermeiden ist. Die Abhängigkeit des Führungsstils von den Persönlichkeitsmerkmalen des Mitarbeiters oder die Merkmale der Arbeitsgruppe werden in diesem Modell vernachlässigt.

> *Arbeitsauftrag*
>
> Kennzeichnen Sie die situativen Anforderungen der effektiven Grundstile nach dem 3-D-Führungsmodell.

Reifebezogenes Führungsmodell von Hersey/Blanchard

Hersey und Blanchard knüpfen an das Modell von Reddin an. Sie betrachten im Wesentlichen die gleichen Dimensionen wie Reddin:
- Personenorientierung
- Aufgabenorientierung
- Effektivität

Sie beziehen darüber hinaus den Reifegrad der Mitarbeiter ein, der nicht global bestimmt wird, sondern auf die jeweilige Aufgabe des Mitarbeiters bezogen wird. Er hängt von folgenden Faktoren ab:

1. **Aufgabenbezogene Reifemerkmale:**
   – aufgabenspezifische Ausbildung
   – Erfahrung
   – Planungs- und Entscheidungsfähigkeit

2. **Psychologische Reifemerkmale:**
   – Leistungsmotivation und Leistungsbereitschaft
   – Bereitschaft zur Verantwortungsübernahme

Aus diesen Einzelmerkmalen ergibt sich ein Gesamtreifegrad, der die Grundlage für den optimalen Führungsstil ergibt. Hersey/Blanchard beschränken sich auf vier Gruppen von Führungsstilen:

Stil 1 = **Unterweisen** (hohe Aufgabenorientierung, niedrige Mitarbeiterorientierung)

Stil 2 = **Überzeugen** (verstärkte Aufgabenorientierung, verstärkte Mitarbeiterorientierung)

Stil 3 = **Partizipieren** (reduzierte Aufgaben- und verstärkte Mitarbeiterorientierung)

Stil 4 = **Delegieren** (geringe Aufgaben- und Mitarbeiterorientierung)

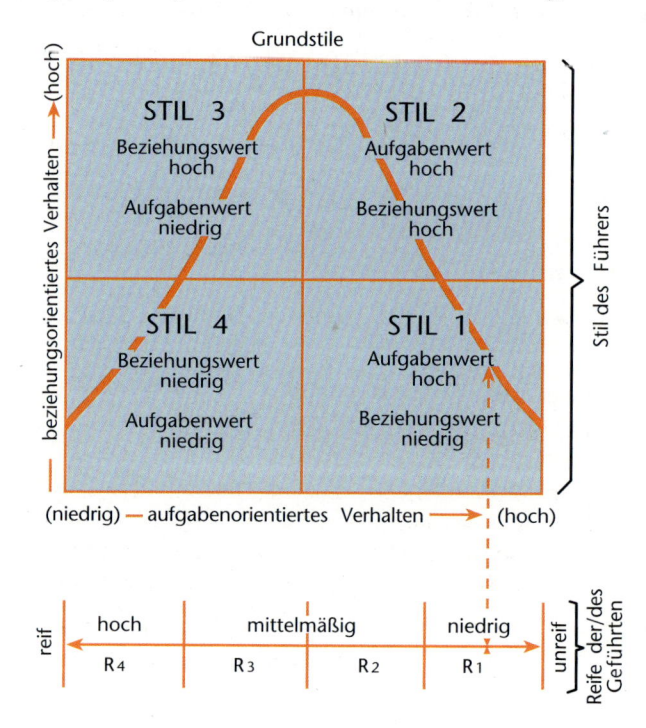

Bühner, Rolf: Personalmanagement, Oldenbourg Verlag, 3. Aufl., München 2005, S. 282

Der Vorgesetzte bestimmt zuerst den Reifegrad des Mitarbeiters auf der Skala der Reifegrade. Von diesem Punkt aus bestimmt er auf der Kurvenlinie das Quadrat, das den für diesen Reifegrad angemessenen Führungsstil wiedergibt.

Dieses Modell hat unter Praktikern breite Resonanz gefunden und es wurde eine Fülle von Instrumenten, z. B. zur Fremd- oder Selbsteinschätzung des Reifegrades, zur Zusammenarbeit zwischen Vorgesetzten und Mitarbeitern, entwickelt. Dies hat folgende Gründe:

- Das Modell ist ein integrativer Ansatz unter Berücksichtigung anderer Führungsmodelle.
- Es berücksichtigt den Entwicklungsstand des Mitarbeiters im Hinblick auf eine klar zu definierende Zielsetzung.
- Das Modell ist dynamisch, da es den Vorgesetzten verpflichtet, sich immer wieder mit Mitarbeiter-Bedürfnissen und -Qualifikationen auseinanderzusetzen.

Diesen positiven Aspekten stehen jedoch auch **Nachteile** gegenüber:

- Variablen, die ebenfalls den Führungserfolg beeinflussen können (Eigenschaften des Vorgesetzten, Gruppeneinfluss), werden vernachlässigt.
- Der Reifegrad eines Mitarbeiters lässt sich kaum als Zahlenwert darstellen. Noch problematischer ist diese Darstellung für eine Arbeitsgruppe.
- Das Modell geht von der Annahme aus, dass jeder Vorgesetzte in der Lage ist, alle Führungsstile gleichermaßen anzuwenden.

Arbeitsaufträge

1. Welches Führungsstilkonzept liegt dem Führungsmodell von Hersey/Blanchard zugrunde?
2. Begründen Sie, warum bei einem mittleren aufgabenrelevanten Reifegrad der Mitarbeiter zwei verschiedene Führungsstile empfohlen werden.
3. Beurteilen Sie die beschriebenen Führungsmodelle hinsichtlich ihrer Anwendbarkeit in der betrieblichen Praxis.

6.5 Führung in der Praxis

„Wer führen will, muss tun, was er sagt, und sagen, was er tut."
Johannes Rau: Geißler will den geistigen Bürgerkrieg, Spiegel-Gespräch mit Klaus Wirtgen, Manfred Müller, Hans Leyendecker, in: Der Spiegel 21/1985, S. 27

Die zuvor beschriebenen Führungstheorien weisen trotz ihrer Unzulänglichkeiten Erklärungen für empirisch beobachtbares Verhalten auf. Einige darin enthaltene Annahmen werden bewusst gemacht, können somit eingeordnet werden und regen zu einer kritischen Reflexion an. Zudem ermöglichen sie einen problembewussten Einstieg in Managementaufgaben.

Die Aufgaben im Unternehmen werden immer komplexer und Mitarbeiter werden immer anspruchsvoller. Deshalb fühlen sich viele Führungskräfte unsicher.

Von Führungskräften werden Orientierung und Sicherheit erwartet. Dies steht häufig in Widerspruch zu den faktischen Gegebenheiten im Unternehmen. In solch schwierige Situationen kommt eine Führungskraft beispielsweise dadurch, dass

- Mitarbeiter zum einen als Gesamtheit gesehen, zum anderen aber auch als autonome Subjekte wahrgenommen werden;
- Mitarbeiter gleich behandelt werden wollen, auf der anderen Seite jedoch vom Vorgesetzten erwarten, dass er auf Einzelfälle eingeht sowie Besonderheiten und Ausnahmen respektiert;
- von den Mitarbeitern Eigeninitiative und unternehmerisches Denken erwartet, gleichzeitig aber auch Anpassung und Gehorsam verlangt werden;
- der Wunsch nach Aufrechterhaltung bestehender Ordnungen, aber auch nach Neuorientierung besteht;
- sie auf der einen Seite schnelle Entscheidungen herbeiführen soll, auf der anderen Seite jedoch auch abwarten können muss;
- Transparenz, aber auch Vertraulichkeit herrschen sollen.

Diese Widersprüche lassen sich nicht beseitigen. Der Schwerpunkt der Führungsarbeit muss deshalb auf den richtigen Umgang damit gelegt werden. Mitarbeiterführung ist somit eine aufreibende Aufgabe und erfordert von Führungskräften fachliche und soziale Kompetenzen.

Zur Erfüllung verantwortungsvoller Aufgaben erwartet man von einer Führungskraft Fertigkeiten, Wissen und Verhaltensstrategien zur Steigerung der Effektivität des Unternehmens. Effektiv ist eine Führungspersönlichkeit, wenn ihr die Mitarbeiter aus Überzeugung folgen.

Wer Führungsaufgaben erfüllen will, muss deshalb

- *grundlegende Werte und Normen für die Zusammenarbeit gestalten;*
- *die Arbeit planen und entscheiden, wie, wann, wo und von wem die Arbeit am besten erledigt werden kann;*
- *das Umfeld der Mitarbeiter gestalten;*
- *Ressourcen organisieren;*
- *durch Geschäfts- und Arbeitsordnungen einen Rahmen von Regelungen schaffen;*
- *eine spezifische Kultur für die Zusammenarbeit entwickeln, z. B. die Teamarbeit einer Gruppe unterstützen, damit die vereinbarten Ziele erreicht werden;*
- *kontrollieren (z. B. Produktion, Arbeitsablauf, Kosten, Budgets);*
- *mit allen kommunizieren, die in den jeweiligen Arbeitsablauf involviert sind.*

Arbeitsauftrag

Entwickeln Sie Beispiele, wie diese Aufgaben praktisch umgesetzt werden können.

Zehn Regeln für die Führenden

Offenheit, Motivation und bereit sein für den Wandel

1. Ein Leader muss gleichermaßen selbstbewusst und bescheiden sein: Er sollte nicht danach streben, selbst mächtiger zu werden, sondern seine Mitarbeiter mit mehr Macht auszustatten.

2. Ein Leader ist „authentisch": Er glaubt an sich selbst und deswegen glauben auch seine Mitarbeiter an ihn.

3. Ein Leader ist ein guter Zuhörer: Er ist neugierig darauf, was seine Mitarbeiter denken, und glaubt nicht, alles selbst richtig machen zu können.

4. Ein Leader wird niemals müde, seine Mitarbeiter zu mobilisieren: Er steckt die Ziele für sich selbst und seine Mitarbeiter immer wieder höher, wobei er die Grenzen der Begeisterungsfähigkeit auslotet und das Durchhaltevermögen stärkt.

5. Ein Leader gibt die Richtung an: Dazu stellt er die richtigen Fragen und beharrt nicht darauf, allein über die richtigen Antworten zu verfügen.

6. Ein Leader schützt seine Mitarbeiter vor Fehlentwicklungen und bringt sie immer wieder auf den Boden der Realität. Dabei ist ihm bewusst, dass die Mitarbeiter im Grunde genommen lieber von Veränderungen verschont als von Veränderungen mobilisiert werden wollen.

7. Ein Leader betreibt aktiv den Wandel und verteidigt zugleich die Kernwerte, ohne die das Unternehmen seine Identität verlieren würde.

8. Ein Leader ist für seine Mitarbeiter ein Vorbild, und er steht so im Mittelpunkt des Interesses, dass er bereits durch kleine Gesten große Botschaften übermitteln kann.

9. Ein Leader kritisiert nicht nur Fehler seiner Mitarbeiter, sondern er lernt daraus und zeigt eine positive Einstellung zum Experimentieren.

10. Ein Leader macht mehr Leader, weil angesichts von Wandel und Wettbewerb das Team mit den meisten und besten Führungskräften gewinnt.

Carl, Reinhard/Letzing, Mark: Führung zu Herzen genommen, in: FAZ Nr. 258 vom 06.11.2000, S. 29

Arbeitsauftrag

Welche Verhaltensweisen lassen sich aus den zehn Regeln für die Führenden ableiten?

Fragen zur Fallsituation (S. 209)

1. Beschreiben Sie Werners individuelle Autorität.
2. Ordnen Sie das Führungsverhalten von Werner nach Führungsstilen bzw. entsprechend der Führungsmodelle ein.
3. Erörtern Sie, soweit dies aufgrund der dargestellten Sachlage möglich ist, nach den Führungsmodellen das angemessene Führungsverhalten des Vorgesetzten Werner.

6.6 Managementmodelle

> **Moderne Führungsstile**
>
> **Management by Helikopter:**
> Über allem schweben, von Zeit zu Zeit auf den Boden kommen, viel Staub aufwirbeln und dann wieder ab nach oben
> **Management by Jeans:**
> An den wichtigsten Stellen sitzen die größten Nieten.
> **Management by Champignon:**
> Die Mitarbeiter im Dunklen lassen, mit Mist bestreuen; wenn sich Köpfe zeigen, sofort absägen
> **Management by Pingpong:**
> Jeden Vorgang zurück- oder weitergeben, bis er sich von selbst erledigt
> **Management by Darwin:**
> Mitarbeiter gegeneinander aufstacheln, Sieger befördern, Verlierer abschieben
> **Management by Robinson:**
> Alle warten auf Freitag.

Süddeutsche Zeitung, 27./28.07.1985

6.6.1 Übersicht über die Managementmodelle

Führungstechniken beschreiben grundsätzliche Verhaltens- und Verfahrensweisen, die in einem Unternehmen zur Bewältigung von Führungsaufgaben auszuführen sind.

Während Führungstechniken das Führungssystem eines Unternehmens beschreiben, das für jeden im Unternehmen Tätigen verbindlich ist, stellen die Führungsstile die vom jeweiligen Vorgesetzten – häufig innerhalb eines gewissen Rahmens – praktizierte Art der Personalführung dar.

Somit hat der Vorgesetzte die Möglichkeit, innerhalb einer vorgegebenen Führungstechnik beispielsweise mehr oder weniger kooperativ zu sein.[1]

> In den letzten Jahren wurde eine Reihe von Modellen für die Unternehmensführung erarbeitet. In der Literatur werden diese als **Management-by-Modelle** beschrieben, bei denen jeweils bestimmte Verhaltensweisen bzw. Eigenschaften der Führungskraft in den Vordergrund gestellt werden. Sie werden im Wesentlichen danach unterschieden, welche der Führungsfunktionen Zielfindung, Planung, Entscheidung, Realisation, Kontrolle usw. besonders herausgestellt werden.

---

[1] Olfert, Klaus: Personalwirtschaft, 14. Aufl., Kiehl, Ludwigshafen 2010, S. 220

Die Mehrzahl dieser Führungsmodelle strebt nichts anderes als eine **Beseitigung der Schwachstellen der Führung** an und hebt nur einen bestimmten Teilaspekt der Führung hervor.

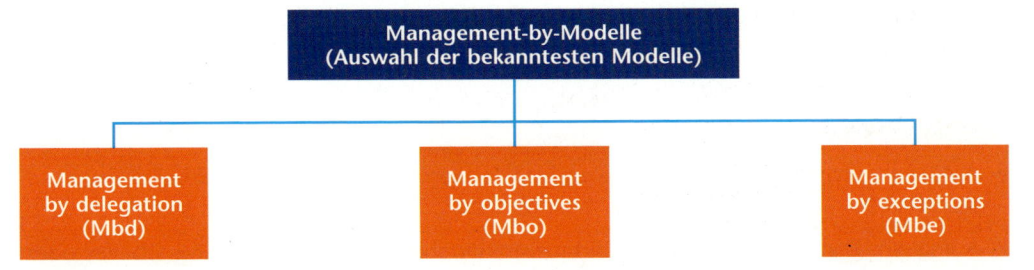

```
                Management-by-Modelle
            (Auswahl der bekanntesten Modelle)
           ┌────────────────┼────────────────┐
    Management         Management        Management
    by delegation      by objectives     by exceptions
       (Mbd)              (Mbo)             (Mbe)
```

Grundsätzlich ist anzumerken, dass von den beschriebenen Management-by-Modellen keines – für sich allein angewendet – ein geschlossenes Führungskonzept bietet. Die Modelle ergänzen sich gegenseitig.

6.6.2 Management by delegation (Mbd)

Eine arbeitsteilige Wirtschaft mit zunehmender Mechanisierung und Automatisierung erfordert auch ein Umdenken bei der Führung von Mitarbeitern. Das notwendige Spezialwissen und Spezialkönnen wird immer detaillierter und kann nicht mehr in der Person des Vorgesetzten vereint werden. Der im Detailwissen meist unterlegene Vorgesetzte ist auf die Mitarbeit seiner Spezialisten angewiesen.

Überblick: Der Chef ist halb so wichtig. Nur Solidarität der Mitarbeiter sichert ihm den Blick in die Ferne.

> Das **Management by delegation** ist eine Führungstechnik, die dieser Veränderung Rechnung trägt. Gemeint ist damit die **Übertragung von Aufgaben, Kompetenzen und Handlungsverantwortung** auf die Mitarbeiter, die selbstständig Entscheidungen treffen und realisieren.

Beispiel
Der neue Lagerleiter erhält von der Geschäftsleitung „jede Vollmacht", die Lagerhaltung „endlich auf eine vernünftige Linie zu bringen" und insbesondere dafür zu sorgen, „dass der Versand schneller abgewickelt werden kann".

Dieses Managementmodell geht über die reine Form der Übertragung von Arbeiten hinaus, bei der der Mitarbeiter nur mit der Ausführung beauftragt wird, genaue Anweisungen bekommt und den Vorgesetzten bei jedem Problem zu fragen und zu informieren hat.

Vor der Einführung dieses Managementmodells müssen folgende **Voraussetzungen** gegeben sein:

- Die Mitarbeiter müssen über die erweiterten Rechte und Pflichten systematisch informiert werden.
- Die organisatorische Vorbereitung erfolgt durch Stellenbeschreibungen und Ausarbeitung von Führungsanweisungen.
- Aufgaben müssen den Fachkenntnissen und der Berufserfahrung der Mitarbeiter angemessen sein.
- Aufgaben, Kompetenzen und Handlungsverantwortung werden an die Mitarbeiter übertragen, wobei der Umfang von Aufgaben, Kompetenz und Handlungsverantwortung möglichst gleich sein sollte.
- Die Mitarbeiter müssen die Verantwortung nach Art und Umfang akzeptieren.
- Rück- und Weiterdelegation durch die Mitarbeiter sind nicht möglich.
- Eingriffe des Vorgesetzten sind bei richtiger Handlungsweise des Mitarbeiters (nur bei Fehlern und ausnahmegeregelten Fällen) nicht vorgesehen.
- Die Handlungsverantwortung trägt der Mitarbeiter, die Führungsverantwortung trägt der Vorgesetzte.

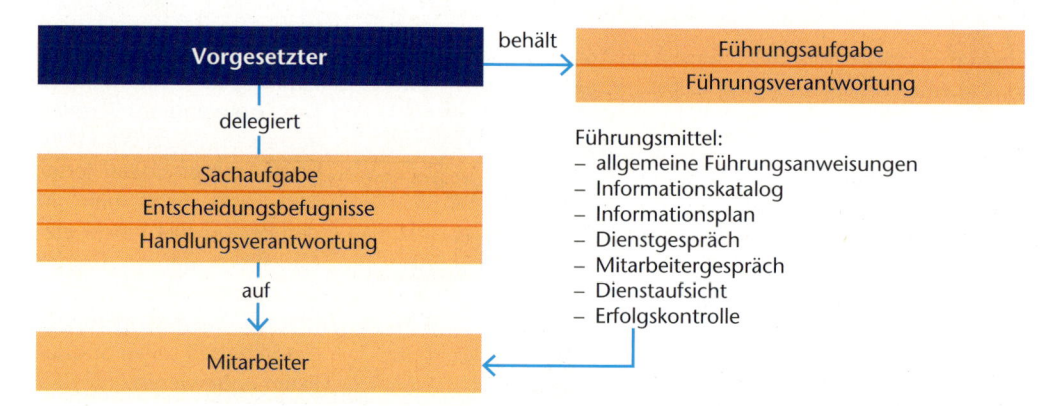

Vorgesetzter	behält → **Führungsaufgabe** / **Führungsverantwortung**
delegiert ↓	Führungsmittel: – allgemeine Führungsanweisungen – Informationskatalog – Informationsplan – Dienstgespräch – Mitarbeitergespräch – Dienstaufsicht – Erfolgskontrolle
Sachaufgabe / **Entscheidungsbefugnisse** / **Handlungsverantwortung**	
auf ↓	
Mitarbeiter ←	

Das Modell „Management by delegation" weist folgende **Vorteile** auf:
- Der Vorgesetzte wird entlastet.
- Entscheidungen können sachgerecht und schneller getroffen werden.
- Durch die dem Mitarbeiter zugewachsene Handlungs- und Entscheidungskompetenz werden Eigeninitiative, Leistungsmotivation und Verantwortungsbereitschaft gefördert.

Dem stehen folgende **Nachteile** gegenüber:
- Gefahr der Delegation reiner Routineaufgaben oder weniger interessanter Aufgaben
- Festigung der Hierarchie durch den starren Formalismus bei der Zuweisung von Aufgaben und Kompetenzen
- Vernachlässigung von Beziehungen auf gleicher Hierarchieebene
- starke Aufgabenorientierung, geringe Mitarbeiterorientierung

Arbeitsauftrag

In einem Betrieb fehlen Vorarbeiter. Obwohl einige fähige Mitarbeiter in der Lage wären, diese Funktion zu übernehmen, erklärt sich keiner von ihnen dazu bereit. Zwei Vorgesetzte sind durch diese Situation am stärksten betroffen. Ihre Arbeitsbelastung ist so groß, dass sie dringend jemanden benötigen, an den sie Aufgaben delegieren können.

a) Rollenspiel: Suchen Sie sich einen Partner. – Sie schlüpfen nun in die Rolle des Vorgesetzten A und Ihr Partner spielt die Rolle des Vorgesetzten B. A und B führen ein Gespräch über dieses Personalproblem und suchen nach möglichen Ursachen. Anschließend diskutieren sie zusammen Lösungsmöglichkeiten.

b) Präsentation: Bereiten Sie Ihre Ergebnisse optisch auf und stellen Sie sie gemeinsam den anderen Kursteilnehmern vor.

6.6.3 Management by objectives (Mbo)

Management by objectives bedeutet **Führung durch Zielvorgaben**. Diese Ziele sollten nach Möglichkeit **operationalisiert**, das heißt so präzise formuliert sein, dass das Ergebnis des Handelns beobachtet und gemessen werden kann.

Bei diesem Modell steht also das Ergebnis im Vordergrund und weniger die Handlungen der Mitarbeiter.

Beispiel
Ein Bauleiter erhält folgende Zielvorgabe:
„Die Kosten eines Bauvorhabens dürfen 450 000,00 EUR nicht überschreiten."

Das Mbo baut auf folgenden Elementen auf:

1. Festlegung einer Zielhierarchie
Unternehmensziele stehen in einer hierarchischen Beziehung zueinander, die sich wie folgt unterscheiden:
- Oberziele, die für die strategische Planung bedeutend sind, werden auf der Ebene des Top Managements (Unternehmensleitung) entschieden.
- Mittelziele, die vorrangig von taktischer Bedeutung sind, unterliegen der Entscheidungsbefugnis des Middle Managements, also z. B. der Bereichsleitung.
- Unterziele liegen im Zuständigkeitsbereich des Lower Managements, z. B. der jeweiligen Gruppenleitung.

Beispiel: Zielhierarchie

```
                    Unternehmensleitung
                    Gewinnerhöhung
          ┌──────────────┼──────────────┐
Bereichsleitung    Bereichsleitung    Bereichsleitung
   Marketing         Produktion        Beschaffung
 Steigerung          Senkung der        Senkung der
 der Erträge       Produktionskosten  Einkaufspreise
                   ┌──────┴──────┐
              Gruppenleitung I  Gruppenleitung II
              Senkung der       Senkung der
              Fertigungskosten  Fertigungskosten
              in Schicht I      in Schicht II
```

Rahn, Horst-Joachim: Kompendium der Praktischen Betriebswirtschaft – Unternehmensführung, Kiehl-Verlag, Ludwigshafen 2005, S. 386

Zielvereinbarung als Führungsaufgabe ist ein zunehmend selbstverständlicher Bestandteil der Führungs- und Arbeitskultur in Unternehmen. Durch Zielvereinbarungen werden Beteiligungsmöglichkeiten für die Mitarbeiter geschaffen und Führungsprozesse zur Umsetzung der Unternehmensziele unterstützt.

Ziele werden nicht einseitig vorgegeben, sondern sind das Ergebnis einer Verständigung zwischen Vorgesetzten und Mitarbeitern.

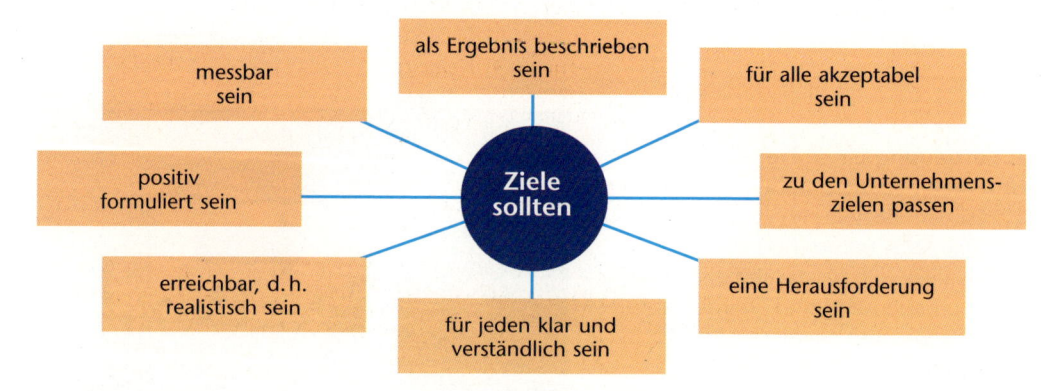

Ziele sollten:
- messbar sein
- als Ergebnis beschrieben sein
- für alle akzeptabel sein
- positiv formuliert sein
- zu den Unternehmenszielen passen
- erreichbar, d. h. realistisch sein
- eine Herausforderung sein
- für jeden klar und verständlich sein

2. Planung und Organisation

Die formulierten Ziele werden in Teilschritten mit entsprechenden Zwischenergebnissen realisiert. Dies macht Planungen notwendig, die sich auf die Objekte (Produkte, Umsatz, Kosten), die Zeiträume (z. B. mittel-, kurzfristig) und die Verantwortlichen (Vorgesetzten der einzelnen Bereiche) beziehen. Die Führungsleistung eines Vorgesetzten wird am Erreichen „seines" Soll-Ziel-Wertes gemessen.

3. Kontrolle

Die Soll-Werte (= Ziele) werden nun mit den Ist-Werten (= erreichter Zustand) verglichen. Die Kontrolle erfolgt von unten nach oben, das heißt, die Führungskräfte einer Ebene der Unternehmenshierarchie geben die Ergebnisse jeweils an die Führungskräfte der nächsthöheren Ebene weiter.

Heute wird die Ergebniskontrolle meist einem eigenen Bereich zugeordnet (Controlling), um zu verhindern, dass Vorgesetzte ihre eigenen Planungen kontrollieren und damit Möglichkeiten zur Manipulation haben.

Die **Vorteile** von Mbo liegen vor allem in folgenden Punkten:

- Durch die starke Betonung der Ergebnisverantwortung wird die Beurteilung der Mitarbeiter objektiver. Ein entsprechendes Belohnungs- und Anreizsystem ermöglicht eine leistungsgerechte Entlohnung.
- Eigeninitiative und Verantwortungsbereitschaft werden gefördert.
- Die Führungskräfte besitzen einen relativ großen Freiheitsgrad in ihren Maßnahmen. Im Vordergrund steht die Zielerreichung und nicht, wie dieses Ziel erreicht worden ist.

Dagegen weist diese Managementtechnik folgende **Nachteile** auf:

- Die Mitarbeiter sehen sich unter Umständen einem hohen Leistungsdruck ausgesetzt. Für die Führungskräfte steht die Einhaltung der Pläne im Vordergrund. Dabei werden eventuell personelle Führungsaufgaben vernachlässigt.
- Kreative Tätigkeiten, die sich nicht in Messgrößen ausdrücken lassen, werden nicht gefördert.
- Es kann nicht immer vorausgesetzt werden, dass die Mitarbeiter sich mit den Unternehmenszielen identifizieren.
- Planungen und Kontrollen erfordern einen hohen Verwaltungsaufwand.

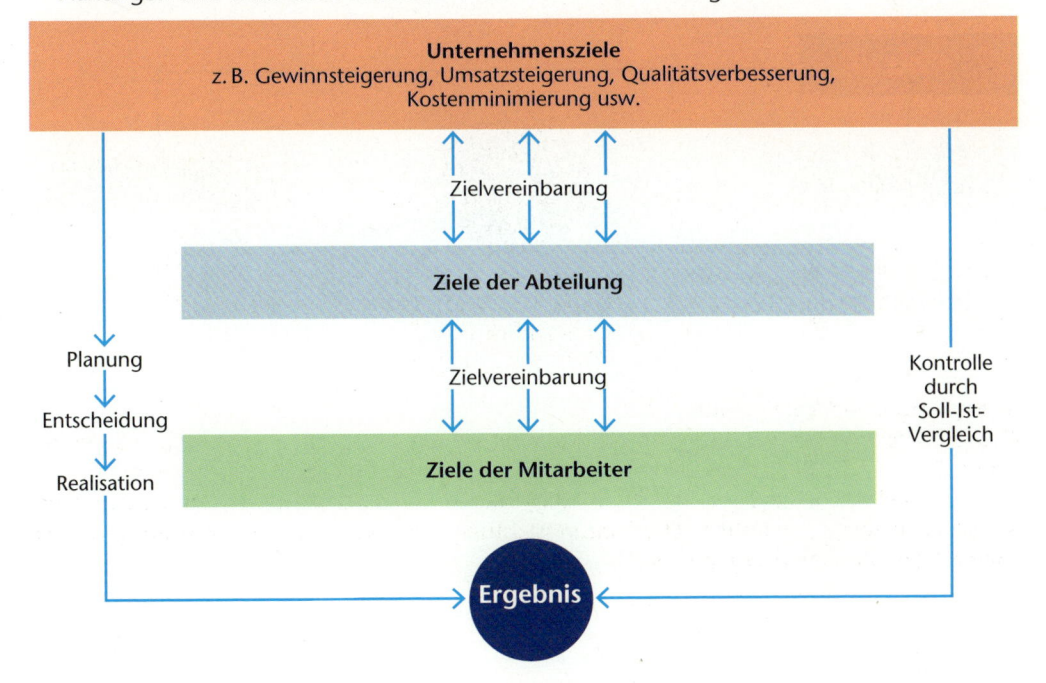

> **Arbeitsauftrag**
>
> a) Formulieren Sie weitere Unternehmensziele.
> b) Formulieren Sie Unternehmensziele in operationalisierte Ziele der Mitarbeiter um.

6.6.4 Management by exceptions (Mbe)

> *Die Managementtechnik Management by exceptions besagt, dass der Vorgesetzte erst dann tätig wird, wenn in einem Arbeitsprozess Probleme, das heißt Abweichungen vom Normalen (exceptions = Ausnahmen), auftreten. Er wird von Routinearbeiten entlastet und ist nur aktiv, wenn die zulässigen Toleranzen überschritten werden.*

Folgende **Voraussetzungen** müssen gegeben sein:

- Delegation der Aufgaben an die Mitarbeiter
- Erarbeitung von Messgrößen in Form betrieblicher Kennziffern (Umsatzvolumen, Ausschussquoten, Verbrauchsziffern usw.) und Bestimmung der Toleranzgrenzen
- Schaffung eines geeigneten Berichtssystems, das den Vorgesetzten ständig über die Ergebnisse informiert
- Festlegung der Art des Eingreifens durch den Vorgesetzten in zeitlicher und inhaltlicher Hinsicht

Die Aktivitäten des Vorgesetzten können in Form eines Regelkreises wie folgt dargestellt werden:

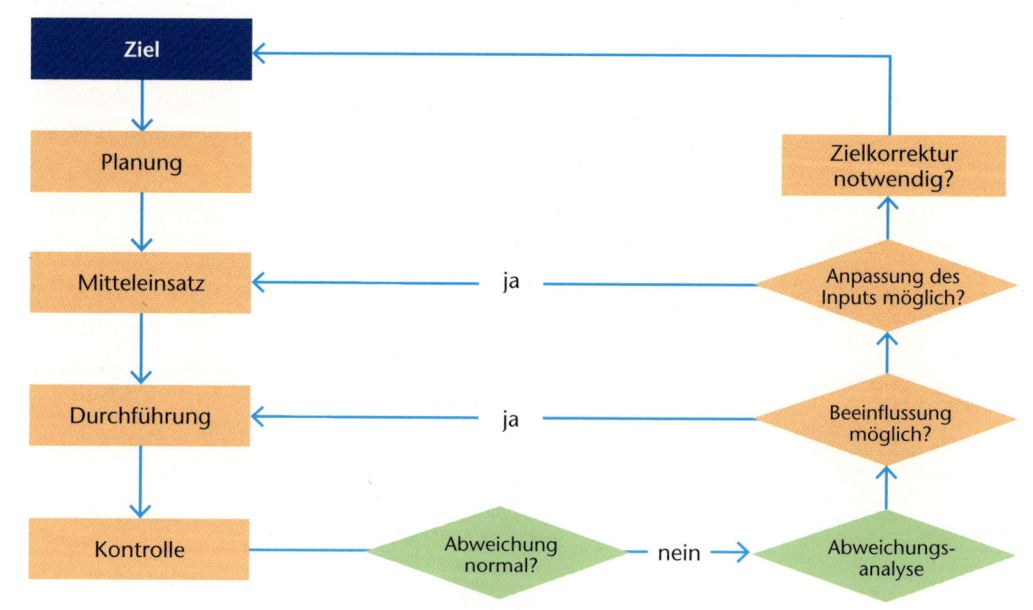

Managementmodelle

Beispiel

Ein Bauvorhaben soll bis zum 30.09. fertiggestellt sein. Bauleiter Werner koordiniert die Teilarbeiten mithilfe eines Netzplans. Es stehen 20 Arbeitskräfte zur Verfügung. Nach zwei Monaten stellt Werner fest, dass sich die Fertigstellung um ca. zwei Wochen verzögern wird, was durch die schlechten Witterungsverhältnisse bedingt ist. Obwohl Werner den Arbeitern eine Prämie zugesagt hat, wird die Verzögerung nicht aufgeholt. Durch Überstunden versucht er, das Bauvorhaben rechtzeitig fertigzustellen. Vier Wochen vor dem geplanten Termin der Fertigstellung wird deutlich, dass die Verzögerung nicht mehr aufgeholt werden kann. Die Firmenleitung teilt dem Bauherrn mit, dass sich die Fertigstellung des Bauvorhabens um ca. eine Woche verzögern wird.

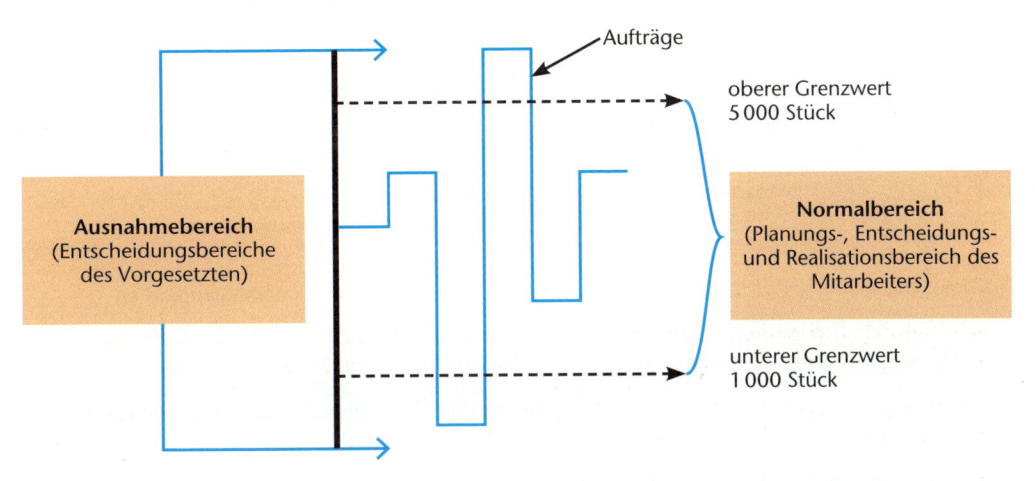

Dieses Managementmodell hat folgende **Vorteile**:

- Entlastung des Vorgesetzten von Routinearbeiten
- höhere Arbeitsbefriedigung, da die Mitarbeiter innerhalb eines gegebenen Rahmens selbstständig entscheiden können

Dem stehen folgende **Nachteile** gegenüber:

- Diese Führungstechnik ist nur anwendbar, wenn Messgrößen und entsprechende Toleranzgrenzen festgelegt werden können.
- Management by exceptions führt zu einem umfangreichen Berichtswesen, wodurch notwendige Entscheidungen des Vorgesetzten verzögert werden können.
- Die Mitarbeiter werden durch die Beschränkung auf Routinearbeiten und durch den Zwang zur Meldung negativer Abweichungen möglicherweise demotiviert.

Management by exceptions setzt Management by objectives voraus, da Ausnahmen erst dann bestimmt werden können, wenn Zielgrößen bekannt sind.

Arbeitsauftrag

Beschreiben Sie Situationen aus Ihrem Berufszweig, bei denen der Vorgesetzte nach MbE tätig werden muss.

6.6.5 Sonstige Führungstechniken

Weitere Führungstechniken erfassen Teilaspekte, die verschiedene Merkmale besonders hervorheben oder Varianten der beschriebenen Führungstechniken sind.

Führungstechnik	Beschreibung
Management by direction and control	Dies ist ein direktives, autoritäres Führungsprinzip, bei dem die Aufgaben nicht delegiert, sondern nur verteilt werden. Das Kontrollsystem ermöglicht eine sichere Ursachenanalyse und eine direkte Beeinflussung der Prozesse.
Management by breakthrough	Die unternehmerische Tätigkeit konzentriert sich auf zwei Hauptziele: auf die Schaffung besserer oder notwendiger Veränderungen und auf Kontrollen zur Verhinderung ungünstiger Veränderungen.
Management by systems	Die Führung erfolgt durch Systemvereinbarungen. Ein Netzwerk von Verfahrensordnungen regelt und ordnet die Arbeit.
Management by communication	Kommunikation wird als Mittel des Informationssystems betrachtet. Sie ist Voraussetzung zur Reduzierung des Aufwands.
Management by development	Neue Führungskräfte werden ausgebildet und vorhandene Führungskräfte für neue Aufgaben trainiert, um einen hohen Standard an Führungsqualitäten zu erzielen.
Management by motivation	Diese Führungstechnik nutzt die Ergebnisse der Motivations- und Verhaltensforschung zur Steuerung des individuellen Leistungsverhaltens. Selbstverwirklichung durch den Beruf und Anreizsysteme sollen die Identifikation des Mitarbeiters mit dem Unternehmen stärken.
Management by decision rules	Dem Mitarbeiter werden Aufgaben, Kompetenzen und Verantwortung übertragen. Zudem erhält er Entscheidungsregeln, nach denen er zu handeln hat, wenn ein bestimmtes Ereignis eintritt.
Management by results	Hierbei handelt es sich um eine dezentrale Führungsorganisation, bei der Aufgaben delegiert werden und ein bestimmtes Ergebnis vorgeschrieben wird. Die Zielerreichung wird über das Ergebnis kontrolliert.
Management by participation	Die Mitarbeiter sollen an den Zielentscheidungen mitbeteiligt werden und sich somit mit den Unternehmenszielen identifizieren.
Management by coordination	Teilaktivitäten werden zu einem Ganzen zusammengefasst. Die Koordinationsaufgaben erstrecken sich auf sachliche, organisatorische, personelle, informationelle und zeitliche Inhalte.

Arbeitsauftrag

1. Erarbeiten Sie Vor- und Nachteile dieser Führungstechniken.
2. Welche dieser Führungstechniken enthalten Gemeinsamkeiten mit Mbd, Mbo und Mbe?

6.7 Moderne Formen der Arbeitsorganisation

6.7.1 Notwendigkeit zur Kooperation

Seit der Zeit Henry Fords denken Unternehmen tayloristisch, d. h., sie setzen Arbeitsteilung, Hierarchien, Abteilungen und Kontrollinstanzen ein.

> *Kennzeichen des Taylorismus sind:*
> - *starre, hierarchische Unternehmensstrukturen*
> - *genaue Tätigkeits- und Kompetenzabgrenzungen*
> - *festgelegte Kommunikationswege*
> - *billige Produktion von Massengütern mit ungelernten und angelernten Arbeitskräften*
> - *Austauschbarkeit und einfacher Zusammenbau der Bauteile*

Dahinter steckt die Auffassung, dass eine standardisierte Produktion die Stückkosten senkt. Dabei wird eine bestimmte Ausschussquote in Kauf genommen. Gegen Ende des letzten Jahrhunderts fand in der Managementwelt eine revolutionäre Veränderung statt. Die weltberühmte Studie des MIT (Massachusetts Institute of Technology) „Die zweite Revolution in der Automobilindustrie" im Jahre 1990 wies eine erhebliche Überlegenheit der Japaner in Produktivität, Flexibilität, Schnelligkeit und Qualität nach.

Die Erkenntnis, dass das Management der Massenfertigung zu komplex, starr und kostenträchtig geworden ist, führt zu einer Rückbesinnung auf den Kunden und die Fähigkeiten des Mitarbeiters in Management und Leistungserstellung:

- Das Bedürfnis der Kunden nach Qualität und Identifikation mit dem Produkt ist gewachsen.
- Kunden wünschen stärkere Individualität des von ihnen gekauften Produkts.
- Die sich immer schneller verändernden Marktverhältnisse stellen höhere Anforderungen an die Produktion.
- Geringere Stückzahlen schwächen den Wiederholungscharakter repetitiver (sich wiederholender) Tätigkeiten ab.

Die Forderung nach neuen Denkansätzen in den Unternehmen ist heute mit den Begriffen **Leanproduction** und **Leanmanagement** verbunden. Obwohl dieser Denkansatz in Japan entstanden ist und perfektioniert wurde, sind diese Begriffe dort selbst unbekannt. Sie wurden das erste Mal in der genannten MIT-Studie verwendet. Gerade die wörtliche Übersetzung des englischen Wortes „lean" mit „schlank" ergibt unter Umständen sogar eine falsche Auslegung von Leanproduction. Unter „schlanker Produktion" betrachtet man bei uns häufig nur Kostensenkungsmaßnahmen, z. B. durch vollständige oder teilweise Auslagerung der Produktion oder sie begleitender Unternehmensbereiche sowie durch Entlassung von Mitarbeitern. Gerade das ist mit Leanproduction jedoch nicht gemeint. Der Mensch darf nicht als Problem oder Kostenfaktor gesehen werden, sondern vielmehr als Erfolgsfaktor, und muss deshalb in den Mittelpunkt aller Bemühungen und Entscheidungen gestellt werden. Diese Entwicklung führt von stark arbeitsteiligen Arbeitsformen zu integrativen Arbeitsformen.

	traditionell	schlank
Unternehmensziele	nicht Wettbewerber schlagen	sondern Kunden gewinnen
Orientierung	nicht Produkt raus	sondern Markt rein
Managementkultur	nicht „Feuerwehr"	sondern vorbeugend
Managementfokus	nicht Ergebnis	sondern Prozess und Ergebnis
Mitarbeiter	nicht Kostenfaktor	sondern Potenzial
Mitarbeiterbeurteilung	nicht die Schwächen schwächen	sondern die Stärken stärken
Führung	nicht Boss	sondern Coach
Anweisungen	nicht unveränderbare Vorschriften	sondern dynamische Richtlinien
Problemansatz	nicht „wer"?	sondern „wie"? (System)
Fehler	nicht Ausfall/Verlust	sondern Lernquelle
Gewerkschaften	nicht nur toleriert	sondern Partner

Elemente von Leanproduction und Leanmanagement wurden bereits in den 1970er-Jahren unter dem Schlagwort **Humanisierung der Arbeit** diskutiert. Ausgangspunkt waren die von Volvo eingeführten teilautonomen Arbeitsgruppen, wobei man fertigungstechnisch und arbeitsorganisatorisch neue Wege ging. Grundgedanke war, die Monotonie und die einseitige Belastung am Arbeitsplatz abzubauen bei gleichzeitig höherer Selbstbestimmung der Arbeitnehmer. Die dabei auftretenden Anpassungsmaßnahmen waren Jobenrichment (Arbeitsbereicherung), Jobenlargement (Arbeitserweiterung) und Jobrotation (Arbeitswechsel).

Jobenrichment ist dadurch gekennzeichnet, dass der Mitarbeiter entsprechend seiner gestiegenen Befähigung neue und schwierigere Aufgaben erhält. Durch die Übertragung unterschiedlicher, hintereinandergelagerter Arbeitsvorgänge wird die Arbeit vielfältiger.

Beispiel
Eine Maschine wird nicht mehr von einem Mitarbeiter bedient, von einem anderen gewartet und von einem Dritten repariert, sondern alle Arbeiten werden von einem Mitarbeiter alleine durchgeführt.

Jobenlargement bedeutet eine Ausweitung des Arbeitsgebiets, das heißt, ein Mitarbeiter übernimmt mehrere Aufgaben mit gleichem Qualifikationsniveau. Das ist dann notwendig, wenn die Leistungskapazität eines Mitarbeiters größer ist, als es der Arbeitsplatz vorschreibt, er also unterfordert ist.

Beispiel
Ein Bautechniker erhält als Bauleiter eine zweite Baustelle zur Betreuung.

Bei der **Jobrotation** wird der Arbeitsplatz innerhalb einer Gruppe systematisch gewechselt. Die Mitarbeiter der jeweiligen Gruppe sind hinsichtlich der Planung und Organisation ihrer Arbeit weitgehend selbstständig. Da jeder die Arbeit des anderen übernehmen kann, ergibt sich eine breitere Erfahrungssammlung, und die Mitarbeiter werden in ihrer Entwicklung gefördert.

Aufgrund angeblicher Misserfolge des Volvo-Modells kam die Diskussion über die Gruppenarbeit in Deutschland und anderen westeuropäischen Staaten zum Erliegen und die taylorsche Fließbandproduktion wurde als die ökonomisch sinnvollste Fertigungs- und Organisationsform weitergeführt. Die Veröffentlichung der MIT-Studie machte die Überlegenheit des

Toyota-Produktionssystems in „schlanker" Produktion deutlich und veranlasste z. B. Opel in Eisenach und Mercedes in Rastatt, beim Neubau ihrer Werke Elemente von Leanproduction einzuführen.

Leanproduction versucht, die einseitigen Auffassungen des Taylorismus und der Vertreter der Humanisierung der Arbeit durch eine **ganzheitliche Betrachtung** des Unternehmens zu überwinden. Der große Irrtum des Taylorismus ist die Annahme, die soziale Organisation eines Unternehmens könne genauso funktionieren wie die technische Organisation. Die Maßnahmen zur Humanisierung der Arbeit versuchten zwar, diesen Irrtum zu korrigieren, berücksichtigten jedoch nicht die Einflüsse, die von außen auf das Unternehmen einwirken. Mitarbeiterbezogene und technisch-wirtschaftliche Ziele der Gruppenarbeit müssen in Einklang gebracht werden.

6.7.2 Ziele von Leanproduction

Eine Organisation des Unternehmens mit flacher Hierarchie, das heißt mit wenigen Stufen, setzt eine **gruppenorientierte Arbeitsorganisation** voraus. Die Gruppen erhalten wesentlich umfangreichere Kompetenzen als in konventionell geführten Unternehmen. Sie werden in den Planungs- und Steuerungsprozess einbezogen und führen notwendige Kontroll- und Verbesserungsarbeiten selbstständig durch. Für die einzelnen Gruppenmitglieder gibt es keine fest definierten Arbeitsplatz- bzw. Stellenbeschreibungen mehr. Es wird von jedem Mitarbeiter in der Gruppe vorausgesetzt, dass er alle Aufgaben erfüllen oder sich fehlende Kenntnisse rasch aneignen kann, was eine hohe Personalflexibilität ermöglichen soll.

Ein weiterer wichtiger Punkt ist die Beziehung zwischen den Gruppen. Alle Gruppen sind gehalten, sich untereinander wie externe Kunden zu behandeln und keine fehlerhaften Produkte an andere Gruppen zur Verarbeitung weiterzugeben. In der MIT-Studie wurde z. B. deutlich, dass bei einem namhaften deutschen Automobilhersteller ein Drittel der Montagezeit für die Nachbesserung an den Fahrzeugen verwendet wurde. Dadurch wurde dort mehr Arbeitszeit für die Beseitigung von Fehlern aufgewendet als bei der besten japanischen Firma für die gesamte Herstellung eines fehlerfreien Fahrzeugs.

Wesentliche Elemente von Leanproduction:

- *verstärkte **Gruppenarbeit** und Teamgeist*
- *flache Hierarchiekegel durch reduzierte Hierarchiestufen*
- *mitarbeiterorientiertes Management*
- *permanente Weiterbildung unter Beteiligung aller Hierarchiestufen*
- *geringere Teilevielfalt bei überwiegender Modulbauweise*
- *strenge **Kundenorientierung** in allen Unternehmensbereichen nach innen und außen*
- ***Kanban**-Prinzip (= Hol-Prinzip): Material wird von der verbrauchenden Stelle bestellt und abgeholt*
- *Vernetzung der **Just-in-time-Lieferanten** mit dem Herstellungsprozess, damit lange Lager- und Transportzeiten in der Fertigung entfallen*
- ***Make-or-buy**-Entscheidung*
- ***Kaizen:** Bemühung der Gruppe um ständige Verbesserung in ihrem Bereich, um Verschwendungen zu vermeiden (Kai = Wandel, Zen = das Gute)*
- ***Simultaneous Engineering:** Realisierung von Zeit- und Kostenvorteilen durch Parallelschaltung von Produkt- und Produktionsmittelentwicklung*

> *Arbeitsaufträge*
>
> *1. Erstellen Sie eine Vortragsgliederung zum Thema „Möglichkeiten von Leanproduction in meinem Betrieb".*
>
> *2. Erarbeiten Sie gemeinsam ein Konzept einer „Lean-Schule" auf der Basis von Leanproduction.*

6.7.3 Kundenorientierung

Der hannoversche Oberhofbaumeister Georg Ludwig Friedrich Laves (1788–1864) schrieb im Jahre 1839 an seinen Bauherrn Ernst Graf zu Münster:

> Hannover 24. Januar 1839
>
> Hochgeborener Herr Graf,
>
> gnädiger Herr Minister und Erbland Marshall,
> Euer Excellenz haben auf so gnädige Art für meine
> geringen Dienstleistungen mir ein so großes Honorar
> zukommen lassen, daß ich mir in der Rücksicht zu
> dessen Annahme mich bewegt fühle und durch künftig
> mir hochgeneigt zu übertragene Arbeiten solches erst
> noch zu verdienen und zugleich meine höchste Dankbarkeit
> an den Tag legen zu dürfen. Mit größter Hochachtung und
> innigster Verehrung erbitte ich mir höchst dero ferneres
> Wohlwollen, der ich die Ehre habe respectvoll zu beharren.
>
> Euer Excellenz
> Unterthänigster
> Dankbarer
> Diener
>   Laves

Kundenorientierung 1839

Jede Tätigkeit im Unternehmen hat sich am Nutzen für den Kunden zu orientieren. Dies gilt sowohl für die externe Kundenbeziehung als auch für die Kundenbeziehungen innerhalb des Unternehmens.

> Der **externe Kunde** ist der Abnehmer der betrieblichen Leistung. Seine Bedürfnisse und Wünsche müssen systematisch untersucht werden. Kundenzufriedenheit wird ausschließlich durch die Erfüllung seiner Forderungen, Erwartungen und Wünsche erreicht. Insofern lässt sich Produktqualität definieren als die Erfüllung der vom Kunden geforderten Eigenschaften eines Produkts.

Der Kunde wünscht u. a.

- bestellte Qualität, d. h. ausdrücklich genannte Produktanforderungen (Abmessungen, Menge, Preis usw.),
- selbstverständliche Qualität, d. h. Erfüllung nicht konkret benannter Erwartungen (Funktionsfähigkeit, korrekte Rechnung, freundliche Auskunft usw.),
- bestätigende Qualität, d. h. Bestätigung nach dem Kauf, sich für das richtige Produkt entschieden zu haben.

Die Zufriedenheit des Kunden wächst mit dem Grad der Erfüllung der von ihm geforderten und erwarteten Produkteigenschaften und sinkt umgekehrt, wenn Selbstverständlichkeiten vom Hersteller nicht erfüllt werden. Um Kundenzufriedenheit zu erreichen, muss eine intensive Kundennähe gesucht werden. Durch Direktkontakte von Managern und Ingenieuren mit den Kunden werden auftretende Probleme analysiert und Informationsverluste durch Zwischenstufen nahezu ausgeschlossen.

Das Produkt wird entsprechend der Kunden- bzw. Marktanforderung aus der Sicht des Kunden in einem sogenannten **Lastenheft** beschrieben. Es enthält Angaben über Leistungsmerkmale wie Zuverlässigkeit, Umwelt- und Einsatzbedingungen, Normen, gesetzliche Regelungen, Anforderungen bezüglich Sicherheit, Rückverfolgbarkeit usw. Alle Forderungen müssen vollständig, präzise und verständlich erfasst sein.

Aus dem Lastenheft erstellen Spezialisten aus allen Bereichen des Unternehmens das sogenannte **Pflichtenheft**, in dem detailliert festgelegt wird, wie die Kundenwünsche entsprechend dem Lastenheft umgesetzt werden.

> *Arbeitsaufträge*
>
> *1. Beschreiben Sie für ein Produkt Ihrer Wahl aus der Sicht eines Kunden Ihre Erwartungen an das Produkt.*
>
> *2. Welche Probleme sehen Sie für eine Umsetzung Ihrer Erwartungen beim Hersteller?*

Die Mitarbeiter innerhalb eines Betriebs sind insofern **interne Kunden**, als für das Zustandekommen einer Leistung jeweils Vorleistungen zu erbringen sind. Die Mitarbeiter sind zwar nicht Käufer, aber doch Empfänger einer Leistung. Besonders deutlich tritt dies innerhalb eines Prozesses zutage, wie z. B. bei der Entwicklung neuer Produkte oder bei komplexen Dienstleistungsangeboten. In diesem Fall wird der Output eines Schrittes gleichzeitig zum Input für den nachfolgenden Schritt. Somit wird aber jeder Mitarbeiter interner Kunde des im Ablauf vor ihm liegenden Mitarbeiters.

Interne Kunden-Lieferanten-Beziehung

- **Wer ist mein interner Kunde?**
    - Kenne ich seine Wünsche und Erwartungen?
    - Bekommt er, was er von mir erwartet?

- **Wer ist mein interner Lieferant?**
    - Kennt er meine Wünsche und Erwartungen?
    - Weiß er, was ich von ihm benötige?

- **Wie ist die Qualität unserer internen Kunden-Lieferanten-Beziehung?**
    - Welche Störungen treten auf?
    - Was muss ich verbessern?

Beispiel
Die Montageabteilung wird von der Teilefertigung mit Teilen zur Weiterverarbeitung beliefert. Einige Teile entsprechen nicht der Norm und werden deshalb abgelehnt.
Die Einkaufsabteilung schickt eine Rechnung des Lieferanten an die Warenannahme zur Bestätigung des Wareneingangs. Der Einkauf als „Kunde" der Warenannahme, die die Rechnung geprüft hat, erwartet bestimmte Bearbeitungsvermerke für das erhaltene „Produkt" wie Datum, Signatur, Ausgangsstempel usw.

Auch die Anforderungen der Mitarbeiter an die Führungsqualität der Vorgesetzten sind unter dem Kunden-Lieferanten-Prinzip zu sehen. Um seine Kunden – die Mitarbeiter – zufriedenzustellen, muss der Vorgesetzte Erwartungen wie Offenheit, Achtung, Zuwendung, Mitverantwortlichkeit, Information, Ziele usw. erfüllen.

Arbeitsauftrag

Diskutieren Sie mögliche Folgen, wenn das Kunden-Lieferanten-Prinzip zwischen Vorgesetzten und Mitarbeitern nicht eingehalten wird.

6.7.4 Kanban

Kanban ist von dem japanischen Konzern Toyota als Instrument entwickelt worden, um die Verschwendung von Ressourcen zu verringern.

Kanban unterscheidet sich in wesentlichen Elementen von der allgemein üblichen zentralen Produktionsplanung und -steuerung (PPS) des tayloristischen Systems.

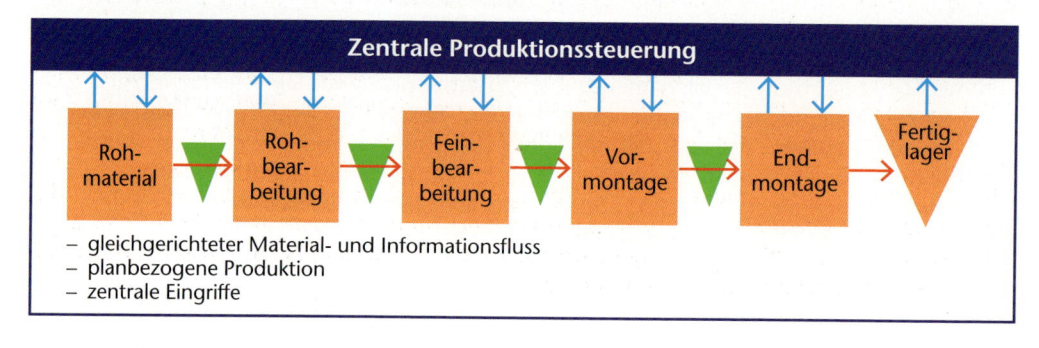

Zentrale Produktionssteuerung

Rohmaterial → Rohbearbeitung → Feinbearbeitung → Vormontage → Endmontage → Fertiglager

- gleichgerichteter Material- und Informationsfluss
- planbezogene Produktion
- zentrale Eingriffe

Die Planung von der zentralen PPS-Stelle erfolgt oft auf der Basis von Absatzprognosen, wobei ein wichtiges Ziel dabei eine hohe Kapazitätsauslastung der Produktionsmittel ist. Das wiederum führt zu großen Losgrößen und langen Durchlaufzeiten. Hinzu kommt, dass durch die Trennung von Planung und Durchführung die Ergebnisse der PPS-Entscheidungen oft nicht mit den betrieblichen Realitäten bzw. mit den Kundenanforderungen übereinstimmen und es zu Fehlplanungen kommt. Den ausführenden Stellen wird die Möglichkeit zur eigenverantwortlichen Ausführung ihrer Tätigkeiten genommen, da sie diese nicht selbstständig planen und steuern können. Die komplexen Wechselbeziehungen zwischen den Elementen der PPS führen zu einem gewaltigen Koordinationsaufwand.

Kennzeichen traditioneller PPS	Auswirkungen
– Zentralisierung – Trennung von Planung und Durchführung – kapazitätsorientiert – rückmeldeorientiert – Funktionsorientierung mit großer Schnittstellenzahl – hohe Komplexität – hoher Steuerungsaufwand	– hohe Bestände (Produktion auf Lager) – lange Durchlaufzeiten und starke Losgrößen – geringe Lieferfähigkeit – Verschwendung in Produktion und Ablauf – mangelnde Kundenorientierung – mangelnde Flexibilität

Mit der zentralen PPS wird auch das **Push-Prinzip** verbunden. Dies bedeutet, dass ein Auftrag zentral in Teilaufträge zerlegt wird, um diese anschließend durch den Produktentstehungsprozess zu schieben. Die Aufnahme einer Tätigkeit geschieht also nicht selbstständig durch das Erkennen eines Bedarfs in einer nachfolgenden Produktionsstufe, sondern durch die Vorgabe einer Produktionsplanung von außen.

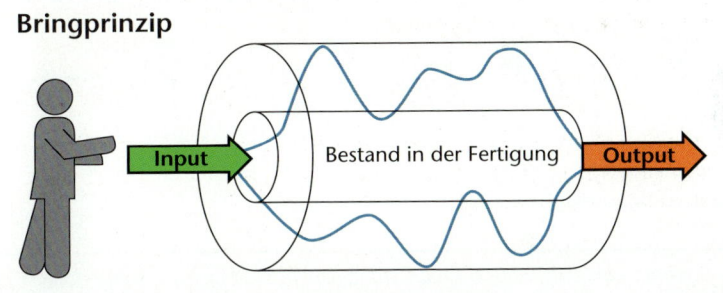

Bringprinzip

Der Grundsatz des Kanban-Systems ist einfach: Es kann als ein System beschrieben werden, das im Gegensatz zur traditionellen Methode, bei der Material an nachfolgende Arbeitsgänge weitergeleitet wird, den Transfer in umgekehrter Richtung durchführt. Der nachgelagerte Arbeitsgang entnimmt dabei bei einem vorgelagerten nur das gerade benötigte Teil in der benötigten Menge und zum benötigten Zeitpunkt (Just-in-time-Prinzip). Die Voraussetzung ist eine Vereinfachung der Kommunikation durch eindeutige Bezeichnung, was in welcher Menge benötigt wird.

Wenn Material gebraucht wird (z. B. weil ein Mindestbestand unterschritten wird), und nur dann, wird der Zulieferer aufgefordert, neues Material anzuliefern. Diese Aufforderung wird durch einen Kanban (jap. Karte, Zettel) erteilt, der grundsätzlich mit der Ware mit jedem Los transportiert wird und z. B. bei Anbruch des Loses zur neuen Anlieferung zurückgegeben wird. Es gelten strenge Regeln für die Fertigung, besonders der Grundsatz, dass nur gefertigt werden darf, wenn ein Kanban zur Fertigung vorliegt, und dass nur einwandfreie Teile angeliefert werden dürfen. Damit wird die terminorientierte Steuerung herkömmlicher Methoden durch die bedarfsorientierte Steuerung ersetzt.

Holprinzip

Die angestrebte Vermeidung von Verschwendung wird indirekt dadurch erreicht, dass mit Kanban der Materialbestand fest bestimmt und dem jeweiligen Bedarf angepasst werden kann. Damit hat man unter anderem ein Instrument, das bei Senkung des Bestands Störungen im Materialfluss aufzeigt. Wenn man dann vorübergehend den Bestand wieder erhöht, die Ursache für die Störung beseitigt und den Bestand wieder senkt, schafft man eine kontinuierliche Verbesserung des Materialflusses. Es gibt eine Menge von Störungsursachen, wie z. B.

- lange Rüstzeiten,
- fehlerhafte Produktion,
- ungleichmäßige Fertigungsgeschwindigkeit,
- hoher Bearbeitungsaufwand,
- geringe Kapazität,
- unübersichtliche Reihenfolge usw.

Durch den Kanban-Kreislauf steuert sich die Fertigung selbst.

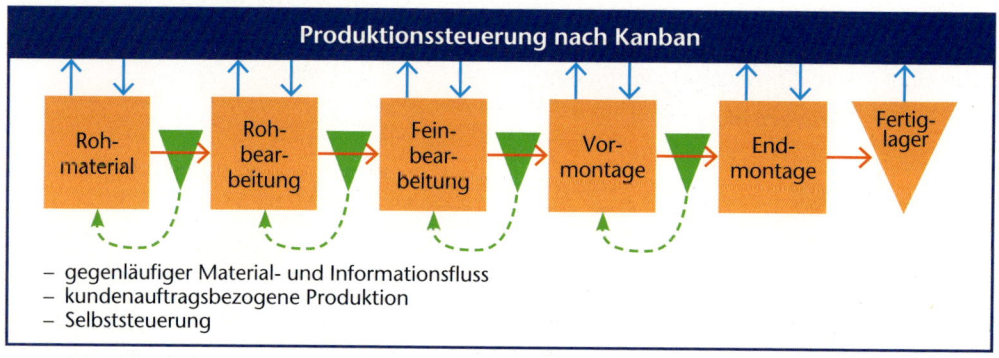

Produktionssteuerung nach Kanban

Rohmaterial → Rohbearbeitung → Feinbearbeitung → Vormontage → Endmontage → Fertiglager

- gegenläufiger Material- und Informationsfluss
- kundenauftragsbezogene Produktion
- Selbststeuerung

Weiterführende Literatur: Lars Buer, Supply Chain Management im deutschen Mittelstand. Grundlage und empirische Analyse, books on demand GmbH, Hamburg 2003.

Arbeitsauftrag

Diskutieren Sie, welche Voraussetzungen für einen erfolgreichen Kanban-Einsatz notwendig sind.

6.7.5 Make-or-buy-Entscheidung (Outsourcing)

Immer mehr konzentrieren sich Unternehmen auf das wettbewerbsentscheidende Kerngeschäft und betreiben konsequentes Outsourcing kostenintensiver Randbereiche.

Unter **Outsourcing** versteht man die Auslagerung betrieblicher Aufgaben auf selbstständige Unternehmen, wobei die Vertragspartner meist individuell zugeschnittene Verträge abschließen, die die Lieferung von Teilleistungen oder auch kompletten Modulen zum Inhalt haben.

Die Lieferanten koordinieren dabei die Zulieferungen für die von ihnen benötigten Teile von Lieferanten der nächsten Ebene.

Was kann outgesourct werden?
- Personal
- Produktion
- Vertrieb
- Steuerberatung
- Lagerhaltung
- Einkauf
- Unternehmensplanung
- Sonstiges

Outsourcing kommt von der amerikanischen Abkürzung „**Out**side res**sour**ce us**ing**". Es geht darum, Unternehmensaufgaben und -leistungen an spezialisierte Firmen zu vergeben.

Aufgrund des Wettbewerbsdrucks zwischen weltweit operierenden Unternehmen müssen immer mehr Betriebe prüfen, ob sich eine Fremdvergabe von Tätigkeiten lohnt.

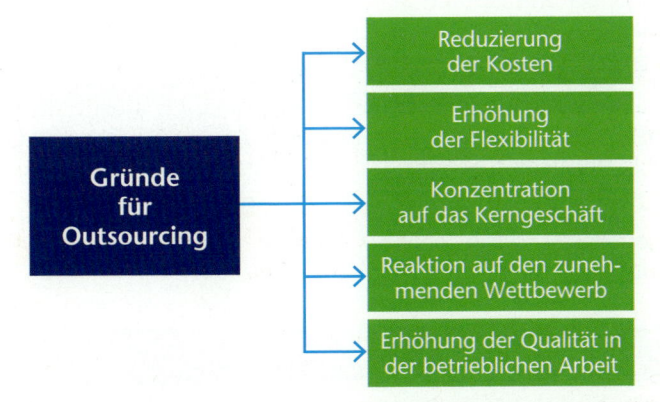

Gründe für Outsourcing
- Reduzierung der Kosten
- Erhöhung der Flexibilität
- Konzentration auf das Kerngeschäft
- Reaktion auf den zunehmenden Wettbewerb
- Erhöhung der Qualität in der betrieblichen Arbeit

Hersteller und Lieferanten erarbeiten gemeinsame Zielsetzungen und planen ihre Zusammenarbeit auf lange Sicht. Oft geht die Hersteller-Lieferer-Beziehung so weit, dass der Zulieferer dem Hersteller seine gesamten Produktionsstrukturen offenlegt. Somit sind eine Optimierung der logistischen Kette des Lieferanten und eine partnerschaftliche Aufteilung der Kostenvorteile möglich.

> **Arbeitsauftrag**
>
> Worin sehen Sie potenzielle Nachteile des Outsourcings für Hersteller und Lieferanten?

Infolge der engen partnerschaftlichen Beziehung zwischen Hersteller und Lieferant entsteht das sogenannte **Simultaneous Engineering**.

Dies ist eine Strategie, die neben der ablauforganisatorischen Straffung des innerbetrieblichen Entwicklungsprozesses insbesondere auf eine verbesserte Integration der Zuliefer- und Produktionsmittelindustrie in den frühen Phasen der Produktentwicklung abzielt.

Sogenannte Cross Functional Teams (Experten des Herstellers und des Lieferanten) begleiten ein Produkt von der ersten Idee bis hin zu den After-Sales-Aktivitäten. So kann das Know-how des Lieferanten in gegenseitigem Interesse über die gesamte Lebenszeit des Produkts genutzt werden.

6.7.6 Kaizen (KVP)

> Der Begriff **Kaizen** ist japanischen Ursprungs, wobei „Kai" Veränderung und „Zen" das Gute bedeutet. In Deutschland ist dieses Prinzip unter dem Namen „Kontinuierliche Verbesserung von Prozessen (KVP)" bekannt. Gemeint ist damit, dass ein dem Wettbewerb ausgesetztes Unternehmen sich nicht mit einer Verbesserung begnügen darf, sondern dass diese immer Anlass zu weiterer Verbesserung sein muss. Kaizen ist damit ein langfristiger Prozess der ständigen Verbesserung in vielen kleinen Schritten durch Einbeziehung der Mitarbeiter.

Der geistige Vater von Kaizen ist Masaaki Kasai. Er war lange Jahre Präsident der Kaizen-Institute in Japan, Amerika und Europa. In seinem Buch mit dem Titel „Kaizen. Der Schlüssel zum Erfolg der Japaner im Wettbewerb" hat er die besten westlichen und fernöstlichen Management-Philosophien zusammengetragen.

Jahrzehntelang wurde in den westlichen Industriekulturen das Kreativitätspotenzial der Mitarbeiter kaum oder gar nicht in Anspruch genommen. Ständige Verbesserung in vielen kleinen Schritten kann aber nur dann funktionieren, wenn dieses ungenutzte Potenzial wachgerufen wird.

Kaizen ist kein losgelöstes, alleinstehendes Konzept, sondern vereint in sich viele bereits bewährte Elemente:

KAIZEN	
Kundenorientierung	Kanban
umfassende Qualitätskontrolle	Qualitätssteigerung
Mechanisierung	Just-in-time
Vorschlagswesen	Fehlerlosigkeit
Automatisierung	Teamarbeit
Arbeitsdisziplin	Arbeitsbeziehungen
umfassende Produktivitätskontrolle	Produktivitätssteigerung
	Entwicklung neuer Produkte

Kaizen als durchgängiges Konzept erfordert einen Managementstil, der durch folgende Schwerpunkte gekennzeichnet ist:

- *Verbesserung und Erhaltung:* Ebenso wichtig wie die Verbesserung ist die Erhaltung eines Zustands, der selbst schon Verbesserungen beinhaltet, als Grundlage weiterer Verbesserungen.
- *Prozess und Ergebnis:* Kaizen als mitarbeiterorientiertes Konzept erfordert außer einer Ergebnisorientierung einen zusätzlichen Schwerpunkt im Prozess – der Weg ist das Ziel.
- *QKL (Qualität, Kosten, Leistung):* Für einen erfolgreichen Wettbewerb müssen die Qualität verbessert, Kosten gesenkt und Liefertermine optimiert werden.
- *Gemba-Orientierung* (Gemba = Ort des Geschehens): *Von der Qualität der Gesamtheit der Arbeitsplätze, an denen eine Wertsteigerung am Produkt oder an der Dienstleistung erfolgt, hängt es ab, wie weit die Anforderungen der Kunden erfüllt werden.*

Das Management hat zwei Hauptaufgaben: Erhaltung und Verbesserung. Unter „Erhaltung" sind alle Aktivitäten zu verstehen, welche auf die Aufrechterhaltung bestehender technologischer, arbeits- und ablaufmäßiger Standards abzielen. Zur Verbesserung führen die Aktivitäten, welche auf die Optimierung der bestehenden Standards ausgerichtet sind. Vom Management müssen Unternehmensziele, Regeln, Anweisungen und Richtlinien festgelegt werden. Anschließend ist darauf zu achten, dass diese Standards befolgt werden. Dies ist die Basis für die Verbesserung der bestehenden Standards. Standards zu verbessern heißt, höhere Standards zu setzen und auf deren Einhaltung zu achten.

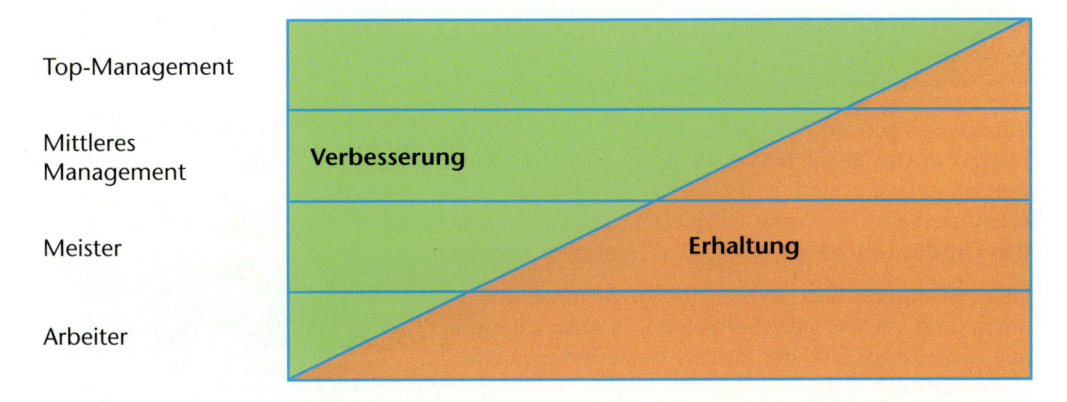

Bevor verbesserte Ergebnisse erwartet werden können, müssen die Prozesse selbst verbessert werden.

Wenn ein Verkaufsleiter die Leistung seiner Mitarbeiter bewertet, muss die Beurteilung prozessorientierte Kriterien wie die Zeit, die diese für Gespräche mit neuen Kunden aufwenden, sowie das zeitliche Verhältnis zwischen Kundenkontakten und Büroarbeit und den Prozentsatz erfolgreicher Abschlüsse berücksichtigen.

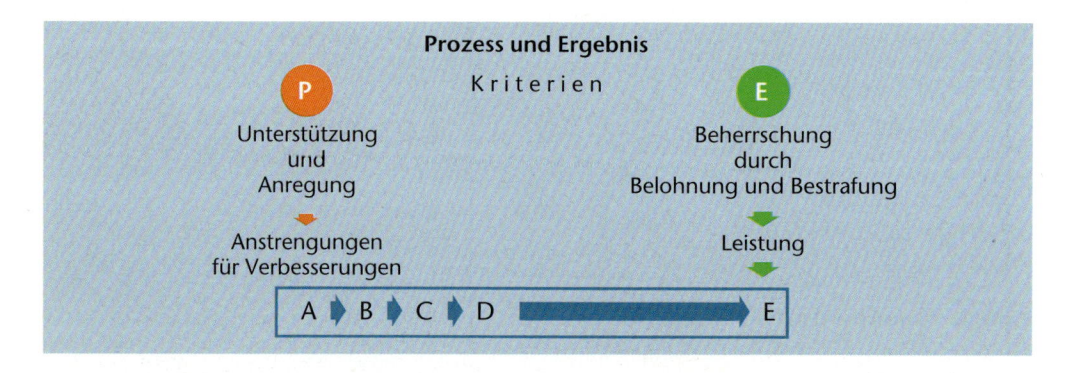

Prozess und Ergebnis
Kriterien

P — Unterstützung und Anregung
→ Anstrengungen für Verbesserungen

E — Beherrschung durch Belohnung und Bestrafung
→ Leistung

A ▶ B ▶ C ▶ D ━━━━━▶ E

Ein prozessorientierter Manager wird folgende Eigenschaften seiner Mitarbeiter fördern:
- Kreativität
- Selbstdisziplin
- Zeitmanagement
- Fachkenntnisse und Selbstmanagement
- Mitwirkung und Einbeziehung
- Arbeitsmoral
- Kommunikationsfähigkeit

Die Optimierung von Qualität, Kosten und Logistik (QKL) muss das Ziel aller unternehmerischen Anstrengungen sein. Wenn diese Ziele nicht erreicht werden, wird das Unternehmen aufgrund schlechter Qualität zurückfallen, die Gewinne werden aufgrund steigender Kosten geschmälert und die Produkte nicht rechtzeitig an die Kunden geliefert. Alle Managementfunktionen wie Produktentwicklung, Konstruktion, Produktionsvorbereitung, Produktion, Marketing und Vertrieb dienen nur dem Erreichen der Ziele QKL; sie sind Mittel zum Zweck.

Gemba (Ort des Geschehens) ist dort
- wo die Arbeit getan wird,
- wo der Wertzuwachs erfolgt,
- wohin die Problemlösung delegiert wird.

Mitarbeiter kennen die Probleme an ihren Arbeitsplätzen in der Regel besser als jeder Bereichsfremde. Probleme lassen sich meist nicht am grünen Tisch lösen, deshalb muss eine effiziente Problemlösung an den Ort des Geschehens („Gemba") delegiert werden.

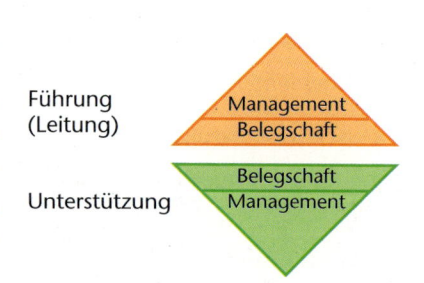

Führung (Leitung): ▲ Management / Belegschaft
Unterstützung: ▼ Belegschaft / Management

Jeder veränderte und verbesserte Arbeitsprozess weist am Anfang gewisse Unsicherheiten und Abweichungen auf. Zuerst muss also der Prozess stabilisiert und erhalten werden.

Die Standardisierung erfolgt in vier Phasen:

- *Festlegung, wie nach der Verbesserung zu arbeiten ist (Standardisierung)*
- *praktische Ausführung des neuen Standards und Sammeln von Erfahrungen (Tun)*
- *checken, ob der neue Standard die an ihn gestellten Erwartungen in Richtung QKL erfüllt*
- *bei Tauglichkeit gilt der Standard als neue Arbeitsvorschrift*

Nach der Stabilisierung der Prozesse mittels der Standardisierung kann mit der eigentlichen Verbesserung begonnen werden. Auch sie erfolgt in vier Phasen durch Anwendung des PTCA-Kreises.

Aktion
- Absicherung des neuen verbesserten Prozesses, um einem Wiederauftreten von Problemen vorzubeugen
- Standardisierung, d. h. Festschreibung des neuen Ablaufs
- PTCA-Kreis dreht sich unaufhörlich; verbesserter Zustand wird zum Standard und fordert zur weiteren Verbesserung heraus

Planen
- Untersuchung, ob die bestehende Praxis den Zielen (QKL) und Vorgaben entspricht; Basiswerkzeuge zur Datenerfassung: Strichliste, Balkendiagramm, Streudiagramm, Ursache-Wirkung-Diagramm, Histogramm, Kontrollkarte
- Verbesserungsplan mittels der „6 W": Wer macht was? Wo soll verbessert werden? Warum erfolgt eine Verbesserung? Was soll verbessert werden? Bis wann soll die Situation verbessert werden? Wie wird verbessert?
- Bereits bei der Planung muss für eine Messbarkeit der Ergebnisse gesorgt werden.

Checken
- Überprüfung, ob das erreichte Ergebnis der Zielsetzung der Planungsphase entspricht; ggf. Wiederholung der bisherigen Schritte, bis sich ein positives Resultat herausstellt
- Erste-Hilfe-Maßnahmen, um den Prozess ins Laufen zu bringen
- nach Beseitigung der Symptome Ergründung und Beseitigung der Ursachen

Tun
- Umsetzung des Plans in die Praxis; Information und ggf. Schulung der betroffenen Mitarbeiter
- Ausführung der geplanten Verbesserung

Verbesserungen können sowohl in Form von **Kaizen** als auch durch eine **Innovation** erfolgen. Kaizen bedeutet Verbesserung des Status quo in vielen kleinen Schritten als Ergebnis laufender Bemühungen. Innovation ist die drastische Verbesserung des Status quo als Ergebnis einer großen Investition in eine neue Technologie und/oder Ausstattung.

Grundsätzliche Unterschiede zwischen Kaizen und Innovation

Kaizen	Innovation
– kleine Schritte – herkömmliches Know-how – Anstrengungen – prozessorientiert – Gruppenarbeit – mitarbeiterorientiert – langsam wachsende Wirtschaft	– große Schritte – technologischer Durchbruch – Investitionen – ergebnisorientiert – individuelle Arbeit – technologieorientiert – schnell wachsende Wirtschaft

Kaizen — Innovation — Kaizen

kleine Schritte
große Schritte
kleine Schritte

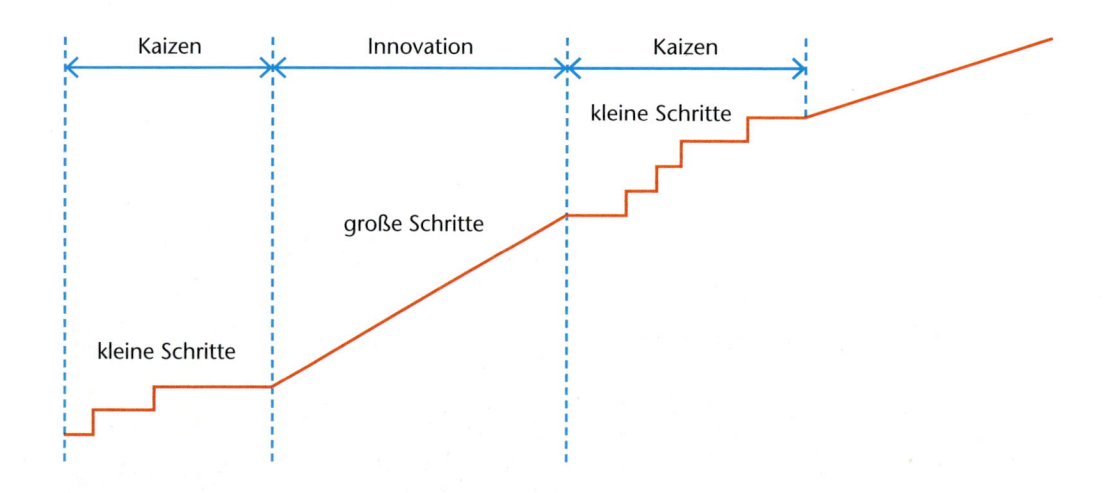

Arbeitsaufträge

1. Welche Bedeutung kommt Kaizen in Zeiten kürzerer Entwicklungszyklen für die Wettbewerbsfähigkeit der Unternehmen zu?

2. Vom Vorstand wurde eine Vision herausgegeben, in der neben unternehmenspolitischen Zielen auch der zukünftige ideale Mitarbeiter beschrieben wird, den das Unternehmen benötigt, um seine Wettbewerbsposition zu halten bzw. weiter auszubauen.

   VISION (Auszug)

   „… Das Unternehmen erwartet von den Mitarbeitern, dass sie
   – loyal,
   – kundenorientiert und
   – teamorientiert sind sowie
   – Bereitschaft zeigen, sich selbst zu fordern."

   a) Wie erreichen Sie als Abteilungsleiter/-in, dass diese Vision in Ihrem Bereich verwirklicht werden kann?
   b) Nennen Sie Führungsinstrumente, die Sie verwenden.
   c) Zeigen Sie auf, wie aus den abstrakten Begriffen „Kundenorientierung" und „Loyalität" Indikatoren abgeleitet werden können, die Sie für eine spätere Mitarbeiterbeurteilung benötigen.

3. a) Skizzieren Sie den Anspruch eines Kaizen-Konzepts. (Was soll durch Kaizen erreicht bzw. ständig verbessert werden?)
   b) Unterscheiden Sie Kaizen und Innovation, indem Sie für Ihre Ausbildungsstätte in jeweils separaten Gruppen die Lösung eines Problems erarbeiten (z. B. Möglichkeiten einer umweltgerechten Müllentsorgung).

6.7.7 Projektorganisation

Merkmale des Projektmanagements

Unter „Projektmanagement" versteht man ein Organisationsverfahren, eine Institution und ein Führungskonzept zur Planung, Steuerung, Regelung und Kontrolle von Vorhaben, die folgende **Merkmale** aufweisen (vgl. DIN 69901):

- **Innovativer Charakter:** Die mit dem Projekt verbundenen Aufgaben sind nicht mit den vorhandenen Routinen zu lösen.
- **Einmaligkeit:** Die Aufgabe kehrt in der vorliegenden Form nicht wieder oder ihre Wiederkehr ist nicht absehbar.
- **Zeitliche Zielsetzung:** Die Projektaufgabe ist zeitlich befristet.
- **Umfang:** Es sind verschiedene Bereiche betroffen.
- **Risiko:** Erfolg ist unsicherer als bei Routineaufgaben.

Team | Projekt | Ziel | Evaluierung

Beispiele
Organisatorische Aufgaben, die als „Projekt" bezeichnet werden können, sind die Einführung eines neuen Erzeugnisses, ein größeres Bauvorhaben, Gründung einer Tochterfirma usw.

Die Projektplanung als vorausschauende Festlegung der Projektdurchführung ist insofern eine entscheidende Phase, als von ihrer Qualität die Termin- und Kosteneinhaltung und auch die Leistungserfüllung abhängen.

Gründe für Projektmanagement
Als die wichtigsten Gründe für Projektmanagement gelten folgende Überlegungen:

- Entscheidungen, Aufgaben und Probleme in den Unternehmen werden immer komplexer, sodass die herkömmliche Organisation eines Unternehmens immer mehr überfordert ist. Unternehmerische Entscheidungen haben oft globale Auswirkungen, zudem ist eine direkte Steuerung der Organisation durch zentrale Instanzen wegen der Vernetzung von Entscheidungen immer schwieriger. Projektmanagement ermöglicht dem Unternehmen, auf veränderte Bedingungen des Umfelds zu reagieren und die Aufbau- und Ablauforganisation in Richtung **ganzheitliches Management** zu verändern.

- Durch die Konkurrenzsituation in vielen Branchen ist die Schnelligkeit, mit der Entscheidungen getroffen werden, zu einem wesentlichen Wettbewerbsfaktor geworden. **Zeitmanagement**, bezogen auf das ganze Unternehmen, ist bisher nicht stark ausgeprägt. Zeitmanagement als Prinzip erfordert neue Organisationsstrukturen, die im Projektmanagement zu finden sind:
  – dezentrale Entscheidungen
  – Selbstkontrolle der Mitarbeiter
  – Vertrauen zu den Mitarbeitern

- In den letzten Jahren haben sich die Lebenszyklen von Produkten stetig verkürzt, während die Entwicklungszeiten für neue Produkte nahezu gleich geblieben sind. Noch drastischer ist diese Entwicklung in der Elektroindustrie, insbesondere in der Computerbranche. Unternehmen mit zu langen Entwicklungszeiten sind gegenüber der Konkurrenz immer einen Schritt zu spät am Markt. Projektmanagement ermöglicht eine Anpassung der Organisation an diese Veränderungen.

- Die Öffnung der Märkte und die Beseitigung von Handelshemmnissen bedeuten für die Unternehmen mehr Wettbewerb und eine Einengung ihres Spielraums. Die Notwendigkeit, selbst zu handeln und nicht nur zu reagieren, lässt sich im Projektmanagement leichter realisieren als in den herkömmlichen Organisationen.

- Menschen streben heute immer mehr danach, sich selbst zu verwirklichen und zu entfalten. Dieser Wertewandel in der Gesellschaft findet in den Unternehmen in der Form statt, dass die dort Beschäftigten immer mehr nach der Sinnhaftigkeit ihrer Arbeit fragen. Projektmanagement kommt der Forderung der Mitarbeiter nach verantwortungs- und anspruchsvoller Tätigkeit entgegen.

- Der Rationalisierungsdruck in den Unternehmen führt dazu, dass immer weniger Menschen immer mehr und vielfältigere Aufgaben wahrnehmen müssen. Die **Vielschichtigkeit von Problemlösungen** erfordert eher den Generalisten als den Spezialisten, wodurch andere Abstimmungs- und Kommunikationsformen notwendig sind als in traditionellen Organisationen.

- Projektgruppen lassen sich schneller bilden und auflösen, als dies in starren Organisationsformen möglich ist. Unternehmen können sich so rascher **an Marktgegebenheiten** und Veränderungen im Umfeld **anpassen.**

Einflussgrößen für den Verlauf von Projekten

Projektmanagement ist eine die gegebene Organisationsstruktur überlagernde, flexible Form zur Umsetzung von Innovations-, Veränderungs- oder Verbesserungsprojekten. Die gegebene Linienstruktur wird durch eine direkte, projektspezifische Koordination ergänzt. Das grundlegende Prinzip der Zusammenarbeit von Projekt und Linie ist das Projekt-Matrix-Management, das zwischen Projekt- und Fachverantwortung unterscheidet.

Die einzelnen Projektteile, die sich aus der schrittweisen Zerlegung der Gesamtaufgabe in ihre einzelnen Bestandteile ergeben haben, müssen in einen Ablaufplan gebracht werden. Das Hauptproblem des Projektmanagements besteht jedoch darin, dass die Aufgaben sich nicht routinemäßig mit der Linienorganisation lösen lassen. Dennoch ist der Projektablaufplan wichtige Grundlage für die weitere Projektplanung.

Hilfsmittel sind das bereits angesprochene **Balkendiagramm** und die **Netzplantechnik.** Mit ihrer Hilfe wird es der Projektleitung erleichtert, Abweichungen festzustellen. Die Projektbeteiligten müssen wissen, was bei unvorhergesehenen Ereignissen, Störungen und Rückschlägen zu tun ist.

Nach jeder Phase eines Projektablaufs findet eine sogenannte **Meilensteinsitzung** statt, bei der Zwischenergebnisse präsentiert werden und über den weiteren Verlauf des Projekts entschieden wird.

Im Zentrum der Matrix

	Leiter Werkzeugbau	Leiter Fertigung	Leiterin Vertrieb	Leiter Finanzen	Leiterin Personal
		Lieber fertig als bunt!	Lieber bunt als billig!	Lieber billig als ausgereift!	
Projektleiter					
Lieber ausgereift als fertig!					

Was sollen wir tun?

Für die Sachmittelplanung ist erforderlich, dass alle benötigten Sachmittel zur Durchführung eines Projekts in erforderlicher Zahl und am definierten Ort bereitgestellt werden. Dazu gehören Arbeitsräume, Arbeitsplätze, Maschinen, Kommunikationsmittel, Computer und andere Arbeitsmittel. Sind die Sachmittel bereits im Unternehmen vorhanden, muss dafür gesorgt werden, dass sie für das Projekt zur Verfügung stehen. Wenn organisatorische Maßnahmen wie Umzüge oder Umrüstungen von Arbeitsplätzen notwendig sind, müssen diese rechtzeitig zu Projektbeginn abgeschlossen sein.

Falls die Sachmittel nicht im Unternehmen vorhanden sind, müssen sie durch Kauf, Miete, Leasing, Pacht oder Leihe beschafft werden. Meist wird die **Beschaffung von Sachmitteln** nicht von der Projektgruppe selbst durchgeführt, sondern von der Einkaufsabteilung des Unternehmens. In diesem Fall hat die Projektgruppe folgende Aufgaben:

- genaue Definition des Sachmittels (Fabrikat, Typ, Menge usw.)
- Beschaffungsvorgaben (Beschreibung, Ausschreibungsunterlagen usw.)
- Klärung fachbezogener Fragen mit dem Lieferanten
- Sicherung der Lieferzeiteinhaltung

Die Planung der Sachmittel hängt meist von der finanziellen Basis eines Projekts ab. Um den finanziellen Bedarf zu ermitteln, ist eine Kostenplanung durchzuführen. Diese dient

- der Vorschau über Kosten einzelner Projektteile und des Gesamtprojekts,
- der Ermittlung des zeitlichen Kostenanfalls,
- als Ausgangspunkt eines Geldmittelbedarfsplans.

Eine Kostenrechnung als Planungsrechnung sollte in mehrere Kostenarten gegliedert sein, wie beispielsweise Personalkosten, Materialkosten, Kapitalkosten, Fremdleistungskosten usw. Voraussetzung einer Kostenplanung ist das Vorliegen einer Personal-, Sachmittel- und Terminplanung.

Für das Projekt muss ein leistungsfähiges Team zusammengestellt werden. Dieses Problem hat sowohl eine quantitative als auch eine qualitative Komponente. Folgende **personalpolitischen Problemfelder** sind bei der Mitarbeiterplanung beispielsweise zu berücksichtigen:

- Wie viele Mitarbeiter/-innen sollen an jedem Projektteil mitarbeiten?
- Welche Qualifikation haben die Mitarbeiter/-innen?
- Inwieweit besteht Bereitschaft zur Mitarbeit am Projekt?
- Wie groß ist die Arbeitsbelastung der Projektmitarbeiter/-innen?
- Wird die Laufbahn durch die Mitarbeiter/-innen im Projekt begünstigt oder beeinträchtigt?
- Kennen die Projektmitarbeiter/-innen Konfliktlösungsmethoden und Teamverhaltensregeln?
- Welchen Einfluss hat das Projekt auf die Motivation der Mitarbeiter/-innen?

Der **quantitative Bedarf** an Mitarbeitern lässt sich für neuartige Projekte nur mit Schätzverfahren ermitteln. Bei Projekten, die in ähnlicher Form bereits abgewickelt wurden, kann der Personalbedarf mithilfe von Prognoserechnungen ermittelt werden.

Gestaltung von Teamsitzungen

Teamsitzungen sind wichtig, um den Informationsaustausch im Unternehmen zu gewährleisten. Der Status quo aktueller Projekte, Ablauf und Performance abgeschlossener Projekte und zukünftige Vorhaben werden im Rahmen von Teamsitzungen für alle Mitarbeiter transparent. Neben der Stärkung des Teamgefühls steigern Teamsitzungen somit die Identifikation mit dem Unternehmen. Für die sinnvolle Gestaltung einer Teamsitzung ist es notwendig, dass sich die Beteiligten an vorher vereinbarte Spielregeln halten. Diese können auf einem Plakat im Betrieb aufgehängt werden oder sogar als Gruppenvertrag abgeschlossen werden.

Um Teamsitzungen effektiv zu gestalten, sollten folgende Schritte beachtet werden.

Zur **Vorbereitung** auf die Sitzung sollte den Beteiligten eine Tagesordnung mit Ort, Zeitpunkt, Dauer und Themen der Teamsitzung zugehen, damit jeder sich vorbereiten kann. Ort und Zeit sollten so gelegt werden, dass Störungen vermieden werden. Notwendige Hilfsmittel wie beispielsweise Flipchart oder Beamer sollten bereitstehen und funktionstüchtig sein.

> **Unsere Teamregeln**
>
> - Wir helfen uns gegenseitig und machen uns Mut.
> - Wir tolerieren und akzeptieren andere Meinungen.
> - Wir hören einander zu.
> - Wir vermeiden Beleidigungen und persönliche Angriffe.
> - Wir kommen pünktlich, machen mit und geben unser Bestes.
> - Wir arbeiten und diskutieren zielstrebig.
> - Wir sprechen auftretende Probleme offen an.
> - Wir behandeln Konflikte in der Gruppe taktvoll, aber vorrangig.

Die Teammitglieder üben in den Sitzungen bestimmte Rollen aus, sie haben also bestimmte Aufgaben inne. Diese können festgelegt sein, aber auch von Sitzung zu Sitzung wechseln. Folgende **Sitzungsrollen** sind bei Teamsitzungen aufzuteilen:

Rolle	Aufgaben
Sitzungsleiter/Moderator[1]	führt durch die Sitzung; arbeitet die Tagesordnungspunkte ab; visualisiert; leitet die Diskussion; achtet auf Einhaltung der Teamregeln
Protokollant	notiert Verlauf, Hauptargumente und Ergebnisse der Sitzung; schreibt ab oder fotografiert z. B. Themenliste auf der Flipchart; vermerkt Änderungen auf der Tagesordnung
Zeitwächter	achtet auf pünktlichen Anfang und Schluss; achtet auf veranschlagte Zeit der einzelnen Tagesordnungspunkte; warnt vor Zeitüberschreitungen oder ausufernden Diskussionen; macht Vorschläge, wenn ein Tagesordnungspunkt überdehnt wird
To-do-Listenschreiber	schreibt in die Erledigungsliste, was und bis wann etwas zu tun ist; stellt sicher, dass jedes Teammitglied über einen Auftrag informiert wird (Erledigungsliste kopieren oder mailen)

Der **Einstieg in das Thema** der Teamsitzung sollte interessant gestaltet werden, z. B. durch eine provozierende Frage oder ein originelles Bild, um Aufmerksamkeit zu erregen. Informationen sollten weitergegeben werden, um den Wissensstand der Teammitglieder zu erhöhen. In dieser Phase von Teamsitzungen sollte noch nicht über Details diskutiert werden.

Ein effektives Abarbeiten der Tagesordnung hängt sehr stark von der passenden Methode ab, mit der **Ideen gesammelt und sortiert** werden können. Die möglichen Methoden werden auf S. 33 ff. näher erläutert.

Vor- und Nachteile der **Vorschläge sind gemeinsam zu prüfen und zu bewerten**. Ob ein Vorschlag weiterverfolgt werden soll, entscheidet das Team. Bei Uneinigkeit kann beispielsweise durch eine Mehrpunktabfrage eine Entscheidung herbeigeführt werden. (Jedes Teammitglied bekommt die gleiche Anzahl von Punkten und heftet jeweils einen Punkt an den Vorschlag, den es für sinnvoll hält.) Die Vorschläge mit den meisten Punkten werden weiterbearbeitet.

Es ist zu überlegen, wie der ausgewählte Vorschlag aus der Teamsitzung umgesetzt werden soll. Um Missverständnisse zu vermeiden, sollten Art des Auftrags, Verantwortlichkeit, Beginn und Ende schriftlich festgelegt werden. Die Zusammenfassung muss nicht aufwendig gestaltet werden, sollte aber die **Ergebnisse der Teamsitzung** enthalten.

Zum Abschluss sollte eine kurze **Nachbereitung mit Rückmeldung** aller Teammitglieder erfolgen, in der sich alle der Reihe nach frei äußern oder auch gezielte Fragen stellen können, wie z. B.: *„Was lief gut, was schlecht in der Sitzung? Wie haben Sie sich gefühlt? Wie haben Sie das Miteinander erlebt?"*

Bevor die Teamsitzung beendet wird, ist der **nächsten Teamsitzungstermin** festzulegen.

Arbeitsauftrag

Führen Sie mithilfe einer Tagesordnung zu einem von Ihrer Gruppe ausgewählten Thema eine Teamsitzung einschließlich Sitzungsrollen, Protokoll und To-do-Listen durch. Wechseln Sie in den nächsten Teamsitzungen die Rollen, sodass jeder einmal jede Rolle ausgeübt hat.

---

[1] Das Thema „Moderation" und die Rolle des Moderators sind ausführlich in Kapitel 5.10 dargestellt.

> **Die Teambildung ist ein Entwicklungsprozess, der in vier Phasen gegliedert ist:**
>
> 1. **Orientierungsphase** *(forming)*
> 2. **Konfrontationsphase** *(storming)*
> 3. **Kooperationsphase** *(norming)*
> 4. **Wachstumsphase** *(performing)*

Die **Orientierungsphase** ist die Entstehungsphase des Teams. Hier müssen die Mitglieder aufgrund bestimmter Erwartungen ihre eigene Rolle finden. Diese Phase ist geprägt durch Höflichkeit, ein vorsichtiges Abtasten, das Streben nach Sicherheit und das Kennenlernen. Primäre Bezugspunkte sind die zu behandelnden Aufgabenstellungen und die Teamführungskraft, die das Team in dieser Phase führen muss.

In der **Konfrontationsphase** entscheidet sich, ob das Team weiterbesteht oder aufgrund unüberwindbarer Konflikte zerfällt. Können diese Konflikte gelöst werden, kommt es am Ende dieser Phase zur Definition der Aufgabenrollen, es ist ein Grundkonsens erzielt worden.

In der folgenden **Kooperations-** oder **Regelphase** werden Ideen und Gedanken offen ausgetauscht. Es herrscht ein freundschaftliches Klima des Vertrauens. Die Kooperation findet nun im ganzen Team statt. In dieser Phase hat das Team eine solide Arbeitsplattform gefunden und baut diese weiter aus. Das Team wächst zunehmend zusammen.

In der **Wachstums-** oder **Arbeitsphase** fließt nun die gesamte Teamenergie in die Aufgabenbewältigung. Aufgrund der hohen Gruppenkohäsion sind nun auch Spitzenleistungen möglich und die Führungskraft benötigt nur noch wenig Energie, da sie nur noch Visionen vorgeben muss.

Zu beachten ist, dass die einzelnen Phasen auch wiederholt durchgemacht werden können, wenn ein neues Teammitglied in ein bestehendes Team eintritt oder sich eine Änderung der Aufgabenstellung ergibt.

Durch die Teilnahme an einem Team haben die Teammitglieder das Gefühl, etwas Größeres zu leisten und dazuzugehören. Durch dieses Gefühl steigern sich das Selbstwertgefühl und die Motivation der Mitglieder, was sich wiederum positiv auf die Arbeit auswirkt.

Von einem gut funktionierenden Team kann erst dann gesprochen werden, wenn die Gemeinschaftsleistung die Summe der Einzelleistungen übersteigt.

Auch die Zusammensetzung eines Teams, ob homogen oder heterogen, beeinflusst die Teambildung. Homogene Teams haben zwar tendenziell geringere Koordinationskonflikte, verfügen jedoch nur über eine geringere Ressourcenvielfalt. Heterogene Teams weisen zwar Leistungsvorteile auf, sind jedoch etwas instabil.

Moderne Formen der Arbeitsorganisation — 285

Arbeitsauftrag

Die Finanzen in Ihrem Tennisclub stehen nicht zum Besten. Sie werden beauftragt, eine Arbeitsgruppe zusammenzustellen, welche sich diesem Problem annehmen soll. Von dieser Arbeitsgruppe werden produktive Vorschläge für diverse Einsparungen erarbeitet.
Zeigen Sie in Stichworten vier Faktoren auf, welche Sie bei der Teambildung bzw. der Organisation der Arbeitsgruppe berücksichtigen.

Die **Qualifikation der Mitarbeiter/-innen** ist ein wesentliches Element für den Erfolg eines Projekts. Von den Mitarbeitern des Projekts wird jedoch mehr verlangt als Spezialwissen in ihrem Fachgebiet:
- Die Projektmitglieder sollten sich in den jeweiligen Nachbardisziplinen auskennen.
- Sie sollten flexibel im Gebrauch von Begriffen und Konventionen sowie in der Lage sein, in Zusammenhängen zu denken.
- Sie sollten tolerant und offen gegenüber anderen Projektmitarbeitern sein.

> … bedeutet für Bereich HG 4 eine AFZ an seine PKO …

> … ist also nach Abs. 2 § 4 der Richtlinie vom 12.12.2015 …

> … für unsere Kunden ohne Nutzen.

> Die serielle Schnittstelle zwischen Horst und der Workstation …

Diese Qualifikationsmerkmale sind oft nur mit Analyseverfahren festzustellen, wie z. B. in Form eines **Assessment-Centers** (siehe S. 322). Dies ist ein zukunftsorientiertes Testverfahren, das Auskunft darüber gibt, wie Mitarbeiter bestimmte Fähigkeiten und Verhaltensweisen in bestimmten Situationen, die auf die Projekterfordernisse zugeschnitten sind, einzusetzen in der Lage sind.

Gegebenenfalls müssen Projektmitarbeiter für Aufgaben, die sie im Projekt übernehmen sollen, inner- oder außerbetrieblich geschult werden.

Fähigkeiten, Kenntnisse, Erfahrungen und Eigenschaften des Projektleiters sind ein wesentlicher Faktor für erfolgreiches Projektmanagement. Die erforderliche Qualifikation ist weniger fachlicher oder technischer Art. Führung im Projekt ist anders als Führung in der Linie. Deshalb werden andere **Anforderungen an einen Projektleiter** gestellt, wie beispielsweise:
- Teamfähigkeit
- Kreativität
- Kontaktfähigkeit
- Initiative
- Entscheidungsfreudigkeit

Mitarbeiter eines Projekts erhalten durch die Führung weniger Orientierung, dafür jedoch mehr Handlungsspielraum. Disziplinarische Maßnahmen haben weniger Gewicht, da die Anforderung an die Selbstkontrolle der Mitarbeiter höher ist. Der Führungsstil sollte überwiegend kooperativ sein, die Angemessenheit kann jedoch von Situation zu Situation wechseln.

Beispiel
Im normalen Projektablauf ist der kooperative Führungsstil angemessen, in einer unübersichtlichen oder schwierigen Situation kann auch der autoritäre Führungsstil angebracht sein.

Folgende Regeln sollten vom Projektleiter bei der Führung berücksichtigt werden:
- Der Mensch steht im Mittelpunkt.
- Der Projektleiter muss jederzeit für die Mitarbeiter ansprechbar sein.
- Kontrolle erfolgt als Ergebniskontrolle, nicht als Verhaltenskontrolle.
- Positive Sanktionsmöglichkeiten sollten genutzt werden.
- Initiative und Eigenverantwortung von Mitarbeitern sollten gefördert werden.
- Mitarbeiter sollten freien Zugang zu allen projektrelevanten Informationen haben.
- Der Informationsaustausch zwischen den Projektmitgliedern sollte direkt und ungehindert stattfinden können.

Kommunikation ist ein wesentlicher Bestandteil für den erfolgreichen Abschluss eines Projekts. Sie erfolgt zwischen Personen unterschiedlicher Struktur, die einander beeinflussen, um ein bestimmtes Ziel zu erreichen. Da Kommunikation sowohl auf einer Sachebene (durch das offizielle Gesprächsthema definiert) als auch auf einer Beziehungsebene (emotionaler, informeller, nicht sachlicher Teil der Botschaft, zum Beispiel Sympathie, Wertschätzung des Partners usw.) stattfindet (siehe Kap. 3), sollten bestimmte **Regeln** eingehalten werden, um ein Projekt zum Erfolg zu bringen:
- Vorbereitung von Sitzungen mit Vorinformationen, Tagesordnung usw.
- Visualisierung von Themen, Argumenten usw.
- Elastizität der Gesprächsführung durch freies Äußern von Vorschlägen, Anerkennung von Gesprächsfortschritten, Vermittlung bei gegensätzlichen Standpunkten usw.
- Herbeiführung der Entscheidungsbildung unter Berücksichtigung der Phasen des Entscheidungsprozesses: Alternativen, Bewertung, Entscheidung usw.
- Organisation eines Berichts- und Dokumentationswesens[1]

Arbeitsauftrag

Fallstudie
Sie sind bereits seit einigen Jahren Projektkoordinator in einem innovativen Unternehmen des Anlagenbaus. Ihr Unternehmen orientiert sich seit einiger Zeit neu, um seine Marktposition zu stärken. Zu diesem Zweck hat die Geschäftsleitung vor drei Monaten eine gute Chance zur Erweiterung der Geschäftsaktivitäten wahrgenommen und zu einem günstigen Einstandspreis einen Fertigungsbetrieb für Rohrleitungs- und Sondermaschinenbau gekauft.
Wegen Ihrer bisherigen Leistungen und Ihrer Erfahrungen möchte die Geschäftsleitung, dass Sie sich dieser Aufgabe annehmen und das Unternehmen, das wirtschaftlich etwas angeschlagen ist, wieder auf Erfolgskurs bringen.
Das zugekaufte Unternehmen, ein Betrieb, der seit 23 Jahren als Familienunternehmen geführt wurde, ist in der Branche als zuverlässig und qualitätsorientiert bekannt. Der Marktanteil ist seit drei Jahren auf rund acht Prozent gestiegen. Zu den Kunden gehören vor allem

---
[1] Anregungen für die Planung und Durchführung einer Projektarbeit bietet das im Bildungsverlag EINS erschienene Buch: Drützler-Heilgeist/Lautenbach: Betrifft Projektarbeit, Troisdorf 2010

Unternehmen von Rohölnachfolgeprodukten und mineralischen Grundstoffen (Schlammförderanlagen) im Nahen Osten.
Trotzdem waren die letzten fünf Jahre nicht leicht für das Unternehmen. Von den ursprünglich 85 Mitarbeitern sind zwischenzeitlich nur noch 73 im Unternehmen. Hohe Lager- und Logistikkosten für die rund 2 500 unterschiedlichen Bauteile, von der Schraube bis hin zu komplexen Schaufelrädern für die Rohrförderantriebe, drücken beständig auf das Ergebnis. Auch die Sondermaschinen, die im Unternehmen eingesetzt werden, um dem Motto des Unternehmens „Unsere Kunden haben individuelle Probleme und erwarten individuelle Lösungen. Deshalb fertigen wir speziell nach ihren Wünschen" gerecht zu werden, sind nur unzureichend ausgelastet.
Trotz gut gefüllter Auftragsbücher läuft das Unternehmen nicht so, wie es laufen könnte. Die Geschäftsleitung erwartet von Ihnen in 14 Tagen ein Konzept, mit welcher Produktions- und Marktstrategie nach Ihrer Einschätzung das zugekaufte Unternehmen innerhalb der nächsten zweieinhalb bis drei Jahre eine gefestigte Marktposition erreichen und zum Gesamtgewinn der neuen Unternehmensgruppe beitragen kann. Ferner erwartet die Geschäftsleitung in dieser Zeit ein Umsatzplus von wenigstens sieben Prozent. Lassen Sie in Ihre Überlegungen auch die aktuelle Situation im deutschen Maschinenbau einfließen.

Sanktjohanser, Angelika: Assessment-Center: Fallstudie, in: FOCUS Online am 05.08.2004 unter www.focus.de/finanzen/karriere/bewerbung/assessment/assessment-center/fallstudie_aid_7710.html, abgerufen am 18.06.2014

Lösungsansatz (erst nach Bearbeitung der Fallstudie lesen)
Überlegen Sie, ob Sie folgende Hinweise bei Ihrer Lösung der Fallstudie berücksichtigt haben:
- Just-in-time-Lieferungen der Einzel- und Bauteile zur Senkung der eigenen Lagerbestände und -kosten
- im Gegenzug längerfristige Rahmenverträge für die Lieferanten
- Verringerung der Teileanzahl durch stärkere Standardisierung (Stichwort „Baukastensystem")
- Abstimmung zwischen Fremd- und Eigenfertigung
- bessere Auslastung der Sondermaschinen durch Annahme von Lohnaufträgen
- Ausbau der Marktstellung als Systemlieferant. Dabei können nicht nur die Entwicklung und der Aufbau einer Anlage übernommen werden, sondern die gesamte Projektabwicklung und die Koordination mit weiteren Firmen und Behörden. Ziel: Übergabe eines schlüsselfertigen Produktionssystems.

6.7.8 Qualitätsmanagement

Das **Qualitätsmanagement** (QM) ist ein Bereich des funktionalen Managements. Ziel ist die Optimierung von Arbeitsabläufen oder von Geschäftsprozessen unter der Berücksichtigung von materiellen und zeitlichen Kontingenten. Es dient dem Qualitätserhalt von Produkten bzw. Dienstleistungen und deren Weiterentwicklung.

Von Belang hierbei sind etwa die Optimierung von Kommunikationsstrukturen, professionelle Lösungsstrategien, die Erhaltung oder Steigerung der Zufriedenheit von Kunden oder Klienten sowie der Motivation der Belegschaft. Zudem sollen bestimmte Handlungs- und Arbeitsprozesse standardisiert sowie Normen für Produkte oder Leistungen, Dokumentationen, berufliche Weiterbildung, Ausstattung und Gestaltung von Arbeitsräumen festgelegt werden.

Viele große Unternehmen, z. B. in der Automobilindustrie, verlangen mittlerweile ein zertifiziertes QM-System von ihren Zulieferfirmen bzw. nehmen nur neue Zulieferer an, die ein solches QM-System nachweisen können.

Folgende Ziele lassen sich mit einem gut funktionierenden QM-System erreichen:
- Eine gleichbleibende Qualität kann nachgewiesen werden.
- Märkte und Arbeitsplätze werden gesichert.
- Kundenzufriedenheit und Kundentreue werden erreicht.
- Mitarbeiter werden leichter eingearbeitet und geschult.
- Die Mitarbeiter im Unternehmen sind motiviert.
- Prozesse im Unternehmen sind besser überschaubar.
- Arbeitsabläufe und Prozesse werden ständig verbessert.
- Kompetenzen und Verantwortung sind eindeutig zugeordnet.
- Betriebliches Wissen wird durch dokumentierte Abläufe gesichert.
- Kosten werden minimiert.
- Fehler werden vermieden.
- Führungsstärke und Führungssicherheit werden verbessert.

Neben der in Kapitel 6.7.6 beschriebenen KVP bzw. Kaizen ist die Normenreihe EN **ISO 9000** ff. der wohl bekannteste und meistverbreitete Standard in der Qualitätssicherung.

> *ISO ist die Abkürzung für „International Organization for Standardization", eine Institution, welche die Normung international koordiniert. Der Zweck der ISO ist die Förderung der Normung in der Welt, um den Austausch von Gütern und Dienstleistungen zu unterstützen und die gegenseitige Zusammenarbeit in verschiedenen technischen Bereichen zu entwickeln. Die ISO erarbeitet ISO-Normen (ISO-Standards), die von den Mitgliedsländern unverändert übernommen werden sollen, z. B. in der Bundesrepublik Deutschland als DIN-ISO-Normen.*

Die ISO 9000 ist Bestandteil einer Normenreihe, die von ISO 9000 bis ISO 9004 reicht. ISO 9000 enthält grundlegende Gedanken und Begriffe. Es werden die Grundlagen für Qualitätsmanagementsysteme und die in der Normenreihe EN ISO 9000 ff. verwendeten Begriffe erläutert.

ISO 9001 beschreibt Qualitätsmanagementsysteme, Forderungen an die Qualitätssicherung und die QM-Darlegung. Die aktuelle EN ISO 9001 wurde letztmalig im Jahr 2015 überarbeitet (9001:2015).

ISO 9004 ist ein Leitfaden für das Qualitätsmanagement.

Die ISO 9002 und ISO 9003 haben mit der Revision der Normenreihe im Jahr 2000 ihre Gültigkeit verloren.

Die DIN EN ISO 9011 regelt die Anforderungen an die Auditierung (= Prüfung) von Qualitäts- und Umweltmanagementsystemen und an die Qualifikation der Auditoren.

Die Einführung eines QM-Systems dauert unter Umständen je nach Standard und Firmengröße mehrere Jahre.

Danach wird das System von einer anerkannten Zertifizierungsstelle (z. B. TÜV) in einem sogenannten **Zertifizierungs-Audit** abgenommen. Dabei wird stichprobenartig die Funktionsfähigkeit des QM-Systems konkret in einzelnen Abteilungen geprüft.

Zusätzlich zu diesen externen Audits werden auch sogenannte interne Audits vom Qualitätsbeauftragten des Unternehmens in regelmäßigen Abständen durchgeführt. Die QM-Dokumentation beschreibt die Umsetzung des QM-Systems innerhalb eines Unternehmens. Dabei wird meist ein dreistufiger Aufbau verwendet, die sogenannte QM-Pyramide:

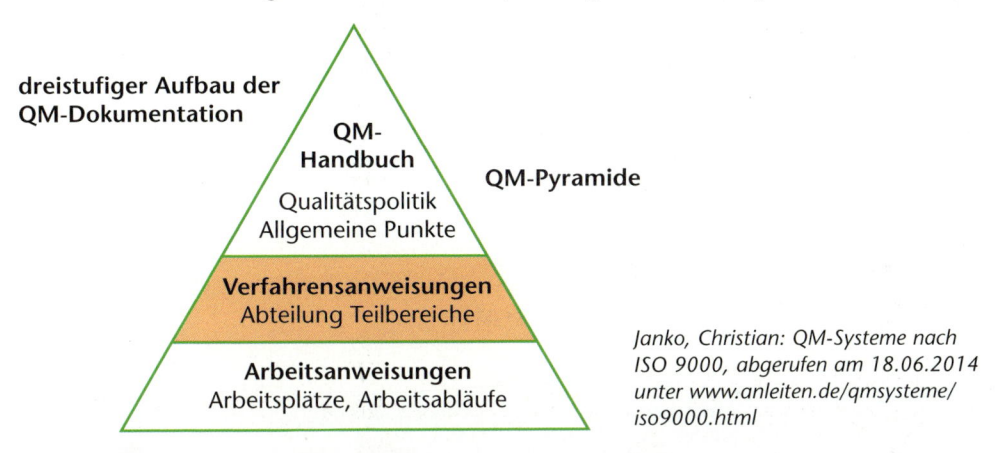

dreistufiger Aufbau der QM-Dokumentation

- QM-Handbuch — Qualitätspolitik, Allgemeine Punkte
- Verfahrensanweisungen — Abteilung Teilbereiche
- Arbeitsanweisungen — Arbeitsplätze, Arbeitsabläufe

QM-Pyramide

Janko, Christian: QM-Systeme nach ISO 9000, abgerufen am 18.06.2014 unter www.anleiten.de/qmsysteme/iso9000.html

Im **QM-Handbuch** sind der Umfang des QM-Systems sowie die Abläufe von Prozessen und deren Wechselwirkungen beschrieben. Es enthält die Qualitätspolitik und beschreibt alle allgemeinen Punkte des QM-Systems. Dazu gehören außerdem Festlegungen der Verantwortung und Befugnisse bezüglich des QM-Systems und Regelungen zu dessen Überwachung mithilfe interner Audits.

Qualitätsmanagement ist in erster Linie eine Festlegung der Ablauforganisation und kann deshalb allein durch die Definition der Unternehmensstruktur nicht beschrieben werden. Organigramme sind zwar erforderlich wie die Beschreibung der Aufgaben und Zuständigkeiten einer Stelle. Sie müssen jedoch ergänzt werden durch detaillierte Festlegungen, Regelungen und Weisungsbefugnisse. Qualitätsmanagement ist eine bereichsübergreifende Aufgabe und kann somit auch nur mit ausreichend spezifizierten Weisungen interdisziplinär geregelt werden. Zu jeder Schnittstellenregelung sind demnach **Verfahrensanweisungen** erforderlich.

> *Verfahrensanweisungen* beschreiben die übergeordneten Arbeitsabläufe für Abteilungen und Teilbereiche und treffen detaillierte Festlegungen zur Aufgabenteilung und den entsprechenden Zuständigkeiten.

> *Arbeitsanweisungen* beschreiben konkrete Arbeitsabläufe am Arbeitsplatz, die den produktbezogenen Arbeitsablauf (z. B. in der Konstruktion, in der Produktion oder bei der Prüfung eines Produkts) regeln.

Eine einheitliche Gliederung erleichtert den betrieblichen Umgang mit den QM-Dokumenten. Folgende Struktur für QM-Handbuch-Abschnitte, Verfahrensanweisungen und Arbeitsanweisungen ist sinnvoll:
- Erläuterung des Zwecks des Abschnitts bzw. der Verfahrensanweisung
- Anwendungsbereich (Bereich, in dem das Dokument Anwendung findet)
- Erläuterung von Begriffen, die für das Verständnis notwendig sind
- Vorgehensweise (Beschreibung der einzelnen Schritte des Prozesses)
- weitere Dokumente, die in diesem Zusammenhang noch zu beachten sind
- Anlagen (z. B. Formblätter, Organigramme, Ablaufpläne)

> **Arbeitsauftrag**
>
> Beschreiben Sie interne und externe Vorteile eines zertifizierten Unternehmens, mit anderen Worten: Warum lässt sich ein Unternehmen zertifizieren?

6.8 Neue Rollen für Führungskräfte

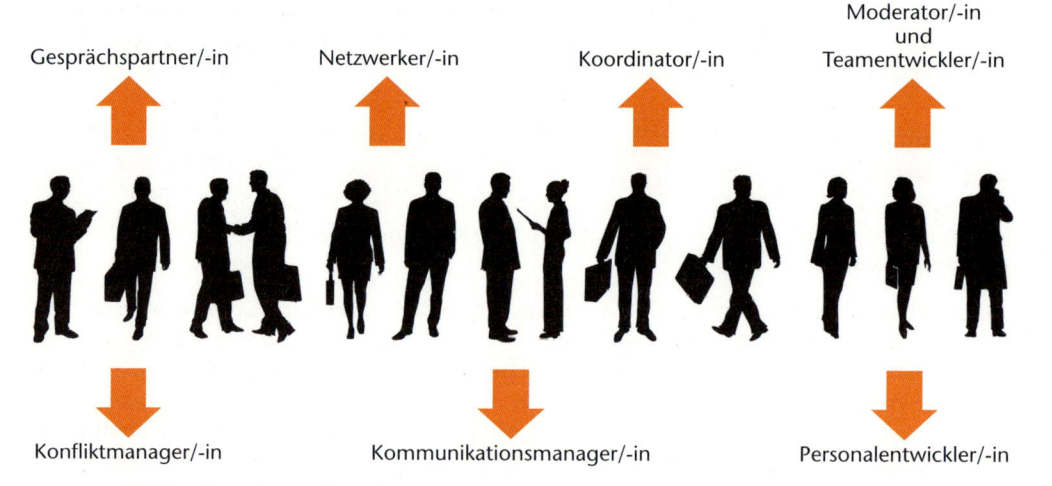

Gesprächspartner/-in ↑   Netzwerker/-in ↑   Koordinator/-in ↑   Moderator/-in und Teamentwickler/-in ↑

↓ Konfliktmanager/-in   ↓ Kommunikationsmanager/-in   ↓ Personalentwickler/-in

Die Tätigkeit einer Führungskraft ist durch eine Vielzahl sehr unterschiedlicher Aufgaben gekennzeichnet.

Jede Führungskraft hat nicht nur Aufgaben zu organisieren, zu koordinieren und Menschen einzusetzen, sondern muss Menschen auch führen.

Neben den fachlichen und konzeptionellen Fähigkeiten zeichnen eine Führungskraft vor allem kommunikative Fähigkeiten aus.

> Die **fachlichen Fähigkeiten** umfassen das Verständnis und die Professionalität im Umgang mit Methoden, Prozessen und den Techniken der jeweiligen Branche. Die **konzeptionellen Fähigkeiten** bedeuten das Erkennen von Zusammenhängen, die Erarbeitung von Konzepten sowie die kreative Problemlösung. Die **kommunikativen und sozialen Fähigkeiten** schließlich beziehen sich auf den Umgang mit anderen Menschen. Die Gewichtung der Fähigkeiten richtet sich danach, wie hoch die Führungskraft im Unternehmen positioniert ist.

So benötigt ein Top-Manager wesentlich mehr konzeptionelle Fähigkeiten, um das Unternehmen als Ganzes zu sehen und strategische Ziele zu entwickeln. Im unteren Managementbereich sind dagegen eher fachliche Fähigkeiten gefragt. Für alle Ebenen gleich wichtig sind ausgeprägte Kenntnisse der Kommunikation und Interaktion. Die zuletzt genannten Fähigkeiten können in folgenden Rollen konkretisiert werden:

- **Koordinator/-in:** Die Führungskraft hat die wichtige Aufgabe, die Zusammenarbeit des Teams zu fördern und für eine ökonomische Zielerreichung zu sorgen. Geistige „Einzelkämpfer" müssen davor bewahrt werden, sich zu verlieren und den anderen verloren zu gehen. Aufgaben müssen verteilt und aufeinander abgestimmt und die Arbeitsergebnisse wieder zusammengeführt werden. Die Führungskraft als Koordinator/-in ist vergleichbar mit dem Dirigenten eines Orchesters, der leitet, ohne selbst mitzuspielen.

- **Moderator/-in und Teamentwickler/-in:** Bei Team- und Projektarbeit müssen Einzel- und Teilaufgabe zusammengeführt werden. Ein Team von Fachspezialisten sucht dabei in Besprechungen und Sitzungen auch Lösungen. Die Führungskraft als Moderator muss dabei Katalysator im Entscheidungprozess der Gruppe, Prozessberater und Verfahrensspezialist sein. Sie darf jedoch keine erkennbaren eigenen Interessen haben oder die Gruppe in eine von ihr gewünschte Richtung manipulieren. Für das Gelingen des Moderationsprozesses kommt dem Moderator die entscheidende Funktion zu: Während die Inhalte von der Gruppe eingebracht werden, ist der Moderator für die Struktur der Sitzung sowie für die Dokumentation der erarbeiteten Inhalte verantwortlich. Durch das Arbeiten mit den richtigen Fragen hilft er der Gruppe, zu vernünftigen Ergebnissen zu kommen, durch Zusammenfassen und inhaltliche Pointierung bringt er selbst verschwommene Aussagen in eine klare und verwendbare Form.

- **Personalentwickler/-in:** Die höhere Mitarbeiterqualifikation in den gesamtverantwortlichen Fertigungsbereichen steigert die Ansprüche an das Unternehmen und deren Arbeitsplätze bezüglich der Fachkompetenz und der übertragenen Verantwortung. Der Vorgesetzte ist insofern Entwickler seiner Mitarbeiter, als er besondere Anlagen und Fähigkeiten erkennen und sie optimal einsetzen muss, damit sie ihre Leistungsmöglichkeiten für sich selbst und ihre Gruppen voll entfalten können. Ein Leader sollte seine Mitarbeiter stets mit System fördern. Dieses System berücksichtigt, dass jeder Mensch vier Phasen durchlaufen kann und dass er in jeder Phase einen anderen Führungsstil benötigt. Die Phasen richten sich danach, wie viel Kompetenz und Engagement der Mitarbeiter hat.
  In der ersten Phase – geringe Kompetenz, hohes Engagement – gibt der Leader genau vor, was der Mitarbeiter tun muss: Er dirigiert. In der zweiten Phase – etwas gestiegene Kompetenz, nachlassendes Engagement – muss der Leader mit dem Mitarbeiter trainieren, Ziele zu setzen und das Erreichen dieser Ziele kontrollieren. In der dritten Phase – hohe Kompetenz, unbeständiges Engagement – muss der Mitarbeiter gefordert werden. In der vierten Phase – hohe Kompetenz, hohes Engagement – kann der Leader delegieren und Verantwortung abgeben.

- **Kommunikationsmanager/-in:** Um Zielvereinbarungen mit den Mitarbeitern zu treffen, bedarf es klarer und umfassender Informationen – auch über Hintergründe und Umstände einer Aufgabe. Umfassende Informationen sind nicht nur für die Erledigung einer Aufgabe notwendig. Sie sollen den Mitarbeitern auch das Gefühl von Bedeutung und Wertschätzung geben. Kommunikation mit den Mitarbeitern ist dann erfolgreich, wenn diese sich als Partner ernst genommen fühlen.

- **Konfliktmanager/-in:** Diese Aufgabe umfasst die Fähigkeit, Konflikte zu erkennen, zu steuern und zu lösen, damit das sachliche Ziel erreicht werden kann. Nicht gelöste Konflikte können Spannungen und Aggressionen auslösen (vgl. Kapitel 5).

- **Gesprächspartner/-in:** Gespräche mit Mitarbeitern beziehen sich in erster Linie auf fach- und arbeitstechnische Angelegenheiten. Mitarbeiter suchen aber auch das Gespräch über das rein Fachliche hinaus, sie erwarten von einer Führungskraft auch Antworten auf kritische Fragen. Offen miteinander zu reden und dabei Probleme und Schwierigkeiten anzusprechen, erfordert auf beiden Seiten Mut. Vorgesetzten fällt es zuweilen schwer, Kritik zuzulassen und zuzuhören; Mitarbeiter scheuen sich, Probleme offen auszusprechen. Hier trägt die Führungskraft eine besondere Verantwortung für eine konstruktive Gesprächsatmosphäre. Wie bedeutend Offenheit und konkrete Absprachen sind, wird besonders bei neuen Arbeitsformen wie der Telearbeit deutlich. Schließlich sind die Beschäftigten hierbei der direkten Kontrolle der Vorgesetzten entzogen. Funktioniert das Zusammenspiel zwischen der Führungskraft und den Beschäftigten aber, hat jeder Mitarbeiter die Möglichkeit, seinen Arbeitsplatz ein Stück weit mitzugestalten.

- **Netzwerker/-in:** „Wer liest schon Newsletter oder durchforstet Datenbanken, wenn er ein berufliches Problem hat? Deshalb setzen Unternehmen auf soziale Netzwerke: Über das Intranet soll jeder Experte rasch erreichbar sein und Herrschaftswissen gebrochen werden.
Der ‚Nürnberger Trichter', jenes legendäre Instrument zur mechanischen Verabreichung von Lehrstoff, existiert nur in der Redewendung. Gäbe es das didaktische Wundermittel auch in der realen Welt, wären viele Vorstandsriegen um eine Position kleiner. Denn der Nürnberger Trichter würde nicht nur eine der größten Herausforderungen der modernen Arbeitswelt lösen, sondern auch den Chief Learning Officer glatt überflüssig machen.

Der amerikanische Konzern General Electric soll Mitte der 90er-Jahre des vorigen Jahrhunderts der Erste gewesen sein, der Lern- und Wissensmanagement auf oberster Ebene installiert hat. (...) Dieser Posten ist zur Chefsache geworden – und verlangt zugleich den Abschied vom Denken in Hierarchien.

85 Denn noch weniger als das Lernen lässt sich von oben herab das Teilen von Wissen verordnen. Und Wissen ist Macht, diese Gleichung gilt im Beruf erst recht. Deshalb neigen wir dazu, es zu horten und zu hüten. Der Flurfunk flachst über Herrschaftswissen, aber nur halb im Scherz. Denn eigentlich ist es kaum tragbar, dass ein Geschäft, ein Produkt, ein Arbeitsablauf im Zweifel von einem einzelnen Mitarbeiter abhängt.
90 Vom Computerfreak z. B., der sich als Einziger in die neue Software eingefuchst hat. Oder von der Sekretärin, die bewusst dosiert, in welche Zusammenhänge sie andere einweiht und welche sie für sich behält. Unverzichtbar machen sich beide, ob unfreiwillig oder berechnend. Schön für sie, schlecht fürs Unternehmen und, auf lange Sicht, auch für die Kollegen.
95 Die Lern- und Wissensmanager der ersten Stunde setzten auf das Intranet als Gegengift. Per Mausklick würden ihnen allen alle relevanten Informationen – Formulare, Telefonnummern, Richtlinien – zur Verfügung stehen. (...)"

Balzter, Sebastian: Betriebliche Netzwerke – Wissen, wo das Wissen sitzt, 09.07.2008 unter www.faz.net/aktuell/beruf-chance/arbeitswelt/betriebliche-netzwerke-wissen-wo-das-wissen-sitzt-1664476.html (gekürzt), abgerufen am 18.06.2014

Arbeitsaufträge

1. Sie haben die Aufgabe, den Qualifizierungsbedarf Ihrer Gruppe festzustellen. Beschreiben Sie Ihre Vorgehensweise.

2. Stellen Sie sieben Führungsaufgaben eines Industriemeisters in einem Kurzreferat dar.

3. In der Fertigungsabteilung klagen die Kolleginnen über mangelhafte Information.
   a) Beschreiben Sie vier Auswirkungen mangelnder Information.
   b) Nennen Sie fünf Möglichkeiten der Informationsweitergabe.

Fragen zur Fallsituation (S. 209)

1. Wer trägt die Verantwortung für die Produktionsausfälle bzw. Kundenbeschwerden?

2. Nennen Sie die Ursachen für die Störungen.

3. Diskutieren Sie Lösungsmöglichkeiten für die Vermeidung der Pannen.

6.9 Spezielle Führungsaufgaben

6.9.1 Umgang mit Alkohol am Arbeitsplatz

Ein weitverbreitetes Problem ist Alkohol am Arbeitsplatz. Als „Alkoholismus" wird sich wiederholendes übermäßiges Trinken bezeichnet, das starke Auswirkungen auf die Gesundheit und das Arbeitsverhalten eines Arbeitnehmers hat. Reduzierte Leistung, eingeschränkte Entscheidungsfähigkeit und häufige Abwesenheit vom Arbeitsplatz verursachen Kosten, die auf Alkoholmissbrauch zurückzuführen sind. Suchtprobleme von Mitarbeitern haben wesentliche Auswirkungen auf die Arbeitsabläufe, die Arbeitssicherheit und das Arbeitsklima.

Unter Alkoholeinfluss stehende Arbeitnehmer können sich und andere gefährden. Etwa 30 % aller Arbeits- und Wegeunfälle sind auf Alkoholeinfluss zurückzuführen. In vielen Firmen ist deshalb das Trinken von Alkohol während der Arbeitszeit verboten.

Wenn Alkohol zum Problem wird

[M]it dem Phänomen „Alkoholprobleme am Arbeitsplatz" muss in nahezu jedem Betrieb gerechnet werden. Jeder kann als Führungskraft früher oder später damit konfrontiert werden. (...) Neben dem menschlichen Leid erwachsen aus diesem Problem auch gesundheitliche, soziale und volkswirtschaftliche Schäden, die sich deutschlandweit auf ca. 20 Mrd. Euro belaufen. (...) Selbst erfahrene Führungskräfte tendieren dazu, Alkoholprobleme am Arbeitsplatz mit einer eher abwartenden, vermeidenden und sogar ironischen Haltung zu begegnen. Selten mit Erfolg, denn die Eskalation des Problems ist damit in aller Regel vorprogrammiert. (...) Führungskräfte scheuen sich immer wieder, Betroffene mit dem Thema zu konfrontieren, auch wenn das Problem schon ziemlich offensichtlich ist. Häufig aus Sorge, Fehler zu machen oder den Falschen anzusprechen. (...) Wichtigste Voraussetzung für eine erfolgreiche innerbetriebliche Intervention in Sachen Alkohol am Arbeitsplatz ist die Einbettung der individuellen Strategie und Vorgehensweise in ein betriebliches Gesamtkonzept zur Suchtprävention. Kern eines solchen Konzepts bildet die hausinterne, von allen getragene Betriebsvereinbarung. (...) Sie beinhaltet sowohl die Regeln für den Umgang mit Alkohol am Arbeitsplatz als auch die entsprechenden Konsequenzen bei Verstößen. (...) Ein weiterer wesentlicher Baustein eines derartigen Gesamtkonzepts ist die in diesen Fragen gut geschulte und auf den Ernstfall vorbereitete, professionell agierende Führungskraft. (...) Als zentralen Bestandteil der Intervention bei Problemen im Umgang mit Alkohol nutzt diese

Führungskraft das persönliche Gespräch. (...) Die für beide Seiten schwierigen Gespräche können erfolgreich bewältigt werden, sofern man sich als Führungskraft an folgende Regeln hält:
- sich die Gesprächsführung nicht aus der Hand nehmen lassen
- das Gespräch positiv beginnen, Fürsorge um den Mitarbeiter ausdrücken
- Ross und Reiter nennen und die persönliche Vermutung über die Gründe der Pflichtverletzung äußern
- auf arbeitsrechtliche Konsequenzen hinweisen, falls die Auffälligkeiten nicht abgestellt werden, und klar an den Mitarbeiter gerichtete Erwartungen äußern
- die Diskrepanzen zwischen den Versprechungen des Mitarbeiters und seinem Verhalten aufzeigen
- eindringlich auf Hilfsangebote und die betriebliche Suchtberatung hinweisen
- das Gespräch mit einer festen Vereinbarung beenden und einen Termin für das nächste Gespräch setzen

Kremer, Ralf: Wenn Alkohol zum Problem wird, in: Praxis + Recht für Personalbüro, Steuerberater und Ausbilder, DAK Magazin 3/2006, S. 68 (gekürzt)

„Schwerwiegender Pflichtverstoß"

Der Arbeitsrechtler Peter Rölz über die Folgen von Alkohol im Job

Herr Rölz, alkoholabhängige Autofahrer riskieren ihren Führerschein, wenn sie mit mehr als 0,5 Promille am Steuer erwischt werden. Welches Risiko fahren suchtkranke Führungskräfte bei der Arbeit?
RÖLZ Sie setzen ihren Arbeitsplatz aufs Spiel. Die Rechtsprechung geht davon aus, dass jemand, der alkoholisiert seine Arbeit verrichtet, die aus dem Arbeitsvertrag resultierenden Pflichten verletzt. Dabei spielt es keine Rolle, ob ihm eine Fehlentscheidung unterläuft oder nicht. Allein schon die Alkoholisierung gilt als schwerwiegender Pflichtverstoß.

Und dann folgt die Kündigung?
RÖLZ Ganz so schnell geht's nicht. Der erste Schritt wäre zunächst eine Abmahnung. Im Wiederholungsfall droht dann aber tatsächlich die verhaltensbedingte Kündigung.

Darf der gefeuerte Manager wenigstens mit einer Abfindung rechnen?
RÖLZ Im Zweifel würde er seinen Arbeitsplatz ohne einen Cent Abfindung verlieren. Die Firmenrente, sofern sie gesetzlich unverfallbar geworden ist, würde ihm aber bleiben.

Alkohol- oder Drogenabhängigkeit ist eine Krankheit. Hat der Arbeitgeber da nicht auch eine Fürsorgepflicht für den erkrankten Arbeitnehmer?
RÖLZ Die besteht in der Tat. Die Fürsorgepflicht greift aber nur, wenn der Arbeitnehmer sich zu seiner Krankheit bekennt und auch eine Therapie machen will. Sind beide Voraussetzungen erfüllt (und zwar vor Ausspruch der Kündigung), muss der Arbeitgeber ihm auch die Möglichkeit zur Therapie geben, allerdings nur einmal. Bei einem Rückfall gehen die Lichter aus.

Rölz, Peter: „Schwerwiegender Pflichtverstoß". Der Arbeitsrechtler Peter Rölz über die Folgen von Alkohol im Job, in: Managermagazin Nr. 7/2010, S. 149

Besteht kein generelles Alkoholverbot, dann hat der Vorgesetzte zu entscheiden, ob der Mitarbeiter noch arbeitsfähig ist oder nicht. Das ist manchmal sicherlich sehr schwierig.

Alkoholismus ist als Krankheit anerkannt. Deshalb ist vom Arbeitgeber an die Alkoholabhängigkeit der gleiche Maßstab anzulegen wie an eine andere lang anhaltende bzw. häufig auftretende Kurzerkrankung. Daraus folgt, dass ein alkoholabhängiger Arbeitnehmer nicht sofort kündbar ist, sondern erst dann, wenn therapeutische Maßnahmen fehlgeschlagen sind.

Die geschätzte Zahl der alkoholabhängigen Menschen in Deutschland liegt etwa zwischen 1,3 und 2,5 Millionen (Stand 2010). Der Umgang mit diesem Problem ist nicht einfach, zumal Alkoholgenuss gesellschaftlich anerkannt ist und man nur schwer erkennt, ab wann jemand alkoholkrank ist.

> § 38 UVV (Unfallverhütungsvorschriften)
> (1) Versicherte dürfen sich durch Alkoholgenuss nicht in einen Zustand versetzen, durch den sie sich selbst oder andere gefährden können.
> (2) Versicherte, die infolge Alkoholgenusses oder anderer berauschender Mittel nicht mehr in der Lage sind, ihre Arbeit ohne Gefahr für sich oder andere auszuführen, dürfen mit Arbeiten nicht beschäftigt werden.

Probleme im Umgang mit Suchtgefährdeten:
- Die Umgebung neigt zu Co-Abhängigkeit (Belastung des Angehörigen).
- Der Suchtgefährdete baut Widerstände und Barrieren auf.

Art des Widerstandes	Beispiel
verbale Aggression	„... dieser Gesundheitsapostel"
Verdrängung	„... ich kann jederzeit aufhören"
Bagatellisierung	„... ein Bierchen in Ehren kann niemand verwehren"
Tabuisierung	„... an irgendetwas muss man ja sterben"
Rationalisierung	„... Opa hat jeden Tag getrunken und wurde 95 Jahre alt"
Verleugnung	„... wissenschaftlich nicht erwiesen"

Fragebogen für Angehörige, Freunde, Kolleginnen und Kollegen von Alkoholabhängigen/-gefährdeten

	ja	nein
1. Machen Sie sich Gedanken über das Trinkverhalten Ihres/-r Partners/Partnerin bzw. Kollegen/Kollegin?	☐	☐
2. Waren Sie schon darüber erschrocken, wann und wie viel Ihr/-e Partner/Partnerin bzw. Kollege/Kollegin trinkt?	☐	☐
3. Sind Wochenenden, Feiertage, Ferien oder Betriebsfeten ein Alptraum für Sie, weil dann meistens eine mehr oder minder wüste Trinkerei stattfindet?	☐	☐
4. Sind die meisten Freunde Ihres/Ihrer Partners/Partnerin bzw. Kollegen/Kollegin trinkfest?	☐	☐
5. Hat Ihr/-e Partner/Partnerin bzw. Kollege/Kollegin schon des Öfteren erfolglos versprochen, mit der Trinkerei aufzuhören?	☐	☐
6. Beeinflusst das Trinkverhalten Ihres/Ihrer Partners/Partnerin bzw. Kollegen/Kollegin die Atmosphäre zu Hause oder in der Arbeitsgruppe?	☐	☐
7. Streitet Ihr/-e Partner/Partnerin bzw. Kollege/Kollegin ab, Schwierigkeiten wegen der Trinkerei zu haben, da er/sie ja „nur" ein oder zwei kleine Bierchen (Schöppchen Wein) trinkt?	☐	☐
8. Benutzen Sie manchmal faule Ausreden gegenüber Freunden, Verwandten, gegenüber dem Arbeitgeber, um das Trinken Ihres/Ihrer Partners/Partnerin bzw. Kollegen/Kollegin zu verbergen?	☐	☐
9. Kommt es schon mal vor, dass Ihr/-e Partner/Partnerin bzw. Kollege/Kollegin sich nicht mehr daran erinnern kann (Filmriss, Blackout), was während einer Trinkphase tatsächlich passiert ist?	☐	☐
10. Vermeidet Ihr/-e Partner/Partnerin bzw. Kollege/Kollegin mit viel Geschick Gespräche über Alkohol und Schwierigkeiten, die durch die Trinkerei entstehen?	☐	☐
11. Versucht Ihr/-e Partner/Partnerin bzw. Kollege/Kollegin, bestimmte Personen oder Ereignisse für die Trinkerei verantwortlich zu machen, um sich so zu rechtfertigen?	☐	☐
12. Drückt sich Ihr/-e Partner/Partnerin bzw. Kollege/Kollegin vor Festlichkeiten privat oder dienstlich, bei denen kein Alkohol ausgeschenkt wird?	☐	☐
13. Fühlen Sie sich manchmal schuldig, weil Ihr/-e Partner/Partnerin bzw. Kollege/Kollegin trinkt?	☐	☐
14. Haben Familienmitglieder, besonders die Kinder, Angst vor Ihrem/Ihrer Partner/Partnerin bzw. gibt es im Betrieb Arbeitnehmer, die Angst vor Ihrem/r Kollegen/Kollegin haben?	☐	☐
15. Ist Ihr/-e Partner/Partnerin bzw. Kollege/Kollegin schon im alkoholisierten Zustand Auto gefahren?	☐	☐
16. Müssen Sie damit rechnen, dass Ihr/-e Partner/Partnerin bzw. Kollege/Kollegin im angetrunkenen Zustand ausfallend oder sogar aggressiv gegen Sie wird?	☐	☐
17. Sind Sie schon mal von anderen angesprochen worden, weil Ihr/-e Partner/Partnerin bzw. Kollege/Kollegin außergewöhnlich viel trinkt?	☐	☐
18. Haben Sie Angst, mit Ihrem/Ihrer Partner/Partnerin bzw. Kollegen/Kollegin irgendwo hinzugehen, weil er/sie sich betrinkt?	☐	☐
19. Gibt es Zeiten, in denen Ihr/-e Partner/Partnerin bzw. Kollege/Kollegin sein/ihr Verhalten bitter bereut und erfolglos schwört, sich zu ändern?	☐	☐
20. Verträgt Ihr/-e Partner/Partnerin bzw. Kollege/Kollegin in letzter Zeit weniger Alkohol als früher?	☐	☐

Wenn Sie nur zwei dieser Fragen mit Ja beantwortet haben, ist Ihr/-e Partner/Partnerin bzw. Kollege/Kollegin alkoholgefährdet.

Bei fünf und mehr Ja-Antworten müssen Sie davon ausgehen, dass Ihr/-e Partner/Partnerin bzw. Kollege/Kollegin alkoholkrank ist.

Institut für betriebliche Gesundheitsförderung und Organisationsentwicklung (ibgo), Brühl: Fragebogen, abgerufen am 10.11.2014 unter www.ibgo.de/download/fragebogen_alkohol_freunde.pdf

Arbeitsauftrag

Fallstudie

Alkohol im Betrieb

Ereignis und Situationsbeschreibung

Bei der Heimfahrt von einer vorweihnachtlichen Feier seiner Abteilung verunglückt ein Entwicklungsingenieur mit dem Pkw tödlich. Als Unfallursache wird Fahruntüchtigkeit aufgrund übermäßigen Alkoholgenusses ermittelt. Der Werksarzt wollte zwei Jahre zuvor die Einstellung des Ingenieurs wegen offensichtlichen Alkoholmissbrauchs verhindern, konnte sich aber nicht durchsetzen, weil dieser durch die Firmeneigner protegiert wurde und fachlich als qualifiziert galt. Der verunglückte Ingenieur war bei den Mitarbeitern und Vorgesetzten als sogenannter Säufer bekannt: Einige Monate vor dem tödlichen Unfall soll er morgens bei Arbeitsbeginn am Haupttor betrunken aus einem Taxi „gefallen" sein. Die Firmengruppe, bei der der Ingenieur tätig war, befindet sich im Wesentlichen im Besitz einer Familie. Um diese gruppieren sich einflussreiche Berater und Bereichsleiter, wie z. B. der Leiter des Personal- und Sozialwesens und der Generalbevollmächtigte eines Bereichs, der jahrelang subventioniert werden musste, aber aufgrund des weitgehend selbstständigen Handelns des Generalbevollmächtigten zusehends effizient arbeitet. In seinem Bereich – in dem sich der geschilderte Vorfall ereignete – wird er von der Belegschaft (Produktionsbetrieb, 2 000 Mitarbeiter) aufgrund der vorangegangenen Rationalisierungsmaßnahmen „Kopfgeldjäger" genannt.

Weitere Entwicklung

- *Der für diesen Bereich zuständige Personalleiter hatte aufgrund von Vorfällen ähnlicher Art schon die Kündigung des Ingenieurs vorbereitet, die sich nach seinen Worten „nicht mehr lange hätte hinauszögern lassen".*
- *Im Unternehmen geht das Gerücht um, dass es aufgrund des tödlichen Unfalls zwischen dem Leiter Personal- und Sozialwesen und dem Generalbevollmächtigten eine heftige Auseinandersetzung gegeben haben solle.*
- *Der Leiter Personal- und Sozialwesen betreibt nun die Entlassung des regionalen Personalleiters, dem er vorwirft, ihn in einer so wichtigen Angelegenheit nicht rechtzeitig informiert zu haben. Früher hatten beide sehr gut zusammengearbeitet, aber der regionale Personalleiter sah sich mehr und mehr dem Generalbevollmächtigten unterstellt, obwohl das formal nie geregelt worden war.*
- *Der Betriebsleiter dieses Bereichs – ein tüchtiger Ingenieur – will daraufhin den Alkoholkonsum im Betrieb endgültig verbieten. Er überrascht den Betriebsrat mit der Forderung nach Zustimmung zu einem totalen Alkoholverbot. Die ihm mehr oder weniger gleichgestellten Hauptabteilungsleiter konsultiert er nicht. Denen scheint das Problem auch egal zu sein.*
- *Ein Abteilungsleiter untersagt daraufhin die übliche Weihnachtsfeier in seiner Abteilung, ein anderer verlegt die Feier seiner Abteilung in ein Gasthaus und behauptet, die Feier und der Alkoholgenuss seien jetzt eine private Angelegenheit.*
- *Der regionale Personalleiter lässt mit der Gehaltsabrechnung einen „Selbsttest für Alkoholgefährdete" verteilen und kämpft praktisch um sein Überleben in der Firma, vom Generalbevollmächtigten hat er keine Unterstützung zu erwarten.*
- *Der Betriebsrat lehnt den Antrag des Betriebsleiters auf Durchsetzung eines totalen Alkoholverbots in einer turbulenten Sitzung ab. Es soll damit argumentiert worden sein, dass ein totales Alkoholverbot zu heimlichem Trinken und unaufrichtigem Verhalten führe und das Betriebsklima verschlechtere.*

- Die Arbeiter im Betrieb sagen: „Jetzt wollen sie uns auch noch das letzte Bier wegnehmen."
  Der Bierkonsum entsprach zu diesem Zeitpunkt ca. einer Flasche pro Tag und Mitarbeiter. Allerdings wird behauptet, das Gros ginge auf das Konto von sogenannten Fremdfirmen, d. h. Monteuren und Bauhandwerkern, die nur vorübergehend im Betrieb tätig seien. Ein Hauptabteilungsleiter meint: „Ein totales Alkoholverbot, das können wir doch unserer Brauerei nicht antun!"
- Der Betriebsleiter glaubt sein Gesicht zu verlieren, wenn er sich in dieser Angelegenheit nicht durchsetzen kann. Er lädt einen in Sachen „Betriebsklima" reisenden und gerade anwesenden externen Berater zum Abendessen ein. Er glaubt nämlich, nur ein totales Verbot könne die Probleme aus der Welt schaffen, und erwartet sich entsprechende Unterstützung vom externen Berater.

Fragen zur Fallbearbeitung:
1. Ist ein totales Alkoholverbot eine vernünftige Lösung?
2. Welche Vereinbarungen sollten Ihrer Meinung nach getroffen werden?
3. Wird durch Auslagerung von Betriebsfesten der Alkoholkonsum zur Privatsache?
4. Was würden Sie dem Betriebsleiter, was dem Betriebsrat raten?
5. Wie schätzen Sie das Verhalten des regionalen Personalleiters im vorliegenden Fall ein?
6. Welche Ansätze zur Lösung des offenen Konflikts sehen Sie?
7. Welche vermutlich nichtrationalen Hintergründe haben dazu geführt, dass die Angelegenheit verschleppt wurde?

Domsch, Michel (Hrsg.): Führung von Mitarbeitern – Fallstudien zum Personalmanagement, Schäffer-Poeschel, Stuttgart 1993, S. 130 f.

6.9.2 Einen Mitarbeiter abmahnen

Eine Abmahnung ist die Rüge eines Fehlverhaltens mit der Androhung bestimmter Konsequenzen im Wiederholungsfall. Der ausscheidende Arbeitnehmer hat Anspruch auf eine Arbeitsbescheinigung bzw. ein qualifiziertes Arbeitszeugnis. Der Abmahnung kommt im innerbetrieblichen Ablauf wegen ihrer juristischen Brisanz (möglicherweise arbeitsrechtliche Schritte wie Kündigung), aber auch wegen der möglichen Belastung des Arbeitsverhältnisses bzw. des Betriebsklimas eine besondere Bedeutung zu.

Sie muss wegen der rechtlichen Haltbarkeit formal korrekt sein. Es muss daher abgewogen werden, ob sie berechtigt und, wenn ja, ob sie korrekt formuliert ist. Eine Abmahnung ist eine juristisch schwer fassbare und umstrittene Maßnahme des Betriebs gegen einen Arbeitnehmer. Dennoch ist sie als notwendiges Faktum in der Rechtsprechung anerkannt. So hat sich aus dem Kündigungsschutzrecht entwickelt, dass einer verhaltensbedingten Kündigung eine vergebliche Abmahnung vorausgehen muss.

Eine Abmahnung stellt somit eine Aufforderung an den Vertragspartner dar, sein vertragswidriges Verhalten unverzüglich abzustellen, unter Androhung arbeitsrechtlicher Konsequenzen für den Wiederholungsfall.

- **Empfehlung**
  Soll ein bestimmtes Verhalten abgemahnt werden, so sollte auch der Begriff „Abmahnung" verwendet werden. Eine Abmahnung muss schriftlich abgefasst sein. Dies kann in Briefform geschehen, aber auch ein vom Arbeitgeber bzw. von einer abmahnungsberechtigten Person unterzeichnetes Protokoll sein. Eine Abmahnung ist möglichst kurz nach dem zu beanstandenden Vorfall auszusprechen.

- **Wer darf abmahnen?**
  Als abmahnungsberechtigte Personen kommen in Betracht

  – der Arbeitgeber,

  – kündigungsberechtigte Vertreter des Arbeitgebers, z. B. der Leiter der Personalabteilung,

  – Fachvorgesetzte; sie sind aufgrund ihrer Aufgabenstellung befugt, verbindliche Weisungen bezüglich des Ortes, der Zeit sowie der Art und Weise der arbeitsvertraglich geschuldeten Arbeitsleistung zu erteilen. Sie dürfen alle Mitarbeiter abmahnen außer solchen, die kündigungsberechtigt sind. Im gewerblichen Bereich darf z. B. der jeweils zuständige Meister abmahnen.

- **Was darf abgemahnt werden?**
  – Störungen im Leistungsbereich

  Beispiele
  – Arbeitnehmer kommen selbstverschuldet zu spät zur Arbeit.
  – Arbeitnehmer arbeiten bewusst langsam.
  – Die Anzeige- und Nachweispflicht im Falle einer Erkrankung wird verletzt.
  – Es liegt ein alkoholbedingtes Fehlverhalten vor (liegt Alkoholsucht vor, so handelt es sich um eine Erkrankung, auf die die Regeln der personenbedingten Gründe anzuwenden sind).

  – Störungen im Vertrauensbereich

  Beispiele
  Ausstellen unrichtiger Reisekosten- und Spesenabrechnungen, Diebstahl von firmeneigenen Gegenständen, Beleidigungen und Tätlichkeiten (z. B. sexuelle Übergriffe gegenüber Mitarbeitern).

- **Formale Gestaltung einer Abmahnung**
  Die oben schon angesprochene formale Korrektheit einer Abmahnung ist notwendig, da – im Rahmen von Kündigungsschutzprozessen – formale Fehler eine daraus resultierende Kündigung unwirksam werden lassen.

Bei der Formulierung von Abmahnungen müssen folgende Punkte enthalten sein:

- **Konkrete Bezeichnung des Fehlverhaltens**
  Das vorgeworfene Fehlverhalten ist unmissverständlich zu beschreiben; hierzu sind genaue zeitliche Angaben sowie nähere Einzelheiten und Umstände der beanstandeten Vorfälle (z. B. Ort, beteiligte Personen) zu machen.
  Schlagwortartige Formulierungen reichen nicht aus.

  Beispiele
  – Abmahnung wegen Trunkenheit
  – Abmahnung wegen Unpünktlichkeit
  – Abmahnung wegen eigenmächtiger Urlaubsverlängerung
  – Abmahnung wegen Zuspätkommens

- **Aufforderung zu künftig vertragsgemäßem Verhalten**
  Um die Abmahnung von anderen kritischen Äußerungen des Arbeitgebers zu unterscheiden, muss der Arbeitnehmer ernsthaft aufgefordert werden, das bereits näher beschriebene Fehlverhalten zu ändern bzw. aufzugeben. Dem Arbeitnehmer muss durch diese Aufforderung klar vor Augen geführt werden, dass der Arbeitgeber keinesfalls ein weiteres vertragswidriges Verhalten des Arbeitnehmers hinnimmt.

- **Androhung arbeitsrechtlicher Folgen im Falle der Wiederholung**
  Die vom Arbeitgeber an den Arbeitnehmer gestellte Aufforderung, das beanstandete Verhalten zu ändern bzw. abzustellen, ist mit der Ankündigung zu verbinden, dass im Wiederholungsfall die Fortsetzung des Arbeitsverhältnisses gefährdet sei.

Beispiel für ungeeignete Formulierungen
Die folgenden Formulierungen erfüllen nicht die der Abmahnung innewohnende Warnfunktion:
– Wir bitten Sie, Ihre Pflichten aus dem Arbeitsverhältnis künftig genau zu beachten.
– Wir werden eine weitere künftige Pflichtverletzung nicht hinnehmen.

Beispiel für korrekte Formulierungen
Folgende Formulierungen enthalten die geforderte Androhung arbeitsrechtlicher Folgen:
– Wir weisen Sie ausdrücklich darauf hin, dass bei weiteren arbeitsvertraglichen Pflichtverletzungen der Inhalt oder der Bestand des Arbeitsverhältnisses gefährdet ist.
– Sollten Sie erneut Anlass zu Beanstandungen geben, müssen Sie mit einer Beendigung Ihres Arbeitsverhältnisses rechnen.
– Bei weiterem Fehlverhalten müssen Sie damit rechnen, dass Ihr Arbeitsverhältnis gekündigt wird.

Der Arbeitgeber ist nicht verpflichtet, eine bestimmte kündigungsrechtliche Maßnahme anzudrohen, z. B. eine Änderungskündigung. Bereits bei einem allgemeinen Hinweis auf die Gefährdung des Arbeitsverhältnisses muss der betroffene Arbeitnehmer mit allen Konsequenzen rechnen; dies kann unter Umständen auch eine außerordentliche Kündigung sein.

Beispiel: Abmahnung

> Sehr geehrte(r) Frau/Herr ...,
>
> zu unserem Bedauern sehen wir uns gezwungen, Sie aus folgendem Grund abzumahnen:
>
> Sie haben am ... zu Ihrem Kollegen/Vorgesetzten ... gesagt: „Du blöder ..."
> Wir fordern Sie auf, beleidigende Äußerungen wie oben angeführt oder in ähnlicher Art künftig zu unterlassen.
>
> Im Wiederholungsfall müssen Sie mit einer Kündigung des Arbeitsverhältnisses rechnen.

Bekanntgabe an den Arbeitnehmer

Das Bundesarbeitsgericht hat in einer bereits vor einigen Jahren verkündeten Entscheidung klargestellt, dass zur Wirksamkeit einer Abmahnung grundsätzlich auch die Kenntnisnahme durch den Arbeitnehmer erforderlich ist.

> **Arbeitsauftrag**
>
> Ihr Mitarbeiter Lukas Bender ist diesen Monat bereits zum dritten Mal ohne Entschuldigung nicht zur Arbeit erschienen. Formulieren Sie eine korrekte Abmahnung.

6.9.3 Beurteilung der Mitarbeiter

Als „Personalbeurteilung" bezeichnet man solche Maßnahmen, die geeignet sind, Leistungen von Mitarbeitern systematisch zu erfassen, zu beurteilen und zu vergleichen.

Leistungsbeurteilungen sind notwendig:

- vor Ablauf der Probezeit
- vor einer Beförderung oder Versetzung
- bei außerplanmäßigen Lohn- bzw. Gehaltserhöhungen
- bei Weiterbildungs- oder Förderungsmaßnahmen
- beim Antrag auf ein Zwischenzeugnis
- beim Ausscheiden des Arbeitnehmers

Die Beurteilung kann nach quantitativen und/oder qualitativen Merkmalen vorgenommen werden.

> *Die **Hauptkriterien** lassen sich wie folgt einteilen:*
>
> - *Arbeitsverhalten (z. B. Arbeitstempo, -qualität, Ausdauer, Belastbarkeit)*
> - *Verhalten gegenüber Kollegen und Vorgesetzten (z. B. Zusammenarbeit, Hilfsbereitschaft, Toleranz)*
> - *Führungsverhalten (z. B. Delegation, Durchsetzungsvermögen, Kontrolle)*
> - *geistige Anlagen (z. B. Auffassungsgabe, Kreativität, Merkfähigkeit)*
> - *Persönlichkeit (z. B. Ausdrucksvermögen, Erscheinungsbild, Selbstbewusstsein)*

In den Betrieben werden in regelmäßigen Abständen oder aus gegebenen Anlässen die Leistungen von Mitarbeitern bewertet. Die Beurteilung kann auf zweierlei Weise erfolgen:

- mündlich durch Lob und/oder Tadel bzw.
- schriftlich, z. B. in Form von Beurteilungsbögen.

Dabei werden je nach Betriebsgröße zum Teil sehr ausgefeilte, differenzierte Kriterien zugrunde gelegt.

Spezielle Führungsaufgaben | **303**

Beispiel: Linearer Beurteilungsbogen

Name des Beurteilten: __Krüger, Matthias__   Tag: __5. 8. 20..__

Bewertungsmerkmale	Unter-			Durchschnitt				Über-	
	1	2	3	4	5	6	7	8	9
001. Fachkenntnisse							7		
002. Auffassungsgabe und geistige Beweglichkeit							7		
003. Urteilsvermögen						6			
004. mündliche Ausdrucksfähigkeit								8	
005. schriftliche Ausdrucksfähigkeit						6			
006. Fortbildungsbereitschaft								8	
007. Verhandlungsgeschick				4					
008. Organisationsfähigkeit				4					
009. Zuverlässigkeit								8	
010. Durchsetzungsvermögen						6			
011. Entschlusskraft						6			
012. Initiative								8	
013. Verantwortungsbewusstsein					5				
014. Einsatzbereitschaft							7		
015. Kontaktfähigkeit				4					
016. Kooperationsfähigkeit					5				
017. Fähigkeit zur Menschenführung als Vorgesetzter							7		

Bemerkungen: _____

_____ / __Frey__
 Name des Bewerters

Kennzeichnung der Bewertungsgrade
         1 = entspricht nicht den Anforderungen
Unter-   2 = entspricht kaum den Anforderungen
         3 = entspricht nur teilweise den Anforderungen
         4 = entspricht im Großen und Ganzen den Anforderungen
Durchschnitt 5 = entspricht im durchschnittlichen Maße den Anforderungen
         6 = entspricht ziemlich gut den Anforderungen
         7 = entspricht gut den Anforderungen
Über-   8 = entspricht sehr gut den Anforderungen
         9 = entspricht ausgezeichnet den Anforderungen

Im Unterschied zum ersten Beispiel, in dem die einzelnen Bewertungsaspekte gleichrangig sind (linearer Bewertungsbogen), erfahren sie im zweiten Beispiel, dem analytischen Bewertungsbogen, eine unterschiedliche Gewichtung.

Beispiel: Analytischer Bewertungsbogen

Beurteilungsmerkmale	Zu beurteilen zum Beispiel anhand von:	Beurteilungsstufen				
		A Die Leistung ist für eine Leistungszulage nicht ausreichend.	B Die Leistung entspricht im Allgemeinen den Anforderungen.	C Die Leistung entspricht in vollem Umfang den Anforderungen.	D Die Leistung übertrifft die Anforderungen erheblich.	E Die Leistung übertrifft die Anforderungen in hohem Maße.
I Arbeitsquantität	– Umfang des Arbeitsergebnisses – Arbeitsintensität – Zeitnutzung	◯ 0	◯ 7	◯ 14	◯ 21	◯ 28
II Arbeitsqualität	– Fehlerquote – Güte	◯ 0	◯ 7	◯ 14	◯ 21	◯ 28
III Arbeitseinsatz	– Initiative – Belastbarkeit – Vielseitigkeit	◯ 0	◯ 4	◯ 8	◯ 12	◯ 16
IV Arbeitssorgfalt	– Verbrauch und Behandlung von Arbeitsmitteln aller Art – Zuverl., rationell, kostenbewusstes Verhalten	◯ 0	◯ 4	◯ 8	◯ 12	◯ 16
V Betriebliches Zusammenwirken	– Gemeinsame Erledigung von Arbeitsaufgaben – Informationsaustausch	◯ 0	◯ 3	◯ 6	◯ 9	◯ 12

Unabhängig von der Art (analytisch-linear) ändert sich im Ablauf einer Mitarbeiterbeurteilung entsprechend dem nachfolgenden Schema nichts:

Beurteilungszyklus (Ablauf einer Mitarbeiterbeurteilung)

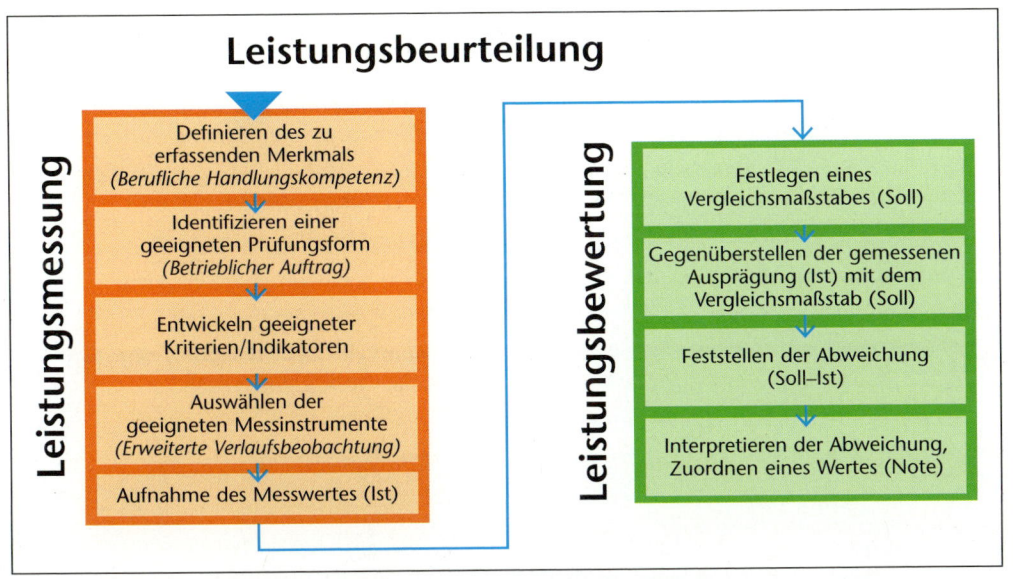

Leistungsbeurteilung

Leistungsmessung:
- Definieren des zu erfassenden Merkmals (Berufliche Handlungskompetenz)
- Identifizieren einer geeigneten Prüfungsform (Betrieblicher Auftrag)
- Entwickeln geeigneter Kriterien/Indikatoren
- Auswählen der geeigneten Messinstrumente (Erweiterte Verlaufsbeobachtung)
- Aufnahme des Messwertes (Ist)

Leistungsbewertung:
- Festlegen eines Vergleichsmaßstabes (Soll)
- Gegenüberstellen der gemessenen Ausprägung (Ist) mit dem Vergleichsmaßstab (Soll)
- Feststellen der Abweichung (Soll–Ist)
- Interpretieren der Abweichung, Zuordnen eines Wertes (Note)

Vgl. Schmidt, J. U.: Leistungsbewertung, in: Cramer, Günter/Schmidt, Hermann/Wittwer, Wolfgang (Hrsg.): Ausbilder-Handbuch. Aufgaben, Konzepte, Praxisbeispiele. Deutscher Wirtschaftsdienst, Köln 1994 (mit erg. Lfg. bis Oktober 2003); Kap. 5.4.2.6; S. 63 (erg. Lfg. September 2003, S. 4)

Die differenzierten Beurteilungsbögen bzw. -raster zeigen, dass anhand solcher Kriterien Mitarbeiter nach Verhalten, Fähigkeiten und Leistung „abgecheckt" werden können, und zwar im Hinblick auf Neueinstellung bzw. innerbetrieblichen Einsatz.

Vorteile des Beurteilungsbogens (aus der Sicht des Vorgesetzten):	Nachteile des Beurteilungsbogens (aus der Sicht des Arbeitnehmers):
– Überblick über Leistungsstand – gezielter Personaleinsatz – Entscheidungsgrundlage/-hilfe bei Delegation – Motivation	– Kontrolle – Gefahr der Schematisierung – Beeinträchtigung des Teamgeistes – Demotivation

Beurteilungen werden in der Regel vom direkten Vorgesetzten vorgenommen und sollten angemessen und objektiv sein. Typische Beurteilungsfehler, wie die im Folgenden aufgeführten, sind zu vermeiden:

- **Mildefehler:** Der Mitarbeiter wird zu gut beurteilt.
- **Kontrastfehler:** Der Vorgesetzte stellt zu hohe Anforderungen.
- **Tendenz zur Mitte:** Der Vorgesetzte scheut die Rechtfertigung besonders guter oder schlechter Beurteilungen.
- **Korrekturfehler:** Der Vorgesetzte hält starr an einer früher abgegebenen Beurteilung fest.
- **Sympathiefehler:** Die Beurteilung wird nach oben oder unten durch Sympathie oder Antipathie verschoben.

- **Halo-(Überstrahlungs-)Effekt:** Ein günstiges oder ungünstiges Merkmal wird auf alle anderen Eigenschaften des Mitarbeiters übertragen.

Die Beurteilung endet häufig mit einem **Beurteilungsgespräch** über das Beurteilungsergebnis.

*Folgende **Regeln für die Gesprächsführung** sollten dabei von der Führungskraft beachtet werden:*

- *Der Vorgesetzte muss das Gespräch gut vorbereiten. Er eröffnet das Gespräch, das unter vier Augen geführt wird, freundlich und teilt dem Mitarbeiter seine Beobachtungen mit.*
- *Zuerst werden dem Mitarbeiter die positiven Beurteilungsergebnisse dargestellt. Eine nachfolgende negative Beurteilung muss dem Mitarbeiter erläutert werden.*
- *Anschließend erhält der Mitarbeiter die Möglichkeit, Einwände vorzubringen.*
- *Vorgesetzter und Mitarbeiter sollten eine Einigung über die Beurteilung erzielen.*
- *Die Folgen bei Fortdauer von Mängeln werden vom Vorgesetzten aufgezeigt.*
- *Vorgesetzter und Mitarbeiter vereinbaren ein Programm zur Abschwächung negativer Verhaltensmuster und zur Verstärkung positiver beruflicher Verhaltensmuster.*
- *Der Vorgesetzte deutet eigene Konsequenzen an.*
- *Über die wichtigsten Gesprächsergebnisse erfolgt eine Niederschrift.*

Arbeitszeugnis

Da Arbeitszeugnisse immer wieder die dafür zuständigen Arbeitsgerichte beschäftigen, sollte von vornherein klargestellt sein, was unbedingt in einem solchen Zeugnis stehen muss, aber auch, was aus juristischen Gründen auf gar keinen Fall erscheinen darf.

Im Arbeitszeugnis ist unverzichtbar ...

Eingangsformulierung:	*Sie umfasst folgende Daten: Name der Firma; eventuell Zugehörigkeit zu einer Gruppe; Zeitdauer der Beschäftigung; Tätigkeit, Funktion des Beurteilten in der Firma/Gruppe.*
Tätigkeitsbeschreibung:	*Sie enthält Angaben zu den Aufgaben, die dem Beurteilten übertragen und von ihm gelöst wurden, z. B. von ihm betreute Projekte; Beförderungen.*
Persönliches Verhalten:	*Hierzu gehört die Beschreibung der Leistungsbereitschaft; des Umgangs mit den Vorgesetzten, Mitarbeitern, Kunden.*
Abschlussfloskel:	*Auf gegenseitiges Einvernehmen ist hinzuweisen (meist kein Hinweis auf normale Beendigung eines Arbeitsverhältnisses); positiv und förderlich sind hier Formulierungen wie „Er/sie verlässt die Firma auf eigenen Wunsch" oder Formulierungen, die ein Bedauern über den Austritt aus dem Arbeitsverhältnis zum Ausdruck bringen.*
Austrittstermin:	*Er sollte unbedingt genannt sein und nahe am Ausstellungsdatum liegen, das Fehlen könnte einen Rauswurf vermuten lassen.*
Formales:	*Zu achten ist z. B. auf die vollständige Anschrift der ausstellenden Firma, Unterschrift usw.; Kennzeichnung, ob es sich beim Dokument um ein Abschluss- oder ein Zwischenzeugnis handelt.*

Beispiel: Arbeitszeugnis

Stuttgart, 12.04.20 ..

ZEUGNIS

Herr Rainer Stein, geboren am 17.08.19.. in Stuttgart, wurde bei uns vom 10. August 20.. bis 30. Juni 20.. zum Chemielaborjungwerker ausgebildet.
In seiner Ausbildungszeit erwarb sich Herr Stein gute Kenntnisse in der chemischen und physikalischen Untersuchung von Zement und Beton. Auch hatte er während seiner Ausbildungszeit Gelegenheit, alle Abteilungen unseres Werkes kennenzulernen, und eignete sich hierbei gute Kenntnisse in der Verfahrenstechnik der Zementherstellung an.
Seine Ausbildungszeit beendete Herr Stein im Juni 20.. mit gutem Erfolg und Abschlussprüfung.

Anschließend war er bis Ende 20.. im allgemeinen Betrieb, unter anderem hauptsächlich in der Packerei tätig, um seine Kenntnisse in der Verfahrenstechnik zu vertiefen. Ab 20.. war Herr Stein als Schichtlaborant eingesetzt.
Bei dieser Tätigkeit war er beauftragt mit Untersuchungen des Rohmehls, des Klinkers und der Fertigzemente in chemischer und physikalischer Hinsicht. Von 20.. bis 20.. war Herr Stein wechselweise auch als Leitstandfahrer unserer Rohmehl- und Kohlenmahlanlage tätig. Er hat seine Aufgaben stets zu unserer vollsten Zufriedenheit erfüllt.

Auch sein Verhalten gegenüber Vorgesetzten und Mitarbeitern war stets einwandfrei.

Herr Stein scheidet am 15. Mai 20.. auf eigenen Wunsch aus unserem Unternehmen aus. Wir wünschen ihm für seinen weiteren Lebens- und Berufsweg alles Gute.

PORTLAND - ZEMENTWERK - STAUB

Müller

(Geschäftsführer)

> **Im Arbeitszeugnis darf nicht erscheinen …**
>
> **Ein einmaliges Vorkommnis** wenn dieses untypisch für das Gesamtbild ist oder nur auf einen vorübergehenden Leistungsabfall zurückzuführen ist, z. B. eine einmalige Fehlleistung.
>
> **Angaben zu außerdienstlichem Verhalten**
> Dies gehört zur Privatsphäre des Mitarbeiters.
>
> **Betriebsratstätigkeit** Sie darf nach Rechtsprechung nur dann erwähnt werden, wenn der Arbeitnehmer als Betriebsratsmitglied über einen längeren Zeitraum freigestellt war.
>
> **Beendigungsgrund des Arbeitsverhältnisses**
> Er darf nur dann erwähnt werden, wenn der Arbeitnehmer dies wünscht.

> **Arbeitsauftrag**
>
> Erstellen Sie ein Arbeitszeugnis für einen mittelmäßigen (hervorragenden) Arbeitnehmer aus Ihrem Arbeitsbereich.

7 Bewerbungsprozesse gestalten

7.1 Anwerbung und Auswahl von Mitarbeitern

Wenn es um die Anschaffung einer Maschine geht, werden umfangreiche Investitionsrechnungen durchgeführt und in oft wochenlangen Verhandlungen wird das beste Angebot ermittelt. Bei der Anwerbung und Auswahl von Mitarbeitern geht man oftmals sehr viel nachlässiger vor und begnügt sich mit einem relativ kurzen Bewerbungsgespräch. Genau wie eine Fehlinvestition bei einer Maschine hat auch die Fehlbesetzung einer Stelle negative finanzielle Auswirkungen. Für eine sinnvolle Mitarbeiterauswahl sollte folgendermaßen verfahren werden:

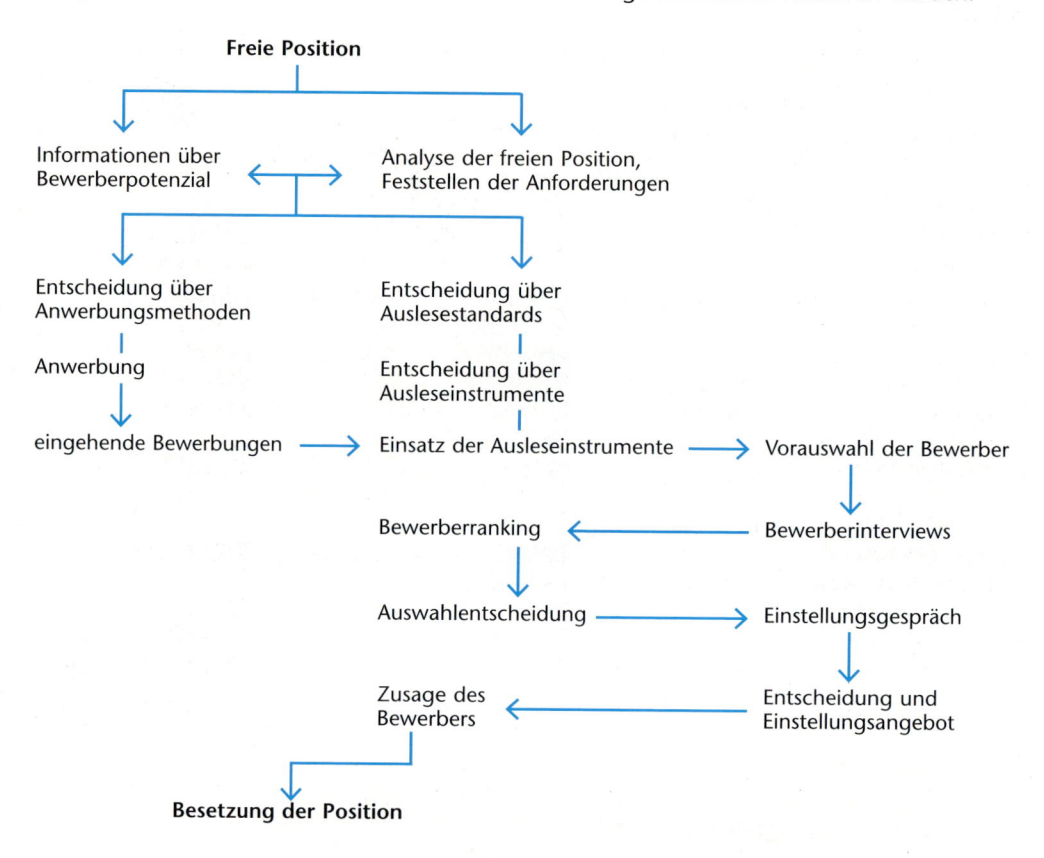

```
                        Freie Position
                       ↙              ↘
   Informationen über        Analyse der freien Position,
   Bewerberpotenzial  ↔      Feststellen der Anforderungen
           ↓                           ↓
   Entscheidung über         Entscheidung über
   Anwerbungsmethoden        Auslesestandards
           |                           |
   Anwerbung                 Entscheidung über
                             Ausleseinstrumente
           ↓
   eingehende Bewerbungen  → Einsatz der Ausleseinstrumente → Vorauswahl der Bewerber
                                                                         ↓
                             Bewerberranking           ←        Bewerberinterviews
                                      ↓
                             Auswahlentscheidung       →        Einstellungsgespräch
                                                                         ↓
                             Zusage des                ←        Entscheidung und
                             Bewerbers                          Einstellungsangebot
                                      ↓
                        Besetzung der Position
```

Auf welchem Weg geeignete Bewerber angeworben werden, hängt von der zu besetzenden Stelle ab. Man unterscheidet dabei interne und externe Beschaffungswege.

Beschaffungswege

intern	extern
– innerbetriebliche Stellenausschreibung – Personalentwicklung – Versetzung	– Arbeitsverwaltung – Stellenanzeige – Personalleasing – Personalberater

> **Arbeitsauftrag**
> Stellen Sie Vor- und Nachteile der internen und externen Beschaffungswege gegenüber.

Die Prüfung, ob infrage kommende Bewerber geeignet sind, geschieht mit Auswahlinstrumenten wie Analyse des Lebenslaufs, Eignungstests, Interview und Gruppengespräch. Die Entscheidung für einen Bewerber oder eine Bewerberin unterliegt der Mitbestimmung des Betriebsrats.

Mitarbeiter gesucht
Wie deutsche Unternehmen offene Stellen* besetzen

Von je 100 Unternehmen suchten im Jahr 2012 ...

... extern über

Weg	Anzahl	Erfolgsquote in Prozent
Stellenangebot auf eigener Homepage	48	20 %
eigene Inserate in Zeitungen	39	42
Arbeitsagentur	37	20
Stellenangebote in Internet-Stellenbörsen	35	22
Auswahl aus Initiativbewerbungen	30	32
Internetdienste der Arbeitsagenturen	24	17
Private Arbeitsvermittlung	9	44

... intern über

Weg	Anzahl	Erfolgsquote in Prozent
eigene Mitarbeiter	45	59 %
interne Stellenausschreibung	22	11
Auswahl aus Leiharbeitern	5	51
interne Praktika	4	42
Auswahl aus Auszubildenden	4	44

Quelle: IAB *Vollzeit   Mehrfachnennungen   © Globus 6441

7.2 Bewerbungsverfahren

Ein Stellenangebot, auf das nur 100 Bewerber antworten, gilt unter Personalberatern und ihren Auftraggebern als Flop. 1 000 Zuschriften sind nicht selten. Bei dieser harten Konkurrenz müssen Stellenbewerber auf sich aufmerksam machen, ohne aufdringlich zu wirken.

7.2.1 Auswerten von Stellenanzeigen

Durch regelmäßiges Lesen der Stellenanzeigen in der regionalen Presse, aber auch in überregionalen Zeitungen gewinnt man einen Eindruck von der Lage des Arbeitsmarktes. Wer eine Anzeige findet, die seinen Vorstellungen entspricht, sollte so schnell wie möglich aktiv werden. Aus der Anzeige kann man entnehmen, wie man sich auf die ausgeschriebene Stelle melden soll:
- an eine angegebene Adresse
- unter einer Telefonnummer
- unter Chiffre

Bei einer genauen Anschrift richtet man seine Bewerbung an die genannte Adresse. Wenn nur die Telefonnummer angegeben ist, sollte man sich gut anhand der in der Anzeige genannten Anforderungen auf das Gespräch vorbereiten. Durch das Telefongespräch nimmt der Gesprächspartner bereits eine Vorsortierung vor. Nur bei einem positiven Verlauf des Gesprächs wird eine schriftliche Bewerbung angefordert. Bei Chiffre bleibt der Inserent unbekannt. Nur der Zeitung, an die das Bewerbungsschreiben geschickt wird, ist dessen Name bekannt. Auf dem Umschlag muss die Chiffre-Nummer vermerkt sein. Das Schreiben wird dann ungeöffnet an den Inserenten weitergeleitet.

Unternehmen, die eine **Onlinebewerbung** favorisieren, weisen in der Regel auf ihrer Internetseite ausdrücklich darauf hin. Wenn ein Unternehmen eine Postadresse nennt, ist eine Papierbewerbung angebracht (vgl. S. 317, Onlinebewerbungen).

Arbeitsaufträge

1. Nennen Sie Gründe, weshalb eine Firma bei ihrer Stellenanzeige unter Chiffre inseriert.

2. Bereiten Sie sich mit einem Kollegen/einer Kollegin Ihres Kurses auf ein Rollenspiel vor, in dem Sie sich telefonisch auf eine Zeitungsanzeige melden. Diskutieren Sie anschließend in der Klasse über Erfolg oder Misserfolg des Gesprächs.

7.2.2 Die Bewerbung

Die Bewerbung soll Aufmerksamkeit erzielen, d. h., es soll in komprimierter Form so viel Interessantes über die eigene Person zu erfahren sein, dass man sich von Mitbewerbern abhebt.

Eine vollständige Bewerbung besteht mindestens aus:
- *individuellem Anschreiben*
- *Lebenslauf*
- *Foto*
- *Zeugnissen über Ausbildung und Berufspraxis*

Anschreiben

Holger Schulz
Frühlingsweg 15
68214 Mannheim
0621-9876543
holgerschulz@abc.de

Mechtronic GmbH
Personalabteilung
Industriestraße 55
69567 Heidelberg

Mannheim, 25.05.20..

Bewerbung als staatlich geprüfter Techniker Fachrichtung Maschinenbau
Ihre Stellenanzeige im Mannheimer Morgen vom 20.05.20..

Sehr geehrte Damen und Herren,
vielen Dank für unser Telefongespräch vom 21.05.20.. Wie versprochen nun die Informationen zu meiner Person.

Basis für meine Ausbildung zum Industriemechaniker war Interesse an der Lösung von technischen Problemen.

Bei meiner jetzigen Tätigkeit habe ich folgende Aufgaben übernommen: Einrichtung und Wartung von Dreh- und Fräsmaschinen.
Erste Erfahrungen in Projektplanung konnte ich bei der Firma Akolon AG sammeln. Zu meinen Aufgaben gehörte dort die Einweisung in die Bedienung der Maschinen.

Ich habe mich an der Ehrhart-Schott-Schule in Schwetzingen zum staatlich geprüften Techniker Fachrichtung Maschinenbau weitergebildet und diese Weiterbildung im Juli 20.. erfolgreich abgeschlossen. Ich habe zudem an CNC-Kursen teilgenommen und mich so zusätzlich qualifiziert.

Ich spreche englisch fließend und verhandlungssicher. In Französisch habe ich Grundkenntnisse erworben. Ich beherrsche den Umgang mit CAD. Ich bin uneingeschränkt mobil. Als meine persönlichen und beruflichen Stärken empfinde ich Teamfähigkeit und hohe Einsatzbereitschaft. Ich habe gelernt, auch in Stresssituationen oder unter Termindruck erfolgreich zu arbeiten.

Meine Gehaltsvorstellung beträgt 50 000,00 EUR p.a.

Ich bin zurzeit in ungekündigter Stellung tätig. Meine Kündigungsfristen bemessen sich nach den üblichen gesetzlichen Vorschriften. Ich stehe also frühestens ab 01.07.20.. für eine neue Aufgabe zur Verfügung.

Über eine Einladung zu einem persönlichen Gespräch würde ich mich freuen.

Mit freundlichen Grüßen

Holger Schulz

Anlagen:
Lebenslauf
3 Zeugnisse

Im Anschreiben nennt der Bewerber Fähigkeiten und Leistungen, die für die ausgeschriebene Position wichtig sein können. Das Anschreiben ist die Visitenkarte des Bewerbers. Dabei wird der Empfänger der Bewerbung Folgendes prüfen:

- Ist die Form der Bewerbung ordentlich und sauber?
- Handelt es sich bei dem Bewerbungsschreiben um ein vervielfältigtes Anschreiben?
- Wie ist das Schreiben aufgemacht?
- Ist die Bewerbung geordnet?
- Entsprechen die Formate von Anschreiben, Dokumenten und Umschlägen der DIN-Norm?
- Hält sich der Umfang der Bewerbung im Rahmen?

Ein sorgfältig formuliertes Anschreiben macht den Empfänger neugierig auf die übrigen Bewerbungsunterlagen. Darin sollen zentrale Fragen der Personalabteilung beantwortet werden.

Dies sind die wesentlichen Inhalte des Anschreibens:

Persönliche Ansprache   korrekte Schreibweise, eventuell Titel des Empfängers

Einleitung   knapp und sachlich mit Bezug auf das Stellenangebot

Hauptteil   auf die genannten Anforderungen und Qualifikationen eingehen, Begründung für die vermeintliche Eignung, besondere Leistungen

Schluss   zum Ausdruck bringen, was man mit dem Anschreiben erreichen möchte (z. B. Einladung zum Vorstellungsgespräch), eigenhändige, vollständige Unterschrift

Anlagen

Fehler	Tipp
Anforderungen nicht erkannt Als Bewerber/-in muss man auf die Anforderungen des Unternehmens eingehen. Wer kein Schlagwort aus der Anzeige aufgreift, hat seine Chance vertan.	**Auf Voraussetzungen eingehen** Die in der Anzeige verlangten Kenntnisse in das Anschreiben einbauen. Eigene Erfahrungen auf dem Gebiet nennen.
Profillosigkeit Ein zu allgemeines Anschreiben weckt bei keinem Personalchef Interesse. Gesucht wird nach Besonderheiten und einem klaren Profil des Bewerbers/der Bewerberin.	**Sich von der Masse abheben** Was ist Ihr Spezialgebiet? Was können Sie, was andere nicht können? Stellen Sie Ihre besonderen Fähigkeiten oder Erfahrungen in den Vordergrund.
Kontraproduktive Ehrlichkeit Erwähnen Sie nichts, was Sie in ein ungünstiges Licht setzen oder Ihnen zum Nachteil ausgelegt werden könnte.	**Negatives verschweigen** Sagen Sie nicht mehr, als erwünscht wird. Keiner muss von vornherein wissen, was im Lebenslauf bisher schiefgelaufen ist.
Leerfloskeln Das bloße Aufzählen von Floskeln und Schlagworten hebt Sie nicht von anderen ab. Vermeiden Sie wenig aussagekräftige Formulierungen.	**Worte mit Inhalt füllen** Beschreiben und erklären Sie Ihre Fähigkeiten. Wobei haben Sie welche Erfahrungen gesammelt? Wie haben Sie sich weiterentwickelt?

Fehler	Tipp
Nicht- und Negativformulierungen Keiner will wissen, was Sie nicht können. Negativformulierungen verwirren den Leser, er muss erst übersetzen, was der Bewerber/die Bewerberin eigentlich meint.	**Deutlich und konkret** Klar formulierte, positive Selbstbeschreibungen vermitteln ein besseres Bild von dem Bewerber/der Bewerberin. Es wird vermieden, dass beim Leser ein negativer Eindruck entsteht.
Übertriebene positive Selbstbewertung Vorsicht mit übertriebenen Eigeneinschätzungen. Loben Sie sich und Ihre Fähigkeiten nie zu hoch. Egozentrik ist im Anschreiben fehl am Platz. Es liegt am Personalchef, Sie einzustufen.	**Beschreiben statt bewerten** Beschreiben und erklären Sie besser Ihre genauen Fähigkeiten und bisherigen Aufgaben. Daraus werden Ihre Qualitäten schneller ersichtlich.
Selbstanklage Niemand wird für einen Beruf angestellt, weil er etwas nicht oder besonders schlecht kann. Vermeiden Sie es, Ihre Defizite und Schwächen zu erläutern.	**Was können Sie** Erklären Sie, was Sie können und was Sie für die neue Stelle an Fähigkeiten mitbringen.

Arbeitsauftrag

Schreiben Sie eine Bewerbung auf eine selbst gewählte, von Ihnen angestrebte Position.

Lebenslauf

Aus dem Lebenslauf entnimmt der zukünftige Arbeitgeber oder Ausbilder wichtige Daten aus dem Leben des Bewerbers/der Bewerberin.

Folgende Angaben müssen im Lebenslauf enthalten sein: Name, Geburtsdatum, Geburtsort, Schulbildung (eventuell voraussichtlicher Schulabschluss, beruflicher Werdegang, berufliche Tätigkeiten, Ort, Datum und Unterschrift. Besonderheiten wie Auslandsaufenthalte und Fremdsprachenkenntnisse oder Besuch von Kursen und Ähnliches können zusätzlich aufgeführt werden.

Jugendliche geben auch die Namen der Eltern und die Anzahl der Geschwister an, Erwachsene ihren Familienstand und die Anzahl der Kinder.

Man unterscheidet die beiden folgenden Arten des Lebenslaufs:

ausführlicher Lebenslauf
Der Text wird zusammenhängend in ganzen Sätzen formuliert. Er wird heute nur noch selten verlangt und sollte nur noch geschrieben werden, wenn es erforderlich ist.

tabellarischer Lebenslauf
Dies ist die heute gebräuchliche Form, da er die wichtigsten Informationen in übersichtlicher Aufstellung enthält.

Arbeitsauftrag

1. Fertigen Sie ein Bewerbungsschreiben auf eine für Sie geeignete Stelle an, die in der Tageszeitung ausgeschrieben war.

2. Erstellen Sie Ihren eigenen Lebenslauf nach folgendem Muster:

Lebenslauf

Name und Vorname:	Michael Weiner Kurgartenallee 5 76356 Weingarten
Geburtstag, Geburtsort:	13. Dezember 1981 in Weingarten
Familienstand:	verheiratet, 2 Kinder
Schulbildung:	1988–1992 Grundschule in Weingarten
	1992–1998 Friedrich-Ebert-Gymnasium Weingarten mit Realschulabschluss
Berufsausbildung:	1998–2001 Ausbildung zum Schreiner bei der Firma Bender in Bruchsal
	Besuch der Berufsschule in Bruchsal
Zivildienst:	2001–2002 Kreiskrankenhaus Schwetzingen
Berufliche Tätigkeit:	2002–2005 Holzbau GmbH in Forst Fertigung von Fenstern
	2005–2015 Möbelhaus Ulmer GmbH in Sinsheim, Anfertigung von Möbeln aus einem Möbelprogramm nach Kundenwünschen
Fortbildungskurse:	2011 CNC-Technik (Grundlehrgang) Ehrhart-Schott-Schule Schwetzingen
	2012 CNC-Technik (Aufbaukurs) Ehrhart-Schott-Schule Schwetzingen
	2014 Meisterprüfung für Schreiner an der Ehrhart-Schott-Schule Schwetzingen

Weingarten, den 15. Mai 20..

Michael Weiner

7.2.3 Bewerbungsmappe

Alle für die Bewerbung relevanten Unterlagen sind in eine Mappe zu verpacken. In Schreibwarengeschäften findet man eine breite Auswahl – Schnellhefter, Klemmmappen, Einlegesysteme mit Thermo- oder Spiral-Bindesystem.

> Die **Bewerbungsmappe** enthält den Lebenslauf, ggf. ein Bewerbungsfoto und die Zeugnisse[1].
> Je wichtiger die Bewerbungsunterlage ist, desto weiter vorne wird sie abgeheftet.

---

[1] Auch wenn es noch immer üblich ist, einer Bewerbung ein Bewerbungsfoto beizulegen, so verzichten manche Firmen darauf, ein solches anzufordern, um nicht mit dem AGG (= Allgemeines Gleichbehandlungsgesetz) in Konflikt zu geraten (z. B. bei einer Ablehnung).

Als Faustregel gilt: Je länger etwas zurückliegt, desto weniger besteht Anlass, es nachzuweisen. Wer mit 40 eine Leitungsposition anstrebt, benötigt kein Realschulabschlusszeugnis mehr. Die Bewerbungsunterlagen müssen jedoch vollständig und auf dem letzten Stand sein.

Die Kopien (Zeugnisse) müssen beste Qualität aufweisen. Bis auf beigelegte Zeugnisse und sonstige Nachweise sind nur Originale zu verwenden. Auf keinen Fall den Lebenslauf kopieren.

Alle Unterlagen sind geordnet in einem dezenten Bewerbungshefter enthalten. Die Blätter sollten nicht gelocht werden. Klarsichthüllen lassen keine Notizen des Sachbearbeiters zu. Die Bewerbungsmappe und der Bewerbungshefter dürfen nicht geknickt oder gefaltet werden.

Das Anschreiben gehört nicht in die Mappe, sondern wird lose beigelegt bzw. mit einer Büroklammer oben festgesteckt. Der Hefter wird in einem Versendeumschlag an das Unternehmen verschickt.

Manche Bewerber wollen sich besonders profilieren und schicken dicke und hochwertig gebundene Bewerbungsmappen. Diese beanspruchen beim Lesen viel Zeit, daher landen sie oft postwendend wieder beim Absender. Manchmal erfolgt die Bewerbung auch mit einem Video oder einer aufwendig gestalteten CD-ROM. Eine herkömmliche Mappe lässt sich in wenigen Minuten überfliegen, während Multimedia-Bewerbungen den Personalentscheider mehr Zeit und Arbeit kosten. Das honoriert er in der Regel nur, wenn die digitale Form wirklich informativer ist als das Pendant in Papierform. Vor allem in kreativen Branchen (Werbung, Veranstaltungstechnik usw.) kann sich der Aufwand für beide Seiten lohnen.

7.2.4 Onlinebewerbungen

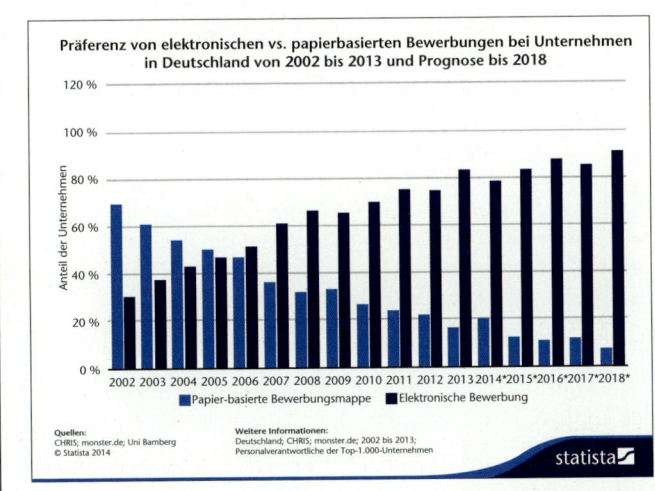

Immer mehr Unternehmen, vor allem Computer- und Softwareunternehmen, Banken und Versicherungen, bevorzugen eine elektronische Bewerbung, denn sie erleichtert den Versand von Zwischenbescheiden sowie die gesamte Verwaltung der Bewerbungen. Onlinebewerbungen sollten über ein Mailprogramm verschickt werden und nicht über eine Free-Mail-Plattform, da hier in der Regel Werbung angehängt wird. Auf jeden Fall sollte ein Signaturanhang mit vollständiger privater Kontaktadresse dabei sein. Auch bei E-Mails sollten die Gepflogenheiten des Briefverkehrs beachtet werden. Der Online-Bewerbungstrainer für Akademiker, den die Arbeitsagentur kostenfrei anbietet, rät davon ab, ein Anschreiben als Textbaustein in das Textfeld der E-Mail zu kopieren. Stattdessen schreibt man einen kurzen Text mit etwa folgendem Inhalt: „Beigefügt erhalten Sie meine Bewerbung. Bei Rückfragen können Sie mich jederzeit kontaktieren. Mit freundlichen Grüßen …". In der Mail sollte bereits auf Anlagen verwiesen werden. Anschreibung und Zeugnisse sollten als eine pdf-Datei in der Reihenfolge des Lebenslaufs angehängt sein.

> Wie in elektronischer Post üblich, unterschreibt man Mails in einfacher Schrift und regulärer Zeichengröße. In das Anschreiben und den Lebenslauf setzt man seine Unterschrift als Scan ein. Mit der Unterschrift erklärt ein Bewerber die Richtigkeit seiner Angaben. Damit sich der potenzielle Arbeitgeber einen ersten Eindruck vom Bewerber machen kann, setzt man ein gescanntes Bewerbungsfoto in die rechte obere Ecke des Lebenslaufs.
>
> Es empfiehlt sich, Zeugnisse und andere Dokumente in Farbe zu scannen und im JPG-Format zu speichern. Mit einer Grafiksoftware können schief sitzende Bilder korrigiert, Kontraste maßvoll erhöht und kleinere störende Flecken entfernt werden. Für weitere Bewerbungen können diese JPG-Dateien in einem Ordner dauerhaft gespeichert werden.
>
> In manchen Firmen ist die Bewerbung nur über Onlineformulare möglich. Lücken im Lebenslauf und im eigenen Profil werden damit schonungslos offengelegt. Umso sorgfältiger sollte die Bewerbung vorbereitet sein. Das Anschreiben als Textdatei und die Zeugnisse als Gesamt-PDF und als einzelne JPGs sollten bereitgehalten werden. Manchmal sind mehrseitige Formulare so programmiert, dass man erst nach vollständigem Ausfüllen auf die nächste Seite gelangt. Ein unverbindliches Ansehen ist dadurch also nicht möglich.
>
> Wenn nach etwa drei Wochen noch keine Rückmeldung auf die Bewerbung erfolgt, ist ein Nachfragen angemessen.
>
> *Schick, Afra: Jobwechsel per Mausklick. Viele Unternehmen bevorzugen Onlinebewerbungen – wenn diese gut gemacht sind, in: DIE ZEIT Nr. 28 vom 08.07.2010, S. 64 (verändert)*

Warum Unternehmen das Internet zur Personalarbeit nutzen	Warum Bewerber das Internet zur Stellensuche nutzen sollten
– wenig kosten- und zeitaufwendig – beschleunigt den Rekrutierungsprozess – gute Ansprache von relevanten Zielgruppen – bessere räumliche und zeitliche Erreichbarkeit – hohe Aktualität und multimediale Darstellung	– vereinfachte Suche nach Auslandsjobs – größere Anzahl ausgeschriebener Stellen – Wettbewerbsvorteil durch Geschwindigkeit des Internet – umfassende Informations- und Suchmöglichkeit – zeitunabhängige Bewerbung möglich

Wie die per Post versendete Bewerbungsmappe setzt sich auch die Online-Bewerbung aus den gleichen Unterlagen zusammen, wobei sich die Dateianhänge auf die wichtigsten Unterlagen und die letzten Arbeitszeugnisse beschränken sollten. Gegebenenfalls können Unterlagen nachgereicht oder zum Bewerbungsgespräch mitgebracht werden.

Vor dem Abschicken ist nochmals alles Korrektur zu lesen und die Vollständigkeit zu prüfen.

Bei Onlinebewerbungen über ein Bewerbungsformular können längere Texte (zum Beispiel der Text für das Anschreiben oder Tätigkeitsschwerpunkte) bereits vorab extern erfasst und gespeichert werden. Dieser Text kann anschließend einfach in das Bewerbungsformular kopiert werden.

Mail-Adressen, wie superman@....de, sollten der privaten Nutzung vorbehalten bleiben. Die E-Mail-Adresse sollte in der Form vorname.name@.....de angegeben werden. Ein neues oder zusätzliches E-Mail-Konto kann man bei diversen Anbietern im Internet kostenlos einrichten.

Bei einer per E-Mail versendeten Bewerbung ist auch darauf zu achten, eine vollständige Signatur mit Kontaktdaten (Postanschrift, E-Mailadresse, Telefon- und Mobilnummer) anzugeben.

Die Bewerbung ist in personalisierter Form zu versenden, das heißt, es ist mit Bewerbung immer nur ein Unternehmen anzusprechen dort individuell ein konkreter Ansprechpartner zu benennen. Dies gilt sowohl für Initiativbewerbungen, als auch für eine Bewerbung auf eine konkrete Stellenausschreibung.

Auf keinen Fall darf die Bewerbung als weitergeleitete Massenmail verschickt werden. Gegebenenfalls sind der zuständige Ansprechpartner und die Mail-Adresse gegebenenfalls vorab telefonisch zu erfragen oder der Internetseite bzw. der Stellenausschreibung zu entnehmen.

Eingescannte Bewerbungsfotos oder Dokumente sollten von hoher Qualität und gut lesbar sein.

Zu viele und zu große Dateianhänge in der Bewerbungs-E-Mail sind zu vermeiden. Die Anlagen zu der Bewerbung sollten in nur wenigen oder in einer Datei zusammengefasst sein. Für die Dateigröße sind die Angaben der Unternehmen auf den Internetseiten zu beachten. Als Faustregel gilt: Dateianhang nicht größer als 2 bis 3 Megabyte.

Das Bewerbungsschreiben kann entweder als Text der E-Mail verfasst und die Anlagen als pdf-Dateien beifügt oder in einer Datei als pdf-Bewerbungsmappe mit allen Bewerbungsunterlagen (Bewerbungsanschreiben, Lebenslauf, Zeugnisse usw.) zusammenfasst werden. Bei der ersten Variante sollte kein HTML-Format für die Bewerbungs-E-Mail verwendet werden.

Arbeitsauftrag
Informieren Sie sich über Job-Portale von Unternehmen aus Ihrer Branche.

7.3 Vorstellungsgespräch

Im Vorstellungsgespräch haben beide Seiten die Möglichkeit, sich kennenzulernen. Der zukünftige Arbeitgeber kann darüber hinaus die schriftlichen Angaben in den Bewerbungsunterlagen überprüfen und zusätzliche Informationen über den Bewerber erhalten, z. B. über die Gründe des Ausscheidens aus einem bestehenden Arbeitsverhältnis, Motive für die Bewerbung um die ausgeschriebene Stelle und die Zielvorstellungen des Bewerbers. Der Bewerber hat im Vorstellungsgespräch Gelegenheit zu prüfen, ob die angestrebte Stelle seinen Vorstellungen entspricht.

Wer als Bewerber um eine Stelle zu einem Vorstellungsgespräch eingeladen wird, hat schon eine wichtige Hürde geschafft. Im Vorstellungsgespräch geht es nun darum, sich durch eine optimale Darstellung seiner fachlichen und menschlichen Qualitäten von Mitbewerbern abzuheben. Zur Erreichung dieses Ziels gehört eine gewissenhafte Vorbereitung.

Vorbereitung des Vorstellungsgesprächs
- Anreise planen
- Informationen über das Unternehmen sammeln
- gedankliche Vorbereitung auf das Gespräch
- angemessenes Äußeres

Der Ablauf eines Vorstellungsgesprächs lässt sich nicht exakt planen, auf einige typische Inhalte des Gesprächs kann man sich jedoch vorbereiten. Alle Fragen sind wahrheitsgemäß zu beantworten. Auf manche Fragen, die im Wesentlichen die Privatsphäre betreffen, muss keine direkte Antwort gegeben werden.

> **Typische Inhalte eines Vorstellungsgesprächs:**
> - kurze Vorstellung der Person (Ausbildung, beruflicher Werdegang)
> - privates Umfeld
> - Freizeitgestaltung und Hobbys
> - derzeitige Tätigkeit am Arbeitsplatz
> - besondere Fähigkeiten und Fertigkeiten
> - Gründe für die Bewerbung, insbesondere für den geplanten Arbeitsplatzwechsel
> - Eignung für die ausgeschriebene Stelle
> - berufliche Zielvorstellungen
> - Gehaltsvorstellungen
> - frühester Antritt der neuen Stelle
>
> **Nicht beantwortet werden müssen Fragen nach:**
> - Gewerkschaftszugehörigkeit
> - Krankheiten (außer wenn dies für die vorgesehene Arbeit von Belang ist)
> - Verlobungs- oder Heiratsabsichten
> - Religionszugehörigkeit
> - Parteizugehörigkeit
> - Schwangerschaft
> - Vorstrafen (zulässig bei bestimmten Vertrauensstellungen)
> - längere Zeit zurückliegende Pfändungen

Da ein Bewerber im Vorstellungsgespräch seinerseits die angebotene Position und den dahinterstehenden Arbeitgeber kennenlernen möchte, sollte er sein Recht, Fragen zu stellen, ausreichend wahrnehmen. Folgende Bereiche können dabei angesprochen werden:

- Stellen- und Aufgabenbeschreibung
- Entwicklungsmöglichkeiten im Unternehmen
- Besichtigung des zukünftigen Arbeitsplatzes
- Einordnung der Position im Organigramm
- Gründe für das Freiwerden der Stelle
- Zusammensetzung der Vergütung
- soziale Leistungen
- Arbeitszeit
- Urlaubsregelung
- Probezeitregelung und Kündigungsfristen
- Gestattung von Nebentätigkeiten
- ggf. Ersatz der Vorstellungskosten

Personalchefs und -berater filtern Kandidaten anhand eines Beurteilungsbogens, der auszugsweise wie folgt aussehen kann:

> **Auftreten:**
> sehr gehemmt – nervös – unbefangen – ausgeglichen – sehr selbstsicher
>
> **Redegewandtheit:**
> geringer Wortschatz – sehr schweigsam – formuliert nicht gut – spricht langsam, aber klar und deutlich – sehr gut und treffend
>
> **Auffassungsgabe:**
> braucht mehr Erklärungen als andere – wirkt unkonzentriert – nicht immer schnell genug – erfasst schnell das Wesentliche

Einstellung zur Position:
hätte lieber eine andere Position – sieht die Position nur als Übergangslösung – traut sich die Position nicht ganz zu – sehr positiv, hat großes Interesse

Eignung vom Typ her:
von nicht geeignet bis sehr gut geeignet

Fachkenntnisse:
von nicht geeignet, branchenfremd bis hoch qualifiziert

Berufserfahrung:
keine bis sehr viel Erfahrung

Persönlicher Eindruck:
mit dem Bewerber nicht zurechtgekommen – Bewerber war reserviert, kein Kontakt – zurückhaltend, aber nicht unsympathisch – sehr sympathisch, guter Kontakt

Arbeitsaufträge

1. Stellen Sie sich den Teilnehmern Ihres Kurses innerhalb von fünf Minuten vor. Berichten Sie dabei über die Schwerpunkte Ihrer bisherigen schulischen und beruflichen Ausbildung, ggf. angefertigte Facharbeiten, bisherige Tätigkeiten und Ihre weiteren beruflichen Ziele.
Sie haben 30 Minuten Zeit zur Vorbereitung.
Setzen Sie nach Bedarf Präsentationsmittel wie Flipchart, Overhead-Projektor oder Metaplan-Tafel ein.
Lassen Sie nach Möglichkeit den Vortrag mit einer Videokamera aufzeichnen.
Die Zuhörer bewerten Ausdrucksweise, Kontaktfähigkeit, Selbstsicherheit, Vermittlung von Fachwissen und Einsatz der Präsentationsmittel.

2. Je zwei Kursteilnehmer bereiten sich bis zur nächsten Unterrichtsstunde auf ein Vorstellungsgespräch vor. Ein Teilnehmer ist der Interviewer, der andere Bewerber. Suchen Sie gemeinsam in der Tageszeitung bei den Stellenanzeigen nach einer passenden Stelle. Formulieren Sie die genannten Bereiche in Fragen um.
Die beobachtenden Mitschüler vergleichen und beurteilen das jeweilige Verhalten mithilfe des obigen Beurteilungsbogens.

7.4 Assessment-Center

„Assessment" kommt aus dem Englischen und bedeutet so viel wie „Feststellung", „Abschätzung", „Bewertung". Als Verfahren wurde das Assessment-Center erstmals in den 20er-Jahren des letzten Jahrhunderts von der deutschen Reichswehr zur Auswahl von Offiziersanwärtern eingesetzt. Seit den 1960er-Jahren werden Assessmentcenter zunächst in den USA, heute auch bei uns zur Beurteilung und Auswahl von Führungskräften genutzt.

> Das **Assessment-Center (AC)**, manchmal auch Auswahltag oder Personalentwicklungs-Seminar genannt, ist eine Kombination aus verschiedenen Tests, Planspielen und Gesprächen. Vertreter des Unternehmens prüfen und begutachten die Bewerber/-innen ein oder mehrere Tage lang – in Gruppen- und Einzelübungen.

Die klassische Form des Assessmentcenters tritt immer mehr in den Hintergrund und wird durch individuellere Formen ersetzt – je nachdem, welche Qualifikation eine Firma verlangt.

Die Entscheidung, ob ein **Gruppen-Assessment** oder ein **Einzel-Assessment** durchgeführt wird, hängt im Wesentlichen von der Hierarchiestufe ab, für die das Auswahlverfahren durchgeführt wird. Außer bei Führungskräften wird meist ein Gruppen-Assessment bevorzugt.

Ein Einzel-Assessment etwa entspricht im Prinzip dem Assessment Center, aber jeder Kandidat wird einzeln getestet. Aus Diskretionsgründen setzen es die Personalchefs meist bei Führungskräften ein. Immer mehr Unternehmen organisieren Potenzial-Assessments für ihre Mitarbeiter, um hausintern die Kompetenzen der Angestellten zu überprüfen und richtig einzusetzen. Alle Formen basieren aber auf dem gleichen Schema.

Die Teilnehmer werden mittels verschiedener Aufgabentypen getestet.

Mögliches Gruppen-AC	Mögliches Einzel-AC
– Selbstpräsentation – zwei Gruppendiskussionen – ein bis zwei Rollenspiele – Präsentation eines vorbereiteten Themas – Organisationsaufgabe – psychologische Testverfahren	– Selbstpräsentation – Interview – ein bis zwei Rollenspiele – Fallbearbeitung bzw. Präsentation – Organisationsaufgabe – psychologische Testverfahren

In der **Gruppendiskussion** geht es beispielsweise darum, im direkten Vergleich mit den anderen Bewerbern gut abzuschneiden. Diese Übung gehört also zur Gattung „Jeder gegen jeden". In der Regel wird ein vorgegebenes Thema kontrovers diskutiert. Die Teilnehmer müssen also den Sachverhalt verstehen, ihre Position überzeugend vertreten und eine Argumentationsstrategie entwickeln können und müssen zudem noch auf ihre Körpersprache achten. Ziel ist es, das gestellte Problem möglichst einvernehmlich zu lösen.

Arbeitsauftrag

Eine Unternehmensberatung, [eine Niederlassung der Agentur für Arbeit] und eine Internetagentur planen ein gemeinsames Projekt: Sie möchten 20 jungen Künstlern die Möglichkeit geben, ihre Kunstwerke zu präsentieren. Die drei Partner verbinden mit diesem Projekt unterschiedlichste Interessen. Die Unternehmensberatung sieht darin eine Möglichkeit der Imagepflege, die Internetagentur hingegen möchte daraus in erster Linie großen Profit schlagen, und [die Agentur für Arbeit] sieht es als ein Pilotprojekt, um langfristig Arbeitslose (und nicht nur Künstler) durch solche Projekte zu unterstützen.

Entwerfen Sie [innerhalb von 60 Minuten] ein Konzept, bei dem Sie die unterschiedlichen Interessen berücksichtigen. Es bleibt Ihnen überlassen, ob Sie sich in verschiedene Rollen einteilen oder gemeinsam alle Aspekte bedenken. Ansonsten sind Ihrer Kreativität keine Grenzen gesetzt: Überlegen Sie sich WO, WANN, MIT WEM und IN WELCHER FORM sich ein solches Projekt realisieren ließe. Erörtern Sie die Fragestellung und stellen Sie eine Collage Ihrer Ergebnisse [für eine fünfminütige Präsentation] zusammen.

FOCUS Online: Assessment-Center: Bewerber im Praxistest: Beispiel für eine Gruppendiskussion, abgerufen am 12.11.2014 unter www.focus.de/finanzen/karriere/bewerbung/assessment/assessment-center/beispiel-fuer-eine-gruppendiskussion_aid_7700.html (geändert)

Die meisten AC setzen mehrere Beobachter aus verschiedenen Funktionen des Unternehmens ein: Führungskräfte, Mitarbeiter aus der Personalabteilung und unternehmensfremde Externe, die möglichst objektiv beurteilen sollen.

Die Aufgabe der Gutachter ist es, durch eine Vielzahl von Beobachtungen und Wahrnehmungen eine Aussage über den Bewerber zu treffen und letztendlich zu entscheiden, ob jemand in das Unternehmen passt oder nicht. Da mehrere Personen gleichzeitig beurteilen, werden unterschiedliche Wahrnehmungsmuster ausgeglichen. Die Beobachter werden vorher trainiert. Ihnen wird das Aufgabenmaterial vorgestellt und sie können so eine angemessene Erwartungshaltung an das Verhalten der Teilnehmer entwickeln. Die Moderation des AC sollte durch einen erfahrenen externen Berater erfolgen.

Die **Postkorb-Übung** ist eine der klassischen Aufgaben im AC. Hier gilt es, unter schwierigen Umständen viele Entscheidungen zu treffen. Die Zeit ist knapp und vor Ihnen steht ein überfüllter Postkorb, in ihm 15 bis 20 Briefe mit mehr oder weniger eiligen Anliegen. Ihre Aufgabe ist es nun, Prioritäten zu setzen. Was ist wirklich wichtig und muss sofort erledigt werden? Was können Sie delegieren, und was kann warten? Die Zeit ist vorgegeben, Rückfragen sind nicht gestattet. Zu Beginn bekommen Sie eine Situationsbeschreibung. Schikanen werden eingebaut: Eine Meldung wird nachgereicht, das Telefon klingelt oder ein wichtiges Meeting kommt dazwischen. Diese Übung soll etwas über Entscheidungsfreude, Selbstorganisation und Verantwortungsbewusstsein aussagen. Ziel ist es, die analytischen Fähigkeiten, die Delegationsbereitschaft, die Fähigkeiten im Umgang mit komplexen Sachverhalten und Ihre emotionale Stärke unter starkem Zeitdruck zu testen.

Arbeitsauftrag

Im Internet findet man eine Vielzahl von Beispielen zur Postkorb-Übung. Auf der Internetseite „Studis Online" ist unter der Adresse www.studis-online.de/karriere/arb-884-assessment-center.php (Stand 18.06.2014) eine Musterübung veröffentlicht, die zur Durchführung in Ihrem Kurs geeignet ist. Weitere Informationen und Übungen zum Assessment Center findet man auch unter focus.msn.de/jobs/bewerbung/assessment.

Die 6-Elemente-Bewerbung

Assessment-Center haben meist sechs Elemente: Vortrag halten, Gruppendiskussion und Rollenspiel, Interview, Fallstudie und Persönlichkeitstest. Wichtig ist die Vorbereitung.

Präsentation

Einen Vortrag zu halten ist in vielen Berufen üblich – mit diesem Baustein müssen Bewerber deshalb bei 92 Prozent der Assessment-Center rechnen. Als Grundlage dienen oft Zeitungsartikel oder Geschäftsberichte, die man dann vor anderen Teilnehmern des Assessment-Centers oder Mitarbeitern des Unternehmens zusammenzufassen muss. Dabei ist der äußere Eindruck mindestens genauso wichtig wie der Inhalt der Präsentation. Man sollte deshalb darauf achten, gerade zu stehen, Blickkontakt zu halten und deutlich zu sprechen. Und: Mut zur Lücke! Bewusst nur auf die wichtigsten Aspekte eingehen und so zeigen, dass man Prioritäten setzen kann.

Gruppendiskussion

2001 wurde noch in 95 Prozent der Assessment-Center diskutiert, heute nur noch in rund 61 Prozent. Dabei wird einer Gruppe von Bewerbern ein Thema vorgegeben, etwa ein Geschwindigkeitslimit für Autobahnen. Manchmal werden für die Diskussion bestimmte Positionen vorgegeben, zum Beispiel wenn es um die Verteilung von Geldern innerhalb der Firma geht. Um zu überzeugen, präsentiert man am besten eigene Ideen und Standpunkte, ist aber auch bereit, auf Gegenstimmen zu hören oder am Ende einen Kompromiss zu schließen. Die Regeln für jedes gute Gespräch gelten auch hier – also anderen nicht ins Wort fallen oder laut werden.

Rollenübung

Sie werden von 85 Prozent der Assessment-Center eingesetzt. Hier wird eine kritische Situation vorgegeben, und der Bewerber muss in eine Rolle schlüpfen. Er spielt etwa einen Verkäufer, der einen Kaufvertrag abschließen soll, oder einen Vorgesetzten, der einen Mitarbeiter zur Ordnung rufen muss. Den Gegenpart übernehmen andere Teilnehmer oder Mitarbeiter des Unternehmens. Auf solche Rollenspiele muss man sich einlassen können. Wer sich unwohl fühlt, strahlt das auch aus. Der Bewerber sollte engagiert sein, aber gekünstelte und übertriebene Gesten vermeiden. Wichtig ist, dass man sich auf seine Stärken konzentriert: Der eine überzeugt eher mit Sachargumenten, der andere mit Einfühlungsvermögen. Genau das darf auch gezeigt werden.

Interview

In 77 Prozent der Assessment-Center findet auch ein klassisches Vorstellungsgespräch statt. Was im Lebenslauf in Stichworten steht, darf jetzt mit Leben gefüllt werden. Schon vorher sollte man sich überlegen, welche Punkte man gern ansprechen möchte, zum Beispiel ein Projekt oder einen Auslandsaufenthalt. Man sollte sich aber auch mit Situationen auseinandergesetzt haben, bei denen man an seine Grenzen gestoßen ist oder Misserfolge hatte, denn danach wird häufig gefragt. Am besten, man steht offen dazu und schildert, wie man sich anschließend wieder motiviert hat.

Fallstudie

Fallstudien werden ebenfalls in knapp 73 Prozent der Assessment-Center eingesetzt. Meist erhalten die Bewerber einen Stapel Dokumente zu einem Unternehmen oder Projekt. Nun gilt es, sich schnell und effizient hineinzudenken, Zahlen zu interpretieren und das Wichtigste vorzustellen. Der größte Unterschied zur Präsentation: Hier kommt es hauptsächlich auf den Inhalt an. Es ist deshalb wichtig, sich die Aufgabenstellung und die jeweilige Anforderung genau durchzulesen. Wer sich nicht sicher ist, sollte ruhig nachfragen, zum Beispiel ob alle Dokumente in die Zusammenfassung einfließen müssen oder ob man sich auf einige konzentrieren kann.

Test

Wurden 2001 in nur 16 Prozent der Assessment-Center Persönlichkeitstests eingesetzt, sind es heute 43 Prozent. Die Zahl der Intelligenztests stieg von 19 auf 40 Prozent. Bei Letzteren müssen unter Zeitdruck verschiedene Aufgaben gelöst werden. Es kommt zwar auf das Tempo an, die Tests sind aber in der Regel so konzipiert, dass in der vorgegebenen Zeit nicht alle Aufgaben gelöst werden können. Das sollte man wissen und sich nicht unnötig unter Druck setzen lassen. Bei Persönlichkeitstests wird abgefragt, wie stark man bestimmten Aussagen zustimmt, zum Beispiel »Ich arbeite gern allein«. Solche Tests sollte man ehrlich und spontan ausfüllen. Kein Bewerber hat etwas davon, wenn er zwar die Stelle bekommt, aber die Erwartungen des Unternehmens dann nicht erfüllen kann.

Fromm, Kathrin: Die 6-Elemente-Bewerbung, in: DIE ZEIT 50/2012 vom 22.01.2013, abgerufen unter www.zeit.de/2012/50/vorbereitung-assessment-center am 26.5.2014

Arbeitsaufträge

1. Aus welchen Gründen wenden Firmen für die Personalauswahl das aufwendige Verfahren des Assessment-Centers an.

2. Beschreiben Sie die Übungen, die in dem Artikel der Zeit genannt sind.

3. In dem Artikel der Zeit ist als Beispiel für eine Gruppenübung zur Ermittlung der Teamfähigkeit die Gruppendiskussion zum Thema „Verteilung von Geldern in der Firma" genannt. Vier Teilnehmer Ihres Kurses setzen sich argumentativ mit diesem Thema oder einem anderen Thema auseinander. Die restlichen Teilnehmer sind Beobachter und erstellen einen Kriterienkatalog zur Ermittlung der Teamfähigkeit. Diskutieren Sie nach der Gruppendiskussion, wer die genannten Kriterien am besten erfüllt hat.

4. Wägen Sie Für und Wider des Assessment-Centers ab.

Weiterführende Literaturhinweise

Birkenbihl, Vera F.: Fragetechnik schnell trainiert, 17. Aufl., Moderne Verlagsgesellschaft, München, Landsberg am Lech 2007

Domsch, Michael/Regnet, Erika/Rosenstiel, Lutz von (Hrsg.): Führung von Mitarbeitern – Fallstudien zum Personalmanagement, 2. überarbeitete und erweiterte Auflage, Schäffer-Poeschel, Stuttgart 2001

Drützler-Heilgeist, Marthamaria/Lautenbach, Anja: Betrifft Projektarbeit, Bildungsverlag EINS, Troisdorf 2010

Geßler, Uli/Göppel, Rainer: Qualitätsmanagement, 7. Aufl. 2010, Bildungsverlag EINS, Troisdorf 2010

Gordon, Thomas: Managerkonferenz – Effektives Führungstraining, aus dem Amerikanischen von Hainer Kober, Wilhelm Heyne Verlag, 19. Aufl., aktualisierte Taschenbuch-Ausgabe, München 2005

Haberleitner, Elisabeth/Deistler, Elisabeth/Ungvari, Robert: Führen Fördern Coachen. So entwickeln Sie die Potentiale Ihrer Mitarbeiter, aktualisierte Neuausgabe, Serie Piper, München 2009

Hainbuch, Friedrich: Progressive Muskelentspannung nach Jacobson mit CD, Gräfe & Unzer, München 2010

Herbst, Dieter: Corporate Identity, 3. Aufl., Cornelsen, Berlin 2006

Hermans, Arndt/Krings, Elmar: Praktische Mobbing-Prävention. Stopp dem Psychoterror am Arbeitsplatz!, 1. Aufl., Books on Demand GmbH 2004

Hertel, Anita von: Professionelle Konfliktlösung. Führen mit Mediationskompetenz, 1. Aufl., Campus Verlag, Frankfurt/M. 2009

Leymann, Heinz: Mobbing, 12. Aufl., Rowohlt Taschenbuch, Reinbek bei Hamburg 1993

Lundin, Stephen, C./Paul, Harry/Christensen, John: Fish! Ein ungewöhnliches Motivationsbuch, Goldmann, München 2003

Meyer, Friedrich/Stopp, Udo: Betriebliche Organisationslehre: Unternehmensaufbau – Arbeitsablauf, 15. Aufl., expert verlag, Renningen 2004

Nöllke, Matthias: Kreativitätstechniken, 6. aktualisierte Aufl., Haufe, Freiburg 2010

Oboth, Monika/Seils, Gabriele: Meditation in Teams und Gruppen, 3. Aufl., Junfermann Verlag, Paderborn 2008

Olfert, Klaus: Organisation, 15. Aufl., Kiehl Verlag, Ludwigshafen 2009

Patterson, Kerry/Grenny, Joseph/McMillan, Ron/Switzler, Al: Heilsame Konflikte, 1. Aufl., Linde, Wien 2006

Preuschoff, Gisela/Mohr, Rona: Wer nicht an Wunder glaubt, ist kein Realist, Kösel-Verlag, München 2003

Rahn, Horst-Joachim: Unternehmensführung, 7. Aufl., Rahn Verlag, Ludwigshafen 2008

Rosenstiel, Lutz von/Regnet, Erika/Domsch, Michael E.: Führung von Mitarbeitern. Handbuch für erfolgreiches Personalmanagement, 6. Aufl., Schäffer-Poeschel, Stuttgart 2009

Rosenstiel, Lutz von/Regnet, Erika/Domsch, Michael E.: Führung von Mitarbeitern. Fallstudien zum Personalmanagement, 2. überarbeitete und erweiterte Aufl., Schäffer-Poeschel, Stuttgart 2001

Sackmann, Sonja: Erfolgsfaktor Unternehmenskultur, Gabler, Wiesbaden 2004

Schuler, Heinz: Lehrbuch Organisationspsychologie, 4. vollständig überarbeitete und ergänzte Aufl., Huber, Bern 2007

Schulz von Thun, Friedemann: Miteinander reden 1–3, Rowohlt Taschenbuch, 48. Aufl., Reinbek bei Hamburg, 2010

Simon, Walter: Gabals großer Methodenkoffer, Gabal, Offenbach 2009

Sprenger, Reinhard K.: Das Prinzip Selbstverantwortung. Wege zur Motivation, 12. durchgesehene Auflage, Campus Verlag, Frankfurt/M. 2004

Stroebe, Rainer W.: Führungsstile. Management by Objectives und andere Führungsmethoden, 8. Aufl., Verlag Recht und Wirtschaft, Heidelberg 2007

Teml, Hubert: Entspannt lernen, 6. Aufl., Veritas Verlag, Weinheim 2001

Watzlawick, Paul: Anleitung zum Unglücklichsein. Vom Schlechten des Guten, 7. Aufl., Piper Verlag, München 2007

Weinert, Ansfried B.: Organisations- und Personalpsychologie. Lehrbuch, 5. Vollständig überarbeitete Aufl., Beltz Psychologie Verlags Union, Weinheim 2004

Weisbach, Christian-Rainer: Professionelle Gesprächsführung. Ein praxisnahes Lese- und Übungsbuch, DTV-Beck, München 2003

Zimbardo, Philip G./Gerrig, Richard, J./Hoppe-Graff, Siegried/Engel, Irma: Psychologie, 18. Aufl., Verlag Pearson Studium, München 2008

Stichwortverzeichnis

A

Abstimmungskollegialität 240
Abteilung 232
Abwehrmechanismen 114
Ähnlichkeitshemmung 18
Aktives Lernen 21
Aktives Wissen 15
Aktives Zuhören 83
ALPEN-Methode 42
Alternativfragen 80
Amtsautorität 224
Analoge Modalitäten 72
Analogieschluss 175
Analyse nach Objekten 229
Analyse nach Verrichtungen 229
Analytischer Bewertungsbogen 304
Anforderungsprofil 222
Angepasstes Kind 182
Angleichungsregel 156
Annäherungs-Annäherungs-Konflikt 162
Annäherungs-Vermeidungs-Konflikt 162
Anreize 111
Ansatz von Porter und Lawler 144
Anschreiben 313
Appell 74
Appellohr 75
Arbeitsanweisungen 289
Arbeitsmotivation 123
Arbeitsphase 284
Arbeitszeugnis 306
Argumentationsschritte 108
Artefakt 212
Artikulation 54
Assessment-Center 285, 322
Aufbauorganisation 228
Aufgabenanalyse 228
Aufgabenhierarchie 228
Aufgabenstil 249
Aufgabensynthese 230

3-D-Führungsmodell 249
5-Schritt-Formel 53

Ausführende Stellen 231
Äußerer Konflikt 162
Auswerten von Stellenanzeigen 311
Authentizität 97
Autokratischer Führer 179
Autoritärer Führungsstil 179, 245
Autorität 223
Autoritätstechnik 108
Axiome 71

B

Balkendiagramm 280
Bedürfnis nach Bestätigung 135
Bedürfnis nach Wachstum und Selbsterfüllung 135
Bedürfnispyramide 134
Belohnung 16
Beschaffungswege 310
Bestreitetechnik 108
Beurteilung der Mitarbeiter 302
Beurteilungskonflikt 163
Beurteilungs- und Wahrnehmungskonflikte 164
Beurteilungszyklus 305
Bewerbung 312
Bewerbungsmappe 316
Bewerbungsverfahren 311
Bewertungskriterien 66
Beziehung 74
Beziehungsaspekt 71
Beziehungskonflikte 165
Beziehungsohr 75
Beziehungsorientierung 242
Beziehungsstil 249
Blake/Mouton 248
Brainstorming 33
Brainwriting 34
Bringprinzip 271

C

Code 69, 73
Complex man 140
Corporate Behaviour 216

Corporate Communications 216
Corporate Design 216
Corporate Governance 218
Corporate-Governance-Kodex 218
Corporate Identity 210, 216

D

Debatte 171
Defizitmotive 134
Demokratische Führung 179
Dependenz 157
Dezentralisation 233
Dienstweg 235
Digitale Modalitäten 72
Direktive Gesprächsformen 100
Direktorialsystem 240
Diskriminationslernen 29
Disposition 227
Distanzierungsregel 156
Dokumentenanalyse 214
Drama-Dreieck 190
Dresscode 212
Du-Botschaften 85

E

Economic man 140
Effektiver Führungsstil 251
Egogramm 183
Einliniensystem 237
Einzel-Assessment 322
Eisenhower-Prinzip 43
Eltern-Ich-Zustand (EL) 180
Emotionale Intelligenz 129
Empathie 98
Empfänger 69, 73
Entscheidungssysteme 239
Entschlüsselung 69
Erinnerung 17
Erinnerungshemmung 18
Erklärungsfunktion 133
Ermahnung 17
Ermutigung 17
Eröffnungsformel 60
Erscheinungsbild 212
Erwachsenen-Ich 182

Erwachsenen-Ich-Zustand (ER) 180
Es 112
Es, Ich und Über-Ich 112
Externer Kunde 268
Extrinsisch 126

F
Facharbeit 47
Fachautorität 224
Fantasiereisen 24
Fassadentechnik 78
Feedback 87
Firmenrundgang 214
Flipchart 63
Fluktuation 157, 168
Folie 64
Formelle Gruppe 149
Freies Kind 182
Fremdbild 173
Freud 112
Führung 219
Führungsebene 220
Führungsfunktionen 240
Führungsstile 244
Funktionales Modell 181
Fürsorgliches/stützendes Eltern-Ich 181

G
Gegenfragen 81
Gekreuzte Transaktionen 184
Gemba 276
Gemba-Orientierung 275
Generationenkonflikt 166
Gesamtaufgabe 228
Geschlossene Fragen 80
Gesprächsaufbau 99, 103
Gesprächspartner/-in 292
Gesprächsvorbereitung 98
Gestik 56, 70
Gewinner/Gewinner 195
Gleichzeitigkeitshemmung 18
Gordon 101, 194, 195
Großgruppe 149
Grundpositionen 191
Gruppe 149
Gruppenarbeit 267
Gruppen-Assessment 322
Gruppendiskussion 322

Gruppenführer 151
Gruppenführung 158
Gruppennormen 150
Gruppenzensur 156

H
Hackman/Oldman 142
Halo-(Überstrahlungs-)effekt 306
Haltung 56
Harvard-Konzept 198
Hauptteil 60
Hauptwirkzeit 19
Hawthorne-Experiment 140, 241
Hersey/Blanchard 252
Herzberg 137
Holprinzip 271
Homo oeconomicus 140
Humanisierung der Arbeit 266
Hygienefaktoren 137

I
Ich 113
Ich-Botschaften 85
Ich-Zustände 180
Imaginationsübungen 24
Immaterielle Anreize 124
Imponiertechnik 78
Improvisation 227
Individuelle Autorität 223, 224
Ineffektiver Führungsstil 251
Informelle Gruppe 149
Inhaltsaspekt 71
Inhaltstheorien 133
Inhaltsverzeichnis 51
Inkongruenz 70
Innere Kündigung 146, 147, 169
Innerer Konflikt 162
Innovation 277
Instanz 231
Integrationsstil 249
Interaktionsregel 156
Interner Kunde 269
Interpunktion der Kommunikationsabläufe 72
Interrollenkonflikt 152
Intervallhemmung 18
Intrarollenkonflikt 152

Intrige 165
Intrinsisch 126
ISO 9000 288

J
Jacobson 23
Job Characteristics Modell 142
Job enlargement 266
Job enrichment 266
Job rotation 266
JOHARI-Fenster 173
Just in time 267, 271

K
Kaizen 267, 274, 277
Kampf 171
Kanal 73
Kanban 270
Kanban-Prinzip 267
Kassationskollegialität 240
Kehrseitentechnik 108
Kernkompetenzen 129
Killerphrasen 196
Kind-Ich-Zustand (K) 180
Kleingruppe 149
Kohäsion 150, 157, 242
Kollegialsystem 240
Kommunikation 286
Kommunikationsmanager/-in 291
Kommunikationsmodell 73
Kommunikationssperren 101, 102
Kommunikationsstörungen 76
Kommunikationsstrukturen 153
Kommunikationstechniken 79
Komplementär 72
Konfliktdiagnose 194
Konfliktformen 161
Konfliktlösung 193
Konfliktlösungsstrategie 194, 195
Konfliktmanager/-in 292
Konfliktregelung 193
Konfliktunterdrückung 193
Konfliktvermeidung 193
Konfrontationsphase 284
Kongruenz 70
Konstruktive Gesprächsführung 201

Kontakt 135
Kontinuierliche Verbesserung von Prozessen (KVP) 274
Kontrastfehler 305
Kontrolle 261
Konversion 114
Konzept der Transaktionsanalyse (TA) 180
Kooperationsphase 284
Kooperativer Führungsstil 246
Koordinator/-in 291
Koordinieren 221
Korrekturfehler 305
Kritikgespräch 102
Kritisches Eltern-Ich 181
Kultur 210
Kundengespräch 104
Kundenorientierung 267, 268
Kurzzeitspeicher 13

L
Laissez-faire-Stil 179, 246
Langzeitspeicher 13, 14
Lastenheft 269
Leanmanagement 265
Leanproduction 265, 267
Lebenslauf 315
Leistungskurve 41
Leistungsmotivation 124, 142
Leitbild 212
Leitideen 215
Leitungsspanne 235
Leitungssysteme 237
Lernen 11
Lernhemmungen 18
Lerntechniken 10
Lernvoraussetzungen 12
Lewin 179
Lieblingsohr 76
Linearer Beurteilungsbogen 303
Literatur- und Quellenliste 52
Lob 16
Locke und Latham 145
Lokomotion 242
Lower Management 220

M
Make or buy 267, 272
Management 220

Management by breakthrough 264
Management by communication 264
Management by coordination 264
Management by decision rules 264
Management by delegation 257
Management by development 264
Management by direction and control 264
Management by exceptions 262
Management by motivation 264
Management by objectives 259
Management by participation 264
Management by results 264
Management by systems 264
Managementmodelle 256
Manipulation 220
Maslow 134
Massachusetts Institute of Technology 265
Materielle Anreize 124
McClelland 142
McGregor 139
Mediation 201
Mediator 201, 202
Mehrdimensionaler Führungsstil 248
Mehrgeteilte Ich-Botschaft 86
Mehrteilige Ich-Botschaft 86
Meilensteinsitzung 280
Meinungswächter 156
Menschenbilder 140
Mentale Übungen 22
Metakommunikation 70, 71
Metaplanwand 64
Methode 635, 34
Middle Management 220
Mildefehler 305
Mimik 56, 70
Mindmapping 36

Mitarbeitergespräch 100
Mitläufer 151
Mobbing 167
Modelllernen 30
Moderation 204
Moderationsregeln 206
Moderationszyklus 205
Moderator 283
Moderator/-in 291
Modulation 54
Morphologischer Kasten 35
Motivation 21
Motivationsformel 111
Motivatoren 137
Motive 111, 134

N
Nachwirkzeit 19
Netzplantechnik 280
Netzwerker/-in 292
Non-direktive Gesprächsformen 100
Nonverbale Signale 70
Normen 215
Normensystem 212

O
Objektive Gegebenheiten 172
Objektzentralisation 233
Offene Fragen 80
Offene Konflikte 161
Onlinebewerbung 312, 317
Operantes Verhalten 27
Opfer 190
Optische Rhetorik 67
Organigramm 232
Organisation 227
Organisationsformen 233
Organisationsprinzipien 227
Organisieren 221
Orientierungsphase 284
Outsourcing 272

P
Parallele Transaktion 184
Paraphrasieren 84
Paraverbale Signale 70
Passives Wissen 15
Pausentechnik 54

Personalaufgaben 223
Personalentwickler/-in 291
Personale Zentralisation 234
Personenorientiertes Führungs-
  verhalten 244
Persönliche Autorität 224
Pflichtenheft 269
Phasenanalyse 230
Physische Bedürfnisse 134
Pinnwand 64
Postkorb-Übung 323
Präsentation 59
Präsentationsfolien 64
Präsentationsmanuskript 61
Präsentationsmedien 63
Präsentationsregeln 62
Primärgruppe 149
Primatkollegialität 240
Prognosefunktion 133
Progressive Muskelrelaxation
  22
Projektgruppe 149
Projektorganisation 279
Protokollant 283
Prozessorientierte Theorien 142
Prozesstheorien 133
Psychische Lernhemmung 18
Psychoanalytischer Ansatz 112
Psychologische Ebene 185
Psychologische Spiele 188
PTCA-Kreis 277
Push-Prinzip 271

Q
QKL (Qualität, Kosten, Leistung)
  275
QM-Handbuch 289
QM-Pyramide 289
Qualitätsmanagement (QM)
  287
Qualitätszirkel 149

R
Ranganalyse 229
Rationalisierung 114
Rebellisches Kind 182
Reddin 249
Rede 53
Referent 65
Regelphase 284

Regression 114
Reifebezogenes Führungsmodell
  252
Reizdifferenzierung 29
Reizdiskrimination 29
Respekt 98
Retter 190
Rhetorik 52
Rhetorische Fragen 81
Rollen 151
Rollenattribute 165
Rollenkonflikte 164, 152
roter Faden 61
Rückfragen 81
Rückkopplungsfragen 80
Rückwirkende Lernhemmung
  19

S
Sachaufgaben 223
Sachautorität 224
Sachinhalt 74
Sachinhaltsohr 75
Sachlichkeit 78
Sachorientiertes Führungsver-
  halten 243
Sachorientierung 242
Scheindialog 76
Scheinfragen 108
Schlussformel 61
Schulz von Thun 73
Sechs-Stufen-Methode 197
Sekundärgruppe 149
Selbstbild 173
Selbstmotivation 128
Selbstoffenbarung 74
Selbstoffenbarungsohr 75
Selbstzensur 156
Self-actualizing man 140
Sender 69, 73
Sensibilität 97
Sicherheitsbedürfnisse 134
Sie/Du-Botschaften 85
Simultaneous Engineering 267,
  273
SMART 105
Social man 140
Soziale Ebene 161, 185
Soziale Normen 164
Soziogramme 153

Sponsoring 216
Sprechmelodie 70
Stabsstellen 231
Stakeholder 219
Stellen 231
Stellenanzeige 311
Stellenbeschreibung 235
Stereotype 176
Stimulus 183
Stroke-Hunger 188
Struktur der Persönlichkeit 112
Struktur-Modell 181
subjektive Konfliktursachen 172
Suggestivfragen 81
Symmetrisch 72
Sympathiefehler 305

T
Tabellarischer Lebenslauf 315
Taylorismus 140, 241
Team 149
Teamentwickler/-in 291
Teamregeln 282
Teamrollenansatz 152
Teamsitzungen 282
Teilaufgaben 228
(Teil-)autonome Arbeitsgruppe
  149
Tendenz zur Mitte 305
Theorie der Zielsetzung 145
Theorie X 139
Theorie Y 139
To-do-Listenschreiber 283
Top Management 220
Total Quality Management 219
TQ3L-Methode 22
Transaktionen 183
Triebe 114

U
Über-Ich 113
Übertragung 79, 176
Ultra-Kurzzeitspeicher 13
Unternehmensethik 210
Unternehmenskultur 157, 210
Unternehmensleitbilder 210

V
Verbale Signale 70
Verbalisieren 84

Verdeckte Konflikte 161
Verdeckte Transaktionen 185
Verdrängung 114
Verfahrensanweisungen 289
Verfahrensstil 249
Verfolger 190
Verhaltensänderung 32
Verhaltensgitter 248
Vermeidungs-Vermeidungs-
   Konflikt 163
Verrichtungszentralisation 233
Verschiebung 114
Verschlüsselung 69
Verstärker 27
Verteilungskonflikte 164
Vertrauensarbeitszeit 127
Verwaltungsaufgaben 230
Vier-Seiten-Modell 73
Visualisierung 63, 207

Vorauswirkende Hemmung 19
Vorstellungsgespräch 319
Vorurteil 177

W
Wachstumsmotive 134
Wachstumsphase 284
Wahrnehmung 174
Wahrnehmungskonflikt 163
Wahrnehmungsspeicher 13
Watzlawick 71
Weder-noch-Technik 108
Wertesystem 212
Win-win-Lösung 199

Z
Zeitliche Ausdehnung 176
Zeitmanagement 39, 279
Zeitplanung 20

Zeitwächter 283
Zentrale Produktionsplanung
   und -steuerung (PPS) 270
Zentralisation 233
Zertifizierungs-Audit 289
Zielhierarchie 259
Zielkonflikt 163
Zielvereinbarung 260
Zitieren 51
Zweckaufgaben 230
Zweckbeziehungsanalyse 230
Zwei-Faktoren-Theorie 137

Bildquellenverzeichnis

Bildarchiv Preußischer Kulturbesitz, Berlin: S. 9.1 (2010/Antikensammlung, SMB/Johannes Laurentius), 112
Bosch Pressebilder, Stuttgart: S. 150
dpa Picture-Alliance GmbH, Frankfurt: S. 71, 115, 136 (dpa-Infografik), 145.1 (Martin Guhl), 311 (dpa-Infografik)
Fotolia Deutschland GmbH, Berlin: S. 12 (carlacastagno), 20 (Vitaly Maksimchuk), 23 (Oscar Brunet), 28 (majtas), 46 (kasto), 47 (lightpoet), 63 (Stefan Müller), 64 (Georg Dolgikh), 65.1 (wandmarke.de) 65.2 (michels), 66 (Marc Dietrich), 97 (Monkey Business), 100 (Adam Gregor), 120.1 (Edler von Rabenstein) 120.2 (Style Media & Design), 167 (Gernot Krautberger), 203 (rrrob), 281.1 (Natalie P), 281.2 (DeVIce), 281.3 (Yuri Arcurs), 281.4. (Leo), 281.5 (Klaus-Peter Adler), 284 (pat fauve), 285.1 (Natalie P), 285.2 (DeVIce), 285.3 (Yuri Arcurs), 285.4. (Leo), 292 (Stefan Rajewski), 294 (Andreas Speer), 309.1 (ovito), 309.2 (Erwin Wodicka – BilderBox.com), 309.3 (Picture-Factory), 309.4 (Photographee.eu), 309.5 (Robert Kneschke), 309.6 (Photographee.eu), 319 (Adam Gregor)
Friedemann Schulz von Thun: S. 73
Statista, Hamburg: S. 317

Karikaturisten/Zeichner

Harm Bengen: S. 68
Elisabeth Galas/Bildungsverlag EINS: S. 62, 96, 271, 272
Peter Gaymann: S. 9.2, 86
Gerhard Glück: S. 257
Hennes (Hans Biedermann): S. 113, 114
Björn Holm/Baaske Cartoons Müllheim: S. 224
Erik Liebermann: S. 124, 160, 194, 215, 312
Reinhold Löffler: S. 145.2, 240, 245, 259, 269, 321
Evelyn Neuss/Bildungsverlag EINS: S. 57, 75
Thomas Plaßmann: S. 209
Jules Stauber/Baaske Cartoons Müllheim: S. 226
Jan Tomaschoff: S. 4
Freimut Woessner: S. 110, 165
Oliver Wetterauer/Bildungsverlag EINS: S. 77

E. G. Boring: A new ambiguous figure, in: American Journal of Psychology, 42, 1930, S. 444–445: S. 175.4
J. Jastrow: The mind's eye, in: Popular Science Monthly, 54, 1899, S. 312: S. 175.2
Edgar John Rubin: Synoplevde Figurer, Gyldendalske, Kopenhagen 1915 (dt. Visuell wahrgenommene Figuren. Studien in psychologischer Analyse, Verlagsdruckerei Berlin 1921): S. 175.1
Heinrich G. F. Schröder: Ueber eine optische Inversion bei Betrachtung verkehrter, durch optische Vorrichtung entworfener, physischer Bilder, in: Annalen der Physik und Chemie, Bd. 181, 1858, S. 298–311/653: S. 175.3
Friedemann Schulz von Thun: Miteinander reden 3 (1998), Zeichnungen: Verena Sohst: S. 89 (2x), 90 (2x), 91

Umschlagfoto: Fotolia Deutschland GmbH, Berlin